**DER WEG
OHNE GRENZEN**
(Đường Không Biên Giới)

Der Weg Ohne Grenzen

THÍCH NHƯ ĐIỂN

Erstausgabe Paperback: 1987
Zweite Auflage E-Book: 2020

Layout: Nguyễn Minh Tiến
Umschlaggestaltung: Nguyên Minh
Lektorat der zweiten Auflage: Nguyên Đạo

ISBN-13: 978-1-0878-1575-6

© 2020 - Viên Giác Verlag. Alle Rechte vorbehalten

THÍCH NHƯ ĐIỂN

DER WEG OHNE GRENZEN

Ins Deutsch übertragen von Herrn NGUYỄN NGỌC TUẤN
und Frau NGUYỄN THỊ THU CÚC

2020

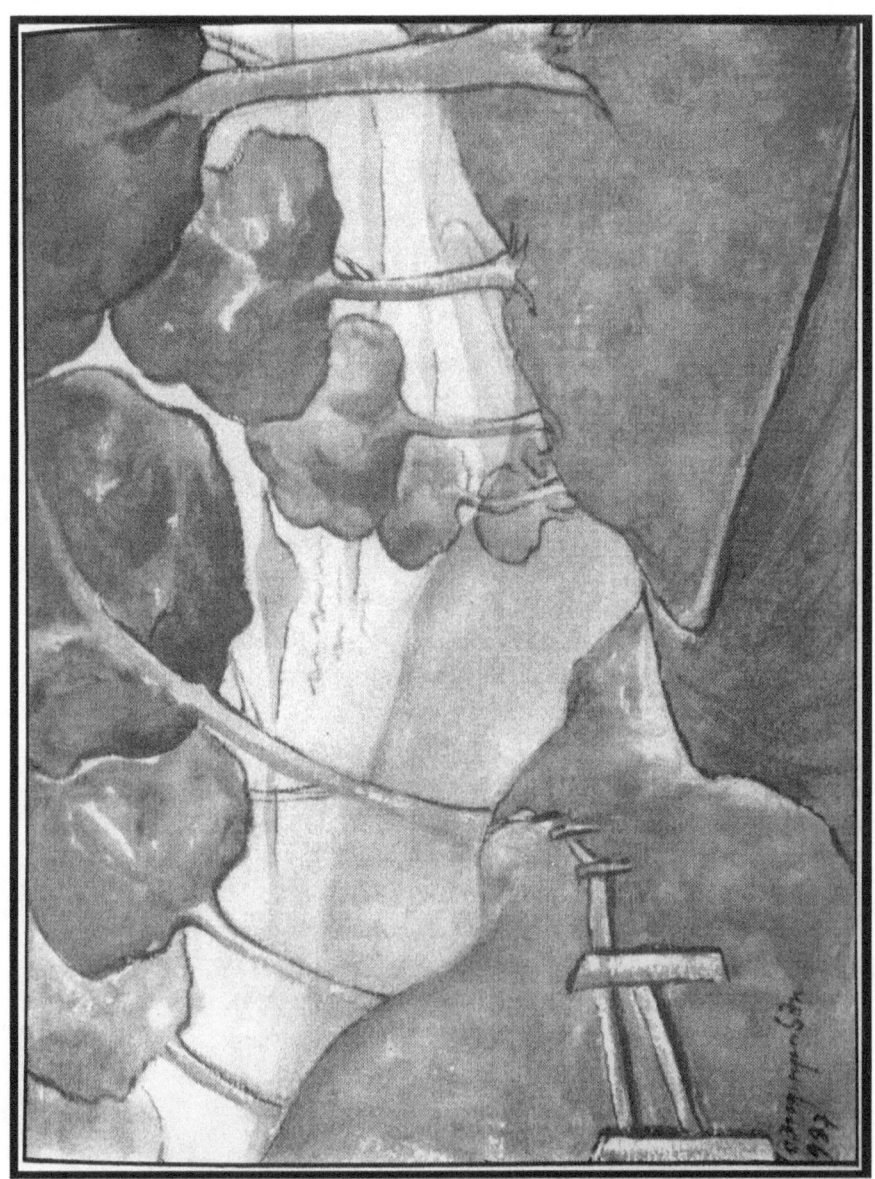

Phụ bản của Họa sĩ Loan Nguyễn Sơn

Einleitung

Seit langer, nahezu sehr langer Zeit, bestand der Plan, den "WEG OHNE GRENZEN" zu drukken. Erst heute haben wir die Freude, ihn den Lesern in der vorliegenden Form vorzustellen.

Im Vietnamesischen erscheint das Original in mehreren Folgen seit 1979-1980. Schon die ersten Nummern der "VIÊN-GIÁC ZEITSCHRIFT" erschienen damals in schlichten DIN-A5-Format, wie die meisten unserer Landsleute noch erinnern werden. Einige von ihnen, die erst viel später nach Deutschland gekommen sind, lernten es mit den letzterschienenen "VIÊN-GIÁC"-Ausgaben kennen.

Eigentlich war ursprünglich nicht gedacht, daß diese Schrift als Buch erscheint. Doch dann haben wir uns dazu entschossen, auf Anregung vieler, die es für gut halten, daß diese Schrift von Nutzen für viele andere sein könne. Denn neben Begebenheiten, die den Wanderweg eines buddhistischen Mönches von Osten nach Westen markierten, reflektieren diese "Reisenotizen" Empfindungen und Gedanken von Station zu Station im Leben des Geistlichen, des Autors dieses Buches. Daher könnte das alles lehrreich sein für jene, die sich in ähnlicher Lage befinden, bzw. befinden werden. Das Ergebnis einer Meinungsumfrage vor drei Jahren gab uns noch einmal Recht, dieses Buch zu veröffentlichen.

Allein der Name " DER WEG OHNE GRENZEN" spricht schon dafür, daß es keinen Grund gebe, den Lesern Schranken zu setzen. Da dieser Weg auf kein "Ende" stieß, wird dieses Buch noch einen oder mehrere Nachfolger haben, als Reisenotizen eines Mönches auf dem Weg in die unendliche Leere und im Dienst seines Bodhisattva-Ideals.

Aufrichtiger Dank und Anerkennung gebührt der Abteilung für Kultur und Religion des Bundesministeriums des Innern für ihre Unterstützung bei der Veröffentlichung dieses Buches. Allen Buddhisten nah und fern danken wir für ihre Unterstützung, damit dieses Werk den Lesern vorstellig werden kann.

Bei der Praktizierung und Verbreitung der Lehre stoßen wir oftmals auf günstige Gegebenheiten. Die verdanken wir allen gütigen Menschen, die uns Mittel zur Verfügung stellen, damit wir von materiellen Sorgen befreit sind, und die Ruhe behalten können, allen anderen Mitmenschen u. Wesen das Licht des Dharma zu bringen. Dazu gehört eine der vier großen Dankbarkeiten, die ein Mönch nicht vergessen darf, nämlich die Dankbarkeit gegenüber allen Wesen.

Möge dieses Werk ein kleiner Beitrag für die Lehre und Gesellschaft sein können. Jede Meinung oder Kritik von Lesern über dieses Buch ist uns willkommen.

THÍCH NHƯ ĐIỂN
im VESAKH 2531-1987

Wenn die Franzosen von der Literatur leben, die Deutschen von der Erziehung und dem Welthandel und die Engländer von der Diplomatie, dann scheinen die Vietnamesen nicht ganz schlecht dran zu sein, als Anwalt oder Streitpartner für ihr Land.

Während die Europäer eine starke Industrie haben, sind die Amerikaner reich an Rohstoffen. Nach dem Wiederaufbau ihres vom Krieg zerstörten Lands, rangierten sich die Japaner heute an die zweite und dritte Stelle auf der Weltrangliste im Bereich der Wirtschaft, Kultur und Politik. Damit sind sie mit dem Gefühl der Solidarität und Selbstopferung ein Musterbeispiel für alle. Ein Volk, das jede fremde Invasion zurückschlagen kann wie die Vietnamesen, kann nicht als geistig-rückständig bezeichnet werden. Jedoch erweisen sie sich als schwach, weil sie den Sieg über sich selbst nicht errungen haben. Als Konsequenz stehen sie heute von der größten und schmerzlichsten Situation, die sie je erlebt haben. Das Land ist im totalen Chaos und das Volk befindet sich in einer Diaspora. Ein Blick zurück in die Vergangenheit zeigt das Bild der mongolischen Invasion im 13.Jhd., die ungehindert von Asien bis Europa fortschritt, und vom kleinen Land Vietnam besiegt und zurückgedrängt wurde. Welche Armee konnte sich mit den französischen Kolonialtruppen oder mit den amerikanischen Streitkräften messen? Dennoch konnte das vietnamesische Volk in den beiden Fällen triumphieren. Daß Vietnam sich heute vor der sowjetischen Macht beugen muß, liegt an den kommunistischen Machthabern. Die Zukunft wird zeigen, wie das Land heil aus dem Maul des Wolfes herauskommen kann. Man fragt sich warum das Volk nicht in Frieden und Wohlstand leben kann? In dem Moment, wo alle fremden Mächte nicht mehr präsent sind, was hindert die Vietnamesen, das Land wieder aufzubauen, damit alle bisherigen Verdienste ihrer Vorfahren beim Aufbau und der Verteidigung der Heimat nicht umsonst waren? Warum fühlt sich das Land kriegerisch aufeinander zugegangen? Dennoch sind wir ein Volk, das eine mehrtausendjährige buddhistische Tradition hat. Dabei denken wir und handeln wir nicht wie richtige Buddhisten. Wahrscheinlich haben wir vergessen, was Buddha einst gesagt hat, nämlich:

"Ein Sieg über zehntausend Soldaten ist nicht soviel wert wie der Sieg über sich selbst"

Zweifellos sind die Vietnamesen nicht weniger wert als die anderen Erdbewohner. Nur fast kann man mit Sicherheit behaupten, daß wenn drei Vietnamesen mit drei Deutschen und drei Japanern ins Streitgespräch kämen, dann würden alle drei Vietnamesen ihren Diskussionspartnern aus Deutschland und Japan unterliegen. Wahrscheinlich finden wir einen Beweis für diese Uneinigkeit in dem folgenden Sprichwort:" *Neun Personen, zehn Meinungen*". Nicht nur haben neun Vietnamesen zehn verschiedene Meinungen, schlimmer noch sind es Meinungen, die sich widersprechen und die oftmals Ursache von bedauernswerten Streitereien und Trennungen sind. Das folgende Sprichwort war schon immer populär und hebt die charakteristischen Merkmale von Menschen einzelner Regionen Zentral-Vietnams hervor:

"Quảngnamesen sind widerspentig,
während Quảngngãier sorgenvoll sind,
die Bình-Định aber zögern,
deshalb nehmen die Thừa-Thiêns alles an sich.

Nach und nach breitet sich diese Streitsucht über die Grenzen von *Quảng-Nam* hinaus. aus und

Nachdem ein Weltreisender alle Kontinente erblickt und alle Ozeane durchfahren hat, zieht er sich an einem Ort zurück und trägt alles auf Papier, was er unterwegs sehenswertes miterlebt hatte. Er beschreibt die fremden Völker, denen er begegnet war. Er erzählt von verschiedenartigen Kulturen, und berichtet über einzelne Sitten, Bräuche und Glauben, die ihm lehrreich erscheinen oder ein Objekt seines Studiums darstellen.

Früher, als die Technik noch nicht den heutigen Stand ihrer Entwicklung erreicht hatte, stellte jede Reise ein schwieriges Problem dar. Was seit jeher unverändert geblieben ist, ist die biologische Funktion des menschlichen Körpers. Der Mensch ernährt sich, verbringt die Zeit, ruht sich aus und schläft. Was sich aber nach und nach bemerkenswert verändert hat, sind Fortschritte im zerebralen Bereich. Wie auch immer machen wir folgende Überlegung: Ob wir für die Fortbewegung verschiedene Verkehrsmitteln benutzen, wie zB.in der Luft Düsenjets oder Propellermaschine; auf dem Seeweg Schiffe oder U-Boote;und auf dem Land Schienenfahrzeuge oder Automobile,um schneller zum Ziel zu kommen, oder wenn wir Zeit haben,eine Kutsche oder auch eine Ochsenkarre benutzen. Wir können sonst auch zu Fuß gehen. Mit anderen Worten ist Zu-Fuß-Gehen Ausgangspunkt allen nachfolgenden Fortschritts.

Wenn in der Geschichte der Menschheit, Asien die Quelle aller Zivilisationen, den Ursprung des Universums und die Heimat aller Weisen bedeutet, wo Gelehrte und Philosophen wie Konfutsé und Laotsé beheimatet waren, wo einst ein Erleuchteter wie Gotama Buddha allen Wesen das Dharma zugänglich machte, dann sollten wir zum Vergleich eine Parallele bis nach Europa ziehen, wo in der Antike die Menschheit den glorreichen Glanz der großen hellenistischen und römischen Zivilisationen erlebt hatte, und wo bis zur Gegenwart sich nur wenige mit berühmten historischen Persönlichkeiten wie Platon, Descartes, Nietzsche, Freud u.a. vergleichen können.

Wenn wir in den USA ein Land mit allerjüngsten und wunderbarsten Entwicklungen sehen, wo dort eine alte Kultur fehlt, die mit der Zivilisation der Khmer, als Angkor-Wat (Wat:Kloster) gebaut wurde, vergleichbar ist, dann sollten wir dies mit Australien vergleichen. Dort leben plattnasige und gelbhäutige asiatenähnliche Menschen, und zwar neben Zuwanderern aus dem kalten europäischen Kontinent. Wahrscheinlich liegt es an den hitzigen und dürren Bedingungen, daß Zivilisationen aus anderen Erdteilen, die nach Afrika kamen, vom trockenen und turbulenten Sahara-Wind verweht wurden.

Wenn in Amerika und Afrika die Farbigen die Faulheit verkörpern, was viele aus anderen Regionen der Erde über sie sagen, dann sind die Deutschen und Japaner dafür bekannt, geduldig, fleißig und zielstrebig zu sein.

steckt alle restlichen Regionen Vietnams an. Oh wie schmerzlich! In dem Moment, wo die Kommunisten über das Land herrschen und das Volk unterdrücken, schiebt man die Schuld auf die Amerikaner, Chinesen, Russen, Japaner und Franzosen. Man lastet den Glaubensgemeinschaften und Organisationen an, den Kommunisten die Situation ermöglicht zu haben. Niemand wagt, sich selbst und das ganze Volk Vietnams zu kritisieren mit den Worten, daß man so sehr verantwortungslos gegenüber dem Vaterland war. Denn jeder Vietnamese hat die Pflichten und ist verantwortlich für den Auf- bzw. Niedergang seiner Nation. Wer kann einen anderen mehr lieben als sich selbst? Und wer kann einem anderen mehr Schaden zufügen als sich selbst? Jede Uneinigkeit gibt einem Fremden Anlaß einen Keil anzubringen und eine Volksgemeinschaft zur Spaltung zu bringen.

Welch ein Jammer! Erst wenn die Nation auseinandergeht und das Land besetzt wird, ist jede Handlung zu spät. Eigentlich darf man nicht vergessen, daß Vorbeugen besser ist als Heilen. Anders als die Japaner hatten die Vietnamesen immer bessere Worte als Taten. Dreißig Jahre nach Kriegsende ist Japan heute ein wichtiger Partner der Vereinigten Staaten in vielen Bereichen. Deshalb ist es nicht falsch, wenn die Japaner oft sagen:" *Nach dreißig Jahren ist die Gegenwart wie ein Traum!*". Warum sagen wir das, wenn nicht, um uns selbst zu kritisieren, wie die Weisen immer zu sagen pflegen:"*Kritisiere Dich selbst zuerst, dann die anderen*". Wenn wir buddhistisches Denken üben wollen, dann sollten wir meiden, Schlechtes über andere zu denken. Denn sich selbst verbessern heißt wiederum, daß man seinen eigenen Kopf von den Fesseln von Stolz- und Wahnvorstellungen reinigen sollte. Das ist eine Arbeit, die jeder für sich selbst machen muß. Man darf keine fremde Hilfe erwarten, weil sie unmöglich ist.

Es ist bekannt, daß die Vietnamesen klug, gütig und einfach sind. Dennoch erweisen sie sich als bauernschlau und listig. Gerade hier verhalten sie sich unmöglich und unverständlich. Was könnte sie beeinflußt haben? Kanonische Bücher, Heilige Schriften, Moral, Ethik, die die Weisen, Buddha, Jesus Christus, ihnen hinterlassen haben, stehen zahlreich zur Verfügung. Es kommt darauf an, ob sie sich Zeit gelassen haben, aus diesen Büchern etwas zu lernen, oder schlicht gesagt, ob sie sie überhaupt benutzt haben. Eine Krankheit kann nicht aufhören, Krankheit zu sein, wenn ein Patient kein Interesse daran hat, Medizin einzunehmen.

Nachdem ich einige Zeit in Japan war, konnte ich meine Enttäuschung nicht unterdrücken. Ich sagte mir damals:" *Es wäre besser gewesen, in meiner Heimat Vietnam zu bleiben!*". Ich erinnerte mich an DOGEN (chin.:Tao-Yüän)(1200-1268), den Gründer der japanischen Meditationssekte " *SOTO-ZEN-SHU*". Nach einem Aufenthalt zum Studium des Dharma kehrte er aus China zurück. Auf die Frage was er am Studienort neues über den Buddhismus dazu gelernt hatte, antwortete DOGEN:" *Ich habe gelernt, daß die Augen waagerecht und die Nase senkrecht liegen*". Wenn es alles wäre, was der berühmte Zenmeister in China an Kenntnis erworben hatte, dann wäre es unnötig gewesen, daß er von seiner Heimat für eine lange Zeit fernbleiben mußte.

Diese Anekdote macht noch einmal deutlich, daß in Wirklichkeit ein Mensch nirgendwo sonst als in sich selbst die Wahrheit erfassen kann. Vielleicht hilft es, wenn man hier und da hingeht, um einen kräftigeren Beweis für die Kenntnisse zu finden. Aber "*Glanz und Hölle sind innerhalb des Herzens*". Darüber ob Australien oder Japan, Frankreich oder Rußland, oder auch Amerika, Orte der Wahrheitsfindung sind, können wir lange diskutieren. Es kommt darauf an, welche Wahrheit man herausfinden möchte. Sicher ist es, daß die wirkliche Wahrheit, oder besser gesagt die wirkliche Natur, an die wir gewöhnt sind, nicht woanders liegt, sondern in jedem.

"*Schau in Dich und Du bist Buddha*" sagte einst ein Großmeister der chinesischen Ch'an-Schule, wobei mit Buddha die Wahre Natur (viêtn. Chân Tánh) eines jeden gemeint ist (der Übersetzer).

Mag sein, daß es stimmt, was man in der alten Zeit sagte:"*Ein Tag auf der Wanderschaft erbringt eine Wanne von Wissen*". Aber dieses Wissen dient vielmehr dazu, die zweite Natur oder die äußere Natur oder Persönlichkeit des Menschen zu beschönigen; während die erste oder die innere wahre Natur des Menschen nur durch den geistigen Prozeß der Vervollkommnung erlangt werden kann. Der Schlüssel zur Erkenntnis (Prajña) liegt in der Einhaltung von Moralvorschriften (Sīla). Und Erkenntnis ist etwas, das nicht von außerhalb zu erfahren ist. Es könnte sein, daß mancher Ungläubige oder Unwissende diesen Weg für extrem konservativ halten. Unter bestimmten Gesichtspunkten könnten sie mit der Behauptung recht haben. Nur es ist eben "der Weg", den alle Buddha, Bodhisattvas, Großmeister und Weisen seit Ewigkeit gegangen sind. Denn die Ansichten der Weisen sind ungefähr die gleichen, lehrt uns ein Sprichwort. Viele unserer Vietnamesen sind sich jedoch nicht bewußt, daß die Gefahr der totalen Zerstörung des Heimatlandes und der Ausrottung der Volksrasse nahe liegt. Wenn sie selbst diese Gefahr nicht erkannt haben, wer sollte ihnen diese Erfahrung bringen?

Bedingt durch meine Missionstätigkeiten hatte ich Gelegenheit überall hinzureisen. Schon so oft war ich über Vietnam geflogen. Ich sah mein Land und erinnerte mich an viele Städte und Dörfer von damals. Da ich nicht kommunistischer Gesinnung bin, darf ich meine Heimat nicht mehr betreten. Ich glaube, daß es auf Erde kein Volk gibt, das soviel Schmerz und Leid hat wie unseres und daß es kein Land gibt, das so gequält wird wie unseres. Oh! wie wehleidig, diese Berge und Flüsse, diese Schätze, dieses Herz der Menschen! Welch eine große Erbitterung!.

Es gibt Länder, die so arm sind wie Sri Lanka, oder Regionen, die hitzig und trocken sind wie Afrika. Dennoch können die Menschen dort friedlich, unabhängig und frei leben.

Vietnam war schon immer ein fruchtbares Land, das von einem klugen Volk bewohnt ist. Und jetzt ist es alles anders. Warum haben die Menschen dort kein Recht auf Frieden? Warum haben sie kein Recht darauf, sich frei zu bewegen, und dort zu leben, wo es ihnen gefällt? Warum dürfen sie ihrem Land nicht dienen, je nach Fähigkeit ihren Beitrag leisten und ihre Heimat verehren?

Schwermütig finde ich mein Schicksal beklagenswert , obwohl ich weiß, daß nichts auf dieser Welt beständig und unveränderlich ist.Trotzdem werde ich den Gedanken nicht los, ein Bürger ohne Heimat und ein Freund ohne Geselligkeit zu sein...

Wenn man mit seinem Boot gegen den Strom rudert und das Ufer erreichen will, muß man sich sehr bemühen. Man muß darauf achten, nicht von der starken Strömung weggerissen zu werden, um damit sein ganzes Leben nicht zu verschwenden.

So ist unsere Heimat, unser Volk, unser Glauben! Aber nichts ändert sich, wenn wir untätig bleiben. Wir müssen etwas tun, etwas aufbauen. Wir müssen einander akzeptieren, einander respektieren und einander vertrauen, um miteinander eine Einheit zu bilden. Wenn wir bedenken, daß Einigkeit stark macht, dann sollten wir uns nicht um die Verteidigung des Landes sorgen. Wer eine Schlacht gewonnen hat, fürchtet sich davor, die nächste zu verlieren. Und wer immer nur an den Krieg denkt, vergeudet damit das Leben und die Zukunft nachkommender Generationen.

Als ich zum ersten Mal nach Afrika kam, erlebte ich das angenehme Gefühl, die Erde umrundet zu haben. Denn Afrika war der letzte Kontinent, für den ich bisher keine Gelegenheit hatte, ihn zu besuchen. Es war sehr interessant, an Ort und Stelle mehr über Land und Leute kennenzulernen.

Hier in Tunesien sind die Menschen, trotz ihrer etwas dunklen Hautfarbe, aber mit einer langen Kinnlade und einem breiten Mund, den Europäern sehr ähnlich. Sie sind sehr gütig, und, im Vergleich zu denen im mittleren und südlichen Afrika, nicht so undurchsichtig. Wer sich ein bißchen über die geographische Lage auskennt, würde vielleicht sagen, daß sie, da sie in der Nähe des Äquators wohnen, eine dunkle Hautfarbe haben. Manche Nichtahnende würden sogar behaupten, daß Schwarze primitiv und barbarisch sind. Diese Behauptung ist ungerecht. Man darf nicht alles in einem Topf werfen. Schließlich sind nicht alle Weißen kultiviert und begabt. Andererseits gibt es auch viele Schwarze, die gebildet und geschickt sind.

Im Norden tragen Tunesierinnen einen weißen Burnus, während Frauen im Süden sich schwarz ankleiden. In diesem Mantelgewand ist der Körper, außer einem Streifen in Augenhöhe, an Händen und Füßen, fast total bedeckt. Wahrscheinlich ist das hier ein Beweis der islamischen Einflüsse. Eigentlich war der Islam nur im mittleren Osten verbreitet. Infolge einer türkischen Invasion vor 300 Jahren, noch bevor die Französische Kolonialmacht hundert Jahre lang Tunesien besetzte, konnte der Islam diesen Teil Afrikas erobern. Nach den Türken kamen die Franzosen. Fast in einem Zug besetzten diese letzten Algerien und Tunesien. Nach dem Fall des DIÊN BIÊN PHU in Viêtnam ließ De Gaulle Algerien frei. Er gab 1956 Tunesien seine Unabhängigkeit. Die Bilanz hundertjähriger Herrschaft hat den Beweis erbracht, daß die Franzosen viele Kirchen und Städte gebaut haben, darunter Aftsa, Tozeur und die Hauptstadt Tunis u.a..Was geschah mit den Kirchen, nachdem die Kolonialherren abgezogen waren? Heute gibt es in den Kirchen kein Kreuz mehr und jeder Haupteingang trägt ein Schild, worauf "Museum" deutlich zu lesen ist.

Es ist nicht so, weil ich ein buddhistischer Mönch bin, daß ich nur Gutes über meinen Glauben sage, oder daß ich den guten Willen anderer bei der Verteidigung ihres Glaubens befürworte. Vielmehr möchte ich das, was richtig ist, loben und mit einer konstruktiven Meinung das kritisieren, was falsch ist. Das nenne ich die toleranz und Selbstlosigkeit des Buddhismus.

Ein Rückblick in die Geschichte Vietnams läßt erkennen, daß das Volk seit eh und je, und insbesondere während der Lý- und Trân-Dynastien (1010-1400) einheitlich buddhistisch war. Dennoch hat der Buddhismus noch nie die Absicht gehabt, wenn es um Glauben und Religion geht, die Monopolstellung für sich zu behalten. Damals tolerierten die Kaiserhäuser der Lý und Trần die Entwicklung und Entfaltung der konfuzianistischen und taoistischen Lehren. Während dieser Epoche ruhte das Kulturgebäude des Volkes auf einem soliden Fundament, dessen konstituierende Komponente der Buddhismus, Konfuzianismus und Taoismus sind. Man sprach von " *drei Religionen in einem*". Diese Tatsache spiegelt noch einmal deutlich den edlen und selbstlosen Charakter des Buddhismus wider. Noch nie in der Geschichte hat der Buddhismus die Rolle des Starken gespielt, um den Schwachen zu unterdrücken, auch wenn der andere nicht gleichgesinnt ist. Ganz anders verhalten sich Anhänger des Konfuzianismus. Als während der Zeit der Spät-Trần-Dynastie der Konfuzianismus dominierte, machten Historiker und Konfuzianer gemeinsam Front gegen den Buddhismus. Sie kritisierten und attackierten die Buddhisten mit allen Mitteln. Währenddessen verhielten sich die Buddhisten gleichmütig. Um diese Haltung besser zu verstehen, lesen wir hierzu folgende Verse, die der *Van-Hạnh Thiền sư* (Zen-Meister), der Hoflehrer und kaiserlicher Berater der Lý-Dynastie, hinterlassen hatte:

  Thân như bóng xế chiều tà,
  Cỏ xuân tươi tốt thu qua rụng rồi.
  Sá chi suy thạnh cuộc đời,
  Thạnh suy như hạt sương rơi đầu cành.

<u>d.h.</u>:
  Der Körper ist wie die Schatten der Dämmerung,
  Wie die grünen Bäume und das Gras,
  Frisch im Frühling, vertrocknet im Herbst.

*Besser wäre es, nicht über das Auf und Ab
dieser Welt nachzudenken.
Denn es ist, wie die Tröpfchen des Morgentaus am Blattrand des Grases.*

Beim Anblick dieser entgötterten Gotteshäuser dachte ich an die jetzige Situation des geistigen Lebens in meiner Heimat. Seitdem die Kommunisten das Sagen im ganzen Land haben, fällt alles, was mit Tradition und Glauben zu tun hat, ihnen zum Opfer. Hier wurden heilige Stätten entheiligt, verschandelt und zerstört, dort der Klerus unterdrückt, verhaftet und verfolgt. Denn die atheistischen Kommunisten v e r e h r e n ausschließlich ihren Führer. Unter dem Aspekt der Barmherzigkeit und Selbstlosigkeit des Buddhismus bin ich überzeugt davon, auf dem richtigen Weg zu sein. Anders als die Anhänger vieler anderer Glaubensrichtungen bin ich kein Radikalist. Dieser Gedanke der Selbstbetrachtung festigt mein Vertrauen, und ich glaube, daß der Buddhismus seinen Anhängern ein unübertroffenes Gleichheitdenken, das es bei fast allen anderen Religionen nicht gibt, vermittelt. Diese buddhistische Auffassung ist unvergänglich und wird z.B. von folgenden Versen wiedergegeben:

Có thời có tự mây may,
Không thời cả thế giới nầy cũng không.
Cho hay bóng nguyệt giòng sông,
Nào ai hay biết có không là gì.
<u>d.h.</u>:
*Wenn es ist, dann ist es ewig,
Wenn es nichts gibt, dann ist diese Welt
auch nichts,
Gleichwie der Schatten des Mondes oder der
fließende Strom ist, oder nicht ist,*

Ihre Existenz oder Nicht-Existenz ist gewiß

Von diesem Konzept aus können wir ruhig mit unseren buddhistischen Arbeiten fortfahren. Ruhig verhalten wir uns, auch wenn die Zahl der Gläubigen mal zu- mal abnimmt. Noch nie in der Geschichte hat der Buddhismus versucht, andere Menschen zum Konvertieren zu bewegen, sei es mit Zwangsmaßnahmen wie Gewalt oder Drohungen, oder mit psychologischen Mitteln wie Versprechungen zur Befriedigung menschlicher Begehren, ganz im Gegenteil versuchen buddhistische Geistliche auf dem Weg ihrer Missionierung mit friedlichen Mitteln die Lehre des Buddha den Menschen näher zu bringen. Und diese sanften Methoden führten sie seit 25 Jahrhunderten auf allen Wegen von Asien nach Europa, Amerika, Afrika bis Australien. Noch nie in der Geschichte der Menschheit wurde ein Krieg im Namen Buddhas geführt.

Mit leeren Händen kam Bodhidharma im 6. Jahrhundert nach China und öffnete dort die Quelle des "THIỀN" (viétn. für Dhyana, Chin. Ch'an, Jap. Zen). Dieser Strom des Dharma floß weiter bis zur Generation des 6. Patriarchen, Hui-Neng. Der Weisung des 3. Patriarchen Seng-ts'an folgend brachte Vinitaruci die Methode der Von-Herz-zu-Herz-Übertragung des Dharma nach Vietnam. Die Tradition der Vinitaruci-Schule dauerte vier Generationen und eroberte das Herz der Bevölkerung Việtnams, wie die beiden späteren Schulen "LÂM-TẾ"(Rinzai) und "TÀO ĐỘNG"(Soto), ohne Flammen und Blutvergießen. Die einzige Waffe, die alle buddhistischen Schulen angewendet haben, war das "Schwert der Weisheit". Weil es die geeignetste Waffe ist, um den Schleier der Unwissenheit zu durchdringen. Wann und wo auch immer der Buddhismus präsent ist, leben die Menschen im Wohlstand. Zu den Monarchen und gleichzeitig Freunden und Helfern des Buddhismus, zählen unter anderen Indiens Großkönig Ashoka, Shotoko taishi in Japan, sowie die Lý- und Trân-Kaiser in Vietnam, um einige zu nennen. Bemerkenswert war es, daß keiner von ihnen, trotz der günstigen Situation im Land, keinen invasorischen Gedanken hegte, sei es zur Ausdehnung des Territoriums, oder aus Glaubenseifer einen religiösen Krieg gegen andere Staaten zu führen.

In Tunesien sind Frauen tapfer und nehmen die Verantwortung der Familie auf sich allein. In diesem Punkt ähneln sie ihren Genossinnen in Japan. Während sie entlang der Straßen Handel treiben, oder die Feldarbeiten verrichten, versammeln sich die Männer in Kaffeehäusern und Vergnügungsstätten, wo absolut keine Frau zu sehen ist. Es überrascht die Neuankömmlinge zu sehen, daß Wohnhäuser wie Ruinen aussehen. Die Tunesier warten nicht auf die Fertigstellung des gesamten Hauses, sondern ziehen sie schon ein, sobald ein Teil des Baues fertig ist. Natürlich geht der Bau weiter, während die Familie schon einquartiert ist.

Auf den Straßen herrschte Chaos. Das große Durcheinander, das von allen möglichen Verkehrs- und Transportmitteln hervorgerufen wurde, von Autos, Mofas und Fahrrädern, bis zu den Pferdekutschen, Kamelen und Schafen usw. gab Neuankömmlingen den Eindruck, in einer Gesellschaft ohne Recht und Ordnungen zu sein. Der Anblick eines jungen Kamels, das auf seinem schmalen Rücken tausend Dinge mitsamt seinem Herren trug, erweckte in jedem Beobachter ein tiefes Mitleid für das Tierleben in diesem Land. Wenn man die mißhandelten Tiere mit ihren Artgenossen in Europa und Nordamerika vergleicht, dann könnte es sein, daß man zu dem Schluß kommt, daß sie hier aufgrund ihres schlechten Karma ein schweres Schicksal erleiden müssen. Vielleicht könnten sie nach mehrmaligen Wiedergeburten in einer künftigen Reinkarnation ein besseres Dasein führen, vorausgesetzt, daß sie ständig nach Vervollkommnung streben.

Für den Wassertransport werden auf beiden Seiten eines Esels zwei große Behälter angebracht. Wasser ist hier sehr teuer, sogar noch wertvoller als Gold. Denn die jährliche Niederschlagsmenge beträgt meist weniger als 120mm. Jedes Haus hat entweder im oberen Stockwerk einen Wassertank oder unten einen Brunnen, dessen Grund so tief liegt, daß man gerade nur noch etwas Wasser sehen kann. Aus Mangel an Wasser vertrocknen und verkommen die Pflanzen. Weit und breit zwischen Tunis, Nefta und dem Wüstengebiet Tozeur war kein einziger alter Baum zu sehen, außer Dattelpalmen. Diese Gewächse sind etwas kleiner als Kokospalmen bei uns in Vietnam. Ihre süßen und erfrischenden Früchte erinnerten mich an Arekanüsse, die man zum Betelkauen braucht. Anders als im Süden, wo sie in Wüstenregionen reichlich wachsen und beheimatet sind, sieht man Dattelpalmen ganz selten im Norden.

Erwähnenswert sind Zitronen. Bevor man sie probiert hat, würde man nie glauben, daß sie süß schmecken. Wenn man sie schält, läuft schon das Wasser im Mund zusammen. Wenn man sie ißt, merkt man wie süß sie sind.

Kaktusfrüchte werden überall verkauft, vom Straßenrand bis in fast allen Läden. Gemüse aber gibt es ganz selten. Ich wußte nicht recht, ob die Tunesier den Verzehr von Gemüse nicht kennen oder es nicht mögen. Ich sah wie manche eßbaren und genießbaren Teile wie Blätter und Wurzeln weggeworfen wurden. Beim Besuch eines Obstgartens wo Orangen, Granatäpfel und Mandarinen angebaut werden, sah ich viele Blattgemüse frisch und grün wachsen, die niemand hier zum Kochen nimmt. Man ließ sie einfach blühen und verkommen.

Auf dem Markt sah ich viele Touristen aus Deutschland, England und Frankreich. Mitten in diesem großen Gedränge zwischen Menschen und Tieren, im Staub und Tumult sah ich ihre fröhlichen Gesichter. Wie sollte ich es erklären? Könnte es sein, daß sie ihr ganzes Leben in ihrer sauberen und zivilisierten Welt verbracht haben, und jetzt genug davon haben. Deshalb möchten sie jetzt zurück zur Natur. Was ihnen am meisten Freude macht, ist wahrscheinlich die Hitze in diesem Land. Während in Europa die Temperatur um 5°C liegt, kann man in Tunesien im Meer baden. Die Wassertemperatur ist 30°C. In dem Moment, wo Touristen in der prallen Sonne am Strand oder auf der Hotelterrasse ein Sonnenbad nehmen, gehen die Eingeborenen lieber in den Schatten, um sich vor dem Sonnenbrand zu verstecken, wie paradox die Menschen sind. Die Welt ist voller Kontraste. Und vielleicht wäre es besser, daß man nicht so beredt ist. So bleibt man im Einklang mit der Philosophie. *"Hättest Du geschwiegen, so wärest Du ein Philosoph geblieben"* (*o si tacuisses, philosoph mancisses*).

Während in Europa das Schlürfen unhöflich ist, so ist das Gegenteil der Fall in Japan. Wer eine Suppe ißt und nicht schlürft, ist ein Schwächling. Aber wer sich beim Essen die Nase putzt, was die Deutschen bei Tisch öfter tun, hat sich in Japan unmöglich benommen und weiß nichts von Tischmanieren. Während europäische Frauen sich mit rosa oder rotem Nagellack schön machen, bemalen Afrikanerinnen bei der Hochzeit oder anderen festlichen Anlässen ihre Nägel mit dunkelbrauner oder schwarzer Farbe. Was der eine nicht mag, davon wird der andere nicht satt. Über Geschmack sollte man sich nicht streiten. Hauptsache ist, daß man sich an Lebensumstände anpassen kann. Ein vietnamesisches Sprichwort sagt:" *Wenn Du ein Haus betritts, achte auf die Bräuche der Familie; wenn Du mitten in einer Strömung bist, solltest Du ihrem Lauf folgen*".

Auf dem Markt gibt es alles zu kaufen. Von Gebrauchsgegenständen wie Kleidung, Bettzeug und Teppichen etc...bis zu den verschiedenen Nahrungsmitteln. Wie bei uns zu Hause auf dem Land ging ein Mann von Stand zu Stand und kassierte die Platzmiete.

Es war unmöglich sich vor den Fliegen zu verteidigen. Am Anfang versuchte man mit beiden Händen sie vom sich fernzuhalten, solange bis man schließlich müde wurde und einfach aufhörte mit jeder Abwehrreaktion.

Die Bekanntschaft mit einer Familie in Frankreich hatte meinen Tunesien-Aufenthalt im Hause ihres Sohnes ermöglicht. Der Sohn arbeitete als Arzt im städtischen Krankenhaus in Nabeul.

Zusammen mit der Familie reisten wir in viele Orte des Landes. Diese Ausflüge führten uns oft zu den vertrockneten Regionen der Sahara, nach Tozeur, Nefta bis an der Grenze zu Algerien.

Je mehr wir in den Süden eindrangen, um so spärlicher war die Vegetation bis wir schließlich die Grenze des Bewuchses erreichten. Wir übernachteten in Tozeur. Das Hotel trug den Namen "Oasis". Was in chinesischer, japanischer und vietnamesischer Sprachen sowie in fast allen anderen Sprachen soviel wie Wüsteninsel bedeutet.

Wie merkwürdig! Was ich bisher nicht wußte, daß eine Art Salzkruste sich mit dem Sand der Sahara mischt. Das mineralische Gestein fängt sofort an zu schmelzen, wenn man es an der Sonne freilegt.

Das Ziel dieses Ausfluges nach Tozeur war für uns, den Sonnenuntergang in diesem Ort zu erleben. Deshalb brannten wir darauf zu erfahren, wie Helios schlafen geht. Eigentlich ist jede Abenddämmerung die Gleiche, ob in Europa oder Amerika. Nur weil es hier weder Bäume noch Schatten gibt, sondern nur Wüste, kann man auf dieser endlosen Sandfläche hier das Unendliche bei der Tag-Nacht-Ablösung selbst sehen. Man weiß natürlich genau, daß wo auch immer man ist, die Sonne bei Morgenanbruch im Osten aufgeht, und bei der Abenddämmerung im Westen untergeht. Weit draußen streiften ein paar Kamele auf Nahrungssuche umher. Das Kamel hat die natürliche Fähigkeit entwickelt, mit Überlebensproblemen fertigzuwerden, die die Sandwüste ihren Bewohnern stellt. So kann sich zum Beispiel ein Kamel 5 bis 7 Tage ohne

Wasser begnügen. Buddha sagte einmal:" *Die Leiden eines Kamels beim Lastentragen in der Wüste sind noch nicht so groß wie die Leiden von unwissenden Menschen*". Dieser Satz läßt wissen, daß Buddha Kenntnisse über Wüstentiere hatte. Buddha kam zur Welt, verbrachte sein Leben und beendete das Dasein innerhalb Indiens, weit entfernt von der Wüste. Wie wunderbar sein allmächtiges Wissen! Seine Kenntnisse durchdringen die Wahrheit aller Wesen, aller Dinge auf Erde wie im Universum. Deshalb wurde es gelobt als:"*der Lehrer aller Götter und Menschen, der Vater aller vier Geburtsformen!*".

Als wir diesen Weg weiterfuhren, erreichten wir die Grenze zu Algerien. Da es neulich ein Erdbeben in diesem Gebiet gab, wobei zigtausend Menschen starben, entschlossen wir uns umzukehren.

Wir kamen zurück nach Nabeul. Zweimal am Tag war es hier sehr angenehm. Die Luft war rein und so gut geeignet für das abendstündliche Za-zen, wenn im Herbst die zögernden Sonnenstrahlen noch am Horizont zu sehen sind wie für das tägliche Frühgebet am Sonnenaufgang.

Tunesien ist nur mittelmäßig groß, sodaß wir nach ungefähr 6-7 Stunden Fahrt in Richtung Süden nach Tozeur oder Nefta kommen. Meiner Schätzung nach sind es c.a. 500 km. Und wenn man die Küste entlang fährt, dann ist die Entfernung nur etwa die Doppelte.

Zwei Wochen in Tunesien gingen vorüber, schon mußten wir nach Frankreich zurück. Am Flughafen von Tunis, während wir auf die Maschine warteten, hatte ich das Gefühl wie ein bäuerlicher Landsman in einer Großstadt. Zwei Stunden Wartezeit und niemand von der Flughafenverwaltung kam auf die Idee, die Passagiere über die Verspätung zu informieren. Das erinnerte mich an eine ähnliche Situation in Saigon während meines Besuchs in der Heimat im Jahre 1974. An einem Tag kam ich von Japan und wollte von Saigon aus nach Đà-Nẵng fliegen. Ich stand im Wartesaal des internationalen TÂN-SƠN-NHẤT-Airports. Während dieser Jahreszeit erreichte die Hitze des subtropischen Sommers fast die Grenze der Erträglichkeit. Meine Maschine hatte drei Stunden Verspätung. Wie viele andere Fluggäste wartete ich ungeduldig. Weder das Bodenpersonal nahm davon Notiz, noch gab es einen Hinweis oder eine Mitteilung der Fluggesellschaft.

Die Tunesier sind gütig, gastfreundlich bis zurückhaltend. Im Grunde sind sie ehrlich, dennoch sehr förmlich, vielleicht infolge des französischen Einflüsses. Was mich am meisten beeindruckte war die friedliche und unabhängige Atmosphäre, die auf dem Gesicht der Einwohner zu lesen ist. Trotz dieser extremen Hitze und Dürre sowie der spärlichen Vegetation müssen die Tunesier sich ständig um die Anpassung an die unberechenbare Umwelt bemühen.

Oftmals vergessen die Menschen das Glück ihres freiheitlichen Lebens. Erst wenn sie ein Dasein in Unfreiheit führen müssen, kommen Klagen. Gleicherweise nehmen viele keine Notiz von der Präsenz im Leben ihrer Eltern, genauso von der Liebe, die die Eltern ihren Kindern reservieren. Erst wenn die Eltern von hinnen scheiden, vermissen ihre Kinder sie mit einem Gefühl einer großen Leere. Wie kann man dies wieder gutmachen? Das Fehlen einer regelmäßigen Versorgung der Eltern mit Nahrung und Kleidern während ihrer Lebzeit kann nicht ausgeglichen werden mit der Tat, ein großes Totenfest zugunsten der verstorbenen Eltern mit vielen Speisen- und Trankopfern zu veranstalten. Höchstens, so meinen die Anderen, um Vorwürfe und Gerede der Mitwelt zu beschränken.

Welch ein gutes Gefühl wieder in Paris zu sein! Bestimmt war es nicht die Freiheit oder die Eleganz oder der Name "das Zentrum des Universums", die auf mich anziehend wirkt. Ich kehrte nach Paris zurück wie zurück zu einer kleinen Heimat in meinem Innern. Meine Liebe zu dieser Stadt äußert sich in Verbindung mit den vielen Lichtern, mit der blauen Seine sowie mit den gelben Blättern, die auf die langen Boulevards voller Autos fallen. Paris ist nicht so dicht bewohnt wie Tokyo, jedoch ist diese Stadt voller Lärm und Leben. Die Menschen dort sind extrovertierter als in England oder Deutschland, aber angenehmer und einfacher als irgendein anderes Volk in Europa. Im Vergleich sind die Deutschen ernst, die Engländer kühl, die Holländer freudlos und die Schweizer vornehm. Ich war fast zehnmal in Paris und bin begeistert darüber, daß diese Stadt einwenig vietnamesisch ist.

Dennoch fühle ich, daß nichts besser ist als

zu Hause. Denn Heimat ist Heimat. Auch wenn diese Heimat arm ist, ist sie tief von Menschlichkeit geprägt. Meine Heimat ist voller Leiden. Aber sie hatte schon viele Helden, die das Land aufgebaut und verteidigt hatten. In uns keimt eine Hoffnung vom Ende des Krieges und des Hasses, eine Hoffnung auf den Tag, an dem nur die Liebe den Haß bezwingen kann. Dann werden wir gemeinsam mit eigener Kraft das Land wiederaufbauen. Dann wird keine fremde Macht das Recht haben über das Schicksal unseres Volkes zu entscheiden. Das Schicksal des vietnamesischen Volkes liegt in der Hand der Vietnamesen und nicht der Russen oder Amerikaner oder Chinesen.

Mit diesem Gedanken können wir beruhigt sein. Wir sind Vietnamesen und der Geist und die Kultur des Volkes Vietnams sind unsterblich.

Vor 20 Jahren hatte ich die Gelegenheit ein Buch über den Buddhismus vom Ehrwürdigen *Thích Trí Tịnh* zu lesen zu bekommen. Es trägt den Titel "DER WEG NACH SUKHÂVATÎ" und befaßt sich mit dem Amidismus, d.h.der Praxis des Rezitierens von A- mitabhas Namen in der Hoffnung auf eine Wiederge- burt im "REINEN LAND DER BUDDHAS", auch "REICH HÖCHSTER GLÜCKSELIGKEIT"(Sukhâvatî) oder"WEST- LICHES PARADIES" genannt.

Zehn Jahre danach, bei einem Besuch des "PHƯỚC LÂM-*Gedächtnistempels*" der "LÂM-TẾ"-Schu- le(Chin.:Lin-chi-tsung;Jap.:Rinzai-Shu) in der Provinz Quảng-Nam konnte ich das Buch "DER WEG INS LAND DES BUDDHAS" lesen, geschrieben von den drei ehrenwerten Meistern, Ehrwürdiger *Thích Minh Châu*, Hochehrwürdiger *Thích Huyền Vi* und Ehrwür- diger *Thích Thiện Châu*. Im Inhalt befaßten sich alle drei Autoren mit der Beschreibung der Hei- ligen Stätten in Indien, wo sie ihre Studienzeit verbracht hatten.

Der Ehrwürdige *Thích Minh Châu*, einst Lei- ter des BUDDHISTISCHEN SEMINARS VẠN HANH, lebt heute noch in Vietnam. Seine Familie und er selbst befinden sich in der Gewalt des kommunistischen Regims Vietnams, das ihn mit politischem Druck dazu zwingt, die Richtung seiner Tätigkeiten zu Gunsten des neuen Regims zu ändern. Bisher stimmte sie mit der der "CONGREGATION DER VIETNAMESISCH-BUDDHISTISCHEN KIRCHE" überein.

Der Hochehrwürdige *Thích Huyền Vi* ist Abt der KLOSTERSCHULE *LINH-SƠN* in Frankreich. Die Durchführung zahlreicher Seminare machte ihn zur bestbekannten Person in buddhistischen Kreisen Vietnams und in der Öffentlichkeit.

Auch der Ehrwürdige *Thích Thiện-Châu* lebt als Abt der *TRÚC-LÂM Pagode* in Frankreich und gilt als Handlanger der kommunistischen Regierung Vietnams im In- und Ausland.

Ich hatte mich unbeschreiblich gefreut, den "WEG INS LAND DES BUDDHAS!" gelesen zu haben. Aber heute denke ich daran, daß viele meiner Glaubensbrüder diesen Weg noch nicht gegangen sind und schon ins Exil müssen. Wie unbeständig alles ist! So wechselhaft wie das Meeresufer oder das Maulbeerfeld! So viele unvorhersehbare Dinge geschehen im Laufe eines Lebens, viel mehr als man vorausahnen kann!

Den Lesern der obenerwähnten Wege möchte ich heute auf diese Weise einen neuen Weg vorstellen. Dies ist eine Reisenotiz, die ich geführt habe, auf dem "WEG NACH AUSTRALIEN".

Unten in der Süd-Hemisphäre liegt Australien symmetrisch zu Japan und Vietnam. Es gibt eine gemäßigte Zone, deren klimatischen Bedingungen mit denen bei uns in Vietnam zu vergleichen ist, aber auch Regionen mit höheren bzw. niedrigeren Temperaturen.

Wenn Japan eine einsame Inselgruppe und Korea Halbinsel genannt werden, dann kann man genauso gut Australien als eine riesige Insel klassifizieren. Natürlich, wenn man darauf steht, kann man womöglich erkennen, daß dieser Kontinent eine Insel ist. Der einfache Grund ist die Größe dieses Kontinents, der eine Fläche umfaßt, wie die der USA. Die Mehrheit der 14 Millionen Einwohner sind Ansiedler aus allen Erdteilen. Auf diese Weise fühlt sich jeder, der auf diesem immensen Kontinent lebt, nicht durch die Natur, die Bergen und Flüsse isoliert.

1980 war ich zweimal in Australien, in USA, Kanada und Asien nur einmal, aber sooft in Europa, daß ich mich nicht mehr erinnern kann. Von und nach Deutschland hatte ich etwa 100.000 Flugkilometer zurückgelegt.

Während meiner Studienzeit wäre es schwierige Probleme gewesen, Besuchsvisa von verschiedenen Staaten zu erhalten. Man brauchte dafür vor allem Geld, Geschicklichkeit oder persönliche Einflüsse. Aber heute ist alles anders. Manchmal wollte ich nirgendwo hin, aber ich konnte nicht einfach Nein sagen. Zwar sind wir Kinder der Mutter Vietnams, aber wir haben noch nicht die Ehre, Bürger eines Landes zu sein, das wirklich Frieden, Unabhängikeit und Freiheit hat. Deshalb haben wir nichts, worauf wir auf dieser Welt stolz sein können.

Es gibt nichts, das unsere Heimat uns anbieten kann, von menschlicher Liebe bis zu den in der Natur vorkommenden materiellen Dingen. Was uns am meisten fehlt, sind die nötigsten Grundfreiheiten eines Menschen.

Wir leben jetzt im Ausland und haben fast alles, wovon die Menschen in einem armen Land nur träumen, ein Dach über dem Kopf, einen Wagen, einen Fernseher, einen Kühlschrank etc...Nur ständig fehlt uns das Heimatliche, die Verbundenheit und das ewige Vietnam. Mögen wir solange suchen, wie wir wollen, hier im Ausland. Aber nirgendwo sonst,finden wir wieder unsere Heimat, ihr Land und ihre Leute, das schöne Dach einer Pagode und das alte dörfliche Versammlungsgebäude. Ohne sie fühlen wir uns so leer, so fremd.

Oh Heimat! Oh Verbundenheit! Meines Erachtens wird es zwischen uns weder Eintracht noch Einigung geben, solange wie die Flamme des Hasses das Öl der Feindseligkeit weiter zugefügt wird. Nur das Elixir des Mitleids vermag, widersprechendes Unrecht und Vergeltung zu löschen, die uns von Existenz zu Existenz, von Generation zu Generation kontinuierlich verfolgen. Und wenn es so weiter geht, dann sehe ich keine Möglichkeit für unser transzendentales Wissen, sich vollends zu entfalten.

Gegenwärtig lebt das vietnamesische Volk mitten in einer Diaspora. Wer von uns nach einer eigenen Identität sucht, fragt sich, ob er sich damit abfinden kann. Soll er lachen oder weinen? Ob man sich darüber freuen oder sein Schicksal bejammern soll, darüber wird ihm nur die Zeit eine richtige Antwort geben. Wenn wir danach streben, eines Tages zurück in die Heimat zu kehren, wie die Rückkehr des jüdischen Volkes nach Jerusalem, in das Heilige Land, dann werden wir frei sein, von jedes Befangenheit. Dann können wir das Gefühl loswerden, parasitär wie wilde Blumen auf der fremden Beete zu sein.

Trotz seiner riesigen Fläche hat Australien nur wenige Großstädte wie z.B. Sydney, Brisbane, Melbourne, Perth, Darwin sowie einige Kleinere, z.B. Andelaide und Canberra. Diese letzte ist zwar Hauptstadt, ist aber kleiner als Sydney. Das gleiche erlebt man in vielen anderen Ländern, wie z.B. Bonn, die provisorische Hauptstadt und Sitz der Bundesregierung ist kleiner als z.B. Hamburg oder München. Die kanadische Hauptstadt Ottawa ist kleiner als Montréal oder Toronto. Die Residenz hat also nur ihre Größe im politischen Sinn. Aber flächenmäßig braucht sie nicht so weiträumig sein wie eine Industrie- oder Handelsmetropole.

Die mehrmalige Begegnung mit Sydney, Brisbane und Adelaide hat mich dazu gebracht, mehr über das Leben, über Land, Leute und ihre Kultur in diesen Städten zu erfahren. Alle diese Kenntnisse möchte ich hier zu Papier bringen und sie den Lesern vorstellen. Was ich vor allem zeigen möchte, ist wie meine Landsleute, die Vietnamesen dort ihr Exil-Dasein führen.

Die Bevölkerung Australiens, wie ich bereits erwähnt habe, ist eine gemischte Völkergemeinschaft und setzt sich zusammen aus verschiedenen Herkünften, Rassen und Kulturen. Diese Vielfalt von Lebensweisen ist damit zurückzuführen auf einzelne Einwanderungsgruppen, die ihre ethnischen Eigentümlichkeiten mitbrachten und sie weiter kultivieren. Öfter war ich in Amerika, Asien und Europa und hatte viele Formen der Neujahrsfeiern kennengelernt. Jedes Volk feiert auf seine Weise. Aber es scheint mir, daß auf dem Kontinent Australien Neujahr nicht gefeiert wird. Und wenn, dann ganz unauffällig. Es kommt einem leicht der Verdacht, daß Menschen, die hier leben, nur einen einzigen Gedanken hegen, hierher kommen, um Geld zu machen, um dann in ihre Heimat zurückzukehren. Anders als die anderen Einwanderer, warten die Vietnamesen darauf, das Neujahrfest nach dem Mondkalender zu feiern.

Die meisten Australier sind Engländer, die seit längster Zeit, wahrscheinlich über 200 Jahre auf dem Kontinent leben und sie passen sich an den Umstand an. Denn für sie ist es nicht mehr so ungewöhnlich, daß es hier zur Weihnachtszeit noch nie geschneit hat, während in Amerika und Europa die Temperaturen unbarmherzig sinken, und in der bitteren Kälte die Natur ihr weißes Kleid anzieht. Schweißgebadet empfangen Australier die Geburt Christis. Denn manchmal steigt hier zu dieser Jahreszeit die Hitze bis 40°C.

Als die ersten Engländer nach Australien emigrierten, brachten sie ihre Religion mit. Den Anglikanern folgten Lutheraner, Baptisten, Katholiken, Juden, Muslims sowie Anhänger anderer Glaubensgemeinschaften.

Erst später machte sich die Präsenz des

Buddhismus bemerkbar. Auf dem Weg ins Exil gelangten tibetische Würdenträger nach Australien. Ihnen folgten danach europäische Theravadins. Wie in der Schweiz und der Bundesrepublik Deutschland ließen Laienbuddhisten und tibetische Gurus zur Manifestation ihrer Religiosität Klöster und Tempel bauen. Jedoch ist der Buddhismus nicht soweit verbreitet unter der örtlichen Bevölkerung. Denn die Mehrheit der europäischen Buddhisten vertiefen sich in das Studium des Dharma und besinnen sich nur auf den philosophischen Teil der Lehre. Sie legen den stärksten Ausdruck für das Umgreifende des buddhistischen Lebensgefühl in den Ritualen beiseite, die in den klassischen asiatischen Ländern des Buddhismus schon immer gebräuchlich waren.

Gegen die zweite Häfte des 19. Jahrhunderts, infolge der Reformbewegung des japanischen Kaisers MEIJI TENNO (1868) findet sich ein starkes Interesse der Europäer an den asiatischen Kulturen und Religionen. Umgekehrt nutzte Japan diese Gelegenheit, um das Tor ihres inselreichen Landes dem Welthandel weit zu öffnen. Eine große Zahl von Büchern und Zeitschriften wurden aus dem Japanischen ins Englische übertragen, darunter neben Handels- viele kulturelle und religiöse Literaturen. Am bekanntesten und hervorragendsten galt die Arbeit des buddhistischen Gelehrten SUZUKI DAISETZU TAITARO (1870-1966). Seine im Englischen verfaßte moderne Interpretation des Zen gebührte höchste Anerkennung und trug dazu bei, das Interesse für Zen in intellektuellen Kreisen im Abendland zu wecken. Die Übersetzung von Suzukis Zen-büchern ins Vietnamesische durch Tuệ Sĩ fand bei uns große Begeisterung in weiten

Kreisen sowohl in der Theologie- als auch in der Literaturwissenschaft. Unter den vielen Werken schrieb SUZUKI als erstes "ZENGAKU NYUMON", dessen deutsche Übersetzung den Namen "DIE GROSSE BEFREIUNG - EINFÜHRUNG IN DEN ZEN- BUDDHISMUS" trägt. Währenddessen gibt es für dieses Buch zwei vietnamesische Übersetzungen mit zwei verschiedenen Namen: 1."*NẺO VÀO THIỀN HỌC*"(=DAS TOR ZUM ZEN-BUDDHISMUS) und 2. *DƯỜNG VÀO THIỀN HỌC*" (=DER WEG ZUM ZEN-BUDDHISMUS). Eigentlich sind beide Titel richtig. Ich hatte die Gelegenheit während meines Aufenthalts in Japan das Original in japanischer Sprache zu lesen und fand, daß die englischen und vietnamesischen Versionen mir besser gefielen.

Ein anderes Buch von SUZUKI wurde ins Deutsche übersetzt unter dem Titel "DER WEG ZUM INNERN". Wenn richtig übersetzt wird, dann sollte es wörtlich ins Vietnamesesische heißen: "*DƯỜNG VỀ NỘI TÂM*". Jedoch hatten die beiden Übersetzer Phùng-Khánh und Phùng-Thăng einen anderen Namen gewählt und zwar "*CÂU CHUYỆN DÒNG SÔNG*", was wiederum bedeutet "DIE GESCHICHTE DES STROMES" (wobei Strom, den Strom des Lebens im Zen meint, der Übersetzer). Diese ist eine fiktive Geschichte mit historischem Charakter aus der Perspektive eines tief vom Buddhismus geprägten westlichen Menschen.

Von 1975 bis heute (Jan.81) stieg die Zahl der in Australien lebenden vietnamesischen Boatpeople auf 33.000 nach meiner Schätzung. Die meisten von ihnen sind buddhistisch, deshalb wird die geistige Betreuung immer problematischer, zumal sich bis 1980 unter ihnen kein einziger buddhistischer Geistlicher befand, bis auf Bruder Dồng-Trung, der über Sydney nach Los Angeles weiter gereist war. Zu Beginn des Jahres 1980 bei einer Durchreise nach Japan machte ich einen kurzen Besuch in Australien. Bei der Gelegenheit äußerte eine Gruppe vietnamesischer Buddhisten den Wunsch, einen Mönch zu haben, der ständig in Australien lebt und die religiöse Betreuung der Flüchtlinge aus Vietnam übernimmt.

Dem Wunsch entsprechend kamen gegen Ende des gleichen Jahres zwei vietnamesische Bikkhus direkt aus den Flüchtlingslagern Hongkong und Pulau Bidong. Alle beiden Mönche, Ehrw. Thích-Tắc Phước und Ehrw. Thích Huyền-Tôn sind heute Äbte beider Pagoden in Melbourne und Sydney.

Ein Jahr vor dem Eintreffen der beiden Ehrwürdigen wurden bereits drei buddhistische Vereine der Vietnamesen in New South Wales, Brisbane und Adelaide ins Leben gerufen, obwohl in keinem dieser Orte ein Mönch vorhanden war. Der Initiative folgend wurden in der danach kommenden Zeit zwei weitere buddhistische Vereine in Perth und Canberra gegründet. Oft war ich mit der Frage konfrontiert, warum die meisten vietnamesischen Bikkhus bei der Auswahl ihres Exil-Landes die USA bevorzugen, anstatt Australien oder Europa.

Es ist immer leichter derartige Fragen zu stellen als dafür eine adäquate Antwort zu finden. Von meinem Standpunkt aus würde ich zum Beispiel folgende Erklärungen geben:
- erfreulicherweise gibt es in den USA bereits viele buddhistische Einrichtungen, und gerade diese positive Begleiterscheinung ermöglicht je-

dem einen leichten Anfang; oder:
- nirgendwo sonst auf der Welt gibt es mehr Buddhisten als in den USA; oder:
- weil viele Geistlichen die notwendigen Voraussetzungen sowie das genügende Organisationstalent fehlen, die sie befähigen eine buddhistische Gemeinde zu führen bzw. eine Pagode zu leiten; oder:
- weil das Bildungsniveau der neuordinierten Mönche noch zu perfektionieren ist (abgesehen von einigen, die bereits ein Auslandsstudium absolviert haben). Sie müssen erst ausreichende Kenntnisse in Fremdsprachen erwerben, wie jeder andere Flüchtling. Nach drei oder fünf Jahren werden sie dann die Führung übernehmen können; oder auch:
- im Grunde genommen, angesichts einer großen Anzahl vietnamesisch-buddhistischer Flüchtlinge im Ausland ist die Zahl von 100 Mönchen und Nonnen immer noch zu wenig, um das Problem der religiösen Betreuung zu lösen.

Auf Initiative der VEREINIGTEN BUDDHISTISCHEN CONGREGATION wurden nach 1954 viele Mönche zum Studium nach Indien, Japan, Taiwan, Thailand England, West-Deutschland und in die USA geschickt. Nach offiziellen Angaben gab es bis 1975 insgesamt 60 Mönche. Ein Teil von ihnen kehrte nach dem Studium in die Heimat zurück, die restlichen 35-40 halten sich nach dem Studienabschluß weiterhin im Ausland auf und sorgen sich um die geistige Betreuung ihrer Landsleute in verschiedenen Exilländern. Auch hier gibt es Probleme. Zum einen ist die Zahl der vorhandenen Mönche und Nonnen immer noch unzureichend im Verhältnis zu einem immer größer werdenden Flüchtlingsstrom. Zum anderen ist die Zahl der Geistlichen, die über eine adäquate Führungsqualifikation verfügen, immer noch zu gering. Dazu kommt noch, daß es mitten in dieser materialistischen Gesellschaft immer seltener Menschen gibt, die sich für den Eintritt in den Mönchsorden entscheiden, während die älteren Mönche nach und nach ohne Nachfolger das Leben verlassen. Dieses unauffüllbare Loch wird immer größer.

Noch vor einigen Jahrzehnten genügte es einem buddhistischen Mönch unfassende Kenntnisse des TRIPITAKA(skr; Pali:TIPITAKA; wörtlich:DREIKORB, Kanon der buddh. Schriften, bestehend aus drei Teilen: VINAYA-PITAKA: Korb der Disziplinregeln; SUTRA-PITAKA: Korb der Lehrreden aus dem Mund des Buddhas und seiner Schüler; ABHIDHARMA-PITAKA: Korb der scholastischen Lehre buddh.Psychologie und Philosophie) zu haben. Heute ist es notwendig, daß er sich auf das intellektuelle Niveau der modernen Gesellschaft stellt. Diese gedankliche Betrachtung war der Grund dafür, daß die VEREINIGTE BUDDHISTISCHE CONGREGATION eine Auswahl traf und begabte Mönche zum Studium ins Ausland schickte. Eine Reihe von diesen Mönchstudenten erreichten nach wenigen Jahren ihres Auslandsaufenthalts den Diplom-Abschluß, einige andere die Doktor-Würde.

Eigentlich halten Mönche wenig von akademischen Titeln. Mehr oder weniger betrachten sie sie als Hilfsmittel bei der Erfüllung ihrer Lebensaufgaben der Übertragung des Dharmas an die Menschen, dessen geistigen Niveau höher liegt, als bei anderen einfachen Leuten. Mönche sind sich dessen bewußt, daß sich alles im Leben ständig in Zeit und Raum verändert, daß Namen und materielle Dinge dem Gesetz der Vergänglichkeit unterliegen. Reichtum, Titel und soziale Stellung sind deshalb nicht das, wonach sie streben.

Was der Mönchsgemeinschaft derzeitig Sorgen macht, sind Nachwuchsprobleme. Diese ernstzunehmende Situation wird damit verglichen, wie alter Bambus sich um spärliche Sprößlinge sorgen. Damals in Vietnam erlebte ich wie viele junge Menschen sich ernsthaft darum bemüht hatten, das Bodhisattva-Ideal zu verwirklichen. Während meines fast zehnjährigen Auslandsaufenthaltes habe ich noch nie einen einzigen Vietnamesen gesehen, der sich dafür interessiert, diesen Weg zu gehen. Es gibt höchstens einige, die drei oder fünf Tage in der Pagode als Tempeldiener verbringen, um religiöse Verdienste zu erwerben. Ich fragte mich manchmal, ob die Menschen nur Mönch werden wollen, wenn sie wirklich leiden oder mit dem weltlichen Leben unzufrieden sind! Wenn sie aber glücklich sind, obwohl das Glück nur vorübergehend und zerbrechlich ist, dann denken sie nicht an Erlösung.

Zwei deutliche Tendenzen machen sich bei den in Australien lebenden Vietnamesen bemerkbar: die einen Eltern befürchten, daß aufgrund der englischen Sprache und des örtlichen Schulsystems deren Kinder keine Möglichkeit haben, die Muttersprache zu lernen. Sie wissen nicht recht, wie ihre Kinder die Kenntnisse der Geschichte Vietnams erwerben sollen. Natürlich unter diesem Umstand wird man den jungen Vietnamesen die Geschichte ihres Herkunftslandes in englisch erklären und zweifellos aus der Sicht eines Außenstehenden. Die anderen Familien würden sich sehr freuen, wenn sie ihre Kinder gut Englisch sprechen hören. "Der Junge wird kein Problem in der Schule haben!" würden einige Väter meinen. Meiner Meinung nach haben beide Seiten recht. In der Hoffnung auf eine künftige Rückkehr in die alte Heimat, ohne unter dem kommunistischen System leben zu müssen, sollen wir heute schon mit notwendigen Vorbereitungen beginnen. Je mehr wir überlegen und das Beispiel der Juden und Chinesen im Ausland ernst nehmen, um so mehr finden wir, daß es erforderlich ist, zusätzlich zum örtlichen Schulsystem auf etwas mehr zur Erhaltung und Pflege der heimatlichen Kultur zu achten, und vor allem bei den Spätgeborenen die Muttersprache zu fördern. Ich finde es lobenswert, daß vietnamesische Pagoden unter den Flüchtlingen in Australien Sprachunterricht in vietnamesisch übernehmen. Es gibt Rundfunksendungen und Zeitungen in vietnamesischer Sprache, die den Landsleuten dazu dienen, sich an die Kultur und Traditionen des eigenen Volkes zu erinnern.

Alles das läßt erkennen, daß die gesamten Entwicklungen des geistigen Lebens der Vietnamesen in Australien auf günstige Bedingungen stoßen. Die Probleme der Rassentrennung und religiöser Intoleranz sind nicht so bedenklich wie in vielen Ländern Europas und Amerikas. Es kommt noch dazu, daß geographische und klimatische Bedingungen den Vietnamesen erträglicher sind als anderswo. Es bleibt noch zu hoffen, daß die späteren Generationen der Vietnamesen in Australien eine gute Zukunft haben.

Für viele meiner Landsleute ist jede Reise ein richtiges Unternehmen, ein Wunsch, den nicht jeder erfüllen kann. Daher finde ich, daß ich wahrscheinlich unter einem günstigen Stern geboren wurde, so daß ich bisher viel Glück und Erfolg hatte. Ein Mönch wie ich, der weder Fesseln noch Familienbindung hat, muß damit sehr zufrieden sein.

Auf diese Reise nach Amerika hatte ich mich zwei Monate lang vorbereitet, bis ich das Einreisevisum beantragte. Im Wartesaal des US-Konsulats war ich der letzte. Vor mir standen mehrere Deutsche und Ausländer. In diesem Moment begriff ich die internationale ungleiche Behandlung. Ich fragte mich, warum ich kein Deutscher oder Japaner bin! Dann wären viele Probleme schnell gelöst. Einen Vietnamesen stellt man immer viele Fragen. Dieser Gedanke kam nur zu spontan, gewöhnlich wenn es sich um Dinge handelt, die in Verbindung mit meiner Heimat, meiner Herkunft stehen. Die Vietnamesen waren schon immer stolz auf ihre mehr als viertausendjährige Kultur, auf ihre zahlreichen Nationalhelden. Nur aus internationaler Sicht ist Vietnam noch unbedeutend, im Vergleich zu Japan. Die Welt kennt Vietnam nur durch Kriegsbilder und Flüchtlingsströme. Andere Völker sprechen von Vietnam viel mehr mit Mitleid als mit Respekt. Während meines Studienaufenthalts in Japan wurde ich oft gefragt, woher ich komme. Auf meine Antwort sah ich wie die Leute fast immer mit gleichen Worten reagieren:"Der Arme!".Ich hatte jedesmal versucht, sie vom Gegenteil zu überzeugen. Jedoch war es mir nicht gelungen. Nach und nach wurde mir klar, daß kein anderes Volk außer den Vietnamesen selbst ihr Land loben würde. Anders als viele andere Völker sind Deutsche und Japaner so bescheiden, daß sie sich selbst zu loben, meiden. Wahrlich was von Natur aus gut ist, braucht keine Reklame für sich selbst zu machen!

Während ich mit meinen Gedanken in der grossen weiten Welt unterwegs war, wurde ich von einem US-Beamten der Konsular-Abteilung zurück in die Realität gerufen. Er bat mich ihm in ein anderes Zimmer zu folgen. Dort fragte er mich:
-Was machen Sie zur Zeit?
-Ich bin ein buddhistischer Mönch und habe die Aufgaben der geistigen Führung für meine vietnamesischen Landsleute in diesem Land.
-Was wollen Sie in Amerika?
-Ich möchte dort die Gemeinschaft der buddhistischen Vietnamesen besuchen.
-Kennen Sie jemanden in USA?
-Ja, ich kenne einige, die mit mir weder Verwandte noch verschwistert sind.
-Wer übernimmt für Sie die Finanzierung?
-Ich habe jemanden, der für mich bürgt.
Der Beamte stellte mir Fragen in Englisch, während ich in Deutsch antwortete. Jedoch sein Blick gab mir zu verstehen, er wollte wissen,wa-

rum ich mit ihm kein Englisch sprach. Ich gab ihm darüber keine Auskunft und antwortete ihm weiter auf deutsch. Er schien gut gelaunt und überrascht zugleich von meinem Verhalten.

Ich zeigte ihm das Flugticket Frankfurt-Montréal-Frankfurt als Beweis dafür, daß ich keine Absicht hatte, in den USA oder Kanada bleiben zu wollen. Er nickte zustimmend mit einem Lächeln, dann schob er meinen Antrag zu der Sekretärin an der Schreibmaschine. Mit dem Visum im Reisepaß kehrte ich am gleichen Tag nach Hannover zurück. Der erste Schritt war getan, schwierig aber mit etwas Geduld war alles schnell vorbei.

Vor meinem Abflug in Frankfurt sagten mir meine Freunde:
-Vergiß nicht zu erzählen, wenn du zurück kommst, Meister!
-Nichts ist leichter als das, entgegnete ich ihnen.
-Also guten Flug und viel Glück.
-Vielen Dank und bleibt gesund.
Bei diesem Abschied waren nur einige meiner Freunde, obwohl ich mehrere tausend Meilen von Deutschland entfernt verreiste. Heute fliege ich so oft, daß niemand mehr darauf achtet, wie damals in Saigon.

Meine Ankunft in Montréal verspätete sich um fast eine halbe Stunde. Ich sah auf der Terasse eine vornehme Frau in schwarz mich mit ihrer Handbewegung begrüßen. Neben ihr stand ein junger Mann im grauen Anzug. Ich wußte, daß sie kamen, um mich abzuholen. Nach den Formalitäten bei der Einreisebehörde und beim Zoll trafen wir nun zusammen. Diệu Bích, die vornehme Frau fragte zuerst:

-Hast du einen guten Flug gehabt, Meister?
-Er war angenehm, vielen Dank.

Orientale sorgen sich sehr innig um das Wohlbefinden von Freunden und Verwandten. Okzidentale aber achten mehr auf oberflächliche Förmlichkeiten, die sie im täglichen Umgang miteinanden verwenden müssen.

Mein erster Eindruck war, daß sie so gütig aussah in ihrer schwarzen Kleidung. Jedoch verriet ihr Gesicht eine unsagbare Melancholie, die ganz anders war als die Traurigkeit wie vor einem Jahr bei unserer letzten Begegnung während der Beisetzung ihres Mannes in Paris. Ich warf schweigend einen Blick zu Thị Pháp, unserem Begleiter. Lautlos entgegnete er mir und ich wußte daß es ihm gut ging. Manchmal sind solche kurzen Momente des Schweigens eine Verständigung, die viel sagender ist als gewöhnliche Worte.

Wir nahmen Platz in einem hübschen und noblen grauen Mercedes. Unterwegs tauschten wir miteinander einpaar Informationen über Deutschland und Kanada aus. Unsere Fahrt endete vor einer prunkvollen Villa. Ich mußte sagen, noch nie hatte ich so etwas fürstliches gesehen, geschweige denn darin zu wohnen. Außerdem läßt sich das mönchische Leben nicht mit Pracht und Reichtum vereinbaren.

Ich erinnerte mich vage, einmal hatte Diệu Bích zu mir gesagt:" Früher ließ sich der ehrwürdige Meister Tâm Châu von einem Chauffeur hin und her fahren. Heute hast du es besser, denn du läßt dich von Ärzten und Ingenieuren abholen und hinbringen. Paß auf, daß die Kommunisten dich nicht mit "CIA" etikettieren".

Ich antwortete lächeld:" Das habe ich dem Wunder des Buddha-Dharma zu danken". Ich freute mich, nicht über diese materiellen Dinge, sondern vielmehr über die Gütigkeit und die Sympathie, die die Familie Diệu Bích für mich reserviert hatte.

Seit dem ersten Tag meines mönchischen Lebens hatte ich immer etwas gegen reiche Leute. Ich sagte es wirklich nicht aus Neid oder Eifersucht, sondern ich hatte immer gedacht:" Buddha war einst ein Kronprinz, der sich entschlossen hatte, das fürstliche Leben im Palast und in Gemütlichkeit der Familie zu verlassen, um nach Wahrheit für sich selbst und andere Wesen , zu suchen. Und heute, wenn ich absichtlich oder unabsichtlich diese Fesseln auf mich nehme, die mich daran hindern, nach Erlösung zu streben, dann begebe ich mich in eine Sackgasse. Ich erinnere mich viel zu gut an die reichen Leute in Vietnam damals. Viele von ihnen gaben Spenden und Almosen und benutzten diese, um Mönche durch Drohung, Erpressung und Unrecht auf ihre Seite zu ziehen. Ich war selbst eines ihrer Opfer . Seitdem halte ich Abstand von den Reichen. Ich mußte mitleidig feststellen, daß mit derartigen Wohltätigkeiten kein guter Samen gesät worden war, um religiöse Verdienste zu erwerben. Im Gegenteil trugen sie vielmehr dazu bei, daß ihr schlechtes Karma schwerer wog. Unrecht und Engstirnigkeit fingen schon damit an, daß unter den Augen vieler reicher Leute der Abt alles zählt, während junge Mönche und Novizen nur soviel wert sind wie ihre Hausdiener, mit welchen sie alles machen, was ihnen augenblicklich gefällt. Eines hatten sie dabei nicht bedacht, daß gerade diese junge Generation in der Pagode zukünftige Tragsäulen der CONGREGATION sein wird, weil sie irgendwann die jetzigen ersetzen wird. Und unter deren Füßen werden sie eines Tages respekvoll niederknien, so wie sie sich jetzt bei höheren Würdenträgern verhielten. Wahrscheinlich wußten die Reichen nicht, daß ein Teil der Mönche, die den tugendhaften Lebenswandel abbrechen müssen, sich durch ihr Fehlverhalten erniedrigt und gedemütigt fühlen".

Heute war ich mit einer Situation konfrontiert, wo ich wiedermal mit einer wohlhabenden Familie zu tun hatte. Ich hatte mir darüber Gedanken gemacht, wie ich mich zu verhalten hatte. Aber meine Gefühle sagten mir, daß zwischen dieser Familie und mir ein Band der Sympathie existierte, schon seit der ersten Begegnung. Kurz vor meiner Abreise nach Washington DC übertrug ich Frau *Diêu Bích* und *Thi Pháp*:" Ich komme zu euch nicht wegen des Geldes, sondern ganz einfach aufgrund menschlicher Beziehung zwischen Gleichgesinnten".

-Und was ist mit armen Leuten, die unanständig sind? fragte mich *Diêu Bích* zurück.

-Wir dürfen in Armut kein häßliches Gesicht sehen, denn Leute, die darunter leiden, sagte ich ihr, verdienen unser Mitleid; Weil meistens Armut aus sozialer Ungerechtigkeit geboren ist, und gleichzeitig gibt es immer welche, die auf sozialer Ungerechtigkeit ihren Reichtum aufbauen.

-War das vielleicht der Grund dafür, daß du reiche Leute nicht magst?

-Das ist wahr! Aber wenn es Reiche gibt, die DIE DREI JUWELEN zu schätzen wissen und die Sittlichkeit pflegen, dann verdienen sie den Respekt anderer. Es ist tadelhaft für die, die nichts über Religionen wissen wollen, und sich mit Ruhm und Ehre loben. Darüber lehrte Buddha: *"Wer sich selbst für weis hält, ist kein Weiser, denn Weiser ist, wer eigene Dummheit erkennt."*

Wir stellten uns weiter Fragen und Antworten, die so endlos erschienen wie Anekdoten aus dem klösterlichen Leben, die ich ihnen erzählte.

Die Villa war hübsch und mit Sorgfalt eingerichtet, so daß die Gäste sich wohlfühlten. Sie war groß und hatte zwei Stockwerke. Nur bewohnt wurde es von zwei Personen. Deshalb könnte man sie sich größer vorstellen, als sie wirklich war. Die vegetarische Speisen, die von ihr selbst nach europäischer Art vorbereitet wurden, sahen fremd aus und schmeckten hervorragend. Manchmal sagte ich zum Spaß:" Wärest du noch in Vietnam, hättest du keinen Finger zu rühren brauchen. Denn das machen die Hausmädchen. Findest du es nicht sehr mühsam, heute hier alles selbst tun zu müssen?"

"Nein, antwortete sie, das macht nichts. Außerdem sollte man es nicht so tragisch sehen, wenn man entfernt seiner Heimat leben muß".

Auf die Nachricht meiner Ankunft in Kanada reagierten Dharma-Freunde und die Buddhistische Gemeide der *"Liên-Hoa Pagode"* mit einer aufrichtigen Einladung per Telefon zur Teilnahme am bevorstehenden VU-LAN -Fest(Ullambana, Eltern-u. Totengedenkfest). Ich nahm die Einladung freudig an und kam zum Fest. Dies wurde damit begründet, daß ich nicht gern hätte, daß irgendeiner sich meinetwegen beleidigt fühlt, sei es eine einfache oder eine berühmte Person. Es geht mir hauptsächlich darum, daß es sich um die Lehre des Buddha oder Dharma-Arbeiten und nicht um weltliche Angelegenheiten handelt. An diesem Tag regnete es in Strömen und es gab starke Windstöße.

"VU-LAN-Fest"(Ullambana) ist das Fest zum Gedenken der Eltern und verstorbenen Angehörigen. Selbstverständlich wird zu diesem Anlaß hauptsächlich das Ullambana-Sutra rezitiert. Nach dem Aufsagen des "Karunika Dharani"(langer Gebetsspruch des "Großen Mitleids") folgt die Lesung der Bittstellung an Heilige zugunsten der Verstorbenen. Das machte mich diesmal verlegen, weil diese Bittstellung auf Vietnamesisch geschrieben wurde. Und es war wirklich schwierig, sie beim Lesen zu reimen. Bisher kannte ich dies nur im Chinesischen. Heute schien mir diese Bittschrift endlos zu sein und ich las sie mit tiefer Stimme. Jedesmal wenn ich meine Stimme noch weiter sinken ließ, da spürte ich, wie meine Kehle sich zuschnürte.

Nach der Zeremonie hielt ich eine Predigt. Gewöhnlich hatte ich immer schon vorher meinen Text gründlich vorbereitet. Da diesmal die Einladung ein bißchen plötzlich kam, ging ich mit leeren Händen hin. Zu diesem Anlaß fand ich trotzdem passende Worte, trug den Anwesenden die Bedeutung des "VU-LAN-Festes" vor und beantwortete anschließend die Fragen. Ich merkte, daß viele nicht aufmerksam zuhörten. Wahrscheinlich dachten sie, ich sei noch zu jung und nicht erfahren genug, um ihnen Weisheit zu ermitteln. Dann sah ich sie immer mehr staunen und sich auf meine Worte konzentrieren. Das machte mir weder Freude noch Schmerz, denn es passierte so oft, daß es mir nichts mehr ausmachte.

Nach dem Mittagsmahl hatte ich die Gelegenheit den Gemeiderat der Pagode näher kennenzulernen. Ich stellte dabei fest, daß die Stimmung zwischen den Ratsmitgliedern war, wie in einem Haus in Flammen. Ein Funke hätte genügt, um das Ganze zum Feueropfer zu verwandeln. Nicht, daß sie sich gegenseitig stritten. Nein! Das Schlimmste war, daß sie sich nicht einigen konnten. Solche Fälle hatte ich oft mit eigenen Augen gesehen. Viele Buddhisten meinten, sie gehen in die Pagode um Gier, Haß und Wahn abzubauen. Sie hoffen damit, das Ufer der Erleuchtung zu erreichen. Das Ziel ist himmelsweit und der Weg ist dornig. Denn sowie sie zusammentreffen, tauchen Meinungsverschiedenheiten auf, begleitet von Zorn, Stolz und Einbildung, die sie mehr trennen als binden. Ein vager trauriger Gedanke überschattete einen Augenblick mein Herz.

Wie da draußen der späte Schauerregen vom Sommer Abschied nahm, verließen wir die *"Liên-Hoa Pagode"* mit einem Gefühl des Mitleids.

Während meines Aufenthalts in Montréal hatte ich die Gelegenheit, das Olympia-Gelände und die Umgebung zu besuchen. Überall wo ich war und alles, was vor meinen Augen erschien, verglich

ich mit Landschaften und Dingen in meiner Heimat, um jedesmal zum gleichen Schluß kommen zu müssen, daß es im Ausland nichts gebe, daß mir besser gefällt, als in Vietnam. Mag sein, daß manche sagen würden, daß ich ungerecht sei und zuweit übertrieben habe. So solle es auch sein, aber in meiner Eigenschaft als Vietnamese, dessen Heimatsbewußtsein im Herzen liegt, werde ich nie müde sein zu sagen, daß ewig in mir die Flamme der Heimat brennt, genährt durch eine Fülle von Träumen und Hoffnungen auf eine künftige Heimkehr in ein freies Vietnam.

Auf Einladung des Professors Lê Kim Ngân und einiger Buddhisten kam ich nach Ottawa. Riesige Wolkenkratzer, große Gebäude des "House of Commons" und "Senate" (beide sind die konstituierenden Kammern des Parlaments) sowie des " External Affairs" machen aus Ottawa die Hauptstadt der Kanadier. Sie ist hübsch wie ein Gedicht, jedoch nicht so romantisch wie Lausanne in der Schweiz oder so poetisch wie Hagi im Land der "aufgehenden Sonne".

Unser heutiger Besuch bei Prof. Ngân erinnerte mich an früher, als wir noch in Tokyo waren. Damals schaute ich so oft bei ihm herein, als er noch im Gemeindewohnheim Nichidai wohnte. Wir waren fast zu familiär zueinander. Denn von Natur aus bin ich nicht für Förmlichkeit. In der Freundschaft sollte man möglichst offen und ehrlich zueinander sein. Wie üblich tauschten wir miteinander Fragen über persönliches Wohl, den Arbeitsalltag im neuen Milieu, sowie über Vereinsaktivitäten in Kanada aus.

Bei der Gelegenheit ließ Prof. Ngân wissen, er sähe durch meinen Besuch die beste Chance für alle buddhistisch-gläubigen Vietnamesen in dieser Stadt, in Anwesenheit eines Mönches, einen vietnamesisch-buddhistischen Verein in Ottawa-Hull ins Leben zu rufen. Sein Wunsch war es, den buddhistischen Landsleuten Gelegenheit zu geben, sich zu treffen, miteinander zusammenzuarbeiten auf der Grundlage des Dharma und gemeinsam den Geist der Barmherzigkeit zur Entfaltung zu bringen. Sein nächster Schritt wäre es, eine richtige Pagode zu errichten, die dann von einem buddhistischen Mönch, als religiöser Betreuer, geleitet wird. Diese heilige Stätte sollte allen buddhistisch-gläubigen Vietnamesen zugute kommen, damit sie die Möglichkeit haben, das Dharma in Empfang zu nehmen und den Buddha zu verehren.

Am gleichen Nachmittag lud Prof. Ngân Freunde, die so wie er auf diesen Tag gewartet hatten, zur Versammlung in der Wohnung eines vietnamesischen Studenten ein, der schon lange in Kanada lebte. Alle wollten sich mit mir über ihr Vorhaben beraten. Die Versammlung fand um 20Uhr statt. Zehn Personen waren anwesend. Die Stimmung war gut, aber die Ideen, die jeder mitbrachte, führten zu keinem konkreten Ergebnis. Dann trug Prof. Ngân seinen Vorschlag vor und jeder hörte mit Aufmerksamkeit zu. Er nannte den Anwesenden den Grund und das Ziel des künftigen Vereins.

Es folgte eine rege Diskussion, wenn auch mit heftigen Kontroversen, bis alle sich schließlich auf eine gemeinsame Grundlage einigten. Ich erklärte ihnen wie der Verein sich schrittweise entwickeln sollte, um einen soliden Aufbau zu erhalten. Zunächst mußte jeder Buddhist einen Beitrag aufbringen, um die Räumlichkeit für eine Andachtsstätte zu mieten. Erst, wenn die Zahl der Mitglieder größer wird, dann kann man noch an die Errichtung einer Pagode sowie die Anbetung eines Mönches für die Beratung und Führung von buddhistischen Arbeiten denken. Alles ist möglich, nur die Sache mit dem Mönch könnte schwierig sein. Denn wenn wir das Beispiel der *"Liên-Hoa Pagode"* in Montréal sehen, dann stellen wir fest, daß die Pagode zwar seit Jahren existierte, aber bis heute kein Mönch zu finden ist. Es ist damit zu erklären, daß es heute im Ausland zu wenig Mönche gibt, während die Zahl der Vietnamesen wächst und mit ihnen die buddhistischen Arbeiten sich ständig vermehrten. Zur Zeit gab es für fast eine Million Vietnamesen im Ausland nur etwa 100 Mönche und Nonnen. Ich sagte zum Spaß:" Früher in Vietnam gab es viele, die Mönch werden wollten. Aber heute in dieser modernen Welt kann ich mit der Fackel herum gehen und niemanden finden, die diesen Wunsch noch hegt. Es liegt vielleicht daran, daß die vielen roten und blauen Lichter die jungen Menschen verblendet haben, deshalb vergessen sie ihren Wunsch. Nur die Älteren wollen noch nach Erleuchtung streben. Wir geben nur Mühe, um unter ihnen gute Mönche auszubilden und nach sieben oder acht Jahren scheiden sie aus dieser Welt und lassen uns hier mit unseren Sorgen sitzen".

Alle hörten mir ruhig zu und empfanden das gleiche Mitgefühl. Jedoch hofften sie, daß es möglich ist, daß viele Mönche nach Ottawa übersiedeln werden, weil hier ein Land des Friedens ist.

Die Versammlung wurde fortgesetzt. Aber wir verließen sie frühzeitig und versprachen, in den ersten zehn Tagen des Oktobers wiederzukommen.

Unser Weg ist noch weit. Aber schon an dieser ersten Station waren wir müde. In den nächsten Tagen besuchten wir Toronto und die Niagara-Fälle, eines der Weltwunder. Wir kamen nach Niagara noch rechtzeitig, als die Lichter der Stadt zu brennen begannen. Tausende Männer und Frauen aus aller Welt, junge und alte, die den Touristenstrom formierten, bewegten sich in Richtung des Wasserfalles. Sie kamen hierher, um eine der größten Attraktion der Natur in kunstvoller Illumination zu erleben. Ich näherte mich dem Sicherheitszaun an einem der beiden Ufer und blickte in den Abgrund. Als plötzlich ein merkwürdiges Gefühl mich erfaßte, wußte ich, daß die Angst vor der Tiefe mich schwindlich machte.

Die Niagara-Fälle bilden die natürliche Grenze zwischen beiden Staaten Kanada und USA. Wer die spannungsvolle politische Verschiedenheit an den Grenzübergängen in Ost- und West-Berlin kannte, merkte sofort, wie unvorstellbar friedlich diese territoriale Trennlinie zwischen den freiheitlichen Staaten Kanada und USA ist. Als ich die höchste Stelle des Wasserfalls erreichte, dessen Name ich nicht kannte, überlief mich ein Schauer, wenn ich daran dachte, wie viele Unglückliche es schon gegeben hatte, die von hier oben mit einem Sprung in die Tiefe den Freitod gefunden hatten. In diesem Augenblick schwebten in meinem Gedanken zahlenlose Bilder von unbekannten Toten, so undeutlich wie Gespenster in der Finsternis des Totenreiches.

Ich kehrte müde ins Hotel zurück und war noch von unheimlichen Erscheinungen toter Geister besessen. Sie kamen ohne Grund in meinen Kopf und verschwanden gleicherweise, ohne jede Verabredung, in das Nichts. Einfach so!

Am nächsten Morgen passierten wir die Grenze und befanden uns auf dem Territorium der Vereinigten Staaten von Amerika. Von dieser Seite schauten wir hinüber zurück zum kanadischen Ufer und stellten fest, daß der Blick gestern von drüben nach dieser Seite schöner war. Wir suchten einen Platz zum Rasten und kamen wieder an ein Ufer der Niagara-Fälle. Erst dann war ich mir bewußt, daß es zwischen dem Strom und mir keine Harmonie geben könne. Strom ist Strom und ich bin ich!

Nach einer Tagesfahrt trafen wir in Washington DC ein. Die Stadt, die sich Hauptstadt der USA nennt, hatte aber Straßen, die schmutziger waren als in Vietnam die *Nguyễn văn Thoại* Straße- und ganz besonders die Viertel der Schwarzen. Enttäuscht von der Realität, suchte ich in meinem Gedächtnis, was der Ehrwürdige *Thích Minh Tâm* mir einst geschrieben hatte, als er über Amerika zur Weltkonferenz des Buddhismus nach Japan ging. Ich war zu dieser Zeit in Paris und erhielt eine Karte von ihm. Er schrieb:" In den USA besonders in Washington DC sind die Häuser nicht so gut wie in Deutschland oder Frankreich. Die Straßen sind sogar dreckiger als in Saigon..." Damals wollte ich ihm nicht glauben, aber jetzt gab ich ihm recht. Nach meiner Erkenntnis ist die Realität noch schlimmer als in seinem Brief. Ohne zu fragen weiß fast jeder, daß die Mehrheit in dieser Stadt schwarz ist. Es war bekannt, daß schwarze Amerikaner diejenige Sozialschicht bilden, die in ungeordneten Verhältnissen lebt. Die meisten von ihnen haben keine ausreichende Bildung und sind faul. Wahrscheinlich durch das Fehlverhalten wurden sie gesellschaftlich stark benachteiligt. Es ließ sich daher nicht vermeiden, daß einige meiner Landsleute sie mit dem Begriff wie "Dân lọ nồi" (Ruß-Bevölkerung) bezeichneten, als Andeutung für ihre schwarze Hautfarbe.

Ein Tag nach meiner Ankunft hatte ich mich entschlossen, einen Besuch in der Pagode " Phật Giáo Việt Nam" abzustatten. Über diese Pagode wurde seit vielen Jahren gesprochen. Ob dies ein guter oder schlechter Ruf war, weiß ich selber nicht. Meine Neugier zwang mich dazu, die Pagode näher kennenzulernen. Auf meine Frage nach Meister Giác Đức sagte man mir, er sei auf Wanderpredigt bis morgen abend. Ich wurde von den Mönchen Thanh Đam, Tâm Thọ, Trí Tuệ u. Minh Đạt empfangen, die seit neuem aus Vietnam gekommen waren. Von ihnen erfuhr ich, daß sie alle aus einer selben Klosterschule, dem ehrenwerten Seminar Huê-Nghiêm, stammten.

Auf der Hauptstraße, die direkt zum "Weißen Haus" führt, liegt diese Pagode, imposant und nobel, mitten in einem großen Garten, wo viele Edeltannen bis zum blauen Himmel wuchsen. Unter der Führung beider Mönche Minh Đạt und Trí Tuệ machte ich einen Rundgang durch den Garten. Wir sprachen viel miteinander über die allgemeine Lage in der Heimat, sowie über die Situation des Buddhismus unter dem neuen Regime, dann über die Gemeinschaft der Vietnamesen im Exil und die Lage des Buddhismus in Europa. Wir kehrten in die Haupthalle zurück wo in wenigen Minuten eine Zeremonie stattfinden sollte. Es war die gleiche wie überall, nur die harmonischen Stimmen bei der Rezitation, die von geschickten Trommelsschlägen begleitet wurden, erinnerte mich an die alte Zeit in meiner verlorenen Heimat. Ich nahm Abschied von der Pagode, um von Washington DC-Airport aus nach Miami zu fliegen. Diesmal begleiteten mich noch einige Buddhisten zum Flughafen.

Von Gainesville kamen die drei Sơn, Hoài und Hưng mich am Miami-Airport abholen. Nach einer kurzen Begrüßung sprachen wir miteinander:
 -Kommt ihr von weit her mich abzuholen?
 -Etwas mehr als 6 Stunden Autofahrt.
 -Eigentlich hätte ich am Flughafen von Washington DC mein Ticket tauschen können, um in meinen anderen nahgelegenen Flughafen zu landen. Leider habe ich gestern nicht genügende Zeit dafür und, um ehrlich zu sein, ich war auch ein bißchen faul. Ich bedaure sehr, daß ich euch deswegen so viele Umstände gemacht habe. Wahrscheinlich hast du das gleiche wie ich gedacht, nicht wahr Bruder Sơn?

Sơn lächelte mich an und gab keine direkte Antwort. Wahrscheinlich stimmte er mir innerlich zu."Dieser Mönch ist aber wirklich ein Quälgeist!". Ich ging mit bedachten Schritten und versuchte nochmal mich zu rechtfertigen:" Beim Kauf des Flugtickets in Deutschland habe ich den Ort, wo ihr wohnt nicht auf der Landkarte gesehen. Ich dachte deshalb nach Miami zu kommen. Ich konnte wirklich nicht wissen, daß die beiden

Städte 6 Stundenfahrt voneinander entfernt sind".

In Wirklichkeit war die Entfernung zwischen beiden Städten nicht sehr groß, nur weil es in den USA eine Geschwindigkeitsbeschränkung gibt, die den Autofahrern nur höchstens 90km/Std. erlaubt, dauerte es so lange. Währenddessen darf man in Deutschland so schnell fahren, wie man möchte. Auf deutschen Autobahnen fährt man mindestens 120km/Std.. Mit dieser Geschwindigkeit schaffte man diese Strecke in nur 3 Stunden.

Vorhin im Flugzeug bot die Luftperspektive einen faszinierenden Blick der Miami-Bay. Zwischen himmelhohen Gebäuden liefen breite Straßen ganz gerade bis zum Meer hinaus, wo weiße Strände die Grenzen der Miami-Bucht markierten. Und jetzt im Auto hatten wir das Gefühl, von einer dichten Luftmasse zusammengepreßt zu werden. Ein starker Wind schien ein Unwetter anzukündigen. Riesige Zusammenballungen von gelben, roten, blauen und schwarzen Wolken sahen so bedrohlich aus, als ob sie bereit waren, perlen- und edelsteinähnliche Tröpfchen herabzusenden.

Unterwegs von Miami bis Gainesville sprachen wir miteinander über bisherige Aktivitäten der Vietnamesen in Japan, Australien und Europa.

Die kleine und ruhige Stadt Gainesville liegt weit im Norden Floridas, eine sympathische Stadt mit vielen Bäumen und grünen Wiesen. Hier fanden einige Hunderte von Vietnamesen, Flüchtlinge und damalige Studenten, ihr neues Zuhause. Trotz der frühzeitigen Bekanntgabe des Bruders Sơn, erfuhren die örtlichen Vietnambuddhisten von meinem Besuch erst nach meiner Ankunft. Es war geplant, daß Sơn u. Hiền mich darum bitten sollten, die Buddhistenweihe für einige Vietnamesen zu vollziehen. Jedoch hatte sich das Programm folgendermaßen geändert: zuerst fand eine Versammlung statt, dann eine Predigt und zum Schluß die Buddhistenweihe. Eine kurze Zeit hatte genügt, um eine große Zahl von Buddhisten zu versammeln. Gemeinsam beteten wir für den Frieden und das Wohl aller lebenden Angehörigen sowie für die Erlösung aller verstorbenen Verwandten und Familienmitglieder. Die auf dem Gesicht der Anwesenden reflektierte Frömmigkeit hatte mich so tief berührt, daß ich eine innere Kraft fühlte, um eine nachhaltige Predigt zu halten. Ich vergaß dabei nicht meine Landsleute daran zu erinnern, daß sie immer an die Heimat denken und ohne Unterlaß ihren Glauben festigen sollen.

Während der Zeremonie der "Dreifachen Zuflucht" gelobten die Neugeweihten die von mir erteilten fünf fundamentalen Regeln für Laienbuddhisten (Upasaka) einzuhalten, um würdige Buddha-Anhänger zu sein. Ein anstrengender Tag ging zu Ende. Ich zog mich in ein für mich bestimmtes ruhiges Zimmer zurück zur Meditation und Samadhi.

In den darauffolgenden Tagen zeigten Sơn und Hiền mir die Umgebung. Mein Eindruck über Land und Leute der Region war, daß überall Menschen und Natur gleich sind.

Ich nahm Abschied von Gainesville und von New Orleans aus, wo ich auf die letzte Maschine des Tages drei Stunden lang warten mußte, flog ich nach Shreveport, eine kleine Stadt Louisianas.

Phúc, mein Adoptivbruder, wartete schon auf meine Ankunft. Das war das erste Mal, daß wir uns in einem Flughafen trafen. In diesem Augenblick des Wiedersehens waren in mir alle bisherigen Hoffnungen und die Freude wieder wach. Wie alle anderen Menschen nahm ich zur Kenntnis, daß man sich trifft, um dann wie das Leben so spielt, auseinanderzugehen. Das Gesetz der Unbeständigkeit erlaubt es nicht, daß alles, was entstanden ist, nicht dem Gesetz der Zerstörung unterworfen ist.

Phúc fuhr mich zu ihm nach Hause und stellte mich seinen älteren Angehörigen vor. Ich entdeckte in seinem Onkel einen Mann von achtbarem Talent. Wahrscheinlich gab dieser Onkel sich altmodisch und verzichtete deshalb auf die Teilnahme an gemeinschaftlichen Aktivitäten, zog sich vom öffentlichen Leben zurück und widmete sich der schönen Kunst. Zwar war er ein bißchen wunderlich, aber hatte oftmals recht, sogar im Bereich der religiös-spirituellen Weltanschauung. Ich wollte ihm manchmal widersprechen, hielt mich dennoch zurück, um ihn nicht zu verletzen. Denn ich merkte, wie schwierig sein Charakter ist. Es blieb mir nichts anderes übrig als ruhig zuzuhören und das schwer-verdauliche hinunterzuschlucken.

Während mehrtägiger Rundfahrten zeigte *Phúc* mir die Stadt und Umgebung. Wir waren auch durch die Schwarzen Viertel gefahren. Ruhig betrachtete ich das Stadtbild ohne jede Äußerung. *Phúc* lud mich einmal zum Eisessen ein, in einer Stube nicht weit entfernt von unserem Haus. Der Anblick eines riesigen Eisbechers, dessen Höhe vom Tisch bis zur Nase reichte, brachte mich zum Lachen.

Auch er würde das gleiche tun, sagte ich. Wenn ich nach Deutschland zurückkam und darüber berichtete.
   -Die Amerikaner sind alle groß, sagte ich zu Phúc, weil sie immer viel essen, nicht wahr?
   -Dies ist noch nicht viel. Normalerweise essen sie eine Schale voll. Erwiderte er ohne mit der Wimpe zu zucken. Ich verstand, daß es für Amerikaner eine ganz gewöhnliche Sache ist, und versuchte mein Eis zu essen. Nie würde ich das Eis, das ich in Shreveport gegessen hatte, vergessen können.

   Die Tage in Shreveport waren sehr gewittrig. Das schlechte Wetter zwang mich dazu, mehr Zeit im Haus zu verbringen, als draußen zu sein. Auch der Tag meiner Abreise war nicht ohne Wind und Regen.

   Die Delta-Maschine verbindet die kleinen Städte Amerikas. Deshalb ist ihre Größe und ihre Reichweite im Verhältnis zum freien Himmel sehr klein. Diese Tatsache machte sich bei den Fluggästen bemerkbar. Denn jedesmal wenn die Maschine zitterte oder in eine Turbulenz geriet, regten sich die Passagiere ängstlich. Und die verspätete Landung in Houston(Texas) versetzte nicht nur Reisende, sondern auch die am Boden wartenden Angehörigen in größte Beunruhigung.

   Nach Los Angeles/Californien erweist sich Houston als eine Stadt, in der die meisten Vietnamesen leben, dank ihres gemäßigten Klimas. Man erzählte mir, daß sich tausende Vietnamesen aus anderen Orten hier in Houston versammelten an jedem Wochenende, um sich zu besuchen oder an

Vereinsaktivitäten teilzunehmen usw. Die Rückseite dieses fröhlichen Gesichtes ist aber nicht sehr farbenprächtig. Denn wo viele Menschen sich treffen, dort gibt es bestimmt nicht wenige Probleme. Zwar gibt es dort Pagoden, Tempel, Mönche und buddhistische Vereine, zwar sind kulturelle Aktivitäten sehr ausgeprägt, aber die Menschen und Institutionen kommen, wie ich hörte, nicht ganz klar miteinander. Dieses Phänomen ist damit zu erklären, daß keiner sich dem anderen unterstellen will. Jeder fühlt sich als Herrscher und möchte nicht von anderen geführt werden. Lieber stellt man sich als eine "einsame Insel" dar und braucht weder Tribute noch Heeresführer. Schade, daß ich in Japan nur die Psychologie der Erwachsenen, speziell der Japaner und Europäer gelernt habe. Hätte es ein Fach über die Psychologie der Vietnamesen gegeben, hätte ich es sofort gewählt. Die von mir dargelegte Analyse über die Charaktere meiner Landsleute, die Vietnamesen, basiert allein auf persönlichen Erfahrungen, die ich bisher gesammelt habe, und nicht auf irgendeiner Fachliteratur.

Auch hier in Houston hörte ich wie überall nur Klagen und Hader. Dabei hatte Buddha vor mehr als zweitausendfünfhundert Jahren über menschliche Leiden, die bis in das Unendliche gehen, gepredigt. Außer den vielen Leidensformen wie z.B. Geburt, Alter, Tod, Leidenschaften, Trennung von Liebenden, Zusammenkunft von Feinden, Behinderungen usw. sind die Vietnamesen einer weiteren Krankheit unterworfen, die ich hier "Zwiespalt" nennen möchte. Die vier fundamentale Regel für Laienbuddhisten besagt, daß man nicht die Unwahrheit sprechen soll. Im Buch der Disziplin für

Sramaneras(Novize) steht geschrieben, daß es unzucht ist, jemanden zu loben und hinter seinem Rücken Gerüchte zu verbreiten, oder daß man ihn bejaht und in seiner Abwesenheit verneint.Ferner ist es nicht würdig für einen Buddhasohn, Menschen gegeneinander auszuspielen um Zwietracht zu säen.

Viele meiner Landsleute, die zwar in Deutschland leben, träumen von Amerika. Manche stellen sich das "gelobte Land" wie einen Garten Eden vor. Etliche denken dabei an das günstige Klima, das ihnen erträglicher ist, oder auch an die große Freiheit und sogar an die technischen Fortschritte. Dagegen wissen nur wenige, daß woanders die Menschen nicht anders sind. Solange die zwiespältige Krankheit nicht überwunden ist, ist es zwecklos wegzulaufen. Leiden wird dadurch nicht abgebaut, sondern verschlimmert sich nur. Denn in Vergessenheit kann keine Krankheit überstanden werden, sondern nur dadurch, daß man sie vis-à-vis mit geeignetem Heilmittel bekämpft.

In der Hoffnung meine innere Ruhe zurückzufinden, machte ich einen Besuch bei der "Phát-Quang"Pagode. Gleichwohl ob man Kaiser oder Hofbeamter, Krieger oder Bauer, fühlendes oder nichtfühlendes Wesen ist, ist man sich in Asien seit alther bewußt, daß in einer Buddhastätte der Geist den Frieden wiederfindet. Das Buddha-Dharma hat seine wunderbare Wirkung, alle Wesen von ihren Betrübnissen zu befreien.

Nach der Verehrungszeremonie begleitete ich den Meister Giác-Nhiên und einige Buddhisten zu einer internationalen Ausstellung. Der Reihe nach gingen wir bei allen Ständen vorbei. Nach den Philippinos kamen die Inder, Indonesier und schließlich die Vietnamesen, ganz auffällig mit riesigen Spruchbändern und einer großen Flagge des Staates, die unter dem blauen Himmel flatterte. Jeder Stand stellte seine nationalen Produkte aus. Wir freuten uns über die Vielfalt der Waren am vietnamesischen Kiosk. Von Textilien wie Seiden und Kleider bis zu den Leckerbissen, die das heimatliche Gefühl erwecken wie Frühlingsrollen, Pastete und Nordische Nuddelsuppe fehlte nichts. Ich hatte mir vorgenommen, wenn ich in diesem US-Staat war, die Kräutergarten meiner Landsleute zu besuchen. Tatsächlich gab es hier so viele Arten, die mich an meine Heimat erinnerten, von den eßbaren Wasserwinde und eiförmigen weißen Auberginen bis hin zu den aromatischen Gewürzkräutern wie Pfefferminz, Koriander etc...Das ist schon ein Stück Heimat, das den Vietnamesen nicht fehlen darf, ganz gleich wo sie leben. Nur kann dieses Stück Heimat trotzdem nicht das ewige Vietnam, das weit entfernt im tiefen Bewußtsein der Vietnamesen ruht, vertreten.Über eines bin ich sicher, daß dieser Bestandteil der vietnamesischen Eßkultur nicht schwer zu finden ist. Ob man in die kalten Länder Skandinaviens oder nach Alaska und Kanada geht oder die warmen Regionen wie z.B.Tunesien und Australien durchreist, man findet immer bei den Vietnamesen ihre heimatlichen Kräuter und Gewürzpflanzen. Haben die Vietnamesen etwa Angst davor, daß ihre Nachkommenschaft sich von Schwarzbrot ernährt wie die Deutschen, oder von Mc.Donald Hamburger wie die eiligen Amerikaner? Haben sie etwa Angst davor, daß ihre spätergeborenen Generationen vergessen werden, daß der Reis schon immer Hauptnahrung ihrer Vorfahren war? Möglicherweise werden sie nicht vergessen, wie man Eßstäbchen richtig halten soll! Vielleicht wäre es ganz gut, den Chinesen und Japanern nachzumachen, sogar besser als sich an den Amerikanern oder Franzosen ein Beispiel zu nehmen. Während in Europa und Amerika die Zahl der Buddhisten wächst, lassen sich viele Vietnamflüchtlinge in den Lagern Südostasiens zu Christen konvertieren. Zweifellos besteht das innerste Wesen jeweiliger Heillehrverkündung daraus, Gläubigen zu vermitteln, Gutes zu tun bzw. vom Bösen abzusehen. Dennoch ist es nicht gerechtfertigt, sich im Rausch materiellen Vorteils von seinem festen Glauben abzuwenden, um über Nacht eine Fremde Glaubensrichtung anzunehmen, die seiner Überzeugung nicht entspricht. Es sei denn, man hat bei seiner Wahrheitsfindung bisher keine innere Zufriedenheit empfunden. In diesem Fall ist es keine Schande, daß man sich von der bisherigen religiösen Weltanschauung losbindet und ihr den Rücken kehrt. Gleichwohl ist es auch richtig, daß man wieder versucht, in einer neuen Richtung seine Sehnsucht nach der Wahrheitsfindung zu befriedigen.

Die Tage in Houston boten mir die Gelegenheit, ehemalige Freunde wiederzusehen, die zum Teil aus Vietnam direkt und zum Teil von Japan aus hierher nach Amerika eingewandert waren. Gemeinsam besuchten wir China-, Vietnam-Town und schließlich die NASA. Auf einem großen Gelände, ziemlich weitweg vom Stadtgebiet, befindet sich diese US-Raumfahrtbehörde. Dort gibt es reichlich Fläche für verschiedene Einrichtungen wie z.B. eine Halle für Raketenteile bzw. Astronautenausrüstungen. Hier können Besucher alle Rüstwergzeuge und Weltraumanzüge der letzten Mondfahrer besichtigen.

Meine nächste Station war Los Angeles, die Stadt, wo die meisten Vietnamflüchtlinge ihr neues Zuhause wählen. Nirgendwo sonst auf der Welt gibt es mehr Pagoden als hier, die den vietnamesischen Buddhismus im Ausland vertreten. Am Anfang eröffnete hier der einst an der japanischen Universität Wadesa in Literatur- Wissenschaft promovierte *Hochehrwürdige Dr.Thích Thiên Ân* ein Meditationscenter und eine Pagode, um Amerikanern die Lehre des Buddha beizubringen. Innerhalb von 15 Jahren seiner Präsenz, von 1966 bis 1980, gründete er insgesamt 11 buddhistische Einrichtungen, einschließlich der "*Oriental University*"-*Viên.Dai.Hoc Đông.Phuòng, die "Di-Đà"-Pagode und das "Tiêu-Diêu House"* usw. Seitdem erhielt der Vietnam-Buddhismus sowohl ein beachtlich festes Lehrgebäude als auch eine institutionelle Grundlage für alle auswärtigen religiös-kulturellen Arbeiten von großer Bedeutung. Damit hatte der *Hochehrwürdige Dr.Thích Thiên Ân* durch seine Pionierleistung den Grundstein gelegt, für weitere Aktivitäten von Mönchen, die nach ihm aus Vietnam gekommen waren, darunter *der Ehrwürdige Thich Män Giác, Ehrwürdiger Dr. Thích Đúc Niêm, Ehrwürdiger Dr.Thích Thiên Thanh*. Erwähnenswert wäre vielleicht noch, daß es dort Institutionen gibt wie z.B. *die Quan-Âm- und Vinh Nghiêm- Pagode sowie das "International-Buddhist Monastic Institute"* (Phât Hoc Viên Quôc Tê), die für die meisten Mitglieder des vietnamesischen Sangha-Ordens ihre erste Station in den USA bedeuten, während sie für viele Flüchtlingsfamilien die Rolle des Sponsors im Exilland darstellen.

Nach einer Woche in Los Angeles ging ich nach San Francisco, um dort den ehrenwerten Abt der *Tű-Quang Pagode, Meister Thích Tinh Tű*, zu besuchen. Ich hatte bisher schon viele Tempel und Sakrale Bauten in diesem Land gesehen, aber kein Bauwerk hatte mir so gut gefallen wie diese Pagode, deren Reiz ihre harmonische Schlichtheit ist. Die Einrichtung war zwar einfach, gab jedoch den Besuchern den Eindruck, daß der oberste Mönch dieser heiligen Stätte ein geschickter junger Mönch ist, der sein ganzes Leben für den Dienst am Dharma und der Menschheit hingibt. Beim Betreten der Haupthalle verspüren Besucher eine diskrete Atmosphäre des Milde und Barmherzigkeit mit einem angenehm überweltlichen Effekt, den nur die sakralen Bauten in Vietnam zu vermitteln vermögen.

Wie bedauerlich, daß ich mich hier nur einen Tag und zwei Nächte aufhalten konnte. Dennoch, das Echo dieser kurzen Zeit gab mir ein starkes Gefühl der Verbundenheit mit diesem Ort. Dann brachte mich der *Venerable Tinh Tű* zum Besuch der *Giác-Minh Pagode* vom Hochehrw. Thanh Cát in San José. Glücklicherweise traf ich auch dort die *Hochwürdigste Nonne Đàm Lu̕u*. Sie hatte früher in Deutschland studiert und war längere Zeit als Leiterin des buddhistischen Waisenhauses Lumbini in Vietnam tätig. Vor einpaar Wochen entkam sie dem eisernen Vorhang des Kommunismus in Vietnam und nahm vorübergehend Zuflucht in dieser Pagode. Gemeinsam sprachen der Hochehrwürdige und die Hochwürdigste Nonne mit uns über die allgemeine

Lage des Buddhismus in der Heimat sowie in Amerika und anderen Ländern. Bei der Gelegenheit gab mir der *Hochehrwürdige Thanh Cát* den bevorstehenden Bau des großen Tempels *Đại Hùng Bảo Điện* bekannt.

Schon in den früheren Stunden, noch bevor die gluhtroten Sonnenstrahlen am Horizont erschienen, brachte mich der *Venerable Tịnh Từ* zum Flughafen, damit ich nach Los Angeles zurückfliegen konnte. Nach der Ankunft in Los Angeles ging ich mit einigen Freunden zu "*Chợ Bến Thành*" (Name damaliger zentralen Markthalle in Saigon, heute wird dieser Name für einen Teil von Vietnam-Town in Los Angeles verwendet), um vietnamesische Bücher für unsere Bibliothek in der Pagode VIÊN-GIÁC in Hannover einzukaufen. Ich nahm jeden Anlaß wahr, meinen vietnamesischen Freunden dort meistens mit einem humorvollen Ton folgendes wissen zu lassen:"Wer wie früher in Vietnam leben möchte, sollte nach Paris umsiedeln. Wer schnell reich werden will, geht nach Amerika oder Australien. Wer ein friedliches, nicht armes und nicht reiches Leben führen will, kann dies in Deutschland, Holland, Schweden und Dänemark verwirklichen." Ich hörte einige lachen. Dabei wußte ich, daß ich die Wahrheit gesagt hatte. Denn schießlich bin ich Zeuge dieser Welten.

An diesem Samstag nachmittag veranstaltete das International Buddhist Monastic Institute eine Zeremonie der Anbetung des Friedens für einige Buddhisten. Bei dieser Gelegenheit wurde ich vom *Ehrwürdigen Đức Niệm* gebeten,über die Lage des Buddhismus und der Aktivitäten der

Vietnambuddhisten in Europa zu berichten. Der Bitte folgend schilderte ich,wie der Vietnambuddhismus in den Ländern Frankreich, Deutschland, Holland, Belgien, der Schweiz, Österreich usw. aufgebaut und strukturell organisiert wird.

Am gleichen Abend lud der *Ehrwürdige T. Mãn Giác* viele buddhistische Studenten und Schüler zum gemeinsamen Essen in der *Phât-Giáo Viêt- Nam Pagode* ein. Das vegetarische Essen war einfach. Aber das Ziel dieser Zusammenkunft war eine Besprechung über die Gründung eines Buddhistischen Studentischen Vereins. Die Versammlung verlief in einer einfachen und fröhlichen Atmosphäre, getragen durch junge und ehrliche Menschen. Das Resultat war hervorragend. Denn alle hatten ein gemeinsames Ziel, das dem Geist des Glaubens entspricht.

Am nächsten Tag nach der Hauptzeremonie bat mich der *Hochehrw. Dr.Thich Thiên Ân*, Präsident der "Oriental University", einen Vortrag über die Situation des Vietnam-Buddhismus in Europa zu halten. auch diesmal wie in "International Meditation Training Center(*Quôc-Tê Thiên Viên*) sprach ich über die bisherige Entwicklung der vietnamesisch-buddhistischen Bewegung im alten Kontinent Da die Zeit schnell vorbeiging, und ich merkte, wie nach einer langen Zeremonie Spuren von Müdigkeit auf dem Gesicht vieler Anwesenden gezeichnet waren, schloß ich, nachdem ich Allgemeines vorgetragen hatte, nach 20 Minuten das Gespräch.

Während des Mittag-Mönchsfastmahls in der *Phât-Giáo Viêt-Nam Pagode* hatte ich die Gelegenheit,mit allen Ordensmitgliedern von der niedrigsten bis zur ranghöchsten Stufe ins Gespräch zu kommen. Sie alle versprachen mir, bei nächstgünstiger Gelegenheit nach Europa zu kommen und uns zu besuchen.

Eine Woche später bat ich einen Vietnamesen, mich zum Los Angeles-Airport zu bringen. Meine nächsten Station war Seattle, einer Stadt voller Schornsteine des Industriegebiets, ähnlich wie die japanische Stadt Shinagawa.

Meine Maschine landete in Seattle an einem schönen Nachmittag. Die Wogen waren ruhig und der Wind war still. Nur Menschen fühlten sich melancholisch, als ob es nichts gab, das sie fröhlich machen konnte. Seattle war nicht so dreckig wie Washington DC, nicht so heiß wie Miami, auch nicht so trist wie Gainesville, Shreveport. Diese Stadt war weder friedlich wie Houston, noch voller Leben wie Los Angeles oder sympathisch wie San Francisco. Dennoch war sie von einer naturlichen Schönheit geprägt. Dabei trug sie eine unbeschreibliche Traurigkeit. Ein Blick vom hohen Hügel nach unten gab mir das Gefühl wie vom Gipfel des unendlichen Universums.

Eine Woche lang ging ich unter der Führung des *Venerablen Nguyên Đạt* und einiger Buddhisten die Stadt und ihre Umgebung besuchen. Dann reiste ich nach Vancouver, anstatt nach New-York wie geplant. An der Grenze zu Kanada mußte ich wieder viele Formalitäten wie bei der Einreise erledigen. Der Grenzkontrollbeamte fragte mich:
  -Kehren Sie zurück in die USA ?
  -Nein, ich komme nicht zurück.

-Was wollen Sie in Kanada?
-Ich besuche die Gemeinschaft der Vietnam-Buddhisten und einige Freunde wie beim letzten Mal.
Ich erinnere mich an das erste Mal, welches ich die USA besuchte. Damals fragte mich der Grenzbeamte:
-Was wollen Sie in den USA?
-Ich besuche meine vietnamesischen Landsleute und die buddhistischen Einrichtungen in diesem Land.
Der Beamte betrachtete mich lange, dann fragte er weiter:
-Wissen Sie, daß viele vietnamesische Mönche als Touristen zu uns gekommen und hier für immer geblieben sind?
-Ich habe davon gehört, bei mir ist es anders. Ich habe meine Pagode in Deutschland.
Überlegt beantwortete ich knapp und präzise einzelne Fragen des Beamten der Immigration. Denn ich beabsichtigte das erste Hindernis ohne unnötigen Zeitaufwand, der aus langen Gerede entstanden sein könnte, zu passieren.

Vancouver ist nach Montréal und Toronto die drittgrößte Stadt Kanadas. Und zweifellos ist sie im Südosten des Landes eine der beiden blühendsten Metropolen. Auch hier arbeiten und leben die meisten chinesischen Einwanderer.

Ich verließ Vancouver und flog nach Ottawa, um rechtzeitig an der Eröffnungsfeier des neugegründeten Vietnamesisch-Buddhistischen Vereins teilzunehmen, wie ich vor einem Monat festversprochen hatte. Mit Bewunderung bestätigte ich die Leistung und den guten Willen des Gemeinderates, der innerhalb kürzester Zeit seit meinem letzten Besuch beachtliche Fortschritte gemacht hatte.

Beim Verlassen des Flughafengebäudes spürte ich sofort die frostige Kälte dieser Region. Sie bildete einen starken Kontrast zu der brennenden Hitze der texanischen Hauptstadt Houston, die noch in meiner Erinnerung verharrte.

Nach monatelanger Vorbereitung stellte sich nun der Vietnamesisch-Buddhistische Verein erstmalig der Öffentlichkeit vor. Nach dieser Eröffnungsfeierlichkeit zeigten mir zur Abwechslung einige Freunde in Natura die herbstliche Stimmung eines kanadischen Waldes.

Der Gattineau-Forest von Ottawa öffnete heute dem Besucher aus Deutschland phantastische Landschaften seiner Wunderwelt, die fast so unwirklich war wie in einer Märchenerzählung. An Ästen hängend überzogen die vielfarbigen Blätter diesen Wald mit einem bunten Teppich von Weinrot bis Dunkelbraun und Leuchtendem Gelb. Hier und da zeigte sich das frische Gesicht der immergrünen Koniferen. Man konnte in dieser malerischen Naturlandschaft, wenn man genau hinsah, an jeder Pflanze nicht nur zwei oder drei, sondern sieben Farbtöne sehen. Und diese paradiesische Herrlichkeit, die ich heute hier erlebte, war eine natürliche Idylle, ein Meisterwerk der Natur. Viele Herbste waren gekommen und vergangen im Leben eines buddhistischen Mönches wie ich es einer bin, in meiner Heimat, in Japan und in Europa. Plötzlich wußte ich, daß der Herbst in kanadischen Wäldern der bisher schönste ist.

Seit alther hatten vietnamesische Dichter und Maler den Herbst trist und träumerisch dargestellt. Wären diese Vorkriegsgenerationen noch am Leben und könnten dieses Spektakel hier mit eigenen Augen sehen, dann würde aus der Feder der Poeten keine Melancholie mehr kommen und aus dem Pinsel der Künstler keine Leblosigkeit mehr erscheinen. Denn die Natur hier war so strahlend und stimmungsvoll. Sie wirkte inspirierend. Man erzählte mir, daß jedesmal wenn der Herbst kommt, Touristen aus aller Welt nach Kanada strömen, um dieses Schauspiel der Natur zu erleben. Viel Tinte ist bisher für den Herbst in Paris geflossen, für die goldenen Blätter auf langen und breiten Boulevards dieser Stadt an der Seine. Wie poetisch der Herbst in Paris und wie sehnsüchtig der Herbst in Tokyo sein mag, so spricht der Herbst in Kanada für alle diese Gefühlsregungen. Wahrscheinlich hat der Schöpfer der Natur diesem Land diese Herrlichkeit zugefügt als Kompensation für die unbarmherzige Kälte im Winter.

Ich ging begeistert unter den Bäumen des Gattineau und fühlte mich wie im Traum. Manchmal hielten wir uns, um gemeinsam eine Gruppenbild zu machen. Dann mußten wir mit Bedauern den Wald verlassen, weil es Zeit war für den Mittagtisch.

Am nächsten Tag verließ ich Ottawa und fuhr mit dem Omnibus nach Montréal. Ich trauerte unterwegs immer noch dem Spaziergang zwischen goldenen Blättern von gestern nach. Schon zeigten sich die ersten Schneeflocken, die bald diesen bunten Teppich einheitlich Weiß überdecken werden, um über Bergen und Tälern einen traurigen Gürtel der Einsamkeit auszurollen.

Wie beim letzten Mal holten mich einige buddhistische Freunde vom Bus ab, während ich noch im "Amida-Sutra" aus dem Sanskrit in Englisch übersetzt vom deutschen Indologen Max Müller vertief war. Wie selsam! Wenn ich das Sutra in Chinesisch rezitiere, dann fühle ich mich wie mit dem Sutra vereint. Aber wenn ich einen kanonischen Text in Englisch oder Deutsch vorlese, dann höre ich sofort einen Mißklang. In Japanischen hört es sich noch akzeptabler als in einer europäischen Sprache an. Vielleicht war dies der Grund, daß die Menschen im Abendland den Buddhismus lieber studieren als rezitieren. Und wenn, dann in der Pali-Sprache. Nehmen wir z.B. die Anfangsformel jedes Sutra, den der Ehrwürdige Ananda zu sagen pflegte, als Beweis für die Authentizität des Buddha Wortes in der Pali-Sprache:"Evam me sutam". Während diese Formel im chinesischen "Nhử thị ngã vân", im japanischen :"Nyo ze ga mon" und im vietnamesischen :"Ta nghe như vậy" gesprochen wird, wird er im englischen "I've heard so from the Buddha" und im deutschen "Aus des Heiligen Munde habe ich gehört und aufgenommen" gesprochen.

Eine in einer europäischen Sprache geführte Sutra-Rezitation würde vielleicht von Göttern und Dämonen nicht leicht verstanden! Irgendwie klingt es mir in meiner Heimatsprache angenehmer als im englischen, deutschen, französischen. Ähnlich wie beim Singen muß eine Sutra- Rezitation im vietnamesischen unter Beachtung bestimmter Regeln vollzogen werden, und nicht wie man es spontan haben möchte. Der Betende muß wissen, wann er seine Stimme erhebt bzw. und nicht immer mit gleichem Klang, damit er später sich erlöst fühlt. Er muß also im Einklang mit Takt und Harmonie der Begleitinstrumente wie z.B. Holztrommel und Metallglocke sein und mit den Rhythmen des Zeremonienmeisters.

Wie erwacht kehrte ich von meiner Gedankenwelt zu Realität zurück. Nach einer kleinen Fahrt war ich nun wieder in dem Zimmer, wo ich vor einem Monat gewesen war. Das von einer einsamen Atmosphäre gefüllte Zimmer schien still und geduldig auf seinen Gast zu warten. Was sich in diesem luxuriösen Villa heute geändert hatte, war , daß außer mir noch weitere Gäste aus den USA und anderen Regionen Kanadas anwesend waren. Sie kamen hierher, um den Todestag jenes Mannes in Paris zu gedenken. Trotz des vielen Lachens und der Reden war die Trauerstimmung noch zu spüren. Die letzten Tage meiner Amerikareise erfüllte ich mit einem Gleichmaß morgendlicher Rezitation des Suramgama-Sutra und abendlicher Meditationsübung. Und das alles wiederholte sich bis zum Tag der Hauptfeierlichkeit des 1.Todesgedenktages nach einem Jahr des Verstorbenen. Rührend durchdrang das Erlösungsgebet dem Boden der Sentimentalität der Anwesenden, sodaß niemand im Raum seine Tränen unterdrücken konnte. Hören wir hierzu ein kleines Beispiel:"*Was immer entsteht, hat ein Ende und erneuert sich. Ohne Geburt gibt es weder Tod noch neues Dasein. Leben und Sterben, Kommen und Gehen, alles wie ein Traum. Schnell wie ein Augenblick ins das Buddha-Land des Westen hinübergelangt*". Auch gibt es Verse aus Sutren, die den Menschen den Sinn der Unbeständigkeit des Lebens öffnen:

"*Aus dieser Welt gehen Eltern in profunder Liebe,*

Pietätvoll trauern Kinder über die schmerzliche Trennung.
Geburt und Tod, alles führt zu Nichts,
Buddha wie Lebewesen, alles aus gleicher Natur.
In Erkenntnis der Vergänglichkeit des Lebens, den Namen anrufen, den Ksitigarbha anbeten, um Beistand für die Hinüberreisenden!"

Vielleicht können jene, die trauern, sich mit diesen Gebetssprüchen getroffen fühlen, während für Außenstehende diese Sprüche so gut wie ein Pfeil, der daneben geschossen sind.

Wie die Zeit vergeht, schon war ich anderhalb Monat unterwegs in Kanada und USA. Bei meiner Abreise nach Deutschland zurück in meiner Pagode, zeigten alle zurückgebliebenen Buddhisten ein trauriges Gesicht. Auch das gehört zu den gewöhnlichen Dingen dieser Welt, sagte mir mein Verstand.

Ich verließ die USA und Kanada in Erwartung und Hoffnung vieler Menschen auf meine baldige Wiederkehr. Tief in Gedanken betete ich mit reinem Herzen zu Buddhas, Heiligen und Göttern um den Beistand für alle Menschen und andere fühlende Wesen für ihren Glauben wie für ihr Gesellschaftsleben.

Diese war meine erste aber nicht meine letzte Reise nach Amerika. Ich wußte, daß damit von nun an ein Zeichen gesetzt wurde, daß es zumindest notwendig ist, daß sich Buddhisten in allen Kontinenten zusammenschließen, um gemeinsam den Weg des Dharma zu gehen.
Eine Schwalbe macht noch keinen Sommer.

Deshalb ist es besser soviel wie möglich zusammenzutrommeln, als gar keine Schwalbe zu haben. Zwar wissen wir, daß eine Kutte keinen Priester macht. Aber ein Priester ohne seine Kutte ist durchaus nicht denkbar. Dennoch sollte man weder zu streng noch zu leicht mit ihm sein. Einerseits verhält man sich zu extrem, andererseits läuft man mit seiner Leichtherzigkeit Gefahr, daß der Priester in den Graben der Zügellosigkeit fällt. Deshalb lehrt der Buddhismus seinen Anhängern den "Mittelweg" zu gehen.

Ich erinnerte mich an jene Zeit, als ich noch ein kleiner Novize war. Meine Jugend verbrachte ich damals in einem Gedächtnistempel in Zentralvietnam. Wie alle anderen, die in Quảng-Nam zu Hause sind, trage ich in meinem Blut die Dickköpfigkeit. Schon früher hatten die Ahnen erkannt, wie schlimm das ist. Deshalb sagten sie:
"*Quảngnamesen sind widerspenstig,*
während Quảngngãier sorgenvoll sind.
die Bình-Dinhs aber zögern,
deshalb nehmen die Thừa-Thiêns alles an sich.
Und ich stimme ihnen zu, daß Quangnamesen immer zum Streit bereit sind. Sie sprechen einen harten Dialekt, besonders die, die in den Gegenden *Sơn khánh, Sơn Thanh* oder in den Distrikten *Quế Sơn* und *Duy Xuyên* leben. Aufgrund ihrer Aussprache wurden Quangnamesen, wohin sie immer gehen, von anderen Vietnamesen sprachlich nachgeahmt. Natürlich ist es nur ein Spaß, der aber für sie immer unerträglicher wurde. Obwohl Quangnamesen von Natur aus einfache Menschen sind, haßen sie, daß man ihre Aussprache immitierte. Langsam sind sie auf den Gedanken gekommen, daß man lieber den Vater umbringen solle als ihre Aussprache nachzuahmen.
"*Chém Cha không bằng pha tiếng*"

Auch aufgrund dieses angeboren Charakters wurde der damalige Novize von seinem ursprünglichen Meister oft getadelt:"Je mehr du weißt, um so mehr leidest du". Dieses Wissen bezog sich nicht auf menschliche Erfahrungen oder Literatur und Wissenschaft, sondern vielmehr auf meine Dickköpfigkeit. Weiter sagte er:"Mit den wenigen Kenntnissen, die du hast, wolltest du schon den Weisen spielen! Auch wenn du sogut sein magst,wie ein Mann mit Diplom- oder Doktortitel, nichts kann dir mehr nützen als eine profunde Kenntnis des Prajña".

Gehorsam dankte ich dem altehrwürdigen Meister für die Unterweisung und zog mich nachdenklich in das Hinterzimmer zurück. Ich war damals noch zu jung und unerfahren, um zu begreifen,was Prajña bedeutet, obwohl mehrmals am Tag, beim Morgen-, Mittag-, Abendgebet das Maha-Prajña-Paramita-Hridaya(Herzsutra der vollkommenen Weisheit) rezitiert wird. Anders als bei uns, wo Buddha-Schüler und -Anhänger nur das Lernen, was vom Meister mündlich erläutert wird, versuchen abendländische Buddhisten und Dharma-Freunde durch Studien aus Lehrbüchern, Dokumentationen u. Kommentaren, die vom Buddha überlieferten Worte zu verstehen. Die geistige Entwicklung von jungen Mönchen in meiner Heimat war damals zu unreif,um ihnen eine autodidaktische Methode zu erlauben.

Je älter ich werde, um so mehr stelle ich mit Bewunderung fest, daß mein damaliger Meister mit seiner Behauptung Recht hatte, von der Bedienung der Begleitinstrumente bis zur Rezitation verschiedener Sutra-Texten, viels kann man lernen, aber der Geist des Prajña, die vollkommene

Weisheit ist lange nicht erreicht. Das Dharma, der König der Gesetze, ist unsagbar und undenkbar!

Ganz gleich ob ein Mönch ein neuordinierter Bikkhu oder ein hochrangiger Geistlicher ist, ob er Akademiker ist oder nicht, so wagt er nicht auf, das Prajña-Paramita-Sutra zu verzichten. Zwar hat das Herz-Sutra nur 262 Wörter, aber sein Inhalt, die den Kern der buddhsitischen Lehre bildet, ist wirklich unschätzbar. Wahrlich eine Theorie der Identität und Durchdringung ohne gleichen(*Viên Dung Vô Ngai*)! Gewiß, wenn alle Dinge relativ und leer sind, was bedeuten schon einige akademische Titel? Denn wenn wir nach an der Wesenhaftigkeit aller Dinge hängen, dann sind wir von dem Sinn des Prajña oder vollkommenen Weisheit noch weit entfernt. Besser wäre es, wenn einer, der das Tor des Buddhahauses betreten will, alle Titel draußen läßt, damit sein Karma nicht noch mehr belastet wird. Denn:"*Wenn einer das Karma aus Zorn und Haß nicht meidet, was nützt ihm, daß er sich mit Soja und Gurke ernährt?*"

Es gibt Menschen, die über den Buddhismus nur ein vages Verständnis haben, und schon Sachen erfinden, die nichts mit Erleuchtung oder Befreiung für sich selbst zu tun haben. Sogar das Herz-Sutra wissen sie nicht. Wenn man sie danach fragt, dann lenken sie ab und sagen, sie wissen es nicht, weil es auf chinesisch geschrieben ist. Anstatt sich Mühe zu geben, um durch Intepretation den Sinn des Sutra zu verstehen, lauschen sie den Geschichten anderer, um sie weiterzuerzählen. Hätten sie anstattdessen die heiligen Texte oder den Geist der Weisheit wenigstens zu verbreiten versucht, dann hätte es unendlich viele erleuchtete Wesen gegeben, sodaß der Bodhisattva Ksitigarbha nicht weiter Höllenfürst sein braucht.

Jedes Volk hat immer etwas, worauf es stolz ist. So zum Beispiel betrachten die Franzosen Paris als die Hauptstadt des Lichtes oder sogar als den Nabel des Universums. Auch die Deutschen haben ihren Grund, in München den Mittelpunkt Europas zu sehen. Und die Vietnamesen sind nicht schlecht beraten, auf ihre viertausendjährige Kulturgeschichte stolz zu sein. Der vietnamesische Dichter und Mandarin Nguyễn Công Trứ (1778-1858) brachte diesen Gedanken in folgenden Versen zum Ausdruck:

Nhơn sanh tự cổ thuỳ vô tử,
Lưu thủ đan tâm chiếu hãm thanh,
d.h. *"Seit alther ist niemand unsterblich,*
Der Mandarin hat Treu und Loyalität zu bewahren, damit sein guter Rug ewig bleibt"

Da wir schon in Deutschland sind, vielleicht sollten wir ein bißchen über die Charakteristiken, die die Deutschen von anderen Völkern unterscheidet erzählen, damit unsere Landsleute in anderen Kontinenten auch wissen, was wir in diesen Lebensumständen erfahren haben.

Zunächst gibt es in Deutschland das Schwarzbrot, womit die Vietnamesen Problemen haben, es zu schlucken. Die Deutschen sind stolz darauf, das bienenhaftigste Volk der Welt zu sein. Und natürlich verdienen sie mit ihrem Fleiß reisefreudig zu sein. In diesem Land gibt es etwa 30 bis 40 Hochschulen. Alle sind staatlich und nicht wie in Japan oder den USA, wo die meisten der 950 kleinen und großen Hochschulen privat sind. Die Menschen sind kühn und ruhig. Anders als ihre Nachbarn, die Franzosen, bevorzugen sie ein geistig-innerliches Leben. Nicht nur in diesem erwähnten Punkten haben Vietnamesen Schwierigkeiten. Während wir mit warmen Mahlzeiten glücklich sind, benügen sich die Deutschen mit kaltem Brot. Sprachliche Probleme gibt es auch nicht wenig. Wir sprechen nasal, während bei ihnen die Stimme im Hals gebildet wird. Phonetisch gesehen, benutzen die Deutschen mehrsilbige Wörter mit vielen Konsonanten, während unsere Sprache aus ausschließlich einsilbigen Wörtern mit vielen Vokalen zusammengesetzt wird. Wahrscheinlich bleiben die Deutschen aus klimatischen Gründen mehr zu Hause als auf die Straße zu gehen wie in den warmen Ländern Asiens. Diese Lebensweise würde vielleicht dem Dichter *Nguyễn Khuyến* (1835-1909) gut gefallen. Diese Auffassung machte er in einem Gedicht über "*Mẹ Mốc*" (*Mutter Mốc*) deutlich:

Ngoại diện bất cầu như mỹ ngọc,
Tâm trung thường tựa tự kiên kim.

d.h.: *Äußerlich braucht man nicht so schön sein wie Jade,*
Innerlich sollte man so treu und hart sein wie Diamant.

Individualistisch leben die Deutschen in kleinen Familieneinheiten, während es Asiaten gewohnt sind, mit großen Familien zu leben. Hier scheint die Sonne vorübergehend nur einige Tage im Jahr, dagegen hört sie bei uns fast nie auf zu scheinen. Sie geben sich die Hände zur Begrüßung, egal ob Man oder Frau, während die Vietnamesen ihre Hände fest vor die Brust drücken und anders als die Japaner, die mehrmals den Kopf beugen, tun sie es nur einmal. Die Europäer sind der Meinung, daß sie sich, indem sie einander die Hände reichen, deutlich machen, daß sie friedlich zueinander kommen, ohne eine Waffe in der Hand. Bei Meinungsverschiedenheiten wählen sie lieber Worte und Gedanken, um sich gegenseitig anzufechten, anstatt der Faust oder mit Fußtritten.(Außer in den letzten beiden Kriegen, trotzdem vergessen sie nicht, auch im Frieden zu rüsten, um sich im Falle eines Falles vorzubereiten. Die Menschen drehen sich im Kreis wie im Zyklus von Geburt und Tod!). Wie die Muslims tauschen die Genossen Kommunisten einen Bruderkuß untereinander bei jedem Treffen.

Bis 1981 stieg die Zahl der Bootflüchtlinge in Deutschland auf 24.000. Zu dieser Zeit gab es zwischen Flensburg(die nördlichste deutsche Stadt) und Konstanz(die südlichste) in keiner anderen Stadt außer in Westberlin mehr als 1.000 Vietnamesen. Nicht wie in den USA oder Frankreich, wo unsere Landsleute bestimmte Gebiete bevorzugen, leben sie in Deutschland überall zerstreut. Denn deutsche Städte haben eine Ähnlichkeit miteinander. Es gibt keine spezifische Besonderheit wie Paris, New York, Tokyo, Singapore oder Hongkong. Hier gibt es keine Stadt, die wärmer ist oder wo mehr los ist als in einer anderen.

Es ist keine schlechte Idee, wenn viele gemeinsam nach Westberlin ziehen. Dort kann man billig leben. Unangenehm ist es nur, wenn man die Grenzübergänge der geteilten Stadt passieren will. Formalitäten hin, Formalitäten her! Manchmal kommen dazu noch unerwartete Dingen, wer weiß? Jede Kontrolle am Grenzübergang ist spannend. Für viele Vietnamesen ist es eine psychische Belastung, in einer geteilten Stadt mitten in der DDR zu leben. Das Gefühl der Angst läßt sie nicht los. Denn schon einmal flüchteten sie vor der kommunistische

Gewalt. Unfreiheit haben sie bereits erfahren. Vielleicht ist es ganz gut, daß sie Westberlin besuchen, um mit eigenen Augen die Mauer, von der sie bisher nur gehört haben zu besichtigen, um dann in die Bundesrepublik zurückzukehren.Es fehlt einem etwas, in Deutschland zu leben ohne einmal die Mauer gesehen zu haben.

Nicht jeder Vietnamese möchte nach Bonn ziehen. Diese provisorische Hauptstadt ist keine Industrie- oder Handelsmetropole wie Paris, New York oder Los Angeles, sondern eine reine politische und diplomatische Stadt. Sie eignet sich mehr für Staatsdiener und Büroangestellte. Probleme, mit denen die älteren Vietnamesen konfrontiert werden, sind vor allem die klimatische Kälte, die Sprache und die Einsamkeit in der fremden Umgebung. Tagsüber, während die Jüngeren arbeiten gehen, bleiben sie allein im Zimmer, und vom Wohnungsfenster des mehrstöckigen Gebäudes aus schauen sie nach unten auf die Straße. Aus Angst vor der Kälte und vor Kommunikationsschwierigkeiten verlassen sie fast nie das Haus. Nur ein Besuch in der Pagode ist für sie eine geistig-notwendige Abwechslung, die sie von psychischer Belastung in der Fremde befreien kann. Auch daraus ist ein neues Problem entstanden. Denn nach Hannover zu kommen, um dort die Pagode zu besuchen, ist nicht einfach! Ohne Hilfe ihrer Kinder kommen sie nicht hin. Die Kinder wiederum haben nach wochenlanger Arbeit ihr eigenes Programm. Sie brauchen Zeit für Frau und Kinder oder um sich auszuruhen. Von daher ist der Wunsch der Älteren kaum realisierbar. Wenn die Älteren in der damaligen Zeit an die Heimat zurückdenken, dann merken sie, wie einfach alles früher war. Mit einem Strohhut auf dem Kopf machten sie sich auf dem Weg zum Tempel, wann immer sie wollten, ohne den Kindern ein Wort zu sagen. Und in jeder Pagode fanden sie den gleichen Buddha, weil zu Hause alle Buddhas vietnamesisch sind. Nicht so wie hier, wo alles anders ist. Man findet nicht überall den gleichen Buddha. In Berlin-Frohnau trifft man einen singhalesischen, in Hamburg und München einen tibetischen. Diese Buddhas können weder Vietnamesisch sprechen noch verstehen. Wie können sie auf ihre Bitte hören und ihrem Wunsch entsprechen? Nur ein vietnamesischer Gotama ist richtig ein vietnamesischer Sakya Muni Buddha im wahrsten Sinn des Wortes!

Die Älteren haben sich Gedanken gemacht, die wir ihnen nicht übel nehmen dürfen. Vielleicht sollten wir sie so verstehen: die tibetischen und singhalesischen Mönche können sich nur in Englisch mit ihnen unterhalten, was für die älteren Vietnamesen schon zu viel ist. Die Älteren haben zwar Respekt vor buddhistischen Geistlichen, zwar mögen sie sie, aber diese Zuneigung können sie höchstens mit einer Beugung ausdrücken. Dann ziehen sie sich zurück. Und wenn es nur darum geht, vor Buddha und vor den Mönchen Beugungen zu machen und dies ein Pagodebesuch ist, dann empfinden sie dieses als zu wenig. Dieser Besuch hat zu wenig Sinn. Sie haben noch mehr Probleme im Kopf, die sie gern einem anderen Mitteilen wollen.

Unser Rat an unsere älteren Landsleute ist, sie mögen versuchen, ihre Kinder zum Mönchwerden aufzufordern, und zwar so schnell und so viel wie möglich, bevor es zu spät ist. Früher sagten schon die Großmeister:"*Es ist schwieriger, Menschen zum*

Mönchwerden zu gewinnen, als eine Pagode zu errichten". Wie in anderen Ländern ist Deutschland keine Ausnahme. Eine prachtvolle Pagode zu bauen ist einfacher als einen Menschen zum tugendhaften Mönch zu machen. Manchmal frage ich mich, vielleicht denken Lebewesen der Gegenwart, daß ihre künftige Geburt im Paradies des Westen schon prädestiniert ist, deshalb sehe ich heute keinen Mönchanwärter mehr, der wie in Vietnam Tag ein Tag aus die Krähen wegjagt, sonst fressen sie das Gemüse, das man an der Sonne trocken läßt. Es müßte wohl sein, oder gibt es in diesem Land keine Krähen mehr?

Immer wieder hörte ich die gleiche Frage : "Wie lange noch wird der vietnamesische Buddhismus im Ausland bestehen bleiben?". Eine Frage, die unbeantwortet bleibt, macht die Lösung darauf nur noch dringlicher. Aber ohne Mehl kann man keine Teig machen. Eine Übergangslösung sehe ich darin, daß man saisonweise am Mönchsleben teilnehmen kann. Wenn Laienbuddhisten abwechselnd jährlich einmal 5 bis 10 Tage in einer Pagode verbringen, um an Intensivkursen teilzunehmen, dann haben wir schon eine Sorge weniger.

Kiel, die Hauptstadt Schlewig-Holsteins hat nach Hamburg einen der wichtigsten Häfen Deutschlands. Fast alle Schiffe in der Nord- und Ostsee aus Dänemark, Norwegen, Schweden, Polen und England kommen hierher. Die Stadt ist nur schön von Frühling bis Sommer, wenn der Wind leicht weht. Im Herbst und Winter ist sie bitter kalt und weniger romantisch als es anderswo ist. Etwa 200 Vietnamesen leben in dieser Stadt und Umgebung. Viele Studenten aus Vietnam, die schon lange nach Deutschland kamen, studieren an der Kieler Universität. Die meisten von ihnen sind an der medizinischen Fakultät. Im Jahre 1977 studierten von 20 Vietnamesen 18 Medizin und Pharmazie. Im Vergleich zu anderen deutschen Hochschulen hat Kiel die meisten Medizinstudenten. Das Studium in Deutschland ist leicht und schwer zur gleichen Zeit. Und warum das so ist, möchte ich im folgenden erläutern:

Die meisten der Hochschulen in Japan und in den USA sind privat, während sie in Deutschland staatlich sind. Die Studenten haben hier weniger Sorgen um die Finanzierung des Studiums. Außerdem gibt es Unterstützung seitens des Staates oder durch karitative Organisationen. Je nach Einkommen der Eltern können Studenten im Durchschnitt zwischen 300-400 US$ Beihilfe erhalten. Vor 1975 erhielten Studenten aus Vietnam gleiche Kriterien, ob sie nach Deutschland, Japan oder Amerika gingen. Da sie in Deutschland keine Studiengebühren zahlen mußten, und dazu noch finanzielle Unterstützung erhielten, blieben sie lange in der Hochschule, manchmal 10-12 Jahre. Natürlich gibt es auch unter ihnen Hochschuleabsolventen, allerdings nur 40-50%, die rechtzeitig fertig waren, und ihren Beruf ausübten. Währenddessen müssen in Japan Studenten der Fachrichtungen Ökonomie Technik oder Erziehungswissenschaften und Pädagogik jährlich 2.000US$ an Hochschulgebühren bezahlen. Nach der ersten Studienhäfte vermindern sich die Gebühren um die Hälfte. Wer sitzen bleibt, muß damit rechnen, daß er kein Geld mehr hat, um die Gebühren zu entrichten. Deshalb muß jeder zusehen, daß er nach 4 Jahren fertig wird. Danach kommen 6 Jahre höheres Studium und die Doktorwürde erhält man nach dem 9. Jahr. Ein Mediziner zahlt in Japan jährlich 10.000US$ an Studiengebühren. Unter den 800 Studenten aus Vietnam gab es vor 1975 nur einen einzigen, der Arzt werden wollte. In Deutschland hingegen zahlt ein Medizinstudent einen symbolischen Beitrag von 20US$. Deshalb kann er lange bleiben. Allerdings erhält er eine Zulassung zum Studium erst, wenn er sein Abitur mit der Note sehr gut vorweisen kann. Sonst durfte er damals in Vietnam nicht zum Studium ins Ausland gehen. Deshalb können wir stolz sein, daß Vietnamesen, die im Ausland Medizin studieren, zu der Elite gehören. Das war früher und über das Heute wollen wir nicht sprechen. eines sollten wir nicht vergessen, daß es leicht ist, an einer deutschen Hochschule zu studieren, und schwer ist sie , mit einem Abschluß zu verlassen. Währenddessen ist es in Japan schwer, die Aufnahmeprüfung in einer Hochschule zu bestehen, und wenn man drin ist, muß man nur regelmäßig die Gebühren entrichten und ordentlich die "Terms" vorweisen. Dann hat man, wenn man alle diese Voraussetzungen erfüllt hat, seinen Abschluß. In Deutschland ist es eine harte Herausforderung für alle Studenten, den Weg zu Ende zu gehen.

Und wie sieht es aus mit unseren Landsleuten, den Flüchtlingen? Nach ihrer Ankunft in Deutschland muß jeder, ob jung oder alt, mindestens 1 Jahr Deutsch lernen. Je nachdem, ob sie in Vietnam berufstätig waren oder nicht, erhalten sie während dieser Zeit der Sprachförderung Arbeitslosengeld oder Sozialhilfe. Wer nach diesem Lehrgang nach einem Hochschulstudium oder eine Berufsausbildung strebt, darf nicht älter als 35 sein. In Deutschland ist die Zahl der Flüchtlinge aus Vietnam, die ein Hochschulstudium erwerben, geringer als in den USA. Weil hier das vietnamesische Abitur nach 1975 nicht anerkannt wird. In diesem Fall kann man höchsten die drei letzten Klassen der Oberstufe wiederholen und das deutsche Abitur nachholen. Wer ein Abitur vor 1975 von zu Hause aus mitgebracht hat, muß 1 Jahr am Vorbereitungskurs für spezifische Fächer, die er in seinem Studienfach braucht, teilnehmen. Daher ist die Zahl der Studienanfänger unter den Flüchtlingen in Deutschland sehr gering, im Vergleich zu Kanada und den USA. Nur 200-300 von den 24.000 vietnamesischen Flüchtlingen studieren bzw. werden an den deutschen Hochschulen studieren.

Die Mehrheit unserer Landsleute in Deutschland wollen lieber gleich arbeiten gehen als studieren. Der Grund dafür ist, daß sie schon zu lange die Schulbank verlassen haben, und deshalb haben sie keinen Mut mehr zu lernen. Einige unter den Flüchtlingen, die gerade nach Deutschland kommen, stellen sofort den Antrag zur Einwanderung nach Amerika, wo sie mehr Freunde und Verwandte haben. Meines Erachtens ist es überall das gleiche. Buddha hat auch gesagt:"*Des Menschen Gier ist nichts anderes als ein Sack ohne Boden*". Wer etwas schon erreicht hat, träumt vom nächsten. Kein Wunsch ist restlos erfüllt, wenn man sich nicht rechtzeitig bremst.

Schon in der ersten Zeit nach ihrer Ankunft machten sich viele Landsleute Gedanken darüber, warum bei den meisten Vereinen der Vietnamesen der Begriff Studenten vorn, während der Name Vietnamflüchtlinge am Ende des Vereinsnamens steht. Ein Streit um Namen also. Die Studenten rechtfertigten dies mit der Begründung, daß sie zuerst nach Deutschland gekommen sind. Außerdem wurde der Name des Vereins der vietnamesischen Studenten vorher beim Gericht eingetragen, und als die Flüchtlinge nach Deutschland kamen, sahen sie sich gezwungen nachträglich eine Namensänderung zu machen. Um die Sache nicht unnötig zu komplizieren, hatten sie einfach den Namen und Vietnamflüchtlinge hinzugefügt. Niemand wollte damit einen Graben zwischen Studenten und Flüchtlinge ziehen oder seine Landsleute diskriminieren. Meines Erachtens war das Ganze ein reines Mißverständnis. Darüber braucht niemand sich den Kopf zerbrechen. Man muß es folgendermaßen sehen:"Wer kam als Dolmetscher für die Flüchtlinge schon bei der ersten Minute nach der Ankunft in Deutschland, und wer stand ihnen bei, wenn sie Integrationsprobleme hatten, wenn nicht die liebenswürdigen Studenten?"

Wenn ich in dieser Lage wäre, würde ich die Sache mit anderen Augen sehen, ich würde nämlich stolz sein, daß es unter uns Studenten gibt. Was würde die deutsche Bevölkerung von uns denken, wenn wir keinen Intellektuellen haben, der vernünftige Fragen und Antworten stellen bzw. geben kann, und zwar in der Sprache, die die Einheimischen benutzen. Ohne unsere Studenten würde das Problem der Völkerverständigung zwischen den Einheimischen und uns nur noch schwieriger. Gewiß gibt es unter den Flüchtlingen auch Intellektuelle, die über ausreichende Fremdsprachenkenntnisse verfügen. Das heißt aber nicht, daß sie unter den derzeitigen Umständen die Situation realistischer einschätzen können, als die, die seit über 10 Jahren in diesem Land leben. Bestimmt gibt es unter vietnamesischen Studenten welche, die im Umgang mit eigenen Landsleuten ungeschickt sind. Dennoch sollten wir deswegen nicht gleich den Schluß ziehen, daß alle Studenten schlecht sind. Damit machen wir den Graben zwischen Menschen gleicher Herkunft nur tiefer. Wenn zwei sich streiten, freut sich der fremde dritte. Auch das dürfen wir nicht vergessen.

In einer modernen Gesellschaft diskutieren die Menschen gern miteinander. Allerdings muß jede persönliche Meinung respektiert werden. Es kommt höchstens zur Gedanken- und Wortstreiterei, jedoch nicht zu Gewalt und körperlichen Auseinandersetzungen. Auch in der Politik ist es so, ob links oder rechts, wer durch Mißachtung von Recht und Ordnung das Gemeinwohl verletzt, hat Konflikte mit dem Gesetz und der Polizei. Man kann eine andere Person in einem Zeitungsartikel loben oder tadeln. Aber niemals darf man sie körperlich angreifen. Derartige Agressivität und Gewaltanwendung gelten in diesem Land als gesetzeswidrig und unerzogen.

Aus buddhistischer Sicht sind sowohl Wortstreiterei als auch körperliche Gewalt recht unartig. Ganz gleich ob man sich im Orient oder Okzident, in einer modernen oder alten Gesellschaft befindet. Gegenwärtig ist das Problem des Menschenhandels noch vorhanden. Wenn wir 2525 Jahre zurückdenken, galt Buddha als ein großer Kämpfer für die Humanität im alten Indien, in einer Gesellschaft des von Brahmanen dominierten Kastensystems, das Menschen in **Klassen** und Rassen trennt. Vor dieser sozialen **Ungerechtigkeit** belehrte Buddha:"*Mit Haß gegen Haß wächst die*

Feindschaft, nur durch Liebe findet Feindschaft ein Ende." Deshalb als Vietnamesen und Buddhisten, sollten wir diesen Weisheitsspruch zum Leitmotiv wählen. Wir leben heute in einem fremden Land, wir sollten uns vernünftig benehmen und friedlich miteinander umgehen, damit der gute Name des Volkes nicht beschmutzt wird. Nach Auffassung des Buddhismus: *"Ganz gleich ob man klug, begabt, heldenhaft, oder dumm und närrisch ist, landet man in demselben Graben. Gewiß das vergängliche Leben ist ein Ozean voller Leiden, warum nicht gleich mit leichtem Floß den Strom der Verblendung überqueren?".* Wie man sieht, ist der Buddhismus eine Religion für Menschen, die der Menschen wegen fortexistiert, und nicht ewig da ist, um Religion zu sein.

Wenn man von Kiel südwärst fährt, erreicht man als nächstes Hamburg, eine Stadt voller Leben, die die wichtigste Stellung als Großhafen und Handelsmetropole Deutschlands einnimmt. Hamburg ist immer geschäftig und dynamisch wie Hongkong und das damalige Saigon. Hamburg ist auch dreckig, jedoch nicht so sehr wie Paris. Die Stadt hat ca 1,8 Millionen Einwohner. Nach statistischen Angaben aus dem Jahr 1982 leben hier etwa 1.000 Vietnamesen. Die meisten von ihnen haben ihren Deutschsprachlehrgang beendet, sind zum Teil in den Beruf eingegliedert worden und einige sind noch arbeitslos.

Eine einstündige Autofahrt verbindet Kiel mit Hamburg. Es ist interessant für Autofahrer zu wissen, daß es auf Bundesautobahnen kein Tempolimit gibt, sondern nur eine Richtgeschwindigkeit von 130km/Std. Wer also es eilig hat, darf ruhig mit 150-180km/Std oder schneller sausen. Zum Vergleich müssen sich in ihrem Land US-Bürger mit 55 Meilen/Std, Kanadier und Japaner mit 60 Meilen/Std benügen. Auf diese Weise hat ein deutscher Tourist in Japan das Gefühl, wie daheim auf Landstraße. Wer in Amerika lebt und sich einmal das Erlebnis des Schnellfahrens holen möchte, kann in Deutschland das Vergnügen haben, den Fuß von der Bremse zu nehmen. Übrigens, anders als in Frankreich, Japan, Kanada und einige Regionen der USA ist die Benutzung der Bundesautobahnen gebührenfrei. Daß in manchen Ländern Autofahrer auf solchen Strecken zur Kasse gebeten werden, ist damit zu erklären, daß dort der Autobahnbau in der Hand von privaten Unternehmen liegt. Noch ein Wort darüber. Es gibt in Australien und USA die größten Autobahnen. Autobahnen, die mindestens drei- oder vierstöckig sind, gibt es in Japan.

Hamburg, die elegante Weltstadt an der Elbe ist ein Sammelpunkt von Menschen verschiedener Herkünfte und Rassen, unterschiedlicher Klassen und Berufsgruppen. Hamburg beherbergt Reiche und Arme, Weltkenner und Vagabunden, Intellektuelle und Kaufleute, Diplomaten und Geistliche u.a... Die große Hafenstadt Hamburg ist nicht nur ein Tummelplatz mit verschiedenartigen Vergnügungen und regem Geschäftsleben. Wer Ruhe und Entspannung sucht, ist auch hier richtig. Auch Technik, Wissenschaft und Kultur finden Platz in dieser Medienmetropole. Apropos Kultur: auch deutscher, japanischer und tibetischer Buddhismus sind hier vertreten. Die meisten Buddhisten in der Hanse-Stadt sind Theravadins, wenn sie nicht Zen-Anhänger sind. Hamburg ist ein Superlativ für das religiöse Leben nach östlichen Weisheiten. Für

Freunde und Kenner Südostasiens bieten einige vietnamesische Restaurants, was die traditionelle Eßkultur anbelangt, die Originalität ihres Herkunftlandes an. Mit entsprechenden Lebensmitteln werden Landsleute und Freunde asiatischer Kochkunst hier und da von vietnamesischen Spezialitätengeschäften reichlich versorgt. Daß heute alles an Zutaten vorhanden ist, die für die heimatliche Küche nicht nur unentbehrlich sind, sondern sie auch verfeiern, gilt als Trost für die Landsleute, die weit entfernt von Zuhause ein Exildasein führen müssen; ein Trost, wenn man zurück an die Zeit vor einem Jahrzehnt denkt!

Auf dem Weg in Richtung Süden verläßt man Hamburg und kommt zur nächsten Großstadt Hannover. Zwar klingt der Name Hannover nicht ganz attraktiv und ist in der Welt wenig bekannt, geographisch hat diese Stadt ihre Bedeutung. Die Universitätsstadt Hannover liegt nämlich genau da, wo die beiden Achsen Nord-Süd und Ost-West Deutschlands sich begegnen. Hier gibt es nichts so viele Villen und Wolkenkratzer bzw. Lärm und Geschäftigkeit wie in Hamburg oder Paris. Dennoch hat Hannover etwas besonderes, das nicht wenige verliebt macht, nämlich der Herrenhausen-Garten des ehemaligen Kurfürsten und den zu dessen Hof gehörige Maschsee. Der Garten, der nach dem Vorbild des "Jardins de Versailles" architektonisch angelegt wurde, bildet mit dem Barock- und Rokoko-Stil einen idyllische Garten Eden. Romantischer noch ist der Maschsee. Ich habe mir erlaubt, ihn mit einem poetischen vietnamesischen Namen *"Hồ trúc bạch"* zu benennen, was wiederum auf Deutsch "Bambus-See" bedeutet. Man kann sich hier der Illusion jener alten Zeit hingeben, in der hier entlang der Promenade, unter den hängenden Ästen der seidigen Trauerweiden hübsche junge Hofdamen zum Spielen erschienen, die sentimentale Träumer dazu bewegen, für einen angenehmen Augenblick die Wirklichkeitswelt zu vergessen. Schade, daß sonnige Tage in Hannover so rar sind, damit Poeten über den Bambus- See noch paradiesischer dichten können.

Wenn man von Hannover, der Hauptstadt Niedersachsens spricht, sollte man auch nicht zu erwähnen vergessen, daß Niedersachsen das erste Bundesland war, das die Aufnahme der ersten Flüchtlinge aus Vietnam verwirklicht hat. Auf Initiative des Ministerpräsidenten Dr. Ernst Albrecht kamen Ende 1978 die ersten eintausend Bootmenschen der "HẢI HỒNG" nach Niedersachsen. Wer Frau Lang, eine Mitarbeiterin des Caritas-Verbands in Freiburg, die Mutter der notleidenden Vietnamesen nennt, der sieht in Dr.Ernst Albrecht den geistigen Vater der Vietnam- Flüchtlinge ohne gleichen.

Zweimal war ich in der Kanzlei des niedersächsischen Ministerpräsidenten, wo ich mich mit ihm in einer lockeren und behaglichen Atmosphäre unterhalten habe. Das erste Mal war Anfang 1979, als ich mit dem Minister für Jugend Europas zusammenkam. Dem Herrn Ministerpräsidenten Dr. Ernst Albrecht überreichte ich damals die "Glocke des Friedens" und eine Plastik-Nachbildung der "HẢI-HỒNG". Das Thema unseres zweiten Treffens war über meine buddhistischen Arbeiten. Ich erinnere mich noch genau: Zwar saß ich einem Landesherrn gegenüber, aber durch sein mildes und sympathisches Aussehen wie auch durch seine Amtstracht, hatte ich nicht den Eindruck wie vor einem Mandarin des fernen Hofes zu sitzen. Zwischen uns scheint es mir, bleibt eine dauerhafte Verbindung. Nach unseren Geschenken erhielten wir bis heute jährlich genau am vietnamesischen Neujahrfest von ihm eine Grußkarte mit Glückwünschen.

Eigentlich bin ich nicht so sehr für Verwaltung und Bürokratie, aber die in Niedersachsen ist mir sympathisch. Was soll ich sagen? Unsere Ahnen haben nicht zu Unrecht gesagt:"Was du nicht magst, das schickt dir der Himmel". Seit dem ersten Tag des Mönchwerdens bis heute ist und bleibt Erlösung mein einziges Ziel, d.h.,daß man sich von allen weltlichen Bindungen löst. Aber je mehr man sich zu befreien versucht, desto enger spürt man die Fesseln. Ob man will oder nicht, muß man, wenn man in der Gesellschaft mit höheren Stellen zu tun hat, mindestens etwas auf das äußerliche Auftreten achten. Mag sein, daß viele meiner Glaubensbrüder und Schüler das alles für eine Ehre halten, ich meinerseits finde kein Glück besser als die innerliche Ruhe.

Trotzdem sich mehr als die Häfte der einhundert Studenten aus Vietnam, die in dieser Landeshauptstadt gewohnt haben, nach 1975 der kommunistischen Bewegung zugewandt haben, ist diese Hälfte heute nach dem Zustrom der Flüchtlinge eine bedeutungslose Minderheit geworden. Für alle in Deutschland lebenden Vietnamesen gibt es nur eine einzige Pagode. Sie liegt in Hannover und wird von der Bundesregierung unterstützt. Dieser Frage begegnen Vietnambuddhisten in anderen Ländern mit Neugierde. Da wir bei diesem Thema sind, möchte ich es hier zum Anlaß nehmen, allgemein eine Antwort zu geben, wie es dazu gekommen ist.

Es hatte damit angefangen, daß am 02.04.1978 in Hannover eine kleine Andachtsstätte gegründet wurde, wo höchstens 30 Personen hinein passen würden. Dennoch konnten wir im selben Jahr einmal das Vesakh- und Vu-Lan-Fest veranstalten. Erst nachdem immer mehr Bootmenschen nach Deutschland kamen, wurde unsere Andachtsstätte durch Berichtserstattungen und Reportagen von Presse, Rundfunf und Fernsehen bekannt gemacht. Überschriften wie "1.000 Buddhisten standen vor der Tür der VIÊN-GIÁC Pagode in der Kestnerstraße 37 und warteten auf die Messe" erweckten noch mehr die Aufmerksamkeit der Öffentlichkeit. Denn im Rahmen ihres Flüchtlingshilfeprogramms achteten die Deutschen nicht nur auf die materiellen Bedürfnisse, sondern auch auf den geistigen Bereich.

Wie viele andere Studenten machte ich mich als Dolmetscher im Grenzdurchgangslager Friedland sowie in der Uni-Klinik Göttingen nützlich. Eine Zeit lang begleiteten mich die Damen und Herren der Presse sowie Funk und Fernsehen, bei Neujahrsfeiern, Beisetzungszeremonien usw. Die aufgenommenen Bilder fand man in Tageszeitungen oder wurden ausgestrahlt bis gegen Mitte 79. Eines Tages erhielten ich und meine buddhistischen Mitarbeiter von der Bundesregierung eine Einladung nach Bonn. Im Rahmen der kulturellen Unterstützung für Minderheitsvölker in der Bundesrepublik führte bei diesem Treffen Herr Dr.Geißler, Leiter der Abteilung für Kultur und Religionen im Bundesministerium des Innern, mit uns ein Gespräch. Über mögliche Hilfsmaßnahmen der Bundesregierung bei unseren buddhistischen sozio-kulturellen Arbeiten mit den in Deutschland lebenden Vietnam-Flüchtlingen. Gemeinsam mit einigen engagierten Vietnam-Buddhisten, die mich begleiteten, trugen wir das unserer Vorstellung entsprechende Arbeitsprogramm vor, das von dem Regierungsvertreter völlig akzeptiert wurde.

Nach dieser Unterredung gingen wir nach Hannover zurück und fingen an, einen geeigneten Platz zur Errichtung der heute entstandenen Pagode VIÊN-GIAC zu suchen. Zu einem Ergebnis kamen wir erst gegen Ende 1980. Außer laufender Hilfe der vietnamesisch-buddhistischen Bevölkerung erhielten wir auf verschiedene Art Unterstützung seitens der Bonner Regierung sowie von karitativen Vereinen und Organisationen wie z.B. des Malteserhilfsdiensts.

Manchmal, wenn ich zurück an die vergangene Zeit dachte, empfand ich eine Freude, gemischt mit einem unerklärlichen Gefühl. Wie merkwürdig! Deutschland hat eine starke christlich geprägte Tradition. Die meisten Menschen in diesem Land sind protestantische oder katholische Christen. Dennoch kommen sie auf die Idee, den fremden Buddhisten Hilfe zu leisten. Im Gegensatz dazu hatte damals unter der *Nguyên*-Dynastie der Kaiser *Tú-Dúc* (1847-1883) den christlichen Missionaren verboten, das Evangelium zu verkünden. Wie sollte ich dieses erklären? Es paßt nichts wie "aus Reichtum entsteht die Höflichkeit" oder weil der Buddhismus einen guten Eindruck bei den Christen erzeugte! Warum kehren so viele Vietnambuddhisten beim Sterben zurück zum Buddhismus, nachdem sie zuvor zu den Christen übergelaufen waren?

Auf die Frage einiger von uns, wie lange der Staat uns noch Hilfe gewährt, kann ich nur getrost sagen, daß es gut ist, sich darüber Gedanken zu machen. Andererseits sollte man sich nicht deswegen graue Haare wachsen lassen, wenn es sich um Sachen handelt, die über seine Kompetenz hinaus gehen."*Es ist doch gut zu wissen von der Gegenwart, in der man ist. Denn was kümmert einen die vergangene Zeit des Herbsts und Frühlings?*". Wenn man dem Buddhismus Vertrauen schenkt, dann glaubt man auch, daß unser Schicksal dem Karmagesetz unterworfen ist. Wenn wir gut vorbereitet sind, dann können wir weitergehen. Oder wir müssen selbst die günstigen Bedingungen herstellen, d.h. mit eigenen Kräften aufbauen:"*Wir nehmen ein Bad im eigenen Teich, ob er klar oder trüb ist, immer gut ist das eigene Wasser.*"Außerdem wissen wir:"Die Pagode ist das Refugium des Geistes des Volkes".

Zwar ist es gut, daß die Deutschen uns helfen. Aber wir müssen auch daran denken, uns selbst zu helfen. Wir haben einen Glauben, den wir uns verpflichten zu pflegen und weiter zu erhalten. Wie können wir alle diese Arbeiten einem anderen überlassen? Viele meiner Landsleute verwechseln den geistigen mit dem materiellen Bereich, in dem sie sagen: wir haben gelitten und jetzt, wo wir schon hier sind, müssen wir nicht mehr leiden. Andere äußern sich ähnlich: wir haben gebetet, um in den Westen zu kommen, und der Wunsch ist erfüllt, wir brauchen nicht weiterzubeten. Das klingt vielleicht gut, besonders um andere zum Lachen zu bringen. Sie vergessen dabei, daß Leiden hier nicht mit Armut im materiellen Sinn zu tun hat, sondern Armseligkeit gemeint ist. Während mit dem Westen wir das Reine Land im Westen des Amitabha-Buddha meinen. Westen hat hier keine lokale Bedeutung, sondern einen ikonographischen Sinn. Alles können wir mit Geld kaufen. Die Frage ist nur, ob wir auch mit Geld ein Ticket zum Buddhaland des Westens kaufen können. "Lebewesen haben viele Krankheiten und Bodhisattvas haben viele Tugenden". Dieser Satz ist für uns eine Mahnung. Alle Heiligen, vom Ehrwürdigen Ananda bis zu den Bodhisattvas wie Ksitigarbha, Avalokiteshvara bis zum Samasthamba praptha, haben Mittel zur Heilung aller Krankheiten. Nur Lebewesen scheuen sich davor den Weg zu ihnen zu gehen. Während der "Suramgama-Versammlung" trug Ananda dem Buddha seinen Wunsch vor:

"Ihr seid mein Zeuge, Oh Herr!
Ich schwöre als erster die Welt des Leidens zu betreten,
So lange es noch ein Lebewesen gibt, das nicht erleuchtet wird, werde ich nicht ins Nirvana gehen".

Das Gelübde ist noch gültig und wir sollten es als Triebkraft betrachten, die uns ermutigt, ohne Unterlaß nach geistiger Vollkommenheit zu streben. Über eines sind wir sicher, daß unser Ziel das Buddhaland des Westens ist und nicht dieses Westens auf Erden. Hier ist für uns kein Ort der Reinheit, sondern nur ein Ort der Versuchungen, der uns in materielle Abhängigkeit treibt und schließlich zum ewigen Kreisen in eine Kette der Geburten und Tod führt.

Wenn im Frühling die Vögel sich um die schöne Stimme streiten, und die Bäume die hübsche Farbe ihrer Blütenpracht erhalten, kehrt die Zeit des Vesakh zurück. Dann strömen Tausende Vietnamesen nach Hannover, um gemeinsam den Geburtstag des Sakya Muni Buddha zu feiern. Mit den ersten gelben Blättern, während der herbstlichen Morgentau die Äste noch benetzt und sich als eine blühende Samtdecke auf die Residenz jenes ehemaligen Fürsten senkt, kehrt dann die VU-LAN-Zeit zurück, die Zeit, in der Buddhisten ihre Dankbarkeit gegenüber den Eltern ausdrücken. Wieder mal kommen die Buddhisten nach Hannover, um ihre Pietät zu äußern. Gleichzeitig mit dem ersten Schnee bereiten sich unsere vietnamesischen Landsleute für den asiatischen Neujahrsempfang vor. Traditionsgemäß wird am ersten Tag des Mondkalenlerjahres in der Pagode eine Friedenszeremonie für alle Menschen und speziell für das eigene Volk durchgeführt, damit alle Leiden und Grausamkeiten des Krieges bald ein Ende haben. Zugleich ist dieser Tag der Gedenktag des künftigen Buddha, den Maitreya. Wieder einmal erlebt Hannover ein buddhistisches Fest mit bunten und prachtvollen vietnamesischen Kleidern.

Hannover! Hannover! Die geistige Stadt, die Stadt der Kinder Buddhas, die dem leidvollen Leben entsagen wollen, um einen Zustand zu erreichen, einen Zustand, der weder Versuchungen noch Stolz noch Haß und Neid kennt. Hannover! die Stadt der Menschlichkeit, des Geistes und Bewußtseins!

Wer diese Stadt noch nicht kennt, sollte vielleicht einmal hinkommen, um unter dem Lotusthron das Gefühl zu haben, daß sein Herz und sein Geist im Einklang mit einer Subtilität des Buddha-Dharma vereinigt wird.

Sechs Jahre war ich in Deutschland, aber

noch nie habe ich einen so schönen Sommer wie diesen erlebt. Oder vielleicht hat es doch noch einen gegeben, ohne daß ich es bemerkt habe, oder weil ich mich zu dieser Zeit im Ausland aufgehalten habe. Also gibt es in Deutschland auch herrliche Tage! Der hiesige Sonnenschein gleicht dem einstweiligen in mir, und mein heutiges Gefühl hat sich nicht vom damaligen geändert? Obwohl ich mir dessen bewußt bin, daß Menschen sich ständig verändern. Genauso verhält sich die Natur, mal ist es windig, mal regnerisch. Wer diese Vergänglichkeit aller Dinge, welches das Buddha-Dharma so oft erwähnt, verstanden hat, denn ist diese unaufhörliche Zerbrechlichkeit des Raumes und der Zeit gleichmütig geworden. Wenn auch alles veränderlich ist, so wünsche ich doch, daß mein Herz treu bleibt. Diesen Gedanken hegt jeder, der den Bodhisattva-Weg zu gehen wünscht und das entsprechende Gelübde beherzigt:

Wenn auch das Universum nicht still hält,
Bleibe ich meinem Gelübde treu und brav.
Zeitlose Dharmas wünsche ich alle zu verwirklichen, bis daß mein Geist den Bodhi erlangt."

Während das Dharma ad infinitum unwandelbar ist, bleibt oft nur das Herz des Menschen vergänglich. Wer dies erkennt, möge sich nicht weiter an die äußere Natur aller Dinge hängen, damit sein Geist bald einen lichtvollen Effekt der Wahrheitserkenntnis erfahren kann. Diese Angst des menschlichen Daseins gab der zeitgenössische Tản Đà, Nguyễn Khắc Hiếu (1889-1939) in einigen Versen seiner Dichtung wieder. Lesen wir hierzu eine Elegie:

"Ob man des Lebens überdrüssig ist oder nicht,
einen Becher edlen Tropfens hochhebend frage

ich den Busenfreund,
So viel wert wie ein Reich ist das Lächeln einer schönen Helena, hübsche blaue Augen sind dazu gut, Weltmänner umzustimmen.
Wie die Ebbe sinken, schlechte Menschen ins Ekel. Wie gewöhnlich Himmel und Erde sehen leidenschaftliche Wesen. Wie der Wind die Blätter verweht, empfangen die Äste Sonderlinge. Wie ephemere das Leben auf Erden, das so schnell vergeht, schon bevor ein Satz gesprochen.
Von weltlicher Eleganz sind Dilettanten geprägt. Mit Rosatuch fangen sie von Venus kostbare Tränen.
Aus althergebrachten Erzählungen nun ein paar Striche von Recht und Unrecht. Bei Nam-Hai sprang die schöne Thuý von der Brautdschunke in den Tod, mitten im Strom des Tien-Dương im verkümmerten Gras am Landungsplatz Ô-Giang. In Betracht seit alther, ob begabt tugendhaft oder schön, schwärmt jeder den gleichen Traum im Universum.
Es genügt zu wissen, daß das Leben ein Überdruß ist.
Zum Ekeln rate ich Dir Busenfreund,
Denk gut darüber nach, um Dich nicht zu täuschen.

So sieht die Welt aus. Unter den Augen von Dichtern und Kultivierten ist sie nichts als Wein und Poesie. Für Helden und Weltveränderer besteht sie aus kostbaren Juwelen und Jade. Nur ein Mönch hält sie für Ephemere und Illusion. Gerade ist sie dort, dann verschwindet sie aus den Augen. Sie ist zeitlich und räumlich zerbrechlich und veränderlich. Was bleibt, ist der Glaube eines Mönches an Erleuchtung und Erlösung.

Jedoch weiß der Mönch, daß Sprachen, die mit Worten zum Ausdruck gebracht werden, auch nur eine scheinbare Zusammensetzung sind. Nur damit seine Gedanken von anderen verstanden werden, hat er diesen Schein benutzt, um das Wahre sichtbar zu machen. Er hofft dabei, daß Empfänger sich gedanklich mit ihm durch das Herz des Glaubens in einer innigen Welt verbunden fühlen, in einer Welt frei von äußerlichen Hindernissen, unabhängig von jedem Umstand.

Wenn man schon über Deutschland erzählt, dann darf man Berlin nicht vergessen. Deshalb möchte ich die Gelegenheit wahrnehmen, Ihnen diese Stadt vorzustellen. Von Hannover aus führen drei Wege nach Berlin:

Rund 20 Minuten dauert ein Flug von Hannover nach West-Berlin. Über den Wolken hin und zurück zu fliegen, bevorzugen höhere Regierungsmitglieder von Bund und Ländern. Auf Schienen ist die zweite Möglichkeit für eine Reise in diese besondere "Inselstadt" durch die DDR. Die Bahn verbindet die Hauptstadt Niedersachsens mit diesem "Fremdkörper der DDR" innerhalb von 4 Stunden. Etwa die gleiche Zeit benötigt ein motorisierter Reisender auf der Transitautobahnstrecke Berlin-Helmstedt. Allerdings muß er mit einer möglichen Wartezeit bis zu 3 Stunden für unvorhersehbare Komplikationen an den Grenzübergängen zwischen Ost- und West-Berlin rechnen.

Noch vor Kriegsende war Berlin die Reichshauptstadt Deutschlands. Infolge des Viermächteabkommens wurde Deutschland in vier Besatzungszonen geteilt und Berlin wird zu einem gemeinsamen bewaffneten Gebiet der Siegermächte Frankreich, Großbritanien, USA und UdSSR. Aus den drei Westallierten Zonen ist die Bundesrepublik Deutschland entstanden, deren Hauptstadt Bonn ist. Die von der Sowjetmacht besetzt Zone ist heute die Deutsche Demokratische Republik mit Hauptstadt Ostberlin. Die besondere "Insellage" Berlins hat dazu geführt, daß die drei Westsektoren von Ost-Berlin und der DDR umschlossen wird. Alle vier Sektoren sind deutlich erkenntbar, besonders wenn man die Stadt am Tag besichtigt. Das politische Status Quo Berlins betrachtet das deutsche Volk als schamhaft, nachdem der Traum Hitlers von Machtausdehnung über die ganze Welt wie Meeresschaum in sich zerfallen ist.

Die Mehrheit der eintausend Vietnamflüchtlinge in Westberlin sind jene, die seit Generationen in Laos ansässig waren. Alle sind Buddhisten und von einer außerordentlichen Frömmigkeit geprägt. Diese Besonderheit in den Augen anderer Buddhisten ein Musterbeispiel, ist damit zu erklären, daß der Buddhismus seit eh und je Staatsreligion des damaligen Königreichs von Laos war. Bis 1975 gab es in Berlin 300-400 Studenten aus Vietnam. 200 darunter waren Mitglieder der roten vietnamesischen Organisation "*Doàn-Kết*" (*Solidarität*). Die Zahl senkt deutlich spürbar, nachdem die meisten Mitglieder Familienangehörige unter den Flüchtlingen haben, und von der Wirklichkeit des Lebens unter dem neuen Regime in Vietnam erfuhren. Viele von ihnen setzten sich ab und distanzierten sich von kommunistischen Brüdern. Einige andere wandern aus, in die Bundesrepublik und in andere Länder.

Die gemeinschaftlichen und politischen Entwicklungen bei Vietnamesen in Westberlin sind höchst kompliziert. Es wäre eher angebracht, daß das Problem im Rahmen dieses Beitrages nicht berührt wird, obwohl es von vielen vietnamesischen Schriften analytisch und kritisch hervorgehoben wurde. Wir Geistliche sind der Meinung, daß das Berlin-Problem von Berlinern selbst gelöst werden muß. Selbst Buddha hat darüber gesagt:" *Der treu und rechtschaffende Löwe wird Schande und Schimpf ernten*". Damit ist gemeint, daß wenn der Löwe selbst die Ursache seiner Infektion nicht entfernt, wird er von dem Virus, der tief im Magen des Löwens sitzt, gefressen. Wie auch immer, herrscht in Berlin Frieden. Menschen aus fast allen Nationen sind hier vertreten. Das Muskelspiel des Tauziehens zwischen beiden Großmächten, begünstigt durch den speziellen Status Quo des Ost-West-Gleichgewichts hat Berlin zur Drehscheibe internationaler Politik und gleichzeitig zum Operationsfeld internationaler Agenten gemacht. Schon zu oft erlebte die Stadt atemberaubende Fälle, die in die Spionagegeschichte eingingen. Längst war der Krieg vorbei, längst ist der friedliche Alltag zurückgekehrt. Die militärische Präsenz der vier Schutzmächte dient dazu, einen möglichen Vorstoß einer gegnerischen Seite unmöglich zu machen. Doch der Schein täuscht. Auf einmal wurde eine menschlich-unnatürliche Mauer gezogen, die die Menschen im Osten wie im Westen in eine noch tiefere Betroffenheit stürzt. Damit wurde die Teilung einer Nation noch sichtbarer gemacht. Dieses Zeichen des Hasses, der Aggression und der Angst wirken wie Schandflecke in der Geschichte einer Nation, deren Volk immer stolz darauf war, daß die Macht- und Prachtentfaltung geistig und militärisch über die Grenzen hinaus ging. Wären aus der Zeit der französischen Aufklärung die Fabeln von Lafontaine wie z.B. "Der Frosch und die Kuh" und "Der Fuchs und der Rabe" von deutschen Staatslenkern vor 1945 nicht außer acht gelassen, wäre das Schicksal der deutschen Nation anders gewesen. So oder so ist Geschichte nur eine Kette von Ereignissen aus der Vergangenheit, die sich heute nicht zurück verändern läßt. Was geschehen ist, ist geschehen!

Über die Mauer hinweg können Menschen beider Seiten sich sehen. Deutlich kann man erkennen, wie unterschiedlich das Leben in beiden Teilen Berlins ist. Im Westen herrschen Gelassenheit und Eleganz, während der Anblick Ostberlins eine Atmosphäre der Geschlossenheit und Ernsthaftigkeit vermittelt, gestärkt durch konventionelle Barrikaden wie Stacheldraht und Minenfelder. Den Besucher aus Vietnam erinnert das Spektakel an jene Zeit in Vietnam im Jahre 1963, als die buddhistische Bevölkerung sich erhob, um gegen die buddhistischfeindliche Politik des Ngô Đình Diệm's Regims Widerstand zu leisten, wie ein Volk des gleichen Blutes und gleicher Sprache einander nicht anerkannt, weil es durch einen Fluß Bến-Hải am 17.Breitengrades nach der Genfer Konferenz vom 20.07.1954 entzweit wurde.

Ich stand hier vor der Mauer und konnte mein Mitleid nicht unterdrücken. Diese Empfindung gilt nicht nur für jene, die von liebenden Freunden und Verwandten getrennt oder für das menschliche Leiden, sondern auch für die wechselhafte Geschichte der Stadt Berlin.

Im Ortsteil Frohnau Westberlins ist 1924 das "Buddhistisches Haus" entstanden. Es wurde von dem berühmten deutschen Gelehrten Dr.med. Paul Dahlke gebaut, der aus Liebe zum geistigen innerlichen Leben zum Buddhismus kam. Er ging nach Ceylon und wurde dort von einem Pali-Meister, dem Sunmangala Suriyagoda zum Buddhisten geweiht. Dann ging er zurück nach Deutschland und verbreitete seine buddhistische literarische Tätigkeit unter seine Zeitgenossen. Nach seinem Tod im Februar 1928 führten seine Geschwister das Familienerbstück, das "Buddhistische Haus" weiter. 1957 ging Dahlkes "Buddhistisches Haus" in den Besitz der ceylonischen "German Dharmaduta Society" über. Der Reihe nach wohnen im Haus ceylonische Mönche, die sich um die Verbreitung des Dharma kümmern. Die Haupthalle wurde nach japanischem Stil eingerichtet. Beachtlich ist die Bibliothek, die reichlich mit einigen tausenden buddhistischen Büchern ausgestattet ist, darunter das "Tipitaka" aus fast allen Sprachen Asiens. Außerdem gibt es noch einen Vortrags- und Meditationssaal. Das hochgelegene Haus wird von einem großen Grundstück mit reichlichem Baumbestand umgeben. Wenn man Berlin als eine extravagante Stadt betrachtet, dann darf man dieses "Buddhistische Haus" als ein Asylum für leidende Seelen sehen, die nach Erlösung streben. Das "Buddhistische Haus" wurde oft von Vietnambuddhisten in Berlin bei festlichen Anlässen benutzt. Der singhalesische Abt sagte einst zu uns in englisch, da er der deutschen Sprache nicht mächtig ist:"Das Haus gehört allen, denn Menschen unterscheiden sich in Nord, Süd, West und Ost, aber Buddha ist nur eins."

In Berlin gibt es bis heute noch keine Pagode für Vietnamesen, obwohl der Wunsch nach einer Buddhastätte und nach der ständigen Präsenz eines buddhistischen Geistlichen stark ist. Der "Vietnamesisch-Buddhistische Verein" Berlins, Mitglied der "Vereinigung der Buddhistischen Vietnamflüchtlinge in der BRD e.V" in Hannover, ist der Mittelpunkt des buddhistischen Musiklebens der Vietnamesen in Deutschland. Dieser Gruppe verdankt der Erfolg aller großen Veranstaltungen der Zentrale in Hannover. Die Meisterleistung der Vietnambuddhisten in Berlin liegt auf diesem Gebiet. Wahrscheinlich wird es in Zukunft so bleiben. Bei einem Besuch in dieser Stadt fiel mir ein Gedicht der Meisterin der vietnamesischen Dichtkunst, Bà Huyện Thanh Quan, 19. Jhd, ein:

Am Querpaß
Bei meiner Ankunft am "Querpaß" warf die
Dämmerung ihre Schatten,
Dichtgedrängt am Felsen die Pflanzen und
das Gras, aus dem Laub die Blüten.
Unten im Tal beugend erschienen ein paar
Holzfäller,
Am Fluß vereinzelt um dem Markt einige
Häuser.
Wie sehnsüchtig schrien Teichhühner nach
dem Heimatland,
Und leidenschaftlich durchsprechend nach
Familien.
Haltmachend zwischen Himmel, Bergen und
Gewässern,
Für ein Stück Herzensleid persönlich mit
mir selbst.

Ein ähnliches Gefühl empfing den Gast in Berlin. Dort sucht er aus seiner Erinnerung heraus sein Vietnam in der vergangenen Zeit, um danach Berlin mit einem anderen Gefühl zu verlassen, ein Gefühl der seelischen Erleichterung.

Berlin hat viel gutes und kurioses, jedoch nicht ohne Leiden. Vielleicht ist es ganz gut für meine Landsleute, einmal Berlin zu besuchen, um über die Heimat und das Volk Vietnams nachzudenken. In meinen Augen ist Berlin so graziös wie die liebenswürdigen Bauermädchen und auch so stolz wie die verwöhntesten Hofdamen. Und wenn man sagt, daß Berlin der Mittelpunkt Deutschlands ist und zugleich das Tor, das die Freiheit mit dem Kommunismus verbindet, wo sich Liebe und Haß klammern, dann ist es nicht übertrieben. In meinem Herzen brennt ewig die Flamme der Vaterlandsliebe, gestärkt durch die Menschlichkeit und das Vertrauen zum Dharma. Das ist der Grund dafür, daß ich niemals damit einverstanden bin, daß mein Land geteilt wird, denn ich weiß, daß mein Volk von der Liebe und nicht vom Haß genährt wird. Das Volk Vietnams muß stark und frei von Elend und Not sein. Die Geschichte meines Volkes weist auf die Existenz von zahlreichen Helden und von der langjährigen Präsenz des Buddha-Dharma hin. Ich stehe hier an einem Ort der Geschichte eines Volkes, dessen Nation geteilt wird. Hier an diesem Ort Berlin klammern sich die beiden Staaten einer geteilten Nation Deutschland. Das Bild ist Anlaß für mich zu überdenken, daß ich meine Existenz fortführen muß, im festen Bewußtsein auf eine Rückkehr in die Heimat, wenn die Feinde nicht mehr da sind, sondern nur Verwandte. Die Macht des Bösen muß besiegt werden.

Bei verschiedenen Teilnahmen von Beisetzungen von verstorbenen vietnamesischen oder chinesischstämmigen Landsleuten war ich öfter Zeuge von Umständen, in denen deutsche Friedhofsangestellte bzw. Angehörige von Bestattungsinstituten in Verlegenheit geraten waren. Diese Tatsache ist sicherlich ein Beweis dafür, daß derartige Begegnungen zwischen dem Morgen- und Abendland noch nie stattgefunden hatten. Während die Deutschen sehr wenig über asiatische Sitten und Bräuche verstanden haben, versuchen fernöstliche Mitbürger das möglichste zu tun, um den Geist ihrer verstorbenen Verwandten so weit wie sie können zu befriedigen. Fangen wir zunächst mit dem Geistlichen an. Ein buddhistischer Mönch steht beim Beten immer mit dem Gesicht zum Buddhaaltar, während ein katholischer Pfarrer oder evangelischer Pastor immer vis a vis seiner Gemeindemitglieder steht, um als Vertreter des Herrn, Jesus Christus die Worte aus der Bibel zu verkünden. Einmal bat ich einen Angestellten, mir einen Tisch zu besorgen. Der freundliche Herr zeigte mir die Kanzel neben dem großen Kruzifix. Daruf hin sagte ich ihm, ich brauchte einen Tisch, damit ich während der Zeremonie davor stehen und beten kann. In diesem Moment werde ich meinen Gemeindemitgliedern den Rücken zeigen müssen und nicht mein Gesicht. Mit staunenden Augen schaute er mich ein paar Sekunden lang an und sagte:"Es müßte wohl hier der Unterschied zwischen Okzident und Orient liegen!".Ich nickte schweigend und hörte seine nächste Frage:"Wo gibt es noch Unterschiede?" "Sehr viel, aber ich kann Sie nicht alle aufzählen". Ein Beispiel konnte ich noch erwähnen, daß Menschen im Westen den Geburtstag feiern, als Zeichen für den Respekt vor dem Leben, während im Osten dieser Tag kaum beachtet wird, und wenn, denn nur weil es welche gibt, die dies den Europäern nachahmen. Daß bei uns der Geburtstag des

Buddha oder Jesus Christus gefeiert wird, ist nur eine Ausnahme. Denn wichtig für Asiaten ist der Tod. Nachdem ein Familienmitglied aus dem Leben scheidet, gibt es für den Verstorbenen wöchentlich eine Zeremonie, die regelmäßig bis zum 49.Tag vollzogen wird. Danach findet eine andere Zeremonie am 100.Tag statt, dann jedes Jahr einmal ein Gedenktag. Asiaten sind der Meinung, daß der Tod nicht das Ende, sondern der Anfang eines neuen Lebens ist. Die Christen glauben an das Ende, nachdem ein Mensch das Leben vollendet hat. Danach gibt es für sie nur zwei Richtungen, nach oben ins Paradies oder nach unten in die Hölle. In Asien glauben die Menschen, daß jedes Lebewesen geboren wird, um zu sterben und wiedergeboren zu werden. Das alles ist eine unendliche Kette von Geburt und Tod. Diese Kette hat aber viele Richtungen. Ein Lebewesen bleibt ewig in dieser Kette, die sich innerhalb des Universums bewegt. Die kosmische Welt, in der wir uns zur Zeit befinden, nennt sich Saha-Welt. Sie gehört zu einer der 3.000 Weltsysteme. Je nach Karma. d.h. die Summe von guten bzw. bösen Taten eines jeden in dessen bisherigen Dasein wird ein Lebewesen in einer dieser kosmischen Welten wiedergeboren. Nur ein erleuchtetes Wesen kann, wenn es will, aus dem Samsara, d.h. aus dem Wiedergeburtenzyklus ausscheiden oder beliebig lange darin bleiben. Der deutsche Angestellte hörte mir aufmerksam zu. Da die Friedhofskapelle kein geeigneter Ort für Gespräche wie solche ist, stimmte er mir zu, bei günstigerer Gelegenheit daruf zurückzukommen.

Asiatische Völker haben meistens nicht nur gutes zu berichten. Die Kehrseite der Medaille bei Vietnamesen besteht darin, schlecht über andere zu reden, und zweifellos mal mehr, mal weniger als es wirklich gibt. Manchmal handelt es sich um Geschwätz, das darauf zielt, den moralischen Wert des Gegners oder des Feindes, und dessen Glaubwürdigkeit herabzusetzen. Aber wenn mal der Betroffene stirbt, dann wird in einer Trauerrede nur gutes über ihn erwähnt. Auf gleiche Weise wollen Japaner, die während ihrer Lebzeit nicht buddhistisch geweiht wurden, beim Sterben einen Dharmanamen haben, in der Hoffnung nach dem Tod die stützende Kraft des Buddha zu erhalten. So lassen sie ihre Verwandten eine Mönch zu sich bestellen. Je nachdem, ob er gut zahlt oder nicht, erhält er einen guten bis weniger guten oder gewöhnlichen Dharmanamen. Während des Lebens haben sie nicht versucht, sich selbst zu vervollkommnen, und jetzt, in dem Moment, wo sie dahin scheiden, wollen sie mit dem Geld den Eintritt ins Nirvana sicherstellen. Wie widersprüchlich ist das Denken, das vehement einen Kontrast zur orthodoxen Lehre des Buddha darstellt.

Ähnlicherweise verhalten sich die Vietnamesen. Während der Lebzeit schenken sie sich weder Lob noch Ratschläge. Erst wenn einer aus dem Kreis heraus ist, dann kondolieren sie seinen Tod mit schmeichelnden Worten. Man hätte besser den Betroffenen honoriert, als er noch am Leben war, als jetzt anderen vorzutäuschen, ihm Honig um den Mund zu schmieren. Solche Komplimente sind ebenso gut, so der Volksmund, um toten Fliegen eine Trauerrede zu halten. Schmeicheln und Verbreiten der Unwahrheit können sprachlich das Karma belasten, das negativ auf das nächste Leben einwirkt. Dieses weiß der Buddhist. Andererseits könnte ein

Nicht-Buddhist dieses als Beispiel nehmen, um sich zu verbessern.

Anders als in meiner Heimat, wo ich nicht überall gewesen war und auch nicht sein werde, wenn das Land wiedervereinigt, frei und unabhängig ist, kenne ich mehrere Städte Deutschlands wie Japans. Zwischen Flensburg und Konstanz habe ich überall meine Spuren hinterlassen: München, Stuttgart, Würzburg, Freiburg, Karlsruhe, Frankfurt, Koblenz, Bonn, Köln, Dortmund, Göttingen, Aachen etc...Vielleicht sollte ich im Rahmen dieses Buches nur die typischen Städte, wo ich schon war, erwähnen.

Ein tibetischer Tempel existiert seit 30 Jahren in München. Dort lebt kein buddhistischer Mönch, sondern ein mongolischer Laie, der sich um Weihrauch und frische Blumen am Lotusthron sorgt. Bei meinem Besuch erzählte man mir, daß seine Heiligkeit der Dalai Lama seine Visite im Tempel im Oktober dieses Jahres abstatten werde. Schon der Name München weist auf eine alte Mönchsstadt hin, was heute nur noch wenige Menschen wissen. München ist eine schöne Stadt, obgleich die dortigen Menschen etwas merkwürdig sind. Vielleicht sollte man dieses Verhalten der Münchner mit der prächtigen Schönheit der Kirschblüten in Japan vergleichen. Sie verleihen zwar dem Land der aufgehenden Sonne fröhlichen Anmut, aus ihnen selbst kann man aber keinen wohltuenden Duft erwarten. Diese oberflächliche Pracht paßt vielleicht ganz gut zu den Menschen dieses Landes. Denn Japaner sind elegant und höflich, wenn man sie trifft. Doch wer sie gut kennt, der weiß, daß sie innerlich andere Menschen sind.

Wie München liegt Stuttgart weit im süddeutschen Raum. Diese romantische Stadt liegt tief im Tal und wird von allen Seiten von Bergen umgeben. 1981 wurde hier das "Dôc-Lâp Zentrum" gegründet, dessen Arbeiten darauf zielen, Vietnam-Flüchtlingen auf dem Integrationsweg beizustehen. Es wird durch karitative Verbände und durch Hilfe aus öffentlichen Mitteln unterstützt. Während der bisherigen zwei Jahre seit der Gründung hat das Zentrum viele Erfolge errungen. Wir hoffen, daß es mit der Zeit fortbesteht, um den Landsleuten, der Erhaltung und Pflege des vietnamesischen Kulturgutes weiter zu dienen.

Das am 02.09.81 in Bonn gegründete "Kulturzentrum" erhält laufende Unterstützung des Bundes und steht unter dem Schutz der CDU. Zwar ist das Zentrum kleiner als das "Dôc-Lâp Zentrum" in Stuttgart, hat aber eine Bibliothek mit größerem Bücherbestand. Das Zentrum hat sich zur Aufgabe gemacht, die vietnamesische Kultur an Landsleute und Deutsche zu verbreiten. Daher beschränken sich seine Tätigkeit nur auf die Rahmen eines Informations- und Dokumentationszentrums.

Nur wenige Vietnamesen leben in der Bundeshauptstadt selbst, mehr im Raum Aachen, Köln und anderen Städten des Ruhrgebiets. Die Zahl der in Nordrhein-Westfallen versammelten Bootmenschen wird auf 5-6.000 geschätzt. Trotzdem gibt es bisher noch für sie keine Buddhastätte. Wir hoffen, daß diese Situation künftig verbessert wird, damit unsere dortigen Landsleute eine gute geistige Betreuung erhalten.

Die Besonderheit, die innerhalb der Gemeinschaft der Exilvietnamesen in Deutschland von sich reden macht, ist die Zahl der Vereine und Organisationen der Vietnamesen. Sie ist außerordentlich hoch im Verhälnis zu anderen Ländern.In jeder Gemeinde gibt es mindestens einen vietnamesischen Verein. In den Großstädten sogar mehrere. Nach 1975 wurden in der Bundesrepublik zur gleichen Zeit etwa 50-70 Organisationen und 30- 40 Zeitungen in der Heimatsprache gegründet. Inzwischen gibt es nur noch 3 Zeitschriften, die regelmäßig und 3-4, die unregelmäßig erscheinen. Bemerkenswert ist, daß die "Độc-Lập" monatlich und "VIÊN-GIÁC" alle 2 Monate erscheint. Weitere Zeitschriften sind z.B."Sự Thật" von katholischen Vietnamesen und "Việt-Nam" von der "Organisation für Angelegenheit der Vietnamesen in der BRD"- Rein politisch mit einer Sondernote für guten Inhalt kämpft die "Nhân-Quyền" aufgrund der Finanzknappheit ums Überleben.Positiv müssen wir erkennen, daß im Bereich der Presse und Information die in Deutschland im einzelnen wie im Ausland vietnamesischen Zeitschriften recht hohen Standard erreicht haben. Insbesondere haben Vietnamesen in der Bundesrepublik die Tendenz, nach technischer Perfektion zu streben.

Möglich wäre es, daß Vietnamesen das Glück haben, in Deutschland wiedergeboren zu werden. Denn von der Aufnahme bis zur vollen Integration sind seitens der Bundes- und Landesregierung alle notwendigen Maßnahmen getroffen. Die Aufgenommenen haben nur Verpflichtungen nachzukommen. Und wenn sie diese Umstände nicht als Gelegenheit benutzen, um sich zu vervollkommen, dann werden sie wohl noch einmal ein Dasein auf Erden führen müssen, bevor sie endlich ins Reine Land gehen. Ich hatte das asiatische Japan gewählt, um dort die

Toleranz und die Höflichkeit der Japaner zu lernen, welche bei uns Mangel sind. Ich würde in Deutschland, wenn es nicht Asien, sondern Europa sein muß, Erziehungs- und Rechtswissenschaften studieren. Das deutsche Volk ist meiner Ansicht nach pflichtbewußt, fleißig, friedlich, obwohl äußerlich kühl und wißbegierig. Neben anderen Seiten finde ich viele Aspekte, die die Deutschen meinen vietnamesischen Landsleuten gegenüber weit überlegen macht.

Bei Vietnamesen im einzelnen gibt es viele, die gut sind. Aber gemeinschaftlich müssen sie noch viel bei den Juden . Koreanern, Taiwanesen und Japanern usw. lernen. Unerwähnt bleiben vietnamesische religiöse Organisationen wie die Buddhisten, Christen, Caodaisten usw. Deshalb spricht man öfter davon, daß einer, der religiös tätig ist, nichts von der Politik zu wissen braucht, umgekehrt ist ein Politiker ohne Glauben mit einem Löwe ohne Herz zu vergleichen.

Wiedermal kehrte ich in die europäische Metropole an der Seine zurück, Paris mit dem hohen Eifelturm, der altehrwürdigen "Notre-Dame" und den extravaganten Boulevards, die Fremde von dem Ort der Aufbewahrung nationaler sowie internationaler Kulturschätze im "Louvre" bis zum historischen Denkmal wie dem "Triumphbogen" führt.

In dieser Stadt, wo sehr viele meiner Landsleute sich zu Hause fühlen und nicht wenig reich und mächtig geworden sind, erinnerte ich mich an Saigon, die damalige Hauptstadt Südvietnams. Tatsächlich gibt es eine große Ähnlichkeit, in der Architektur wie im Lebensstil, zwischen beiden Städten. Es ist nicht falsch, wenn Japaner, die Saigon besucht haben, die damalige Hauptstadt Süd-Vietnams als ein kleines Paris Südostasiens bezeichnen. Wahrscheinlich ist das auch der Grund, warum Vietnamesen Paris gern haben. Sie gehen dorthin, um sich nach Vietnam zu sehnen, anstatt Österreich, Italien und Portugal zu besuchen. Bei jedem Besuch in dieser Stadt erlebe ich ein anderes Gefühl. Wie seltsam! Ich habe so eine Vorahnung, daß das nächste oder übernächste Mal nicht das gleiche wie jetzt sein wird. Immer wieder begegnet man dort nicht nur etwas gutem und schönem, sondern auch etwas tragischem und erbärmlichem. Wahrscheinlich ist der Kontrast eine permanente Realität auf Erden. Ansonsten begegnet man keinem Zustand, der mit einem anderen Zustand im Widerspruch steht wie Licht und Schatten der Kultiviertheit und Elend. Hieran erinnerte mich ein vietnamesischer Spruch:"*An allen Ecken und Enden gibt es Helden, soviel wie Narren und Irre aus der ganzen Welt.*"

Ob nun ein Ökonam oder Politiker, Dichter oder Schriftsteller, Paris hat alles, was die Augen eines Besuchers erfreuen könnte. Aber ein Geistlicher würde es unter einer anderen Ansicht sehen, einer Ansicht, die ihn innerlich bewegt. Nicht nur die vielen Kirchturmspitzen, sondern auch Pagodendächer erheben die geistige und kulturelle Wertschätzung bei frommen Menschen für diese Stadt auf ein besonderes Niveau. Jahrhundertealte Spuren fernöstlicher Kulturen verraten die Präsenz französisch-, japanisch-, singhalesisch-, tibetisch-, und nicht zuletzt vietnamesisch-buddhistischer Geistlichkeit. Mitten im geschäftigen Pariser Großraum, in dem einsam gelegenen "Bois de Vincennes" stoßen unvorbereitete Spaziergänger auf das ihnen "Unglaubliche". Mit einem Hauch von Zen öffnet sich vor ihnen eine phantastische fernöstliche Landschaft mit dem Mittelpunkt der Gestalt eines buddhistischen Tempels. Manche würden ihren eigenen Augen nicht trauen und sich verzweifelt fragen, ob das, was sie da sehen, Traum oder Wirklichkeit ist. Vor einem dreitürigen Tor stehen hier und da Statuen von Zen-Mönchen in Praxisstellung, rund um einem sechsmetergroßen vergoldeten Sakya Muni Buddha, der weltlichen Wesen barmherzig zulächelt. Diese "Internationale Pagode von Vincennes" steht unter dem Schutz der zentralen Regierung sowie der "Französischen Buddhistischen Union". Sie wurde der vietnamesischen Sangha in Paris unter der Leitung des *Hochehrwürdigen Thích Huyên-Vi* zur Verwaltung offiziell übergeben.

In Bagneux, einem anderen Pariser Vorort, liegt die *Khánh-Anh Pagode* in Nr. 14 Av. Henry Barbusse. Zwischen 1973-1977 war sie noch in Arceuil, Kreis Paris-Süd. Um den Besuch der Buddhisten zu erleichtern, ist sie zu dieser verkehrsgünstigeren "Banlieue" umgezogen. Hier ist sie nun sowohl mit dem Auto als auch mit öffentlichen Verkehrsmitteln wie Bus und Metro zu erreichen. Besonders freuen sich Vietnamesen, die rund um den "Place Maubert" und in der Nähe der "Porte de Choisy" leben, arbeiten und Geschäfte betreiben. Diese beiden Orte sind so zu sagen Vietnam- und Chinatown ähnliche Sammelbecken bei den buddhistischen Völkergruppen Südostasiens. Zwischendurch bemerkt ist es gut, sowohl für die Buddhisten als auch für Nicht-Buddhisten in Paris, die mehr über buddhistische Aktivitäten der Vietnamesen in dieser Stadt wissen wollen, die Pagoden der Vietnamesen aufzusuchen. Das gleiche tun auch in Deutschland einige christliche Geistliche. Vielleicht ist an dieser Stelle interessant, über den Besuch von 13 vietnamesischen katholischen Glaubensbrüdern und Schwestern aus Münster in der VIÊN-GIÁC Pagode in Hannover zu berichten. Sie begleitete der inzwischen verstorbene buddhistischen *Hochehrwürdige Thích Thiên Ân*. Und was sie uns als Geschenk hinterlassen hatten, war einmalig. Lesen wir hier ein gemeinsames Gedicht von *Hochehrwürdigen Thích Thiên Ân* (TTA) *und Bruder Hà Ðậu Ðồng* (HDD):

*Neigt sich das Dach der Pagode über die
Barmherzigkeit,(TTA)
Öffnet breit die Kirche ihre Burg der
Menschlichkeit.(HDD).*
Dann fängt Bruder Hā Ɖâu Ɖồng zuerst an, mit den nächsten Versen:
*Katholische und buddhistische Religionen
sind die Wege,(HDD)
Die Quelle des Rechtsdenkens und die Schule
des Geistes.(TTA)*
Wie wir wissen, nur Menschen können sich irren und nicht der Weg. Denn:
*Eine Fackel kann Blinden nicht helfen,
Der Strom vermag nicht, Herzenflecken zu
reinigen.
Habgier ist wie ein bodenloser Sack
nimmersatt.
Zur Einsicht durch tugendhaftes Leben
befreit man sich von Illusionen.*
Wenn katholische Brüder und Schwestern sich gemeinsam mit buddhistischen Mönchen und Nonnen unterhalten können, dann fragen wir uns, warum Christen und Buddhisten sich nicht nähern wollen? Zumal ich als buddhistischer Geistlicher öfter eine buddhistische Zeremonie in evangelischen und katholischen Kirchen geführt habe. Umgekehrt ist es nicht selten, daß ein christlicher Geistlicher ein Gebet in meiner Pagode abgehalten hat. So radikal zu denken, wie wir es von Haus aus bei uns tun, sollten wir langsam abbauen.

Was ich in Paris bemerkt habe, ist, daß viele fromme Christen die Pagoden öfter besucht haben als manche, die sich für Buddhisten halten. Umgekehrt weiß ich, daß hier viele fromme Buddhisten in eine katholische oder evangelische Kirche in ihrem Wohngebiet gehen, um dort den Namen des Buddha aufzusagen. Es sind Beispiele, denen wir folgen sollten. Denn wenn man einen starken Glauben hat, dann unterscheidet man nicht mehr, ob es Gott oder Buddha ist. Die meisten Vietnamesen gehen zur *Khánh-Anh Pagode*, um sich unter andere aus verschiedenen Sozialgruppen und Berufsklassen zu mischen. Auch hier geht es zu wie in allen anderen Pagoden. Niemand macht dabei einen Unterschied zwischen dem einen oder dem anderen, die hier erscheinen. Ob einer gut-bzw. schlechtsituiert ist oder aus einem gehobenen bzw. niedrigerem Milieu kommt, spielt hier keine Rolle. Obgleich nicht wenig unter ihnen in der Gesellschaft eine führende Stellung innehaben. Aber was hat das hier schon für eine Bedeutung. Denn in einer Pagode sind Titel nur leere Etikette. Immer wieder erinnere ich mich an die Worte des Buddha. Er sagte:"*Es darf keinen Unterschied zwischen Rassen und Klassen geben, solange alle Menschen das gleiche Blut haben und die gleichen Tränen weinen.*" Denn Buddhisten ist es zugemutet, daß sie nicht nur durch Worte beherzigen, sondern auch danach handeln. Ein Gläubiger, der in die Pagode oder in die Kirche geht und dabei den Weisungen des Heiligen nicht folgt, ist noch weit entfernt von dem, den er verehrt, ganz gleich ob Buddha oder Jesus Christ.

Mit Neugierde und Bewunderung zugleich würde ein Neuankömmling in dieser Pagode einem Spektakel begegnen, in welchem Menschen verschiedener Generationen aber gleichen Glaubensgrundsatzes gemeinsame Sachen im Dienst des Dharma tun. 20.000 km entfernt ihrer zurückgelassenen Heimat teilen sie miteinander in diesem schicksalhaften

Exil-Dasein alle Gefühle der Fröhlichkeit wie Bitterkeit und Enttäuschungen, die sie täglich draußen erlebt haben müssen. Natürlich ist es auch nicht vermeidlich, daß zwischenmenschliche Beziehungen entstehen, wenn mehrere Personen zusammen sind. Auch in einer Pagode gibt es manchmal Verstimmungen und Meinungsverschiedenheiten. Aber als Buddhist sollte man "Betrübnis als Bodhi" betrachten. Denn dem Prozeß der geistigen Vervollkommnung gehören unter anderen Verständnis-, Kompromißbereitschaft- und Geduldübungen.

In jedem von uns ist sowohl das Gute als auch das Böse vorhanden. Einerseits können wir das Gute mit einem reinen und weißen Hemd vergleichen, andererseits das Böse mit einem befleckten und farbigen Hemd. Wir wissen, aus einem befleckten und farbigen Hemd ein frisches und weißes zu machen, ist nicht einfach. Umgekehrt aber läßt sich ein reines weißes Hemd leicht verunreinigen. *"Das Gute ist wie das Licht im Wind, und das Böse ist wie der Wind, der versucht, das Licht auszulöschen" sagte ein buddhistischer* Spruch.

Es gibt Fälle, in welchen die innere Stimme zu uns sagt, wir sollten in die Pagode gehen und den Buddha aufsuchen. Da melden sich auf einmal tausende Versuchungen, die unser Herz weichmachen. Was sollten wir mit Gebeten und Kirchenliedern, Predigten und vegetarischer Kost, wenn die häuslich-gemütliche Atmosphäre so viel zu bieten hat, von Fußballübertragungen bis Tour de France, von Kung-Fu-Filmen bis Krimis. Der Betroffene weiß selbst nicht, was er tun soll. Einerseits sagt ihm seine innere Stimme, dem Willen zur geistigen

Vervollkommnung zu folgen und sich nicht der Schwachheit zu beugen. Andererseits ist er selbst zu lasch, um Versuchungen und Herzbegehren zu widerstehen. Wir wissen auch nicht, ob sein Hemd irgendwann gereinigt werden kann. Fast hundert Jahre leben Vietnamesen in Frankreich. Trotz dieser langen Zeit gibt es bisher nur einen einzigen kleinen Tempel versteckt bei Vincennes. Niemand kümmerte sich darum, die faulen Türen zu reparieren bzw. ihn von innen wie außen zu renovieren. Man weiß nicht, wie viele Winter dieser kleine Tempel noch durchstehen kann.

Etwa 70 km von Paris entfernt in der Gegend von Prejus liegt ein anderer Tempel. Einst war hier eine Gedenkstätte für unbekannte Soldaten, die im Dienst des Vaterlands Frankreich gefallen waren. Später wurde der Tempel von einem namhaften vietnamesischen buddhistischen Mönch, dem *Hochehrwürdigen Thích Tâm Châu, zur "Hông-Liên" Pagode* verwandelt.

Wenn es von 1975 bis heute keine religiöse Institution der Vietnamesen, insbesondere keine buddhistische Einrichtung in Paris im Einzelnen und in Frankreich im Ganzen gäbe, dann wäre eine gemeinschaftliche Arbeit zwischen Vietnamesen in diesem Land nicht denkbar. In diesem Fall würde weder ein Gemeinde, wo sich mehrere Landsleute versammeln können, noch eine Kultstätte existieren. Denn es ist bisher eine Tatsache, daß Vietnamesen im Ausland individuelle Erfolge errungen, aber gemeinsam wenig erreicht haben. Vielleicht sollten wir es hier den nachkommenden Generationen überlassen, diese Situation zu beurteilen. Spuren aus vergangenen Zeiten werden ihnen einen sicheren Hinweis geben.

Dank Heißiger Pionierarbeiten von namhaften Ehrwürdigen und Mönchen wurden seit 1975 in Frankreich und insbesondere in Paris buddhistische Einrichtungen gegründet. Allein in Paris erfreuen sich unsere Landsleute der Existenz vieler Pagoden wie zum Beispiel *Khánh-Anh, Quan-Âm, Hoa-Nghiêm, Tịnh-Tâm, Kỳ-Viên usw.*, um einige zu nennen. Außer diesen Häusern haben die dort lebenden Vietnamesen keine vergleichbare Kulturstätte, für deren Erhaltung und Pflege sie zuständig sind, um die Kultur des eigenen Volkes im Ausland kontinuierlich zur Entfaltung zu bringen. Neben unregelmäßigen Zeremonien wie z.B. Trauungen, Friedensanbetung für die noch Lebenden bzw. Erlösung für die verstorbenen Familienmitglieder sowie kleine Zeremonien wie z.B. Gedenktage wurden einmal jährlich große Feiern wie Vesakh, Ullambana, Neujahrsfest nach dem Mondkalender sowie Vollmaondfeste im ersten bzw. zehnten Lunarmonat und im Mittelherbst veranstaltet. Es sind neben ihrer traditionsmäßigen Bedeutung auch Anlässe für Vietnamesen aller Altersstufen sich zu treffen. Damit eine große Zahl von Festteilnehmern genügend Platz hat, und damit gleichzeitig sowohl der zeremonielle Teil als auch das Musikprogramm an einem Tag durchgeführt werden können, wurden bisher öffentliche Festsäle angemietet.

Neben den obenerwähnten großen Pagoden gibt es noch eine Reihe von kleinen Buddha-Stätten wie z.B. *Nonnenstätte Diêu-Ân* u.a., die auch Buddhisten bei rituellen Anlässen beiseite stehen.

Trotz den vielen Buddha-Häusern konnten die insgesamt 30 Mönche und Nonnen angesichts der großen Zahl von 100.000 in Paris lebenden Vietnamesen ihre Aufgaben kaum ausreichend bewältigen. Immer fehlte es an Plätzen. Wenn zum Beispiel an jedem Sonntag mindestens 200 Personen sich auf engem Raum der Haupthalle der *Khánh-Anh Pagode* drängten, rückten in anderen Pagode wie *Quan- Âm, Linh-Sơn, Hoa-Nghiêm* usw. fast so viele Laien zusammen, wenn auch manchmal weniger. Die meisten haben sich dort zusammengefunden, um entweder zugunsten ihrer verstorbenen Familienmitglieder Erlösungsgebete aufzusagen, einen Ritus zur Traueranteilnahme oder eine Friedensanbetung zugunsten eines noch lebenden Verwandten zu vollziehen. Neben der programmmäßigen Verehrungszeremonie gibt es gewöhnlich an so einem Tag bis zu 20 Familienanlässe.

Nach dem Mittagsmahl findet dann eine Predigt statt, gefolgt von einer Rezitation des Lotussutras, die etwa um 17 Uhr das Programm des Tages beendet. Vor 1930 kam in Vietnam so ein sonntäglicher Ablauf nicht häufig vor. Damals hatte man sich mehr auf die Sutra-Rezitation konzentriert. Erst mit einer Erneuerungsbewegung des Buddhismus wurde die Rolle der Predigt und Erläuterung des Buddhawortes hervorgehoben, denn man zielte darauf, die Kenntnisse der Lehre bei Buddhisten zu erweitern. Allerdings wurden unter dem Druck der kommunistischen Machthaber seit 1975 alle religiösen Handlungen stark eingeschränkt.

Auf diese Art und Weise und damit dies von der breiten Masse der buddhistischen Bevölkerung ohne zu großen geistige Anforderung verstanden werden kann, wurden fundamentale Themen für die Lehrverbreitung gewählt, darunter das Leben des Buddha, die vier Heiligen Wahrheiten, die zwölf Glieder der Kette des bedingten Entstehens, der achtfache Pfad, die vier Erweckungen der Achtsamkeit, die sechs Daseinsbereiche, die vier Dankbarkeiten, die sechsfache Harmonie und Interpretationen von folgenden Sutren: Amitabha-Sutra, Avalokiteshvara-Sutra usw. Und zur Vertiefung in die Lehre wurden weitere Sutren erläutert wie z. B. Lotus des guten Gesetzes, die Acht Erweckungen der Achtsamkeit, Maha-Prana-Paramita usw. Unter Berücksichtigung unterschiedlicher Niveaus der Laien wurde bisher noch in keiner Pagode die höhere Lehre behandelt. Deshalb werden das Avatamsaka-Sutra und die Nur-Bewußtseinslehre nur in Klosterschulen gelehrt. Parallel zum theoretischen Unterricht gibt es noch Übungen. Den Laien werden verschiedene Riten beigebracht. Sie lernen die Bedienung der zum Ritus gehörenden Instrumente, Methode der Sutra-Rezitation und die Haltungen beim Gehen, Sitzen, Meditation und Grüßen.

In den meisten Pagoden wurden einfache Rituale durchgeführt. Nur in der *Hoa-Nghiêm Pagode* wurden die uralten Formen beibehalten. Rezitiert wurden die alten Texte im Chinesischen. Die wenigen Übersetzungen ins Vietnamesische, die dort benutzt werden, können die volle Bedeutung nicht reflektieren. Gewöhnlich bevorzugen andere Pagoden aus diesem Grund das von der Congregation empfohlene Buch der "Methoden der Sutra-Rezitation". Einige Laien zweifeln an der Heiligkeit des ins Vietnamesische übersetzten Textes. Sie bevorzugen deshalb das chinesische Original. Sie hätten wissen müssen, daß nicht die Sprache, ein

Sutra heilig macht, sondern das Herz des frommen Menschen.

Viele Pagoden in Paris veranstalten Wochenendsseminarübungen der "Acht Fastenregeln". In ihrer Häuslichkeit haben Laienbuddhisten nur 5 fundamentale Regeln einzuhalten. Damit sie auch die Erfordernisse des Klosterlebens kennenlernen, ist diese 24-stündige Seminarübung die beste Gelegenheit. Der Programmablauf könnte von Pagode zur Pagode verschieden sein. Wir können diesen jedoch im allgemeinen so zusammenfassen: Vor Einbruch der Abenddämmerung(17-18Uhr) findet die Zeremonie des Empfangs der "Acht Fastenregeln" statt. Um 19Uhr gibt es ein leichtes Abendmahl, 20Uhr Sutra-Rezitation, 21-23Uhr Bücherlesen und Gespräche über die Lehre, 23-23Uhr30 Meditationsübung und danach Bettruhe. Am nächsten Morgen um 4Uhr müssen alle Praktizierenden aufstehen. Der Tag fängt mit einer Meditationssitzung von 4Uhr30 bis 5Uhr an. Es folgt eine Rezitation des Suramgama- Sutra bis 6Uhr30, von 7Uhr bis 7Uhr30 Haushaltung und Reinigungsarbeiten, um 8Uhr wird gefrühstückt. Zwischen 9 und 11Uhr findet ein theoretischer Unterricht statt. 12Uhr ist Zeit der Zeremonie zum Mittag, anschließend das Mittagsmahl, gefolgt von einer Ruhepause bis 14Uhr. Von 14Uhr30 bis 17Uhr gibt es noch ein theoretischer Unterricht. Um 18Uhr endet die Seminarübung des "Atthanga Sila".

Auf diese Weise können Laienbuddhisten erleben, wie hart das Klosterleben ist, wenn auch nur für einen Tag. Und wenn sie nach dieser kleinen Kostprobe sich vorstellen, wie Mönche und Nonnen 36.000 Tage lang damit konfrontiert werden und es akzeptieren, dann würden sie besser beurteilen, daß Reden leichter ist als die Tat.

Einmal jährlich veranstaltet das *Linh- Sôn Monasterium* für Mönche und Nonnen die dreimonatige Fastenzeit. Sie dauert vom Vollmond des 4. Mondkalendermonats bis zum Vollmond des 7. Mondkalendermonats. Während dieser Zeit des Zurückziehens müssen Mönche und Nonnen ganz streng die Sittlichkeitsregeln üben und sich nur auf die Vertiefung des Dharma-Studiums konzentrieren. Da die Zahl von Mönchen und Nonnen in anderen Pagoden zu gering ist, und aufgrund ständig vermehrter Dharma-Arbeiten kann diese Zeit der Eremitage nicht berücksichtigt werden. Zu erwähnen wäre noch, daß das religiöse Alter eines buddhistischen Geistlichen nach dieser Zahl der Eremitage zählt.

In der alten Zeit haben Mönche und Nonnen nur die Heilige Schrift im Chinesischen und Vietnamesischen zu lernen. Angesichts der gegenwärtigen Situation müssen sie noch dazu entweder Französisch oder Englisch oder Deutsch lernen. Unabhängig davon ist es noch erforderlich, daß sie über eine schulische Qualifikation verfügen. Ein Hochschulwissen ist sehr wünschenswert, damit die Verbreitung der Lehre allen Menschen zugute kommen kann. In Japan ist es heute so, daß derjenige, der eine Pagode leiten möchte, einen Hochschulabschluß nachweisen muß. Diese Voraussetzung erfüllen die vietnamesischen Sangha-Mitglieder im Ausland zu 80%, dank der Maßnahme der Congregation Vietnams zur Förderung des Auslandstudiums für Mönche und Nonnen vor zwei Jahrzehnten. Diese Maßnahme widersprach damals der

Auffassung vieler konservativer Hochehrwürdigen, bis dem Sangha-Rat der Congregation klar wurde, daß auch das Buddhatum Vietnams mit der modernen Zeit leben muß.

In der alten Zeit war die Zahl derer, die Mönch werden wollten, sehr groß. Umgekehrt gibt es heute kaum einen, der das Klosterleben teilen möchte. Von allen Pagoden der Vietnamesen im Ausland ist *Linh-Sơn* die einzige gute Ausbildungsstätte für Mönche und Nonnen. Dort ist es bisher auch nur einmal vorgekommen, daß ein Mönchsschüler die Kutte zurückgab. Die anderen Mönchsschüler können wir erfreulicherweise als künftige Hoffnungsträger des Mönchtums betrachten. Es war früher sehr hart, lebenslänglich Mönch zu sein. Denn neben dem Prozeß der geistigen Vervollkommnung muß jeder selbst sehen, wie er die materielle Seite der Gemeinde sichern könnte. Bücher und Dokumentationsmaterialien waren schon immer Mangelware. Aber heute im Ausland ist die finanzielle Frage nicht mehr so kritisch, irgendwie läßt sie sich schon lösen. Andererseits fehlt es auch nicht an buddhistischer Literatur. Das ernstliche Problem liegt vielmehr darin, daß man stets achtsam sein muß, daß sein religiöses Leben nicht zum Opfer des Materialismus wird. Darüber lehrt das Dharmmapada(=Wahrheitspfad):

Dem Wind entgegen ziehn nicht Blüthendüfte,
Noch Sandelhauch, noch Blumenwohlgerüchte.
Doch selbst den Sturm durchweht der Duft der Guten,
Der Duft des Edlen dringt nach allen Seiten.
(Aus dem Pali von Karl Eugen Neumann 1893)

Zwar ist der Vietnam-Buddhismus in Frankreich heute stärker auf festem Boden gewachsen als woanders, dennoch kommt er noch nicht aus dem alten Rahmen heraus. Vielleicht müßten die Buddhistenführer erkennen, daß es fällig ist, den Buddhismus zu reformieren, daß die Zeit dafür gekommen ist, einen neuen Akzent im Buddhismus zu setzen, um gegenüber dem menschlichen Denken im modernen Zeitalter nicht so rückständig dazustehen. Und warum das? -Leichtverständlich erkennen wir, daß die Vietnambuddhisten sich mehr um ihre verstorbenen Angehörigen kümmern als während deren Lebzeit. Eigentlich ist der Buddhismus eine Religion sowohl für das Diesseits als auch für das Jenseits und nicht nur gut für die Zeit nach dem Tod. Ansonsten ist es für das Leben keine wirklichkeitsbezogene Religion.

Viele Menschen gehen nie in die Pagode, um nach der Lehre zu fragen. Erst wenn jemand in der Familie stirbt, dann suchen sie einen Mönch auf, der dafür sorgt, daß zugunsten des Verstorbenen eine Erlösungszeremonie abgehalten wird. Wenn nur die Tugendkraft eines Geistlichen genügt, damit ein Verstorbener Erlösung findet, dann brauchen die Lebenden nichts weiterzutun als abzuwarten. Was nützt das mühsame Studium des Dharma? Wozu soll es gut sein, ständig das Sutra aufzusagen? Natürlich ist der Buddhismus wichtig sowohl für Lebende als auch für Tote. Aber was nützt einem, der während des Lebens nur schlechtes getan hat, wenn nach dem Tod eine Zeremonie nach der anderen durchgeführt wird? Auch wenn hundert tugendhafte Mönche für ihn hundertmal beten würden, könnte er aufgrund seines schwerwiegenden Karma keine Erlösung finden. Alle diesen Förmlichkeiten können nur Menschenaugen vortäuschen. Er hätte sich mehr um seinen Geist und sein Gewissen kümmern müssen, als er noch lebte. Damit die Menschen nicht zu spät zur Besinnung kommen, belehrten frühere Großmeister:"*Warte nicht bis zum hohen Alter, um mit der Lehre anzufangen. Denn auf dem unbekannten Friedhof liegen viele schon in jungen Jahren.*"

Wir hoffen, daß Buddhisten darauf achten, das Dharma-Lernen nicht zu vernachlässigen, früh mit Wohltätigkeiten anzufangen, damit sie später mit leichtem Herzen ihre letzte Reise antreten können. Eines dürfen sie nicht vergessen, daß gemäß des Karma-Gesetzes jeder selbst für seine Taten verantwortlich ist bzw. seine Schulden selbst zahlen muß. Hilfe von Fremden kann vielleicht nur das geringste auswirken, den Hauptteil muß jeder selbst tragen. Daß es heute so geworden ist, läßt sich daraus ableiten, daß gegenwärtig in vielen Pagoden mehr für Tote als für Lebende getan wird. Ein Buddhist hätte wissen müssen, daß Leben und Tod gleich wichtig sind, und daß keine der beiden Seiten vernachlässigt werden darf. Es ist immer besser, so früh wie möglich mit dem Dharma-Lernen anzufangen, als abzuwarten, bis man stirbt, um dann das Erlösungsgebet zu hören. Die Pagoden sollten neben ihrer Lehrtätigkeit auch weitere Arbeitsfelder einbeziehen, zum Beispiel in kulturellen, sozialen und wohltätigen Bereichen, was inzwischen bei anderen Religionen bereits zum Muster wurde. Nur so kann der Vietnam-Buddhismus im Ausland die Chance wahrnehmen, sich weiterzuentwickeln und zu entfalten.

Natürlich ist die Wahrheit nicht immer schön zu hören, weil sie manchmal beleidigend ist. Aber eine Wahrheit bleibt so oder so eine

Wahrheit. Und wenn man dies nicht freimütig zugibt, wie kann man dann Fehler eingestehen? Fehler, die von beiden Seiten, sowohl von Laien als auch von Mönchen und Nonnen begangen wurden. Denn bisher haben sich die Buddhistenführer nur auf die Lehrverbreitung konzentriert. Vernachlässigt wurden dabei nicht nur die buddhistischen Sozial- und Kulturarbeiten, sondern auch die Ausbildung von Nachwuchs und Mitarbeitern. Auf diese Weise steht der Buddhismus von Vietnam im Ausland heute vor einem unlösbaren Problem. An geistiger Führung fehlt es nicht, nur die Institutionen sind zu locker strukturiert und mangelhaft organisiert. Was sie dringend brauchen, ist eine feste und ausbaufähige Grundlage. Angesichts der gegenwärtigen Situation, in der rund 100 Mönche und Nonnen in 85 Pagoden und Andachtsstätten residieren, ist es unzumutbar, daß sie allen ihren Verpflichtungen nachkommen, um nicht von der Erfüllung ihrer Heiligen Mission zu reden. Wohlbemerkt, daß die meisten von ihnen fast den ganzen Tag und die ganze Nacht damit verbringen, ihre Aufgaben zu bewältigen. Und wir fragen, wie lange noch! Die Sorgen um Nachwuchs werden immer grösser und in absehbarer Zeit sind Nachfolger nicht in Sicht. Mitten in dieser westlichen Konsumgesellschaft entfernen sich die total vermaterialisierten Menschen immer weiter von ihrem geistigen Ursprung. Es ist mehr denn je notwendig, denke ich in diesem Augenblick, ihnen eine Möglichkeit zur Umkehr zu geben, indem jede Pagode einmal jährlich ein 2-4wöchiges Übungsseminar veranstaltet und ein umfassendes Programm durchführt, das inhaltlich den Lernenden grundlegende Kenntnisse der Lehre, der Rituale sowie der buddhistischen Sozio- kulturellen Arbeiten vermitteln sollte.

Ferner zielt dieses Übungsseminar darauf ab, geeignete Buddhisten herauszufinden, die später die Geistlichen bei ihren Dharma-Arbeiten unterstützen können, zum Beispiel bei Übersetzungsaufgaben, Schreib- und Öffentlichkeitsarbeiten sowie bei der Lehrverbreitung. Nur auf diese Weise kann der Vietnam-Buddhismus aus der Sackgasse heraus. Ansonsten schätze ich, daß wir in 30-50 Jahren keinen Schritt vorwärts kommen. Obgleich in Zukunft die Gemeinde des vietnamesischen Buddhismus im Ausland Immobilien und Mobilien dort besitzen, deren Wert nicht ohne Bedeutung sein sollte, nützt uns dies wenig. Haben wir so schnell vergessen, was frühere Großmeister gesagt haben, nämlich:"*Es ist schwerer, Mönche auszubilden als Pagoden zu errichten.*" Wenn es Mönche gibt, dann gibt es auch Pagoden. Umgekehrt ist es nicht sicher, daß eine Pagode errichtet wird, die auch von einem Mönch geführt wird. Wer sorgt in diesem Fall für das Säen des Samens der Erleuchtung in den Geist der Lebewesen?

Nicht nur bei der Mönch- und Nonnengemeinschaft liegt diese Schwierigkeit, die sich nicht einfach beseitigen läßt. Viele Laien warten darauf, etwas lustiges aus dem Mund des Mönches zu hören, um daraus humorvolles zu machen, was sie sich weitererzählen. Auf diese Weise wird ein Lehrstück zum belustigenden Thema, das nach und nach sein ursprüngliches Lehrziel verloren hat. Diese Laien verhalten sich möglicherweise unbewußt, jedoch unverantwortlich. Denn für das Fortbestehen des Vietnam-Buddhismus tragen nicht nur Ordensmitglieder sondern auch Laienanhänger die Verantwortung. Das Lehrstück des chinesischen Buddhismus in den USA sollte uns ein typisches Beispiel sein, wenn man sich die Pagoden der Chinesen in San Francisco vor Augen hält. Infolge der Aufstandsbewegung von 1911 in China verließen eine große Zahl von Menschen ihre Heimat. Unter ihnen waren auch buddhistische Mönche und Laien, die nach Amerika auswanderten. Zunächst wurden in ihrer neuen Heimat Pagoden errichtet. Denn ihre Absicht war deutlich, daß sie trotz des neuen Lebensumstands ihr mitgebrachtes Kulturgut nach besten Kräften beibehalten wollen. Monate und Jahre in der Fremde vergingen, ohne daß die einst chinesischen Einwanderer eine nachfolgende Generation erschaffen konnten, die dazu bereit war, das kulturelle Erbgut ihrer Vorfahren weiterzupflegen. In Konsequenz wurden alle ursprünglichen Kultstätten zu Gaststätten umgebaut. Als was früher der religiösen Kultur gedient hatte, dient heute der kulinarischen Kultur. Was die junge chinesische Generation in der neuen Welt als praktische Idee erdacht hat, erblicken Außenstehende mit Ironie. Schmerzerfüllt empfinden nur die, die mitleidig an die vielen Mühen und den guten Willen damaliger frommer Menschen zurückdenken. Schade!

In einer ähnlichen Situation befindet sich heute der Vietnam-Buddhismus in Frankreich. Nach unserem Wissen wird jede Pagode, die aus Spendenmitteln der Gläubigen erbaut wurde, von einem einzigen Mönch residiert. Außer ihm gibt es niemanden, der mit ihm die Verwaltungsaufgaben teilt. Novizen und junge Mönche gibt es kaum. Nirgendwo steht etwas festgeschrieben, was mit dem im Ausland befindlichen Vermögen der Congregation passieren würde, wenn mal ein Abt stirbt oder sich säkularisiert. Denn ohne Nachfolger, der das Erbe weiter verwaltet, wird die Pagode und das dazugehörige Grundstück selbstverständlich von der Regierung des bezogenen Landes verstaatlicht. Außer einer großen Zahl von Buddha-Häusern und Andachtsstätten als Miethäuser gibt es zur Zeit in Frankreich insgesamt 8 Pagoden jede im Wert von mehr oder weniger 1 Million NF, die zum Auslandsvermögen der Congregation Vietnams zählen.

Eigentlich sollte das Problem allein hochrängigen Verantwortlichen der Congregation anvertraut werden. Damit aber auch Laienbuddhisten von Schwierigkeiten solcher Art erfahren, mit welchen wir alle konfrontiert werden, halte ich es für richtig, daß auf diese Weise eine Aufklärung darüber gegeben wird. Ich hoffe auch, daß alle, ob Ordensmitglieder oder Laienbuddhisten, sich gleichermaßen betroffen fühlen und gemeinsam die Verantwortung tragen. Denn schließlich geht es uns alle an. Gewiß paßt es einigen nicht dieser als Herausforderung zum Handeln anzunehmen. Aber was sollen wir sonst tun? An und für sich bleibt Wahrheit Wahrheit, die früher oder später ans Licht gebracht wird. Und wenn es so ist, warum denn nicht gleich?

Im Grunde wollte ich einen Überblick über Aktivitäten vieler buddhistischer Institutionen der Vietnamesen in Südfrankreich wie Marseille, Frejus, Nizza usw. geben. Jedoch fällt mir wieder ein, daß ausführlich darüber in meinem im Jahre 1982 verfaßten Werk"Geschichte des vietnamesischen Buddhismus im Ausland vor und nach 1975" berichtet wurde. So empfehle ich den Lesern aus diesem Buch Informationen darüber zu entnehmen.

Wie dem auch sei, wir sind ziemlich stolz darauf, nicht verbergen zu müssen, daß sich aufgrund des Buddhismus aus der vietnamesischen Gemeinde in Frankreich ein sprachliches, moralisches, intellektuelles und spirituelles Entwicklungspotential herauskristallisiert. Ohne die Präsenz des Vietnam-Buddhismus würde es, davon sind wir überzeugt, keine Brücke zum Verständnis und zur Vereinigung zugleich zwischen vietnamesischen Landsleuten in Frankreich bilden. Warum?. Es ist einfach zu erklären, weil in der Tat die Vietnamesen sich nicht einigen können wie das Zusammenwachsen von Buddhisten und gleichgesinnten anderer Religionsgemeinschaften vollzogen werden soll. Unter unseren Landsleuten fehlt es nicht an talentierten und fähigen Persönlichkeiten. Es gibt sie sogar sehr viel. Und weil es sie sehr viel gibt, will keine von diesen Persönlichkeiten von anderen geführt zu werden. Lieber unterstellt man sich einem Fremden als einem Gleichstämmigen. Diese schlechte Gewohnheit läßt sich mit einem kleine Beispiel zeigen. Zum Beispiel kommen zwei Vietnamesen niemals pünktlich zu einer Verabredung miteinander. Fast immer verspäten sie sich um 5-60 Minuten. Sie verhalten sich allerdings sehr korrekt und kommen auf die Minute genau zum Treffen mit einem Deutschen. Vielleicht können wir alle diese Überlegungen so zusammenfassen: Solange die Vietnamesen noch intolerant untereinander sind, solange sie keine grenzenlose Liebe zueinander so wie zu sich selbst üben, wird jede Solidarität und Zusammenwachsen beim Voraustreiben nutzbringender Aktivitäten im Dienst des Volkes und des Glaubens sich als leere Worte, die man leicht über die Lippen bringt, erweisen.

Durch Zufall kam ich einmal bei einem vietnamesischen Buchladen in Montreal vorbei, und der Buddhist, der mich begleitete, kaufte mir einen Roman mit dem Titel"Der Weg, der nicht zum Ziel führt" von Xuân-Vũ, herausgegeben erstmalig in Saigon im Jahre 1973. Die zweite Ausgabe des Buches erschien später in den USA. Wahrscheinlich erinnert dieser Titel den Buddhisten an den von mir geschriebenen "Der Weg ohne Grenzen". Ich nahm das Geschenk mit Freude an und las es in 2 Tagen ganz durch. Den Inhalt kann ich so kurz zusammenfassen wie folgt:

"Ein kommunistisches Kader war so fasziniert von der Philosophie der Befreiung Südvietnams, daß es sich freiwillig zum Einsatz im Kampfgebiet meldete. So ging es durch Täler und über Flüsse, mal auf mal ab, es überstieg die "Langgebirgskette"(Trường-Sơn) und erreichte nach Monaten hungrig und durstig den Süden. Erst dann wurde es mit einer Wahrheit konfrontiert, die dem widersprach, was die Partei dem Volk aus dem Norden unterbreitet hatte. Es war also alles Lüge, eine Wahrheitsverdrehung, womit die Partei die Welt mundtot gemacht hatte. Seitdem unser kommunistisches Kader die Tatsache erkannt hatte, bereute es zutiefst und wechselte die Fahne. Es meldete sich bei der Südbehörde und versprachen fortan Loyalität zur 2. Republik Vietnam".

Nur wissen wir nicht, wie es weiter gegangen ist. Was ist aus dem Kader geworden, nachdem auch Südvietnam in die Hände des kommunistischen Systems fiel. Eines hat sich als richtig erwiesen, daß sein Weg wirklich nicht zum Ziel führte. Mit einer Ideologie im Kopf machte es sich auf eine abenteuerliche Reise. Am Ende führte diese Reise in das Nichts. Was veranlaßt mich hier, den "Weg, der nicht zum Ziel führt" zu erwähnen? Was hat dieser Weg mit meinem "Weg ohne Grenzen" zu tun? Sicherlich habe ich nicht die Absicht, einen Annäherungsversuch zwischen dem "Ziellosen" des kommunistischen Kaders mit dem "grenzenlosen" Weg eines buddhistischen Mönchs wie mich zu machen. Ich habe das Buch in Erwähnung gebracht, weil beide Titel fast zu ähnlich sind. Denn, was in meinem "Weg ohne Grenzen" geschrieben ist, wissen viele meiner Leser sehr genau. Es beinhaltet das aufschlußreiche Innenleben eines vietnamesischen Mönchs, der die Welt umreist mit einem festen Ziel, nämlich den Samen des Bodhi überall dort auszusäen, wo er Station macht. Was sein Ideal symbolisieren mag, sagen folgende Verse:

"Des Tathagata Söhne bin ich einer der Ältesten,
der dem Dharma zu dienen gelobt zeitlebens.
Wo Lebewesen mich nötig haben, dort bin ich,
dem Ruf des Dharma zu folgen, überall werde ich sein,
mit Mühe und Not ohne Scheu ohne Zögern."

Dieser grenzenlose Weg führte mich auch einmal in die Schweiz. Dabei erinnerte ich mich an jene Jahre, als ich noch die Grundschule besuchte. Damals hatte ich einen Lehrer, der nach seiner Rückkehr aus der Schweiz erzählt hatte:"Wenn Ihr mal in die Schweiz geht, werdet Ihr sofort merken, daß es nirgendwo sonst so sauber ist wie in diesem Land. Dort ist es so sauber, daß sogar Eure Schuhe nach einer Woche noch blitzblank sind, ohne daß Ihr sie zu putzen braucht, denn sie hören nicht auf, zu glänzen." Damals wollte dies keiner von uns für wahr haben. Erst jetzt konnte ich ihm recht geben. Landschaftlich ist die Schweiz voller Berge und Seen, geschmückt von Tausenden schönen Blumen und grünen Wäldern. Im Frühling zeigen sich wie in Japan die Kirschblüten in ihrer Schönheit. Sie begleiten die Touristen auf ihrem Weg über Lausanne, Genf, Luzern und Zürich. Dieser Gästeempfang wird durch ein recht angenehm mildes Klima dezenter gemacht.Wer die herbstliche Stimmung der kanadischen Wälder, wie bei Gattineau lobt, kann auch nicht bestreiten, daß die gelben Blätter am See bei Lausanne das Land nicht weniger poetisch hervorheben.Fast können Besucher von einem Traum reden, in welchem alle vier Jahreszeiten der Schweiz ihre schönsten Kleider geschenkt haben. Und erstaunlicherweise sind es die schönsten Kleider, die bei den Menschen kein bißchen Neid erwecken,weil sie nicht nur die Natur verkörpern, sondern auch weil sie übermenschlich sind. Menschen tragen in ihrem Charakter Freude, Traurigkeit, Zorn, Liebe, Anhänglichkeit am Leben sowie Angst vor dem Tod u.a. Währenddessen bleiben der Natur alle diese Eigenschaften erspart. Vielleicht sollten wir es so sehen, daß die Natur der Ursprung des innerlichen Lebens ist, die Quintessenz des subtilen Lebens. Während das Leben, mit dem wir ständig in Berührung kommen, voller Staub und Unreinheit ist. Nun fragen wir uns, wann das Unreine wieder rein wird!

Während Menschen dazu neigen, Schwarz-Weiß-Malerei zu betreiben, bleibt die Natur in ihrem ursprünglichen Zustand. Das Bewußtsein der unveränderlichen Natureigenschaft brachte der Dichter Nguyên Bỉnh Khiêm (1491-1585) mit folgenden Versen zum Ausdruck:
Närrisch ziehe ich mich zurück in Geruhsamkeit,
Kluge Leute finden sich in Lärm und Schaffensfreudigkeit.
Wer die Einladung der Natur zur Ruhe und zum Frieden wahrnimmt, findet sich auf dem Weg zurück zum Ursprung, zu seiner innerlichen Welt ohne Staub und Illusionen, die das mit Leiden überzogene Leben hervorruft.

Die dreisprachige schweizerische Eidgenossenschaft bietet den Französisch sprechenden Vietnamesen die Möglichkeit, sich im Raum Genf und Lausanne aufzuhalten. Wer der deutschen Sprache nicht mächtig ist, braucht nicht nach Luzern und Zürich zu ziehen. Italienisch wird vorwiegend im Gebiet von Lugarno gesprochen. Auch Rätoromanisch von einer Minderheitsgruppe wird als Landessprache anerkannt. Die 7-8.000 in der Schweiz lebenden Vietnamesen schließen die Zahl derer ein, die sich vor 1975 als Studenten in diesem 18 Städte-Bundesland befinden.

Nicht die Förmlichkeit sondern die Vornehmheit unterscheidet die Eidgenossen von ihren europäischen Nachbarn. Wahrscheinlich liegt es daran, daß das Land vorwiegend vom Touristenverkehr lebt und die Tradition der Gastfreundschaft verpflichtet sie, sich weiterhin auf diese Haltung einzustellen. Erfreulicherweise nimmt das Land durch internationale Organisationen von der UNO besonders viele behinderte Kinder und Erwachsene im Vergleich mit anderen Ländern auf. Ein Wort des vietnamesischen Volksmundes belegt diese Wohltätigkeit:

Aus Glück und Wohlstand entstehen Geschicklichkeit und Gefälligkeit,
Aus Armut und Elend entstammen Einbrecher und Banditen.

Man müßte nicht nur nehmen, sondern auch geben können. Das wissen die Schweizer genau. Der Wohlstand des Landes erlaubt seiner Bevölkerung, sich auch um das Wohlergehen anderer Mitmenschen zu kümmern. Dank einer günstigen konjunkturellen Entwicklung liegt die Zahl der Bürger ohne Beschäftigung auf einem ganz niedrigen Stand, während die anderen europäischen Länder den Schock der Arbeitslosigkeit, die inzwischen zum dauerhaften Zustand wird, kaum überwinden. Damit liegt die Schweiz ganz vorn auf einem überdurchschnittlich guten Niveau wie in Asien das Inselreich Japan.

Die Vietnamesen in der Schweiz leben verhältnismäßig gut, fast so gut wie ihre Landsleute in der BRD, was die Berufsbildung, Hochschulstudium, Arbeitslosenunterstützung und Sozialhilfe angeht. Dank einer guten Lebensführung in mehreren vergangenen Existenzen haben wir heute das Glück, in diesem Land des Westens zu leben, meinen nicht wenige meiner Landsleute. Wenn sie nur das Vergnügen genießen und nicht an den tugendhaften Lebenswandel denken, um später in das Reich höchster Glückseligkeit zu gelangen, dann sind sie von ihrem Ziel noch weit entfernt. Im Sutra erwähnte Buddha Götter im Himmelreich. Sobald ihr Glück, das aus dem guten Karma entstanden ist, vorbei ist, dann müssen sie zurückkehren, ins Menschenreich. Es sei denn, sie führen weiter einen tugendhaften Wandel. Wie gut wir auch immer jetzt leben, wir sollten an die Vergangenheit denken, in welcher wir in Not und Elend waren, damit wir nicht andere Mitmenschen vergessen, die ein schweres Schicksal ertragen müssen.

In einem Apartment in Lausanne mit Blick auf den Genfer See liegt die Andachtsstätte *Linh-Phong*, das einzige Buddhahaus der Vietnamesen in der Schweiz. Trotz ihrer günstigen Lage plant die *Nonne Thích Nữ Trí-Hạnh* mit ihrer vietnamesichen buddhistischen *Linh-Phong Gemeinde* für die Zukunft einen anderen Sitz zu suchen, um nicht weiterhin die vielen Klagen der Hausbewohner über Lärmbelästigung, die durch Trommel und Glocke entstanden ist, hören zu müssen.

In der Heimat Vietnam werden Glockengeläute und Stimmen der Trommelschläge für die buddhistische Bevölkerung als Erleuchtung gern gehört. Währenddessen kommen sie bei Europäern wie Blitz und Donner an und erwecken nur Wut und Zorn anstatt Mitleid. Kein Wunder, daß in Kanada und den USA von Zeit zu Zeit weiße Bürger, die die fernöstlichen Klänge nicht leiden können, mit ihren vietnamesischen Mitbürgern vor Gericht ziehen. Solche juristischen Auseinandersetzungen gibt es bisher ganz selten in Europa. Wahrscheinlich sind die Menschen des alten Kontinents toleranter und denken, wäre das Christentum nicht nach Europa vorgedrungen, wären die geistig-moralischen Werte zwischen dem Atlantik und Ural fade und geschmacklos geblieben. Man könnte dies mit einem Mahl ohne Suppe oder einem Freund ohne Geselligkeit vergleichen. Und wenn sich Europäer dessen bewußt sind, daß es nicht schadet, weitere Glaubensformen kennenzulernen, gibt es auch für Buddhisten eine Chance, sich weiter zu entwickeln.

Bis die Europäer allerdings die Wirkung des Glockentons erkennen, wird noch eine sehr sehr lange Zeit vergehen. Außer einer vietnamesisch - buddhistischen Gemeinde, die nicht von einem Mönch, sondern von einer Nonne geleitet wird, gibt es in der Schweiz noch eine tibetische Klosterschule. Sie ist die größte buddhistische Institution des tibetischen Buddhismus im ganzen Europa. Sie wird auch von Vietnambuddhisten aufgesucht, aber um mehr über das Dharma zu wissen, kommen die Vietnamesen aus sprachlichem Grund lieber zur Andachtsstätte *Linh-Phong*. Für Einheimische gibt es eine schweizerische buddhistische Organisation, die mehr in die Richtung der buddhistischen Wissenschaft neigt als in die Manifestation der Religiosität durch rituelle Handlungen wie bei asiatischen Gläubigen.

Buddhistische Aktivitäten der Andachtsstätte *Linh-Phong* sind nicht viel anders als bei anderen vietnamesisch-buddhistischen Gemeinden in anderen Ländern. Aufgrund der Raumknappheit werden große Feiern wie Vesakh und Ullambana in gemieteten Festsälen veranstaltet. Immer wieder erfüllt eine

Buddhastätte ihre Funktion:*"Unter dem Dach des Tempels findet des Volkes Geist seine Zuflucht, wie die ewige Lebensweise der Vorfahren"*.

Auf diese Weise stellt sie im Ausland in der Gegenwart und Zukunft ein Zentrum für Kultur und Zivilisation des vietnamesischen Volkes dar. Denn die Exilvietnamesen sind nicht nur materiell gut versorgt, sondern ihr Bedarf an geistiger Nahrung ist stets ausreichend gedeckt. Damit ist die Waage des menschlichen Leibes und seine Seele im Gleichgewicht. Unter dieser Voraussetzung haben die Exilvietnamesen eine bessere Existenz als ihre Verwandten in der Heimat. Diese optimale Situation spricht aber nicht aus, daß wir hier alles haben, worüber unsere Verwandten verfügen, nämlich Heimat, Glauben und Menschlichkeit.

Auf dem Weg zum Nordpol in Richtung Skandinavien werden Reisende sofort merken, daß es das Gegenteil einer Reise zum Südpol ist. Vom stählernen Vogel aus südwärts folgt man der Sonne immer nach, während man sie nordwärts immer hinter sich hat. Nach unserer Information strömen viele Touristen aus allen Erdteilen am 23.06. jeden Jahres zum Nordpol, um die Mitternachtssonne zu erleben. Es klingt für viele merkwürdig und unglaubhaft. Jedoch weiß man inzwischen, daß in diesem Teil der Erde ein Tag 6 Monate lang ist und eine Nacht ein halbes Jahr dauert.

Man weiß nicht so recht, ob aufgrund eines kollektiven oder individuellen Karma das Volk Vietnams heute in einer Diaspora lebt. Von den Regionen des ewigen Eises bis zum Gebiet der brennenden Hitze des Äquators müssen die Vietnamesen den Preis ihres schwerwiegenden Karma zahlen. Wie eine Schar von Küken, die sich auf dem Irrweg befindet und Mutter Huhn sucht, mußt sich das Volk Vietnams dessen bewußt sein, wenn es heimkehren möchte, einen entsprechenden tugendhaften Wandel zu entwickeln. In der Fremde stehen einerseits aufgrund der Sprachschwierigkeit und andererseits aufgrund einer unterschiedlichen

Denk- und Lebensweise die Vietnamesen hilflos da. Möglichkeiten zur Verständigung, zur Äußerung des eigenen Wunsches, zur Manifestation von Gedanken und Gefühlen sind nach wie vor eingeschränkt, und das alles über Jahre hinweg, im Frühling, Sommer, wie im Herbst und Winter.

Wie seltsam! Ich hatte mir bisher den nördlichen Teil des Erdkugels fremd und ungewöhnlich vorgestellt. Erstaunlicherweise je näher ich ihm kam, desto bekannter kam er mir vor. Landschaftlich sieht Skandinavien meiner Heimat ähnlicher als andere Länder in Mitteleuropa. Die schwarzen Krähen, Kiefernwälder, Berge und Flüsse kreuz und quer! Haben wir nicht die gleichen in Vietnam? Je mehr ich überlegte, um so mehr fand ich meine Heimat wieder in meinem Gedanken. Eine Heimat voller Trauer und Schmerz! Die schier endlose Zeit des Krieges und der Unruhe hat die Menschen gespalten, in Haß und Feindseligkeit. Zusammen zählen Vietnamesen aus den drei Regionen Nord-, Zentral- und Südvietnam, wenn nicht so viel wie die Häfte der Bevölkerung Japans, dann zumindest ebenso viel wie die Bewohner der Westhäfte des geteilten Deutschlands. Und was haben wir bisher erreichen können? -"Der Frieden ist zurückgekehrt!" sagen die einen. -"Dennoch hört das Blut nicht auf, zu fließen!" kommentieren die anderen. Zwar ist unser Land flächenmäßig kleiner als die nordeuropäischen Länder, aber zahlenmäßig haben wir 5 bis 10 mal mehr Menschen. Warum haben wir unser Kraftpotential nicht benutzt, um das eigene Land wieder aufzubauen, anstatt anderen Völkern bei dieser Arbeit zu helfen? Wie paradox das alles klingt! Von gestern bis heute(und wie lange noch?) lebt das vietnamesische Volk in einer Kette von Ereignissen, die sich hinter einer Etikette nach der anderen verbergen. Hat man uns nicht Dinge wie Unabhängigkeit oder Freiheit und Glück versprochen? Hinter der ersten Etikette Unabhängigkeit verbirgt sich eine nackte Wahrheit, die sich als eine Sklaverei erweist. Die zweite Etikette, die der Freiheit sollte eigentlich mit ausverkaufter Freiheit verstanden werden. Denn Freiheit bedeutet längst die Freiheit der anderen, die wiederum einer gewissen Schicht angehören, welche die Monopolstellung im Lande übernimmt. Und was das Glück angeht, ist für die mehr als 50 Millionen Vietnamesen längst eine unauffindbare Nadel im Heuhaufen.

Früher oder später geht ein System zugrunde, wenn es nicht vom Volk akzeptiert wird. Was ewig bleibt, ist nur der Glaube an einen Heiligen. Die Geschichte hat den Beweis erbracht, daß seit Jahrtausenden Heilige nicht ersetzt werden können. Buddha bleibt Buddha und Dynastien versinken in ihren Begehren. Gnadenlos und unveränderlich ist das Gesetz der Natur.

Die einzige vietnamesische buddhistische Buddhastätte in Dänemark liegt in Aarhus, der zweitgrößten Stadt des Landes. Es gibt immer noch keinen Mönch, der ständig dort wohnt und die Gemeinde leitet. Die buddhistischen Aktivitäten sind nicht anders als in anderen Ländern. Zu den großen Feiern gehören der Vesakh, Ullambana und Neujahr. Dazu kommen noch eine Reihe von kleinen Festen und Zeremonien. Zweimal monatlich veranstaltet die Gemeinde ein Puja und Bußübungen. Neulich wurde hier erstmalig eine Feier, an der fast eintausend Personen teilnahmen, durchgeführt. Für Buddhisten dieses Inselstaates ist es ein großer

Erfolg, so viel Menschen auf einmal versammelt zu haben. Wir hoffen, daß die Kälte des ewigen Winters in diesem Land kein Hindernis für das Gutgedeihen des Bodhi-Baumes ist, der hier schon zum Keimen gebracht wurde.

Wer hätte das gedacht, daß die dänische Königin Margrethe II. mit einem in Vietnam geborenen Franzosen verheiratet ist. Wahrscheinlich hat aufgrund dessen die Landesmutter eine besondere Sympathie für das Volk Vietnams erbracht. Ansonsten hätte das kleine Königreich nicht einmal 5.000 Vietnamesen aufgenommen. Dem Beispiel Dänemarks folgen auch die anderen skandinavischen Staaten Norwegen und Schweden.

1983 nahmen an der buddhistischen Feier in Oslo mehr als eintausend Vietnamesen teil. Das ist ein deutlicher Beweis dafür, daß unsere Landsleute noch sehr an der mitmenschlichen Verbundenheit und am Glauben hängen. Zwar hat die buddhistische Gemeinde in Oslo noch keinen betreuenden Mönch, aber dafür haben die katholischen Vietnamesen drei Priester. Ich war zum Besuch bei den Geistlichen in einem Ferienhaus hoch auf einem Tannenhügel. Die Umgebung ist so hübsch und romantisch wie im vietnamesischen Hautplateau DA-LAT. Von dort aus schaute ich zu wie Gläubige gruppenweise zum Gottesdienst strömten. In Ruhe und Frieden fühlte ich mich so erlöst wie im Meditationssitzen in der VIÊN-GIÁC Pagode. Kaum einer merkt den Unterschied zwischen den frommen Gläubigen auf dem Weg zum Gebet.

Es wurde geplant, daß künftig *Reverend Thích Nhút Chơn* aus Frankreich die Betreuung der in Oslo lebenden Vietnambuddhisten übernehmen soll. Ein Gemeinderat der Osloer Buddhisten aus Vietnam hat sich inzwischen schon gebildet. Damit ist der erste Schritt zum Aufbau des geistigen Lebens getan.

Noch ist Oslo nicht mit ĐÀ-NÃNG im Zentralvietnam vergleichbar, trotzdem gibt es hier auch viele Berge und Hügel. Staunend ging ich vor dem Königspalast umher und fühlte mich frei wie in einem Park in ĐÀ-LẠT(eine Stadt im Hautplateau Zentralvietnams). Es gibt weder Garde noch Mauer. Nur ein Zaun umrandet das Areal des Königshauses. Hier zeigen sich wahre Freiheit und Demokratie. Bekanntlich sind skandinavische Länder sehr sozial. Aber sie stehen in starken Kontrast zum sozialistischen vietnam. Wie laut auch immer die vietnamesische Partei und der Staat ihre Freiheit verkaufen mag, kaum einer möchte sie haben.

Der Lebensstandard in Norwegen ist recht hoch, wenn man ihn mit dem in Frankreich und Belgien vergleicht. Hier zahlen Arbeitnehmer 50% des Verdiensts an das Finanzamt. Wer arbeitslos ist, erhält vom Vaterstaat 50% des Lohns bzw. des Gehalts. Dadurch ist der Abstand zwischen beiden Seiten sehr gering. Demokratisches Denken und Verantwortungsbewußtes Handeln sind beides Grundsätze der Bürger. Wahrscheinlich bleiben die Menschen bedingt durch die polare Kälte kühl.

Von Deutschland aus kann man mit verschiedenen Verkehrsmitteln nach Dänemark und Norwegen reisen. Eine Bahnfahrt von Hannover nach Oslo dauert 19 Stunden. Mit dem Auto muß man mit einer längeren Zeit rechnen. Am schnellsten geht es über die Wolken. Ein 2-stündiger Flug kostet nicht vielmehr als eine Bahnkarte. Wer seinen Traum am liebsten auf dem Wasser schweben möchte, sollte von Kiel aus die Fähre nehmen. Am nächsten Tag um 10 Uhr kommt man schon in Oslo an.

Obwohl Englisch als Fremdsprache überall verwendet wird, kann man sich in Skandinavien im Deutschen verständlich machen.

Nach meinen Kenntnissen leben auch vietnamesische Landsleute im königlichen Schweden. Leider habe ich noch keine Gelegenheit gehabt, mit ihnen Kontakt aufzunehmen. So bleibt mir nichts anderes übrig als zu hoffen, daß mein "Weg ohne Grenzen" irgendwann einmal zu ihnen führt.

Ich betrat die Haupthalle der VIÊN-GIÁC Pagode und sah mit staunenden Augen, wie sich ein deutscher christlicher Pfarrer auf den Boden warf. Er beugte sich respektvoll vor dem Lotusthron, bis sein Haupt den Boden berührte. Er betete, denn ich sah seine Lippen sich bewegen. In diesem Augenblick empfand ich einen endlosen Respekt für den Pfarrer. Von seinem Lotusthron aus würde sicherlich der erhabene Buddha die Situation erfaßt haben, daß in diesem Moment ein Lebewesen sich mit seiner wunderbaren Lehre vereinte, und er würde ihn segnen. Wenn ich bedenke, daß es viele gibt, die sich als Buddhisten bezeichnen, und nicht wissen, wie man sich richtig vor dem Throne beugt. Zum einen scheuen sie sich davor zum Gespött anderer zu werden, wenn sie etwas falsch machen. Und zum anderen klammern sie sich fest an die Eitelkeit, jemand zu sein. Gerade dieses "Jemand zu sein" hindert sie daran, sich vor Buddha zu beugen. Vielleicht wußten sie nicht, daß in der Geschichte berühmte Persönlichkeiten wie Indiens Großkönig Ashoka, der japanische Herrscher Shotoku taishi und der vietnamesische Kaiser *Lý Thái-Tô* ihr Gefühl "Jemand zu sein" abgelegt hatten, um sich dem Buddha-Dharma unterzuordnen. So heldenhaft wie *Nguyên Trãi* (1380-

1442), beharrlich wie Nguyễn Công Trứ (1778-1858), blutrünstig wie Angulimalaya, ambitiös wie Dewadatta und machtgierig wie der Vatermörder Ajatashatru auch immer waren, so ließen sie sich alle zum Schluß vom Buddha bekehren. Alle diese Beispiele sollen stolze Menschen zum Anlaß nehmen, sich darüber Gedanken zu machen, ob es nicht Zeit ist, sich selbst zu verwirklichen und Tugenden zu entwickeln. Für einen Gebildeten ist das Niederknien vor dem Lotusthron keine Akt, bei dem man um Glück oder Segen bittet, sondern man wollte damit zeigen, daß man seine Hülle der Eitelkeit bereits abgelegt hat, um die Wahrheit zu empfangen. Den Gedanken der Resignation sollte man als Buddhist beherzigen.

Meditation ist heute im Abendland sehr weit verbreitet. Nicht nur in Deutschland, sondern auch in den meisten Ländern Europas gibt es Meditationszentren. Meditiert wird auch in christlichen Kirchengemeinden, wo viele Priester nach der japanischen Zen-Methode dieses Training des Geistes leiten. Es gibt kaum ein Seminar oder philologisches Institut, wo Meditation nicht als Thema von Vorlesungen und Vorträgen behandelt wurde. Mit anderen Worten hat die Lehre des Buddha beachtlichen Einfluß in diesem Land. Neulich sprach ich mit einem katholischen Priester aus Vietnam, der unsere in Holland lebenden Landsleute religiös betreut. Ich war überrascht von seinen Kenntnissen über die buddhistische Grundlegende Lehre. So gut wie ein ausgewachsener selbstüberzeugter Buddhist oder Mönch zitierte er die "Vier Edlen Wahrheiten" und den "Achtfachen Pfad".

Ich wußte nicht recht, ob es früher Nguyễn Cư Trinh (1716-1767) oder Nguyễn Đình Chiểu (1822-

1888) war, jedenfalls mußte es einer von den beiden Literaten gewesen sein, der unter den konfuzianistischen Einflüssen so eifrig war, die Buddhisten zum Thema des Spottes gemacht hatte. Die religiöse Intoleranz spiegelte sich deutlich in einer Schrift über "Buddhistische Mönche" wider. Wäre der Autor heute noch am Leben, so wünschte ich, daß er mal nach Europa reisen würde, um sich mit eigenen Augen ein Bild davon machen, wie respektvoll hiesige Menschen den Buddhismus empfangen.

Eine Freude stieg in mir auf, gemischt mit einem Gefühl der Traurigkeit. Wie könnte es anders sein, wenn die Menschen des christlichen Abendlandes für die Lehre des Buddha Interesse zeigten, während ausgerechnet Orientalen die weltanschaulichen Grundlagen des Fernostens ablehnend kritisierten, um nach etwas Zerbrechlichem wie der Wahrheitsfindung zu streben!

Viele Menschen gehen nach Holland, um im Frühling die Tulpen blühen und im Herbst die Chrysanthemen und die Rosen ihre Pracht zeigen zu sehen. Für viele andere sind diese Naturschauspiele nicht sehenswürdiger als dabei zu sein, wenn die Buddhakinder die Geburt des Erleuchteten und das Fest zur Erweisung der Dankbarkeiten gegenüber den Eltern feiern. Für die dort lebenden Chinesen, Japaner und Thais gibt es längst Pagoden und Mönche. Die Vietnamesen in diesem Land leben noch mit der Hoffnung, eines Tages so glücklich sein zu können. Genauer gesagt, trotz des Fehlens von Mönchen und Pagoden entwickelt sich das geistige Leben der vietnamesischen Landsleute, von denen die meisten eifrige Buddhisten sind, wie in vielen anderen Orten im Ausland erfreulicherweise sehr positiv. Dennoch bin ich der Meinung, obwohl diese Entwicklung später als in benachbarten Ländern Europas begonnen hatte, sie könnte noch früher anderswo ihre Vollendung erreichen, angesichts menschlich und lokal günstiger Faktoren, die ich bisher beobachtet hatte.

In Holland oder den Niederlanden, ein Land, das tiefer liegt als der Meeresspiegel, ist es den Umständen entsprechend, wenn der Frühling auch noch so fröhlich ist, im Herbst unbarmherzig windig und melancholisch. Wie realitätsbewußt man auch immer ist, kann sich doch niemand selbst erkennen, wenn der Herbstwind vorbei weht und wenn die Frühlingsstimmung zurückkommt. Darüber kommentierte ein früherer Zen-Meister:"*Es ist doch gut zu wissen von der Gegenwart, in der man ist. Denn was kümmert einen die vergangene Zeit des Herbsts und Frühlings?*"

Richtig ist, daß wir die Gegenwart bewußt leben, anstatt von der Vergangenheit zu träumen oder die Zukunft zu personifizieren. Denn wenn jetzt alles gut läuft, dann kann es in der Zukunft nur noch besser sein. Wenn aber alles schief läuft, in diesem Augenblick, dann wissen wir, daß es an einem schlechten Grund in der vergangenen Zeit liegt. Wir müssen jetzt so leben, daß unser Geist frei von äußeren Einflüssen ist. Nur dadurch erhält der Geist künftig die Subtile.

So schnell wie "der Schatten eines an unserem Fenster vorbei galoppierenden Pferdes" vergeht die Zeit. Plötzlich sind es acht Jahre, seit ich meine Heimat verlassen habe. Fragt vielleicht einer danach, was er in den letzten acht Jahren getan hat? Für sich selbst? Für seine Familie? Seine Freunde? Für Leben? Und für die Gemeinschaft?Eine

vernünftige Antwort könnte nur "Jein" sein, wenn er sich auf das Prajna-System stützt und die Selbst-Natur aller Dinge nur relativ und leer sieht:
> *Wenn es ist, dann ist es ewig,*
> *wenn es nicht gibt, dann ist diese Welt*
> *auch nichts.*
> *Gleichwie der Schatten des Mondes oder der*
> *fließende Strom ist, oder nicht ist,*
> *Ihre Existenz oder Nicht-Existenz ist gewiß.*

Zumindest sind wir uns dessen bewußt, daß unser innerliches Leben sich ständig unter dem Einfluß des äußeren Umstands zeitlich wie räumlich verändert. Bei vielen Menschen gibt es manchmal eine totale Veränderung in verschiedenen Bereichen des Alltags. Dennoch kann niemand genau interpretieren, ob es ein gutes oder schlechtes, günstiges oder ernstes Zeichen ist. Das Leben ist nichts anderes als eine Kette von ständig wechselnden Ereignissen. Deshalb ist es gut, wenn die Buddhisten sich so verinnerlichen:
> *Auch wenn das Universum sich ändert,*
> *Wünsche ich mir ewig treu zu sein,*
> *um alle althergebrachten Dharma-Methoden,*
> *Bis zur Erlangung des Bodhi*
> *zu verwirklichen.*

Bis zu meinem Abschied vom Land der aufgehenden Sonne fragten mich meine Freunde nach meiner Ansicht über Japan und die Japaner."Herrlich sind sie alle wie die prächtigen Kirschblüten, die aber keinen Duft aussenden" sagte ich ihnen. Während meine japanischen Freunde von dieser Antwort kalte Füße bekamen, regten sich meine vietnamesischen Landsleute staunend auf: "Deine Meinung widerspricht allem, wovon in unserer Heimat die Leute träumen, nämlich chinesisch essen, Französisch wohnen und eine japanische Frau heiraten!".

Diesen von der Allgemeinheit akzeptierten Ausspruch lehne ich ab. Eigentlich fragen Japaner oft nach der Meinung ausländischer Gäste mit der Erwartung von ihnen ein Wort des Lobes anstatt Kritik zu hören. Aus Höflichkeit und diplomatischen Gründen sind sie gewohnt, schmeichelhafte Worte zu benutzen, auch für Dinge,die sie im Grunde häßlich finden. Vor acht Jahren schrieb ich für die Zeitschrift NIHON TOSHO einen Artikel mit dem Titel "Japan in meinen Augen"(Nihon no watashi no me no shita), wofür ich eine beachtliche Summe von der Redaktion erhalten hatte, obgleich ich genau wußte, daß diese Honorierung nicht schmerzlos geschah. Denn was ich im Artikel zu berichten hatte, war die reine Wahrheit über Japan. Danach sind Kirschblüten die Seele Japans. Unübertrefflich sind sie, die nur einmal jährlich für eine Woche blühen. Während dieser Zeit gibt es weder junge Knospen noch Blätter, die mit der Farbenpracht und der Schönheit der Blüten konkurrieren könnten. Mit vollem Glanz erscheinen die Blüten wie das Eintreffen des Frühlings. Schade, daß aus der Blüte selbst absolut kein süßer Duft ausströmt.

Es ist auch nicht fein, wenn wir die Japaner nur von diesem Blickwinkel aus betrachten. Vor allem da sie noch weitere Eigenschaften haben, womit sie den anderen asiatischen Völkern weit überlegen sind, wie zum Beispiel ihre starke Solidarität und ihre Schwäche für Klarheit und hierarchische Ordnung. Ich lobe und tadele die Japaner zugleich, als ob man weiß, daß Bitterlemon nicht süß schmeckt, trotzdem kann man nicht darauf verzichten, um ein Stück Heimat zu genießen. Daß Japan heute zu den international führenden Ländern zählt, verdankt es der Einheit des Volkes, das weiß, wie es zu lieben hat. Das häßliche Gesicht eines Japans, das nach dem 2. Weltkrieg in Trümmern lag, ist längst verschwunden.

Was heute aus den beiden Ländern Deutschland und Japan als Kriegsverlierer geworden ist, weiß die ganze Welt. Während das kleine Vietnam stolz darauf ist, nach 1975 Sieger über die Großmacht USA zu sein. Wir fragen uns wozu dieser falsche Stolz, wenn nicht damit das Volk Vietnams heute zum Weltmeister im Betteln wird? Viele Japaner hassen die amerikanischen Feinde bis in die Knochen, weil sie Hiroshima und Nagasaki nie wegdenken können. Dennoch danken sie ihren amerikanischen Freunde für ihre Hilfe:"Ohne die Entsendung von Reis und anderer Lebensmittelshilfen des amerikanischen Volkes hätte das Volk Japans nicht überleben können!". Wahrlich, wenn das Volk Japans sich nicht hätte einigen können, und wenn sie sich wie das Volk Vietnams verhalten hätten, dann könnte niemand sagen, was heute aus Japan geworden wäre!. Ich war tief beeindruckt vom modernen Fortschritt und der Kultiviertheit Japans, als ich zum ersten Mal in das Land kam. Wie fast alle anderen Neuankömmlingen aus Vietnam hatte ich den Wunsch, von Japanern über ihre Kultur und Geschichte zu lernen, um später meinem Volk die Augen zu öffnen in der Hoffnung meine Heimat auf ein zeitmäßiges höheres Zivilisationsniveau erheben zu können. Allerdings nur im sozio-kulturellem Bereich sollte die vietnamesische Gesellschaft ein neues Gesicht erhalten, jedoch nicht im religiösen Bereich, weil hier meine große Enttäuschung liegt. Manchmal fragte ich mich, ob ich mich geirrt habe, nach Japan zu kommen! In anderen Ländern wurden die Studenten, bevor sie zum Studium ins Ausland gehen, über ihren Zielort informiert. Bei uns in Vietnam war dies nicht möglich, weil Informationen darüber fehlten. Nirgendwo konnte man etwas über Japan lesen. Gelegentlich hielten jene, die früher in Japan studiert hatten, einen Vortrag über das Land. Glück hatten nur die, welche an der Veranstaltung teilnehmen konnten. Die anderen, die nicht dabei waren, blieben Nichtwisser. Was die Religion anbelangte, war hier ein großes Fragezeichen. Es gab damals viele vietnamesische Mönche, die in Japan studiert hatten. Sie hatten sich nicht die Mühe gemacht, darüber zu berichten. Oft glaubte ich daran, sie schämten sich vielleicht, die bittere Wahrheit über ihr Studienland zu sagen.

In meiner Heimat sprachen viele darüber, daß das reformierte Mönchswesen sehr verbreitet in Japan sein sollte. Erst als ich dort war, sprach ich mit Einheimischen über diese Bewegung. Als ich danach fragte, zeigten sich alle sehr überrascht. Weil das Wort"Shinso"(neues Mönchtum) ihnen zum einen nichts sagt, und weil es zum anderen in keinem Lexikon zu finden ist. Der japanische Buddhismus war schon immer so und hat sich in der letzten Zeit nicht geändert. Und wenn es das alte nicht gegeben hat, dann gibt es auch kein neues! Was die Vietnamesen nicht wußten war, daß in Japan seit dem 13.Jahrhundert das Mönchsideal eine vergessene Sache ist. Und das wissen wir erst jetzt, daher das Wort neues Mönchtum. Als SHIRAN SHONIN (1173-1262) die japanische "Reine Landschule"(JODO-SHIN-SHU) ins Leben gerufen hatte, war er bereits verheiratet. Dies geschah, als Vietnam unter der Trần-Dynastie lebte. Damals gab es unter japanischen Mönchen zwei deutliche Tendenzen. Die einen klammerten sich fest am klösterlichen Leben, die anderen wollten sich säkularisieren. Die Spaltung der Mönchsgemeinde war nicht mehr zu verhindern. Deshalb erlaubte SHIRAN die Familiengründung. Er selbst heiratete des Kaisers Tochter. Damit wurde seitdem das Zölibat aufgegeben. Ein Mönch in Japan hat nur die Funktion, die Lehre zu verbreiten.

Diese Geschichte des japanischen Mönchtums ist so alt, daß sie zu einer Legende geworden ist. Auch wenn das benachbarte Land Vietnam davon kein Wort erfuhr. Im Jahre 1868 sollten die Mönche auf Anordnung des Kaisers MEIJI wie alle anderen Menschen ins Arbeitsleben zurückkehren, um am Aufbau der Gesellschaft beizutragen. Dies erfolgte nach europäischem Muster zur Anpassung an die moderne Zeit. Seither waren 95% der japanischen Mönche verheiratet und Familienväter.Die ganze Familie lebt unter einem Dach des Tempels. Darauf wurde kein vietnamesischer Mönchstudent vorbereitet. Als wir deshalb sagten, daß wir das japanische Mönchsleben ungewöhnlich finden, antworteten sie uns mit folgenden Worten:"Ungewöhnlich ist nur euer Mönchsleben. Denn wie wollt Ihr ohne Kinder Nachfolger haben? Und wie wollt Ihr ohne Nachfolger die Existenz des Klosters sichern?". Darüber konnte ich nur lächeln und wußte, wenn ein Gelber oder Weißer sich unter die Schwarzen mischt, sieht er nur als sonderlich aus!.

Aus diesem Grunde gibt es in Japan keinen, der von Grund aus den Wunsch hat, Mönch zu werden. Denn ein Mönch muß die Aufgaben und die Verpflichtungen erfüllen, die Pagode weiter aufrechtzuerhalten. Wenn ein Abt mehr als einen Sohn hat, dann muß einer von ihnen sein Nachfolger sein. Und wenn er nur eine Tochter hat, dann muß sein Schwiegersohn die Aufgabe übernehmen. In diesem Fall kann der Schwiegersohn alles lernen, was das Programm der Grundschule und der Sekundarstufe beinhaltet. Aber wenn er studiert, dann unbedingt Buddhologie, und zwar als Hauptfach die Lehre jener Sekte, welcher er angehört. In Japan gibt es insgesamt 13 Haupt- und 50 Untersekten. Jede Sektenlehre ist in mehreren Hochschulen vertreten. Unter 1.000 japanischen Hochschulen gab es insgesamt 50 mit buddhologischen Fakultäten.

Nach dem Hochschulabschluß muß der künftige diplomierte oder promovierte Abt noch eine dreimonatige hart anmutende Lebensweise absolvieren.

Diese intensive Schulungsperiode wurde von Schülern der NICHIREN-Schule als "Aragyo" verstanden. Meist umfassen sie die drei kältesten Monate des Jahres. Während dieser Zeit darf der Praktizierende weder die Haare schneiden noch sich rasieren. Täglich muß er eine Körperreinigung mit kaltem Wasser machen, sechsmal Sutra rezitieren und sich an sechs Orten der Meditation hingeben. Nur einmal am Tag darf er feste Kost wie Reis zu sich nehmen. Die zwei anderen Mahlzeiten muß er sich mit flüssigem Reisbrei begnügen. Wer dies nicht durchstehen kann, oder dazwischen krank wird, muß die intensive Schulungsperiode in einem anderen Jahr wiederholen. Es gibt Fälle in welchen der Praktizierende so geschwächt wurde, daß er in der Zwischenzeit starb. Dennoch muß jeder Abt diese obligatorische Phase hinter sich bringen. Ansonsten darf er die Führung eines Tempels nicht übernehmen. Sowie ein Japaner diese Herausforderung überstanden hat, kehrt er zur Pagode seines Lehrmeisters zurück, wo er feierlich in Anwesenheit einer großen Zahl buddhistischer Laien empfangen wird. So dann wird ihm die Tochter aus der wohlhabendsten Laienfamilie zur Frau gegeben. Das bedeutet für ihn ein guter Start mit Geld, Macht und Position, der ihm manchmal eine bessere Stellung als viele andere mächtigen Menschen in der Gesellschaft verschafft. Andererseits gibt es nicht wenige junge japanische Mädchen im heranwachsenden Alter, die davon träumen, das Glück mit einem buddhistischen Mönch für den Rest des Lebens zu teilen. Wer von meinen vietnamesischen Glaubensbrüdern dieser bitteren Wahrheit des mönchischen Lebens in Japan besser auf den Grund gehen möchte, so wünsche ich, daß er eine Reise in dieses Land macht, um seine Wißbegierigkeit zu befriedigen, jedoch nicht nachahmen. Denn das kann dem vietnamesischen Buddhismus mehr schaden als nutzen.

Vor 1975 kehrten einige Ehrwürdige von Japan nach Vietnam zurück und wollten die Ehelichkeit von Mönchen einführen. Sie stießen dabei auf heftigen Widerstand von Laien, die standfest bei ihrer Auffassung blieben: Das Leben ist hart und elend genug. Wie kann ein Mönch beim Aufbau eines Familienglücks seinen Spaß finden? Dennoch gibt es welche, die heimlich halbillegalerweise ein eheliches Mönchsleben führen, obgleich dies nach unserem Gesichtspunkt sündenhaft ist. Lieber sollte man diese Lebensweise am hellichten Tag wie japanische Mönche verbringen als die Pagode mit Schande zu füllen. Denn man muß nicht lebenslänglich Mönch zu sein, sondern man kann das klösterliche Leben jeder Zeit abbrechen, um seiner Familie und Freunden keine Scham zuzufügen.

Ich habe keine Absicht mit diesem Bericht meine japanischen Glaubensbrüder zu beleidigen. Vielmehr möchte ich meinen Landsleuten einen Einblick in das japanische Mönchtum vermitteln, damit sie die Wahrheit erfahren. Hoffentlich haben sie mehr Verständnis für ihre Nachbarn in Japan. "Die Augen sind das Fenster zur Seele" sagen die Franzosen. Eigentlich sollten nicht die Augen, sondern die "Sprachen das Fenster zur Seele" sein, damit die Vietnamesen in den heutigen Umständen in der Fremde ihre Gedanken und Gefühle den Einheimischen zum Ausdruck bringen können. Mit anderen Worten sind Sprachen ein Bindestrich zwischen verschiedenen Kulturen und Denkrichtungen. Es erleichtert, wenn man im Alltag beim Geschäftsverkehr mit Menschen verschiedener Nationen mehrere Sprachen kann. Denn man hat dann eine große

Barriere überwunden, die gewaltiger noch als die große Chinesische Mauer, eine Barriere, die ein Volk von einem anderen trennt.

Es gibt Sprachen, die relativ leicht zu lernen sind. Umgekehrt gibt es welche, die nur mit Mühe zu beherrschen sind. Im Grunde sprechen wir von denen, die leicht sind, weil sie international viel benutzt werden. Denn es ist nicht immer einfach die perfekten Kenntnisse einer Sprache zu erwerben. Zu den schwersten zählen unter anderen Deutsch, Holländisch, Norwegisch, Russisch, Chinesisch und Japanisch usw. Dagegen haben Lernende weniger Probleme mit Englisch und Französisch. Im Vergleich gibt es eine grammatikalische Ähnlichkeit zwischen Deutschen und Japanischen. Beide unterscheiden sich in Schrift und Aussprache. Umgekehrt haben Chinesisch, Japanisch und Vietnamesisch eine etwa gleiche Aussprache und verschiedene Grammatik. Da in europäischen Sprachen jedes Wort sich aus mehreren Gliedern wie Präfix, Suffix und Wortstamm zusammensetzt, muß der Sprechende auf die Betonung achten. Das erschwert uns das Lernen. Im Japanischen gibt es aber mehr Wortstämme. Deshalb haben wir es einfacher, Japanisch zu lernen.

Als ich zum ersten Mal nach Japan gelangte, sah ich überall wenn nicht chinesische Schriftzeichen dann Hiragama- oder Katakana-Schriftzeichen. Nirgendwo außer in Schulen für ausländische Studierende wird die latinisierte Schreibweise benutzt.

Die Einheimischen schreiben zwar Chinesisch, lesen aber mit japanischer Aussprache. Genauso wie Altvietnamesisch oder Koreanisch, die mit chinesischen Zeichen geschrieben, aber haben beide volkstümliche Aussprachen. Wenn auch immer ein Japaner gut Englisch oder Französisch kann, würde er, wenn es nicht unbedingt sein muß, nicht auf englisch oder französisch beantworten, wenn er von Fremden in einer der beiden Sprachen gefragt wird. Der Grund dafür ist einfach, zum einen liegt es an seinem Nationalstolz, und zum anderen an seinen Gesten und der Aussprache, die denen der Inder und Vietnamesen weit unterlegen sind. Nur im Forschungsgebiet liegen die Japaner ganz vorn. Kein ausländischer Studierender kann ihnen diesen Platz wegnehmen.

Als ich am Anfang diese Schwierigkeit wahrnahm, machte ich folgende Überlegung:" Die Sprachen der Menschheit sind viel zu kompliziert, während Tiere, ob sie Tauben, Spatzen, Büffel usw. von verschiedenen Ländern sind, jede Rasse das gleiche Geschrei haben. Es wäre schön für uns alle, wenn es irgendeinem Sprachwissenschaftler gelingen würde, eine gemeinsame Weltsprache zu erfinden.

Damals verwendete Buddha einen indischen Dialekt, um Zuhörern das Dharma zu verkünden. Außerdem konnte er die Sprachen der Götter, Genien, Drachen und aller anderen Wesen verstehen. Diese Fähigkeit verdankte er seiner aus Tugenden entwickelten übernatürlichen Kraft, die ihm göttliche Augen und himmlisches Gehör schenkten. Meistens ist es bei erleuchteten Wesen so, daß sie besondere Gaben nur durch tugendhaften Wandel erhalten, ohne jede Ambition, sie zu gelangen. Ich habe von vielen Mönchs-Ältesten gehört:" Viele Menschen gehen überallhin, um ihr Wissen zu erweitern. Dennoch ist es nicht besser als an einem Ort zu verweilen, und Erkenntnis über alle Dinge zu erlangen." Es ist ein Satz, der alles sinnvoll zusammenfaßt. Heute sind Menschen voller schlechter Karma und unvollkommen, deshalb können sie nicht an einem Ort weilen und trotzdem alles wissen, wie die Buddha und Bodhisattva.

Avalokiteshvara Bodhisattva hat das Gelübde abgelegt, in die ganzen dreitausend Weltensysteme zu gehen, um jedem Wesen, das herzensrein nach ihm ruft, zu helfen. Die Menschen hingegen benutzen alle möglichen Verkehrsmittel, von den langsamsten bis zu den schnellsten und Langstreckenmaschinen wie Concorde oder Raumtransporter und trotzdem können sie nicht aus einem Weltsystem hinaus.

Wenn ein Fremder nach dem Weg fragt in Japan, dann sollte er, wenn kein Polizist da ist, sich an eine Frau wenden. Männer sind zu kühl, während Frauen unbeschreiblich liebenswürdig sind. Aufgrunddessen haben sich viele vietnamesische Studenten wahrscheinlich entschlossen, für immer dort zu bleiben.

Nach konfuzianischer Lehre hat jede Frau drei Gehorsamsverpflichtungen (die Tochter gegenüber den Eltern, die Frau gegenüber dem Ehemann u. die Witwe gegenüber ihren Kindern) und vier Tugenden (Sittsamkeit, geziemende Sprache, richtiges Betragen und Fleiß) zu erfüllen. Allmählich infolge der Emanzipation werden diese Regeln in Fernosten, insbesondere in Japan, kaum noch beachtet. Allerdings muß jede Japanerin zumindest erstens Ikebana (Kunst des Blumenssteckens) und zweitens Chado (Tee-Zeremonie) beherrschen. Die beiden Künste entstammen vom Zen. Denn die Art und Weise wie Blumen zusammengesteckt und wie Tee geschenkt wird, läßt erkennen, ob der Mensch in diesem Augenblick innerlich ruhig, gelassen, aufrichtig oder aber unanständig ist. Für ein heiratsreifes Mädchen bedeutet ihr Können im Blumen- und Teeweg sehr viel, denn davon hängt das Datum ihres Hochzeitstages ab.

Am Hochzeitstag, ob arm oder reich, muß die Braut unbedingt einen Kimono tragen. Dasselbe gilt für Vietnamesen, wenn die junge Braut kein Áo dài anhat, dann verliert die Hochzeit ihre vietnamesische Tradition. Der aus 3-5 Schichten zusammengenähte Kimono ist so teuer, daß viele Familien sich nicht leisten können, ihrer Tochter schneiden zu lassen. Aus diesem Grund ist heutzutage populär geworden, daß am Hochzeitstag ein Leih-Kimono getragen wird.

Eine Totentrauerfeier wird entweder im Familienhaus oder in der Pagode veranstaltet. Auf Empfehlung des Staates wird der Verstorbene eingeäschert anstatt begraben. Weil eine Feuerbestattung hygienischer als andere Formen ist. Außerdem gibt es schon zu wenig Platz für Lebende. Auf dem Gelände jeder Pagode gibt es immer einen Friedhof, wo die Urne der verstorbenen Buddhisten begraben wird. Jede Familie hat hier eine gemeinsame Grabstätte. Wer zuletzt stirbt, wird nach 49 Tagen zu seinen Ahnen im Familiengrab geführt. Auf die Bitte des Haupttrauernden kommt ein Mönch ins Haus, der dann die Trauerzeremonie leitet. Die letzte Zeremonie vor der Einaschung wird OT SUYA genannt. In Anwesenheit von Familienangehörigen wird am nächsten Morgen die Leiche eingeäschert. Nach einer Stunde ist alles vorbei. Danach werden Überreste wie Gebeine von Verwandten selbst mit dafür bestimmten Stäbchen in die Urne gegeben, die zum Schluß hermetisch verschlossen wird. Am frühsten 24 Stunden nachdem der Sterbende seinen letzten Atemzug ausgehaucht hat, kann die Einaschung stattfinden. Denn nach buddhistischer Sicht, die später als wissenschaftlich richtig nachgewiesen wurde, könnte der Verstorbene der ersten 24 Stunden nach dem Zeitpunkt des Todeseintritts wieder aufwachen und zurück ins Leben kehren, weil die langsam absterbenden Körperzellen noch funktionsfähig sind. Viele buddhistische Theorien, die über 2,5 tausend Jahre alt sind, werden nach und nach von der modernen Wissenschaft richtig festgestellt. Wir hoffen nur, daß die Wissenschaft immer weiter große Fortschritte macht, damit das mächtige Wissen des Buddhismus immer mehr ans Licht kommt.

Geldopfer für Trauerzeremonien ist eine Sache, die vom Herzen kommt. Dennoch gibt es gegenwärtig im japanischen Buddhismus viele Regelungen, die für Buddhisten anderer Länder unglaublich sind. Wie zum Beispiel die Dharma-Namengebung, die wir bereits erwähnt haben. Auch hier wird gehandelt. Mönch zu sein ist kein Beruf. Dennoch wird er in diesem Land zu einem Tätigkeitsfeld klassifiziert. Wenige Menschen in der restlichen Welt wissen davon.

Wenn ein Japaner ein Haus bzw. eine Pagode betritt, zieht er seine Schuhe aus und legt sie gerade reihenmäßig und zwar so, daß er vor dem Verlassen des Hauses bzw. der Pagode gleich die Füße in die Schuhe stecken kann. In diesem Moment werden ihm vom Hausherrn oder von der Hausdame Hausschuhe oder Pantoffeln gereicht. Er wird anschließend ins Wohnzimmer geführt und ihm

Tee geboten. Die Gastfreundlichkeit der Japaner zeichnet sich aus durch Höflichkeit und Fröhlichkeit. Keine anderen Frauen auf der Welt können so perfekt ihre Gäste unterhalten bzw. ihre Kundschaft bedienen wie Japanerinnen.

Japaner wohnen sehr eng, deshalb ist meistens das Wohnzimmer gleichzeitig zum Schlafen und Arbeiten. Die Möbel sind einfach und nehmen nicht soviel Raum ein, wie die europäischen. Tagsüber werden sie zum Gästeempfang hergerichtet, und abends zusammengelegt, um Platz zum Schlafen zu machen. Japanische Frauen sind perfekte Hausfrauen und daher spielen sie die zentrale Rolle im Innenleben der Familie. Außerhalb dieses Bereiches haben sie nichts weiter zu sagen. Denn von dort an fängt der Zuständigkeitsbereich der Herren an. Gewöhnlich reisen politische und führende japanische Persönlichkeiten ohne Begleitung ihrer Frauen. Da europäische Frauen eine bessere Stellung im Gesellschaftsleben einnehmen, lassen sie fast niemals ihre Lebensgefährten allein auf Reisen.

Zwar haben Buddha und Jesus große Achtung vor Frauen, jedoch wird das weibliche Geschlecht noch nicht mit dem starken gleichgestellt. Die Weisen waren der Auffassung, daß Frauen aufgrund eines schwerwiegenden Karmas noch mehr für den Prozeß der Vervollkommnung tun müssen.

Japaner lassen sich nicht viel Zeit, insbesondere beim Essen. Ihnen genugt zum Frühstück 10-, Mittags- 15- und Abendessen 20 Minuten. Sie tun dies scheinbar hektisch, jedoch mit Gründlichkeit und Sauberkeit, wie kein anderes Volk es besser machen könnte. Ich bin fast überall herum gereist und kam zu diesem Ergebnis. Danach leben am saubersten die Schweizer, an zweiter Stelle Deutsche und Japaner, nach ihnen Australier sowie einige Europäer und Nordamerikaner. Eine Pagode, die schon sauber ist, sollte noch sauberer sein! Einst sagte mir ein japanischer Mönch: *"Wenn einer sein Haus nicht sauberputzen kann, wie kann er seinen Herz-Geist reinwaschen?"* Plötzlich verstand ich, daß dieser Satz mir zum Durchbruch verhelfen kann, meine erleuchtete Sicht zu erlangen. Seitdem benutze ich ihn als Schlüsselwort für mein tägliches Geistestraining. Viele meiner Landsleute warten erst darauf, bis im Haus Staub und Schmutz sichtbar werden, dann fangen sie an, zu putzen. Währenddessen machen Japaner diese Arbeit jeden Tag. Zwei verschiedene Umstände, zwei Extreme! Hätten wir nicht gewartet, bis das Wasser bis zum Hals steigt, wären wir dem Beispiel der Japaner gefolgt, müßten wir heute nicht im Exil leben.

Im ganzen Leben kennen Japaner nur die Arbeit. Ohne Fleiß kein Reis, das wissen sie alle. Für sie genügt 1 oder 100 gute Leute, um das Land zu führen. Wenn diese Leute aber etwas falsch machen, dann sinkt die Nation in den Sumpf. Den Zustand erlebte Japan im letzten Weltkrieg. Wenn sie geschickt sind, dann bringen sie das Land zum Durchbruch wie heute. Als Gegenteil erweisen sich die Vietnamesen. Wir haben so viele gute Leute, leider will keiner von uns einem anderen unterstehen. Gerade aufgrund dieses Mangels an Kooperationsbereitschaft des Volkes steckt unsere Nation so tief im Sumpf, daß sie keine Chance mehr hat, herauszukommen. Das japanische Volk wußte genau den Wert des Wortes "Einheit" und hält fest zusammen. Dieser Gedanke des Zusammenhaltens ist durch den Geist des Glaubens am Buddhismus gestärkt. Während Vietnamesen noch alles verfügen, das Volk besteht, der Glaube zwar noch lebendig aber nur alles geht zu leicht über die Lippen. Das Herz steht leer. Wir zweifeln daran, daß, obwohl wir noch 3-500 Jahre zum Wiederaufbau haben, unser Land den Durchbruch wie Japan erreichen kann.

Was wir jetzt noch hoffen ist, daß unser Volk etwas aus der Geschichte von sich selbst sowie von anderen Völkern lernen kann.

Wir kommen mit leeren Händen zur Welt und gehen wieder mit leeren Händen von hier fort. Aus dem Habenichts wird wieder ein Habenichts. In der Zwischenzeit versuchen wir soviel wie möglich materielle Wertgüter anzuhäufen, Titel anzusammeln, obwohl nichts davon von Dauer ist.

Die Zeit teilt sich in Frühling, Sommer, Herbst und Winter, der Raum in Nord, Süd, West und Ost. Die Menschen sind mal jung, mal alt, mal liebevoll, mal häßlich. Dennoch wissen wenige von ihnen, daß das Leben zerbrechlich ist und daß alle Dinge nur scheinbar sind. Wer weiß schon, daß alles sich im Kreis herum dreht?

Wir sind in unserer Heimat geboren und aufgewachsen. Keiner von uns hatte daran gedacht, eines Tages die gewohnte Umgebung, Berge, Flüsse und Reisfelder zurücklassen zu müssen, und aus der Mitte der Liebenden und Älteren fortzugehen. Wer hätte es geahnt, daß der Strom des Lebens so wechselhaft ist, mal vor- mal rückläufig, so daß Tausende von Menschen in verschiedene Gewässer gespült werden. Sie leben heute zerstreut in allen Kontinenten mit einer Hoffnung auf eine neue Existenz und auf den Glauben. Wiegt das kollektive Karma des gesamten Volkes Vietnams so schwer, daß unser Schicksal so hart ist?

In Erinnerung lassen wir so viele Freuden und Schmerzen zurück, die wir hinnehmen müssen. Glücklich sind nur diejenigen, die wissen, was Vergänglichkeit bedeutet! Wer die Weltanschauung des Buddhismus versteht, leidet weniger. Denn er weiß, sich selbst zu beherrschen und läßt sich nicht von der Außenwelt beeinflussen.

Ich möchte hier mit einigen Zeilen unser Land vorstellen. Ein Land, wo die Quintessenz des Volkes vom religiösen Leben bis zur Kultur und Lebensweise vom einfachen Bauern, der jahrein jahraus mit unbedecktem Haupt und grober Kleidung seinen gesellschaftlichen Beitrag leistet, genährt wird.

Über die Schönheit der Natur sowie über Helden und Patrioten meiner Heimat haben schon viele andere bereits berichtet. Ich möchte Sie heute in einem kleinen Teil meines Landes, in einem bestimmten Teil mit dem Namen QUẢNG-Region führen. Insbesondere möchte ich den Bereich des Buddhismus zeigen, weil er eine Religion, ein Teil meiner Heimat ist. Er teilt mit dem Volk dessen Schicksal und Menschlichkeit.

Am häufigsten leiden Zentralvietnamesen unter Hunger und Not. Das, was sie anderen anzubieten haben, ist eine Fülle von Menschlichkeit. Aus diesem Engpaß des harten Lebens versuchen sie ständig, ganz gleich in welchem Bereich, aufwärts zu streben.

Viele Menschen gehen nach QUẢNG-NAM, um sich der gewaltigen Landschaft rund um dem *Non-Nước*-Tempel zu widmen. Nur wenige kennen die Schönheit der Marktansiedlung *Phố-Hội* und die in der Gegend

liegenden traditionsreichen Buddhasstätten wie
Chúc-Thánh, Phước-Lâm, Vạn-Đức, Long Tuyền,Viên-
Giác usw. Wer sich schon einmal mit der Geschichte des Buddhismus in Vietnam beschäftigt hat,weiß
den Chúc-Thánh Gedächtnistempel zu schätzen. Im
17. Jahrhundert verließ der chinesische Chánmeister Minh-Hải seine Heimatstadt Fu-kien und ging
auf Wanderschaft, bis er nach Zentralvietnam gelangte. Hier in Hội-An sammelte er eine große Anzahl von Schülern um sich und wurde zum Begründer
der vietnamesischen Dhyana-Sekte LÂM-TẾ(Chinesi.
Linchi-chán-tsung; Jap.: Rinzai-zen-shu), eine
der vitalsten Abzweigung der Süd-Chán-Schule in
Südostasien seit HUI NENG, dem 6.Patriarchen.Der
Chúc-Thánh Gedächtnistempel liegt etwa 3km nordwestlich der Provinzhauptstadt QUẢNG-NAM. Am Ende eines holperigen Weges aus Sand und Kies ragen hoch hinauf über die Krone der Persimonenbäume charakteristische mit Drachen verzierte Dachtraufen des Tempelziegelbaues. Vor dem Betreten
der Tempelanlage müssen Pilger durch ein seit ewig stehendes dreitüriges Tor gehen, das von Moos
bedeckt ist. Die ganze Atmosphäre verleiht den
Besuchern einen Aspekt des Friedens, der Ruhe und
der Erlösung. Zu beiden Seiten neben dem Tempel
erscheinen zwischen hübschen Zierpflanzen viele
mehrstöckige Stupa mit Stufendächern, als Sakralbauten zur Aufbewahrung der Reliquien von Großmeistern und Mönchsältesten, die große Verdienste
im Buddha-Dharma hatten und würdige Tathagata -
Söhne waren.

Trotz der Herausforderung von Monaten und
Jahren, Wind und Regen steht das Stupa des Großmeisters Minh-Hải imposant da wie ein Zeuge der
alten Zeit. Wenn Pilger noch ein Stück weiter
eindringen, stoßen sie auf einen herrlichen halb-

kreisförmigen Teich, indem Knospen und aufgeblühte Lotus über Wasser emporragen, eine schöner als die andere. Lotus symbolisiert im Buddhismus das Edle. Er wächst zwar im Schlamm, behält jedoch die volle Reinheit, weil seine Blüte sich aus dem Schmutz hervorhebt und deshalb unbefleckt ist. Wer dem Beispiel des Lotus folgt und tugendhaft lebt, befreit sich vom weltlichen Staub. Ein Blick hinter dem Teich erlaubt den Besuchern die Pracht eines kunstvoll angelegten Gartens zu erleben. In bestimmter geometrischer Anordnung spenden Fichten und Kiefern, Dahlien und Ixoren ihre Schatten. Nach Überquerung dieser blumigen Terrasse erreicht man jetzt erst die Haupthalle mit dem links und rechts angereihten Ost- und Westflügel. Gleich hinter der Türschwelle erwartet die Pilger eine Erleuchtung erweckende Atmosphäre. Denn jeder weiß, daß die Haupthalle der sakrale Mittelpunkt des Tempelkomplexes ist. In bestimmter ikonographischer Anordnung versammeln sich in der Mitte die Buddhas. Um sie herum haben nach Sutra beruhender Konfiguration Bodhisattvas und Arahte ihren Platz. Dann kommt eine Reihe von Dharmaschützern. Dazu gehören Dharmapala-yama (König der 10 Höllen-Bereiche, auch Totenrichter genannt) und Dharmapala-Acala (Fürsprecher der Rechtschaffenen oder Totenanwalt). Sogar der Drachenkönig, der als Regengott gilt, ist anwesend. Dieser Tempelraum vervollständigt sich mit kultischen Wandgemälden, die irdischen Menschen einen Kontrast zwischen beiden Landschaften vermitteln. Das eine ist der Ort der Seligkeit im Sukhâvatî-Reich des Amitabha und der im Gegensatz stehende Ort der Verdammung, die Hölle. In den Ost- und West-Tempelflügeln liegen außer Mönchszellen verschiedene Räume und Säle, die zu bestimmten Zwecken benutzt werden wie z.B. Schulung,

Seminar, Mönchssitzung, Gemeindeversammlung, Aufenthalt usw. Zu einem weiteren kultischen Zweck dient eine kleine Kapelle als Atärenhalle. Dort befinden sich drei große Schreine. Der in der Mitte ist für in Verwandlung gegangene Großmeister und Mönchsältere bestimmt, Schreine für verstorbene Sektenangehörige Laienbuddhisten stehen auf der linken und rechten Seite.

Chúc-Thánh ist sowohl der älteste als auch der größte Gedächtnistempel der Provinz QUẢNG-NAM. Aufgrunddessen sind alle Mönchsältere und Laienbuddhisten bei jedem Gedenktag des Großmeisters anwesend. Wenn ich mich nicht irre, dann fällt dieser Tag genau auf den Gedenktag der Buddha-Erleuchtung, das heißt am achten Tag des zwölften Mondkalendermonats. Auf einmal ist an dem Tag eine rege Atmosphäre im Tempel zu sehen. Den Stimmen der gegenseitigen Grüße folgen die Laute der Sutrarezitation. Einmal im Jahr verleiht das Fest den ruhigen Wäldern QUẢNG-NAMs eine lebendige Stimmung.

Im Nutzgarten des Tempels findet man Obstbäume wie z.B. Guaven-, Brotfrucht-, Kokosbäume. Entlang des Gartenzaunes reihen sich geradlinige Grabstätten von verstorbenen Spendengebern und Laienbuddhisten. Da Vietnamesen der Meinung sind, daß einem ordentlichen Menschen im Leben ein Haus und am Ende seines Weges ein Grab gehört, wird an diesem Ort der letzten Ruhe jede Grube aufwendig und stilvoll angelegt.

Etwa 1km nordwestlich von hier liegt eine altehrwürdige Pagode, die solange da ist wie der Chúc-Thánh Tempel. Kenner wissen, daß sie der Phuóc-Lâm Gedächtnistempel ist.

Ursprünglich gründete Großmeister An- Triêm mit wenig Aufwand diesen Tempel. Später ließ ihn Hochehrwürdiger Minh-Giác ausbauen, so wie er heute zu sehen ist.

Über Leben und Werke des Meisters Minh-Giác gab es nirgendwo eine Dokumentation in der Geschichte des vietnamesischen Buddhismus. Nur nach dem Lehrvortrag des Ehrwürdigen Thích Như-Huệ, damaligen Mönchslehrers des buddhistischen Bezirks QUANG-NAM. zur Zeit Abt der Pháp-Hoa Pagode in Südaustralien, sollte seine Biographie wie folgt sein:

Der Hochehrwürdige Thích Minh-Giác war ein Mönch voller Würde und Tugenden, und gleichzeitig ein großer Geist der QUẢNG-Region. Als Grünschnabel ging er in die Hauslosigkeit und fand seine geistige Heimat in einem Kloster. In der Zeit der Unruhe, als das Land von fremder Invasion bedroht war, wurde sein Nationalbewußtsein wieder wach. So gab er seine Kutte zurück und meldete sich freiwillig zum Kampf gegen die Champas. Nachdem der Krieg zu Ende war, kehrte er zum Kloster zurück und äußerte seinen Wunsch, um die Sünden (von sich selbst oder des Vaterlandes?) abzuzahlen und um die Dankbarkeit gegenüber Buddha-Dharma zu zeigen, 20 Jahre lang den Marktplatz von Hội-An zu fegen. Als alles getan wurde, fühlte er sich wie rehabilitiert und zog die Kutte wieder an. Er ließ die Glocken gießen, Statuen bauen und trug zur Ausbildung von Mönchen und Laien bei. Die riesigen Bronzeglocken, die heute im Phước Lâm Gedächtnistempel und in einer Pagode in Cù Lao Chàm (Champa-Insel) noch existieren, verdanken wir seiner Initiative und seiner Verwirklichung.

Ihm zu Ehren dekretierte der derzeitige Herrscher der *Nguyên*-Dynastie, seine Majestät *Tự-Đức* (1847-1883) seine Pagode zum "kaiserlichen *Phước -Lâm* Tempel" und als Hofgeschenk wurde ihm zwei dekorative auf Holz geschnittene und vergoldete Verse überbracht:

-Barbaren bezwingen, Marktplatz fegen, zwei dornenvolle Mühen; in die Hauslosigkeit gehen, den tugendhaften Wandel führen, dem öffnet sich breit der Weg zur Vollkommenheit.

-Statuen bauen, Glocken gießen, zwei verdienstvolle Leistungen; das Alte herrichten, das Neue erschaffen, den weiß die Nachwelt, ewig zu schätzen und dessen Ruhm wird für alle Zeit fortwirken.

Da würde kaum ein Herz der Kinder Vietnams unberührt bleiben, wenn sie die Verse, die ein Gegensatzpaar bilden und sich einander semantisch vervollständigen, zu lesen bekommen, um einen Menschen zu rühmen, der gleichzeitig Hüter des Vaterlandes und gelehrter Mönch war. Je mehr bürgerliche Verpflichtungen gegenüber der Nation er erfüllte, desto mehr Verdienste gegenüber dem Buddha-Dharma trug er als Mönch bei. Zweifellos gibt es in den 18. und 19. Jahrhunderten keinen anderen Mönch, der mit dem Hochehrwürdigen *Minh-Giác* zu vergleichen ist, außer wenn wir ihn mit jenem Hoflehrer wie *Van-Hanh* oder kaiserlichem Berater wie *Khuông Việt* und Mönchmeister wie *Mãn Giác* aus früheren Zeiten vergleichen wollen.

Äußerlich gibt es eine große Ähnlichkeit zwischen den beiden Gedächtnistempeln *Chúc-Thánh* und *Phước-Lâm*. Die innere Architektur des letzten aber ist eine Reminiszenz an jene monumentalen Sakralbauten, in welchen Grabmäler von Großmeistern und Mönchsälteren miteingeschlossen sind.

Hier können Pilger das Reliquiar des altehrwürdigen Großmeisters *Vĩnh-Gia* verehren, der eine große Rolle spielte in der Geschichte des Buddhismus in Vietnam. Seine Gelehrtheit und Tugendhaftigkeit ist für Mönche und Laien der späteren Generationen ein glänzendes Beispiel. Unter seinem Vorsitz wurden in diesem Tempel Konvente wie z.B. Upasampadā(Ordination zum Mönch) und Pranidhāna(zum Ablegen der Bodhisattva-Gelübde) veranstaltet. Der Reihe nach wurden damals unter anderen berühmte Mönchmeister wie z.B. die beiden Hochehrwürdigen *Thích Tinh-Khiết und Thích Giác Nhiên*, erster und zweiter Sangha-Präsident der Vereinigten Buddhistischen Congregation Vietnams vom Hochwürdigsten *Vĩnh-Gia* initiert.

Nach so vielen Jahren des Friedens brachte auf einmal Waffenlärm Unruhe in diesen Ort des Heils. Wie vom Wirbelsturm getrübt, wurde das Gleichgewicht des Klosterslebens gestört. Einige Mönche verließen den Tempel im mitleidvollem Blick der Zurückgebliebenen.

Infolge von Krieg und Naturkatastrophen verarmte die Bevölkerung der QUANG-Region total. Mitbetroffen waren automatisch auch die dortigen Tempel- und Klosterangehörige. Dem Sutra wurde folgende Aufklärung entnommen, daß auch Armut eine Folge des schlechten Karma sei. Hatten die Leute in der Region in einer oder mehreren Vorexistenzen soviel schlechte Handlungen begangen, daß sie jetzt soviel abzuzahlen hatten?.

Zwar wurde das Tempelkloster stilvoll gebaut, jedoch ist der Boden des Gartens um das Haus herum sehr unfruchtbar. Er ist wie fast überall in der Region sandig, so daß jeder Anbau von Nutzpflanzen den Menschen äußerste Mühe und Kräfte abverlangt, obwohl Mönche und Nonnen sich mit einfachem Soja und einigen anderen Kohlarten und Blattgemüsen als Hauptnahrung begnügen. Das war damals vor Jahren schon so. Heute erwarten sie das Schlimmste.

In Zeiten der Not, wenn des Menschen Geist sich elend fühlt, wenn das persönliche Glück auf einmal durch einen Schicksalschlag zersplittert wird, dann sind Religionen wieder gefragt, um dann, wenn die innerliche Wunde geheilt ist, einfach vergessen zu werden. Ehre dem, der trotz Glück oder Unglück dem Glauben unverändert treu bleibt. Denn das ist ein Beweis für die Unzerstörbarkeit seines Herzens, das so hart ist wie Diamant.

Menschen in der Gesellschaft wechseln ihre Ehepartner so häufig wie jene, die der Mode nachlaufen. Wir fragen uns nur, ob dieses Gesetz denen auch gilt, die das Bodhisattva-Ideal gewählt haben? Mögen wir alle auf die Antwort vorbereitet sein, wie jene, die schlaflose Nächte verbracht haben, um uns mit Problemen der Heimat, Menschenliebe und des Glaubens zu beschäftigen.

Wenn man den Gedächtnistempel *Phuớc- Lâm* verläßt und weiter in nordwestliche Richtung geht, erreicht man den Gedächtnistempel *Vạn-Đức* am äußersten Ende der Wälder der QUẢNG- Region. Den ganzen Tag hört man hier nur das Zischen der Vögel und das Rascheln des Bergbaches. Außer den Gestalten der Mönche in ihrem groben Gewand ist hier keine andere Menschenseele zu sehen. Weit und breit gibt es außer diesem Tempelkloster kein Haus oder keine Hütte in dieser bergigen Gegend. Überall reihen sich nur Berge und Hügel. Wälder und Täler zu einer Landschaft, die man sonst nur aus Zen-Malerei kennt.

Wahrlich ist hier ein Ort der Weltentsagung. Der Welt zu entsagen genügt nicht, man muß auch noch den Mut haben, sich von weltlichen Problemen zurückzuziehen, damit der Geist Ruhe und Frieden findet. Dafür ist hier der geeignetste Ort. Nicht selten nehmen viele Menschen Abschied von der Gesellschaft mit dem Ziel, der Realität zu entfliehen. Dabei haben sie nicht damit gerechnet, daß in der Einsamkeit alle bisherigen Probleme bohren und schmerzen. Eine sinnvolle Weltentsagung bedeutet, daß man nicht den Kontakt mit weltlichen Dingen bricht, sondern sich mit ihnen konfrontiert. Hauptsache ist, daß man weiß, sich zu besinnen. So kann man die Lösung finden. Sobald ein Mensch seine Begierde und Gefühle im Zaum halten kann, ist er frei von Problemem. Schon in den alten Zeiten erkannten die Menschen die Schwierigkeiten des Lebens und kehrten der Gesellschaft den Rücken. Oftmals ist es nicht einfach in die Hauslosigkeit zu ziehen, solange Menschen Verpflichtungen haben. Das Dilemma wurde mit einigen Versen zum Ausdruck gebracht:

Im Tempel erfreut mich beim Anblick des Buddha der Gedanke des Mönchwerdens,
Doch daheim erinnern mich Verpflichtungen als Sohn der Mutter gegenüber.

Darüber hinaus:

Zum Mönchwerden bleiben viele Mühen noch aus,
Fürs Klostersleben fehlen noch Glocke und Trommel.

Denn zum Gepäck eines Mönches gehören nur Trommel und Glocke außer der Heiligen Schrift und ein paar Kleider aus grobem Stoff. Sonst braucht man dazu nur ein reines Herz des Glaubens. So einfach ist es und dennoch gibt es dies ganz selten in dieser unheilvollen Welt.

Zwar ist das Leben voller Bitterkeit, aber der Weg in Reinheit erweist sich als dornig und nicht so schwärmerisch wie eine Romanze. Zwar bietet das mönchische Leben wundervolle Augenblicke, sein Alltag ist aber sehr hart, denn man muß sich ständig mit Soja, Gurke und Salz begnügen. Wer den Verzicht auf Annehmlichkeiten des weltlichen Lebens annimmt, den erwartet das Heil: *"Freude, die auf weltlichem Leben beruht, führt zum Leid; Leid, das aus dem tugendhaften Wandel hervorgeht, ist Wurzel wahrer Seligkeit."*

Je tiefer man hinein geht, desto eindrucksvoller wirkt die Atmosphäre des Kernstücks dieser Sakralbauten, nämlich die Kolossale Juwelenhalle. Links und rechts gliedern sich zwei Tempelschiffe symetrisch zueinander wie zum Schutz des sakralen Kerns des Heiligtums. Mitten in geruhsamer Wildnis strahlt dieses monumentale Tempelkloster in sakraler Würde und vermittelt fremden Besuchern eine subtile Überweltlichkeit.

In schlichtem Gewand erschien ein würdevoller alter Mönch mit einem Bambusstock in der Hand und grüßte die Gäste aus der Ferne mit einem freundlichen Lächeln. Gemeinsam vor einer Tasse Tee sitzend hörten Pilger vom Alltag aus dem Zen-Leben. Langsam besannen sich die Gäste und wußten, wie würdig man ist, Menschen zu verkörpern in der Endlosigkeit des Raumes und der Zeit wie in der Vergänglichkeit aller Dinge.

Rings um die drei Buddha der drei kosmischen Zeiten, Vergangenheit, Gegenwart und Zukunft gruppieren sich Schreine von Bodhisattva in der Mitte der Hauptkulthalle, und zwar in Neun-Lotusstufen-Konfiguration beruhender Anordnung, wie in Amitāyurdhyāna-Sūtra beschriebenen Sukhāvatī entnommen ist. Weiter sehen Besucher in einer Nische Schreine von Mönchmeistern sowie vom Tempelgründer. Der Hinterraum ist eine Kapelle, wo der Schrein des chinesischen Zen-Meisters Lin-chi-J-hsüan(Lâm-Tế Nghĩa Huyền), Begründers der Lin-chi-Schule, ist. In den Seitenschiffen befinden sich Mönchszellen und Gemeindearbeitsräume.

Im Speiseraum steht ganz groß eine Statue eines heiligen Tempeldieners. Er hat eine dunkle Hautfarbe und hält in einer Hand eine Axt. Dieses Werkzeug deutet auf den Wunsch des Heiligen hin, daß dieser letzte den Wunsch hatte, der Gemeinde mit ganz gewöhnlichen Hausarbeiten wie Brennholz hacken und Wasser holen zu dienen. Nirgendwo in buddhistischer Literatur wurde dieser heilige Tempeldiener erwähnt. Jedoch nach Meinung des Autors dieses Buches könnte er HUI-NENG, der 6. Patriarch der chinesischen Chán-Schule sein. Denn HUI-NENG oder WEI-LANG(nach südchinesischem Dialekt), der ein Mischling und daher dunkelhäutig war, hatte dem Großmeister HUNG-JEN, dem 5. Patriarchen gegenüber den Wunsch geäußert, der Gemeinde als Küchenhilfe zu dienen. Später wurde HUI-NENG Dharma-Nachfolger von HUNG-JEN. Wahrscheinlich aus Dankbarkeit wurde für ihn ein Bildnis in dem Speiseraum dieses Gedächtnistempels geschaffen und allen Mönchen und Laien zur Verehrung hingestellt.

Gewöhnlich ist der Hintergarten einer Pagode immer größer als der Vorhof. Die Menschen bauen ihr Haus und lassen für den Garten vor dem Haus eine große Fläche. Währenddessen ist es für einen Tempel oder Pagode das Gegenteil, um der Welt zu zeigen, daß der Mittelpunkt von Zeit und Raum selbst dieser Sakralbau ist. Auf dem Land, wo es mehr Platz als in der Stadt gibt, hat jeder Tempel einen Brunnen, der der Gemeinde Wasser für alle Zwecke spendet, zum Waschen, Kochen und als Opfergabe des Buddha. In manchen Orten wird das Brunnenwasser nicht als Opfergabe des Heiligen benutzt, sondern zu diesem Zweck Morgentau genommen. Damit wird Morgentau Elixir genannt, weil es die Reinheit des Geistes symbolisiert.

Zwar sind die drei Gedächtnistempel im gleichen Stil gebaut, jedoch hat jeder von ihnen einen eigenen Charakter. Der *Chúc-Thánh* Tempel spiegelt die althergebrachte Tradition der Lin - chi-Schule speziell für die QUANG-Region wider. Der *Phước-Lâm* Tempel ist eine Mischung zwischen Klassik und Moderne als zeitlicher Ausgleich für Bescheidenheit und Eleganz mitten in Geruhsamkeit. Und der *Van-Đức* Tempel fügt sich wie angepaßt in die Harmonie der Naturlandschaft der Wälder der QUANG-Region.

In und um *Hội-An* liegen noch Pagoden wie z.B. *Long-Tuyền*, *Viên-Giác*, *Bảo-Thắng* und *Tịnh-Hội*. Da sie nicht älter als 100 Jahre sind, sehen sie sehr modern aus, im Vergleich zu den drei obenerwähnten Tempeln, die in dieser Region schon seit mehr als 400 Jahren existieren.

Die *Long-Tuyền* Pagode wurde später zum Buddhistischen Seminar *Long-Tuyền*. Hier werden Menschen, die zur "Gesandtschaft des Tathāgata" gehören und "wie Tathāgata handeln", ausgebildet. In einem fünfstöckigen Stupa, das zur Pagode gehört, ruhen die Reliquien des Hochehrwürdigen Phô'-Thoại, ein berühmter und gelehrter Mönch wie in seinem Buch der "Geschichte des vietnamesischen Buddhismus" der Ehrwürdige Thích Mật- Thê² berichtet hatte.

Früher war die Viên-Giác Pagode ein Dorftempel, den die Gemeinde Cẩm-Phô der Vereinigten Buddhistischen Congregation zum Geschenk gemacht hatte. Diese Form der Opferdarbringung ähnelt der traditionellen Umwandlung von Wohnhäusern zur Pagode in Vietnam.

Ursprünglich war die Tịnh-Hội Pagode das Verwaltungsgebäude des Bezirks QUANG-NAM. Nach dem Mönchsnamen des Großmeisters Minh-Hải wurde sie später zur Pháp-Bảo Pagode umbenannt. Trotz ihrer modernen Architektur ist sie nicht weniger würdig, ein sakraler Bau zu sein. Da sie in zentraler Lage der Stadt Hội-An liegt, dient sie als Verbindung zwischen der örtlichen Gemeinde und anderen in der Gegend liegenden Pagoden.

1964 wurde hier die buddhistische Schule Bô-Đề erbaut. Von 1970 an hat die Schule den Kindern dieser Stadt beider Stufen der mittleren und oberen Klassen Unterricht geben können. Sie liegt auf dem Gelände eines Champas-Tempels, der seit langer eine Ruine geworden ist. Das Eingangstor des Tempels steht zwar immer noch, jedoch von dem Volk Champas ist keine Seele mehr zu sehen. Vermutlich war hier früher die Champas-Hauptstadt Đô-Bàn. Spuren des dramatischen Untergangs eines einst kräftig entwickelten Volkes liegen uns in künstlerischen Resten von

Backsteinbauten vor. Wer weiß, ob diese großartige Architektur des Champas-Reiches eines Tages von der Menschheit völlig vergessen wird! Wer hat denn im Anblick dieser zerstörten Chăm-Kunst kein Mitleid mit einer untergegangenen Kultur und zusammen mit ihr ein ganzes Volk?

Wenn man in Richtung des *Của-Dại*(großer Hafen) geht, stößt man auf ein Nonnenkloster mit Namen *Bảo-Thắng*. Wahrscheinlich wurde dieser Name aus dem Sutra entnommen. Es wurde vor etwa 50 Jahren gegründet und ruht auf einem hübschen Grundstück, mitten in einer wunderbaren Landschaft. Dank geschickter Hände buddhistischer Nonnen wurde das Kloster von Innen nach Außen mit außerordentlicher Gründlichkeit und minutiöser Sorgfalt erhalten. Wenn eine Hausfrau in der Gesellschaft sich so sauber und ordentlich um Haus und Hof kümmert, so ist eine weibliche Person hinter den Klostermauern noch edler und überweltlicher. Denn zusammen mit dem Wunsch, Nonne zu werden, hat sie ihren schulterlangen Haarschopf beziehungsweise ihren vornehmen Haarkranz gegen einen schlichten Rosenkranz getauscht, womit sie mehrmals am Tag die sechs Wörter *Nam Mô A Di Đà Phật*(Ehre dem Amitabha) achtsam murmelt. Nach Monaten und Jahren geht die Reinheit ihres Herzen wie vereint in die Gebetsformel über:"*Unermüdlich das Murmeln der sechs Wörter, mühevoller Einsatz für das Gelangen des Westlichen Buddhalands.*"

Wie die Zeit vergeht, dennoch bleibt die Nonne ihrer Mühe im religiösen Alltag treu. Tagein tagaus vertieft sie sich in Sutra und Sittlichkeitsregeln. Damit sind für sie jede weltliche Leidenschaft eine Unbekannte. Während es viele Mönche gibt, die dem Klosterleben den Rücken kehren, um in das Zivilleben zurückzukehren, hat noch keine Nonne das gleiche getan. Nonnen bleiben fest bei ihrem Ideal. Nichts kann sie dazu bringen, den Bodhisattva-Weg aufzugeben.

Gegewärtig deckt die Gewaltherrschaft auf unsere Heimat eine Staubschicht von Unmenschlichkeit. Jedoch hoffen wir auf einen hellen Tag, an dem jede Wolke der Gewalt und des Schreckens sich auflöst, damit wir zurück zur Heimatstadt in die QUANG-Region kehren können.

Am 16.04.84 kurz nach 22 Uhr klingelte das Telefon. Normalerweise nehme ich um diese späte Zeit keine Ferngespräche an. Denn immer wieder gibt es Leute, die nach reichlichem Alkoholgenuß den Mut fassen, andere aus dem Bett zu holen.Aber diesmal machte ich eine Ausnahme. Ich dachte, es könnte sein, daß irgend ein Vietnamese meine Hilfe dringend braucht. Und wenn es sich um eine Notsituation handelt, dann kann ich nicht Nein sagen. Ich nahm den Hörer auf, und am anderen Ende sprach eine bekannte Stimme,Das war einer meiner Schüler:

-Meister, ich möchte Dir nur sagen, im Fernsehen läuft jetzt ein buddhistischer Spielfilm aus Südkorea mit dem Titel:"Mandala- Die toten Augen des Herzen". Ich nehme an, der Film würde Dich interessieren.

-Es ist spät, aber ich werde ihn sehen, sagte ich ihm.

Ich ging in die Bibliothek und wollte ein Buch aufschlagen. Denn ich kann besser einschlafen nach einer späten Lektüre. Ich überlegte, und nach einem zögernden Hin und Her schaltete ich den Fernsehen ein. Der Spielfilm begann gerade. Erzählt wurde die Geschichte eines Universitätsstudenten, der keinen Ausweg im Leben finden konnte. Er konnte den Gedanken des Lebens und Todes nicht los werden, obwohl er ein problemloses Dasein führte. Alles schien für ihn wie vorprogrammiert zu sein. Am Tag der Hochzeit wartete schon eine liebvolle Braut, die von den Eltern beider Seiten festgesprochen wurde. Auf einmal entschloß er sich, in die Hauslosigkeit zu ziehen. Er verließ das elterliche Haus, ging ins Kloster, ließ sich den Kopf kahl scheren und beschäftigte sich nun mit der Lehre. Ein guter geistiger Lehrmeister stand ihm bei, und er fühlte, daß er sich anpassen konnte in der Atmosphäre eines altehrwürdigen Tempelklosters. Aber die glückliche Zeit schien dem jungen Mönch entgangen zu sein. Eines Tages begegnete er einem zügellosen Glaubensbruder, der kein bißchen auf die Ordensregeln achtete. Denn er war nicht nur trinksüchtig, sondern auch verwerflich. Außer ihm waren alle anderen Gemeindebrüder tugendhafte Mönche. Der junge Mönch hatte bei ihnen gelernt, auf weltliche Leidenschaften und Habgier zu verzichten. Ihm gehörte seit dem Eintritt ins Klosterleben die Absicht, die Vollendung des Geistes durchzusetzen. Und jetzt saß er einem Glaubensbruder gegenüber, dem die Ernsthaftigkeit bei der Praktizierung des Dharma fehlte. Dennoch empfand er für den letzten Mitleid. Gerade dieses Mitleid versetzte den jungen Mönch in Konflikt mit sich selbst. Sogar beim Meditieren und bei der Rezitation des Prajna-Paramita ließ ihn seine geistige Zerrissenheit nicht los. Im Zweifel fand er, daß die Handlungsweise des "Irrgängers", so nannte er den verwerflichen Mönch, auch zum Teil richtig war. So argumentierte der Irrgänger:"Buddha ist überall im Universum, auf der Welt, auf der Straße und unter den Menschen. Wer ihn nur in der Pagode sucht, versteht kein Wort des Dharma". Am Ende wollte der junge Mönch auch erfahren, ob es Buddha in der Welt gibt. Gemeinsam reisten sie umher, bis in die Weinstube und ins Bordell.

Eines Tages folgte er dem Irrgänger in ein Freudenhaus. Während sein Partner das männliche Bedürfnis erfüllte, zog sich der junge Mönch aus Scham in einem Zimmer allein zurück. In der Nacht zwang ihn auf Anordnung der Wirtin ein Freudemädchen zum Verkehr, während er im tiefen Schlaf noch in den Ohren das Rezitieren des Prajna Paramita hörte. Vor Scham wie im Erdboden versunken dachte er an seine Verlobte zurück. Nun fragte er sich in diesem Augenblick, wo das Gefühl der Entwürdigung in ihm drang, ob es die Kutte war, die aus ihm einen Mönch machen würde, oder ob irgendwo die Buddha-Natur noch steckte!

Während der Irrgänger noch bei seiner Kurtisane schlief, verließ der junge Geistliche heimlich das Freudenhaus und ging zurück zum Tempelkloster.

Bei einer Schulung des Geistes vergab der alte Zenmeister jedem seiner Mönchschüler ein "KŌAN"(Zen-Begriff für ein Schlüsselwort als Denk-Hilfsmittel, das ein Zen-Schüler je nach geistig-individueller Konditionierung vom Meister bekommt. Das KŌAN kann nicht mit Verstand erfaßt werden, weil es ein Paradoxon ist, das Jenseits des Denkens liegt. Ein Schüler, der die Lösung seines KŌANs findet, sollte die Erleuchtung erfahren). Über dieses Denk-Hilfsmittel sollte jeder Mönch jeden Sekunden-Bruchteil, jeden Tag und jedes Jahr, auch wenn er sein Lebenslang dazu braucht, sinnen, bis er die Lösung seiner intuitiven Aufgaben herausfindet. Auch der junge Mönch, der das sinnliche Erlebnis hinter sich hatte, sollte über sein KŌAN nachdenken. Dabei steckte er tief im Dilemma zwischen weltlicher Realität und überweltlichem Leben. In seiner Verzweiflung ging er ziellos den Strand entlang, um die Antwort auf die Frage, wo zwischen beiden Welten sein Herz-Geist hingehört zu finden.

Im Zustand der Ratlosigkeit ging er auf Feldern und in den Bergen wie im Klostergelände umher. Bis eines Tages seine damalige Verlobte ihn im Kloster aufsuchte, um ihn zur Umkehr zu bitten. Jedoch entschied er sich, das hauslose Leben nicht zu verlassen.

Viele Jahre später begegnete er zum zweiten Mal dem Irrgänger Mönch. In diesem Augenblick des Wiedersehens strömte die Freude wie endlos. Obwohl in seinen Ohren immer wieder die Lehrworte des Meisters klangen, war die Kraft seines Herzen stärker. Andererseits war er noch nicht von der Art der Glaubensübertragung überzeugt. Deshalb wollte er zusammen mit dem Irrgänger in einer alten Hütte eine einsame Gemeinschaftswohnstätte gründen.

Eines Tages kam ein Laienbuddhist zu ihnen, und bat sie um die Einweihung des neuen Buddha. Am Anfang lehnten sie die Bitte ab. Doch dann nahmen sie die Einladung aus Mitleid an. Die Einweihungszeremonie fand wie üblich ohne Zwischenfall statt. Das Unglück kam dann erst, als der Irrgänger Mönch anfing, eine Predigt über seine ungewöhnliche Art der Praktizierung des Dharma zu halten. Diese eigenartige Philosophie "Der Alltag ist Erleuchtung" löste bei der Zuhörerschaft eine zweifelhafte Stimmung aus.

Unglücklich ging der Irrgänger ziellos im Eis und Schnee umher. Der junge Mönch kehrte währenddessen zum alten Kloster zurück. Dort sah er unter anderen Glaubensbrüdern einen Mönch, der aus Eifer, die Lösung seines KOANs zu finden, sich selbst eine Hand verbrannt hatte. Er überredete den "Selbstverbrannten", mit ihm auf die Suche des Buddha zu gehen.

Unterwegs trafen sie den Irrgänger toterfroren unter einer dicken Schneedecke, auf einer Treppe sitzend. Der junge Mönch packte alle persönlichen Sachen, die der Irrgänger bei sich trug, und brachte sie zusammen mit dem toten Freund zurück in ihre alte Hütte. In Gedanken über den Tod und das Leben steckte er die Hütte in Brand. Die Flamme, die hoch in den Himmel stieg, gibt den Körper, der aus den vier Elementen zusammengesetzt wird, zurück in seine Urform. Staub wird wieder zum Staub, Asche wieder zur Asche.

Nach fast zwei Stunden ging der Spielfilm zu Ende. Ich wollte den Schüler anrufen, aber als ich nach der Uhrzeit blickte, gab ich den Gedanken auf.

Objektiv betrachtet war der Film eine aufbrausende Widerspiegelung der weltlichen Realität, ohne dabei eine tiefe Reflexion des Zen außer Acht zu lassen. Unvorein genommen würde ein Zuschauer ihn wie folgt bewerten:" So ist also der Glaube, so ist also das Leben!". Glauben war schon immer Objekt der Herausforderung ungünstiger Umstände, während das Leben eine ständige Auseinandersetzung mit unwiderstehlichen Versuchungen ist. Eine schwierigere Beurteilung über diesen Film würde wohl sein:" Wahrlich steht der Buddhismus am Rande des Abgrunds. Wenn der spirituelle Verfall nicht bevorsteht, wer würde denn einen Film in so unverhüllter Form zeigen ? Wie kann ein Mönch solche perversen Gedanken mit sich tragen, während es viele Menschen in der Gesellschaft gibt, die ständig in Konfrontation mit solchen Problemen stehen, ohne von ihnen beeinflußt zu werden?".

Ein Neutraler würde dies anders ausdrücken, wie zum Beispiel:" Es war nur ein Wurm, der die ganze Suppe schädigt, denn wenn man überlegt, gibt es unter den vielen Mönchen nicht viele, die sich so wie dieser Irrgänger benehmen." Natürlich sind nicht alle Menschen nur gut oder böse. Nicht jeder ist wie ein Lotus, der im Schlamm wächst, ohne befleckt zu werden.

Wer über eine tiefe Kenntnis des Zen verfügt, dem ist der Gedanke näher, daß sogar für Erleuchtete eine Weinstube oder ein Freudenhaus ein Ort der Reinheit sein kann.

Insgesamt ist der Inhalt des Filmes eine gute Zusammenfassung. Wahrscheinlich hat der Regisseur aus kommerziellem Grund spannende Szenen mit eingebaut, die in den Augen eines Geistlichen als eine spirituelle Erniedrigung angesehen werden.

Und wie würden die Menschen des Abendlandes den Film beurteilen? Eines ist sicher, es ist für sie nichts neues, unverhüllte Szenen zu sehen.

Nur ein großes Fragezeichen würde sich in ihrem Kopf bilden:" So ist also der Buddhismus!".

Ich persönlich spielte mit einem Gedanken, nicht über das Leben, sondern über die Erkenntnis der Wahrheit zu sprechen. Die Menschen suchen nach Buddha in vielen Orten außerhalb von sich selbst. Sie wußten nicht einmal, daß in jedem die wahre Natur des Buddha steckt. Unzählige Menschen leiden, während sie nach Wahrheit an falschen Stellen suchen. Wenn die Fackel des Glaubens schon angezündet ist, braucht der Mensch sich nur die Mühe zu geben, den Weg des Buddha zu gehen. Irgendwann wird der Buddha sichtbar. Man sollte sich davor hüten, seiner Schwachstelle des Geistes, den Versuchungen auszuliefern, um tiefer zu versinken. Denn jeder muß wissen, daß wir in eine heile oder unheile Welt geboren werden, aufgrund eigenes Karma. Und solange das Karma noch wirksam ist, bleiben wir im Kreislauf der Geburten. Dennoch ist damit gemeint, daß wir der Karma-Wirkung total ausgeliefert sind. Denn noch können wir uns durch Umwandlung eines schlechten in ein gutes Karma befreien. Noch gilt der Spruch:"Auf Regen folgt Sonnenschein".

Mögen alle meine Landsleute, die den Film auch miterlebt haben, ihn nicht zu einseitig bewerten. Sie sollten aus der Weltanschauung des Buddhismus folgenden Schluß ziehen, daß das Leben vergänglich ist, nichts ist von Dauer, ewig ist nur die Wahrheit.

Je länger man sich im Ausland aufhält, desto mehr spürt man äußerlich die unbarmherzige Kälte und innerlich eine immense Leere. Ein normaler Mensch könnte das psychische Vakuum entweder mit Unterhaltung und Vergnügung oder mit Ferien und Reise einigermaßen ausfüllen. Dennoch ist diese Ausgestorbenheit so gut wie in den Schornstein geschrieben. Vielleicht fragt auch einer, was ein Geistlicher wohl tun würde, wenn ihm mal nichts einfällt. Denn für manche bedeutet dieser Augenblick der Geistlosigkeit eine ewige Einsamkeit. Ja, was unternimmt ein Mönch in ähnlicher Situation?

-Als Botschafter des Tathagata, der seine Heilige Mission wahrnimmt, muß er sich dessen bewußt sein, daß er nicht mal für einen Bruchteil einer Sekunde aufhören dürfte, äußerlich den Samen des Bodhi zum Keimen zu bringen, und innerlich jede geistige Hemmung, die den heilsamen Wurzeln und Fortschritten auf dem Weg zur Erleuchtung ein Hindernis darstellt, zu beseitigen.

Ein vietnamesischer Spruch:"Zum Essen eine Suppe, zum heiligen Wandel einen Freund" läßt wissen, daß auch Mönche einen gleich gesinnten Gefährten brauchen, mit welchem sie gemeinsam das

Reinheitsleben führen und das Dharma praktizieren.

"Ein Mönch, eine Pagode" war es bisher die Regel bei uns. Damit hat ein Mönch schon allerhand zu tun. Jetzt im Ausland ist die Situation anders. Jeder Mönch hat 3 bis 4 Pagoden zu leiten. Unter diesem Umstand muß er seine knappe Zeit weiter in 3 oder 4 teilen.

Bei vielen Predigten in der VIÊN-GIÁC Pagode sowie während der Wanderschaft pflegte ich oft über die Nachwuchssorge, in der der Buddhismus sich befindet, nachzudenken. Zum Glück stieß mein Wort auf eine fruchtbare Resonanz. So äußerten einige meiner Landsleute den Wunsch, in die Hauslosigkeit zu ziehen und den Bodhisattva-Weg zu gehen. Im Endeffekt wird es so sein, wenn nichts anderes dazwischen kommt, daß sie sich das Gewand der Erlösungsfarbe anlegen, um dem Lotusteich, Sinnbild des Reiches der nach Erleuchtung strebenden, noch einige junge Blüten hinzuzufügen. Im Dank dem Triratna blickte ich erwartungsvoll in die einträchtige Zukunft im eisigen Himmel Europas.

Der Mensch nimmt alles, was eßbar ist, zu sich, um den Hunger zu stillen. Damit kann er seinen Magen beruhigen. Und was macht er, um seine Einsamkeit abzuschaffen, wenn weder Mönch noch Pagode vorhanden sind?

Ratlos dachte ich manchmal an die Heimat zurück, an die alte Kaiserstadt HUÉ mit dem romantischen Sông Hương (Fluß der Düfte) und dem imposanten Berg Núi Ngự, der wie zur Verteidigung der Kaiserstadt dort steht (Ngự bedeutet sowohl kaiserlich als auch Verteidigung). Nach dem kaiserlichen Palast und den dynastischen Grabmälern verleiht ein historischer Pagodenturm der Stadt ein noch eindruckvolleren Anblick. Das war noch von Gestern. Denn nach so vielen Ereignissen wurden Kolossale und monumentale Meisterwerke, die aus menschlicher Schöpfung stammten, von Menschenhänden zu Ruinen gebracht. Wie die Geschichte dargelegt hat, ist die Zeit kaiserlicher Dynastien vorbei. Sogar historische Spuren wie ein Zusammenfall wurden ausgelöscht. Was da geworden ist, unterliegt dem Gesetz des Zerfalls. Wenn wir das Naturgesetz verstanden haben, dann sollten wir auch nicht das flüchtige Leben beklagen. Gewiß, daß alles vergänglich ist. Dennoch bedauern wir das blutige Schicksal des Volkes Vietnams, das im Bewußtsein ein restliches Kulturgut wachhält. Der Spruch:"*Auf dem Weg zur Prüfung begegnet ein QUANG-Schüler einem HUÉ-Mädchen, so schickt er sich an, bei ihr zu bleiben*" spricht ziemlich genau aus, daß in jener Epoche in der Geschichte das Staatsexamen nicht an jedem Ort stattfand, so wie hier in der QUANG-Region, sondern in der kaiserlichen Hauptstadt. Der Umstand hatte dazu geführt, daß Kandidaten vom Land sich auf dem Weg nach HUÉ(Altkaiserstadt) machten, um dem Zufall entsprechend städtischen Mädchen zu begegnen. Solche Bilder aus der Vergangenheit gibt es heute nur noch in der Literatur. Wenn auch Gäste in der kaiserlichen Hauptstadt Prüflinge waren, ließen sie in Worten und Schriften ihren Eindruck zurück. Tinte floss, Lieder wurden gesungen, um die Ausstrahlung von Menschen und Landschaft in HUÉ wiederzugeben. So zum Beispiel:

Schwanken die streichenden Bambuszweige im Wind,
Klingt die Glocke von Thiên-Mụ, wachsam kündigt der Hahn von Thọ-Xương die Uhrzeit."

Plötzlich ertönt die U-Minh Glocke(Bronzeglocke, deren Klang sogar von toten Verdammten in der dunklen tiefsten Hölle erhört ist) in vorherrschender Stille, um Klosterangehörigen die Früh- und Spättätigkeit anzuzeigen. Dieser Klang wirkt sogar weckend und erleuchtend im Herz-Geist von Lebenden und toten Geistern.

Wie herrlich die Stadt HUẾ ist! Zu verdanken hat HUE seine Schönheit der *Thiên-Mụ* Pagode, den Glocken von *Diệu-Đế*, der Steigung von *Nam-Giao*, den dynastischen Grabmälern der NGUYỄN und nicht zuletzt dem *Vân-Lâu* Hafen.

Wer dem *Sông Hương* dem linken Ufer entlang in Richtung des Berges *Ngự* folgt, kommt an einer fast vierhundert-jährigen alten Pagode vorbei. Unten an der Treppe, die am Flußufer anfängt, blickt man nach oben zu den beiden Glocken- und Trommeltürmen, deren Höhe die blaue Himmeldecke erreicht. Am Ende dieser Treppe kommen Besucher zum Vorhof, wo ein hexagonales Stupa mit sieben Stockwerken ist. Der Backsteinsakralbau erinnert die Gäste an jene Verse aus dem Sukhâvatî-Vyuha-Sutra:"*Ohne Unterlaß den sechssilbigen Namen Amitabhas murmeln, so erreicht man geradewegs das Westliche Paradies*". Ein Blick nach innen erlaubt den Gästen die Betrachtung einer Gruppe von Buddhas der Vergangenheit. Nach ein paar Stufen aufwärts stehen links und rechts zwei riesengroße Statuen des Dharmapalas. Wie der Name schon sagt, sind sie da, um gütigen Wesen ihre Unterstützung zu geben, und Bösen den Zugang zu verwähren. Danach erreichen Wallfahrer beide Trommel- und Glockentürme. Erwähnenswert sind die Glocken von historischem Wert. Jede von ihnen, so erzählte man mir, sollte mehrere tausend "*Cân*" (alte Gewichtseinheit= 650 gr.) wiegen. Ihr

Klang ist tatsächlich noch bis zum benachbarten Dorf *Thọ-Xương* zu hören. Ein kleiner Garten mit verschiedenen Farben und Düften erfreut die Besucher. Viele darunter sind edle Gewächse der Kaiserstadt. Kenner entdecken hier unter anderem Magnolien, Jasmin, Sykonoren und Windenblumen in vielen Varianten. Gemeinsam harmonieren sie und verleihen dem Ort einen Duft wie jene der Udumbara-Blume, die alle Jahrtausend nur einmal zur Blüte kommt.

Die Vorhalle der *Thiên-Mụ* Pagode (wörtlich: Pagode der Himmels-Dame) trägt den Namen *Thiêu-Hương Điện* (Palast des angezündeten Weihrauchs). Dem Namen entsprechend steht im Mittelpunkt ein riesengroßes Rauchfaß, damit Pilger sich zur Begrüßung verehrungsvoll niederwerfen können. In der danebenliegenden Nische steht eine schwarze Bronzefigur des "Lachenden Buddha Maîtreya", dessen freudvolle Gesichtszüge weltlichen Ankömmlingen den Hinweis geben: " Wer den heiligen Ort betritt, sollte jegliches Problem, sei es äußerlich oder innerlich, beiseite legen. Denn zur Verehrung des Shakya Muni genügt jedem, ein freundliches Lächeln als Ausdruck allumfassender Liebe mitzubringen". Zwei miteinander die Ost-West-Achse zu einem Wandelgang bildende Korridore führen Pilger direkt zum Kern des Sanktuariums. Im Zentrum dieser Buddhahalle thront der Shakya Muni, kolossal und würdevoll. Der Pilger erinnert sich an seine gewaltige Macht und die Tugenden, die seit Jahrtausenden Herrscher und Monarchen zur Besinnung gebracht haben, und nicht zuletzt die Kaiser der NGUYỄN-Dynastie. Aus Frömmigkeit hatte einer der ersten NGUYỄN-Kaiser den Bau dieser Pagode angeordnet, nachdem in seinem Traum eine weibliche Gottheit ihn zu diesem Vorhaben gebracht hatte.

Aus diesem Grund trägt dieser Tempel den Namen :
"*Chùa Linh-Mụ*" (Pagode der Heiligen Dame) oder
"*Chùa Thiên-Mụ*" (Pagode der Himmels-Dame).

Hinter dieser Haupthalle liegen weitere Kapellen, darunter eine für Großmeister und Meister und eine für den Bodhisattva der Barmherzigkeit, den Avalokiteshvara. An dieser Stelle erinnere ich mich an eine Passage im NGUYỄN-DU's Verseroman "KIM-VÂN-KIỀU": "Aus Mitleid mit dem dramatischen Schicksal seiner Geliebten THÚY-KIỀU ließ THÚC-SINH ihr eine Avalokiteshvara-Kapelle errichten, wo die jetzt gewordene Nonne TRẠC-TUYỀN (=geläuterte Quelle) von nun an das Dharma studieren und praktizieren sollte. THÚC-SINH's Heldentat erweckte bei HOẠN-THƯ, seiner ehelichen Frau, solche brennende Eifersucht, daß die vom Unglück verfolgte THÚY-KIỀU, derzeit Nonne TRẠC-TUYỀN, jede Geduld verloren hatte und davon gelaufen war. Aus Not hatte sie im Gepäck eine goldene Glocke und einen silbernen Gong mitgebracht. Das war eben ihr Fehler. Ein Malheur hat immer seinen Bruder bei sich, denn Unglück kommt selten allein. Trotz bedachtem Plan konnte die flüchtige Nonne sich nicht vor der rachsüchtigen Frau retten, die längst darauf gewartet hatte, ihrer Rivalin einen Denkzettel zu verpassen. "Zahle deine Schuld und du bist frei" so lautet das Gesetz des Karma. Wäre THÚC-SINH's "Avalokiteshvara-Kapelle" groß genug für drei Herzen und drei Seelen, so hätte es solche schmerzhafte Szene nicht gegeben. Je mehr ich überlegte, um so mehr fragte ich mich, ob diese so aufwendig eingerichtete Avalokiteshvara-Kapelle der "*Thiên-Mụ*"-Pagode jemals ein Refugium einer der NGUYỄN-Prinzessinnen gewesen war!.

In den alten Zeiten gab es Fälle, in welchen der Abt eines Tempels vom Kaiser eine Urkunde zur Anerkennung seiner Funktion oder der Pagode als Staatsschatz erhalten hatte. Es könnte aber auch sein, daß ein Mitglied der kaiserlichen Verwandtschaft in die Hauslosigkeit zog und in einer Pagode als Mönch lebte, oder daß einer aus der Mönchgemeinde dieser Pagode sehr berühmt wurde. Das jüngste Beispiel aus der Geschichte ließ uns wissen, daß eine Prinzessin des Kaisers MINH-MANG der NGUYỄN-Dynastie als Nonne in der *Tam-Thai* Pagode auf dem Berg *Non-Nước* bei *Đà-Nẵng* lebte. Seitdem stand diese Pagode unter der Schrimherrschaft des Kaiserhofes.

Ein Besuch in der *Thiên-Mụ* Pagode gibt den Gästen auch die Gelegenheit, die Kochkunst der "*Tịnh-nhân*" (=unbefleckten Menschen, Buddhisten) im Haus dieses Klosters zu genießen. Zwar ist das hier ein einfaches vegetarisches Essen mit ein paar Gemüsen, Soja und muffigem Reis, jedoch hat man das Gefühl, daß es besser schmeckt als die meisten Speisen bei "*Âm-phủ*" (=Hölle), einem in der Stadt liegenden Lokal.

In HUẾ gibt es neben der *Linh-Mụ* Pagode eine Reihe anderer, die nicht weniger bekannt sind, wie zB.: *Diệu-Đế, Từ-Đàm, Tây-Thiên, Bảo-Quốc, Tường-Vân, Kim-Tuyền* etc...

In einer von der VIÊN-GIÁC Zeitschrift veröffentlichten Reihe über die "Geschichte des vietnamesischen Buddhismus" erwähnte der Autor, Ehw. *Thích Tín-Nghĩa*, die *Từ-Đàm* Pagode. Danach sollte 1963 von dort aus die Kampfbewegung gegen die buddhistischfeindliche Politik des NGÔ ĐÌNH-DIỆM's Regims geleitet werden. Seitdem ging der

Name "Từ-Đàm meine Heimat" (Từ-Đàm quê-hương tôi) in alle vier Himmelsrichtungen, über die drei Regionen Nord-, Zentral- und Südvietnam bis zu den Ländern der freiheitlichen und kommunistischen Welt.

In der "Tường-Vân"-Pagode ruht der Dharma-Körper (=Reliquien) des Alt-Sangha-Präsidenten Thích Tịnh-Khiết. Wir wissen nicht, wie viele Sangha-Präsidenten es vor ihm gab seit der Ära des Kaisers Đinh-Tiên-Hoàng, der dem Hofslehrer Khuông Việt diesen Titel gegeben hatte, und zwar zum ersten Mal in der Geschichte des Buddhismus in unserem Land. Mit Sicherheit steht fest, daß in der zweiten Hälfte dieses 20. Jahrhunderts Hochehrwürdiger Thích Tịnh-Khiết der erste Sangha-Präsident war, der nicht von einem Himmelssohn in dieses Amt eingeführt wurde.

Welch ein Wunder, daß die Tường-Vân Pagode architektonisch nach dem gleichen Stil wie die beiden in QUẢNG-NAM liegenden Vạn-Đức und Chúc-Thánh Gedächtnistempel gebaut wurde. Obwohl die beiden Städte QUẢNG-NAM und HUẾ 400Km voneinander entfernt sind. Zumal die Kommunikationstechnik in der damaligen Zeit die heutige Perfektion noch nicht erreicht hatte. Wir können uns daher nur auf die Vermutung stützen, daß die Weisen damals der gleichen Ansicht waren und nach dem gleichen Konzept arbeiteten.

Bei seinem langen Lebensabend erwies sich der Hochehrwürdige Oberste der Tây-Thiên Pagode als einer von vielen beachtlich hochbetagten Mönchmeistern des buddhistischen Bezirks HUẾ. Diese auffällige Besonderheit des Greisentums machte sich zusehends bemerkbar. Denn noch war es bei uns eine Seltenheit, ein Lebensalter zwischen 80 und 113 Jahren zu erreichen. Dieses Geheimnis konnte bisher kaum einer ergründen. Es liegt entweder an menschlichen oder geographischen Faktoren. Sollte es eine Wahrheit sein, daß die Huê-Menschen von einer außerordentlichen Frömmigkeit geprägt sind wie nirgendwo sonst im ganzen Land? Hat vielleicht die klimatische Bedingtheit, wie zB. daß der angenehm kühle Wind den Huê-Bewohnern eine gesunde Frische vom "Fluß der Düfte" spendiert, ihre Auswirkung? Verdankt die Huê-Bevölkerung der merkwürdigen Landschaft dieser Gegend ihre Hochbejahrheit? Denn wer die Kaiserstadt kennt, erinnert sich an die Vielfältigkeit der umliegenden Berge in Gestalten von den vier heiligen Fabeltieren: Drache, Einhorn, Schildkröte und Phönix. Eine genaue Antwort könnten uns vielleicht hochrängige Mönchmeister geben oder wir warten auf ein Ergebnis buddhistischer Studien.

Es war bekannt, daß die *Tây-Thiên* Pagode die Vorverkörperung des spätergewordenen *"Buddhistischen Tây-Thiên Seminars"*, die Ausbildungsstätte berühmter Mönchmeister wie zB. die Hochehrwürdigen *Trí-Thủ, Dôn-Hậu* etc... war. Sie liegt zig-Km von Huê entfernt an einem Ort genannt *"Tùng-Lâm"* (Kiefernwald), den ich eher dazu neige *"Trúc-Lâm"* (Bambuswald) zu nennen. Denn dort dominieren weder Fichten noch Tannen, sondern Bambus.

Die *"Bảo-Quốc Pagode"*, bekannter unter dem Namen *"Bảo-Quốc Seminar"*, ist die Elite-Hochschule der buddhistischen Sangha Vietnams. Prominente Mönche, darunter der Hochehrwürdige *Thích Thiên-Hòa*, damaliger Vize-Sangha-Präsident, der inzwischen verstorbene Hochehrwürdige *Thích Thiên-Hoa*, ehemaliger Leiter des Instituts für die Verbreitung des Dharma u.a... verdanken dieser geistlichen Hochburg ihre Gelehrtheit. Einige von denen, die hier ihr Dharma-Studium absolviert haben, wenn sie noch am Leben sind, befinden sich heute zum Teil in Vietnam und zum Teil im Exil.

Das altehrwürdige Tempelkloster des *"Bảo-Quốc Seminars"* vereint den ihm umgebenden Garten mit gutgedeihenden Teesträuchern mit den im Umkreis hochwachsenden Nadelbäumen zu einer poetischen Landschaft. Und wenn man den im ganzen Jahr wehenden Wind total vergißt, könnte man fast diese ästhetische Schöpfung der Natur mit einem Meisterwerk der Kunstmalerei vergleichen.

Wie aus dem tiefen Unterbewußtsein zurück ins Leben gerufen zeigt sich die Stadt Huế einmal jährlich zum Tag des Vesakh wie in einem Meer von buddhistischen Fahnen versunken. Vor den Häusern wie auf dem Tempelgelände flattern kleine und große Fahnen fröhlich im Wind, wie in Harmonie mit der Freude des Herzen der Menschen dieser Stadt. An diesem Feststag erlebt die ganze Bevölkerung Straßenzüge mit stimmungsvollen Gesichtern und langen Schlangen von Wagen, beschmückt mit farbenprächtigen Blüten wie zB. Magnolien, Studentenblumen, Lilien, Orchideen usw... Geschickt werden sie wie wundervolle Gobelins gebildet mit Darstellungen verschiedener Themen über Buddha. Manchmal bewegen sich die Menschenmenge und der Straßenzug bis nach Đà-Nẵng und Hội-An, um die dortigen Buddhisten beim Empfang des Vesakh zu stärken. Selbstverständlich strömen Buddhisten scharenweise zu den Tempeln. Genüßlich erzählen sie sich über dies und das aus dem täglichen Leben. Unterhaltungen dieser Art geschehen in einer natürlichen und zwanglosen Atmosphäre. Fast hat man das Gefühl, daß e

Feststeilnehmer wie Kinder eines gleichen Vaters sind.

Von hochrängigen bis zu den jüngsten Mitgliedern des Sanghaordens hat jeder voll zu tun. Nach einer Predigt kommt eine Sutra - Rezitation und danach eine Erläuterung der Heiligen Schrift. Hin und her schwebt eine farbenreiche Wolke des Weihrauchs im Raum. Sie gelangt ins Freie, steigt in die Luft empor und verteilt einen erlösenden Duft wie ein geistiger Fleckenlöser über die ganze Welt.

Wer noch keine Neigung hat, Tempel und Pagoden zu besuchen, die Wahrheit aus Buddha-Worten zu suchen, sollte wenigstens die harmonische Stimme von Mönchen und Nonnen dieser Region beim Rezitieren des Sutra lauschen. Das würde ihm eine Stimmung bringen und ein Hochgefühl vermitteln, welch helfen, einen Tugendwandel vorzunehmen. Denn wenn man genau hinhört, klingt diese Stimme so heiter und erlösend, und trotzdem fehlt jedes nicht an Würde und Vornehmheit. Sie kreirt bei den drei Aufenthaltsorten und sechs Zonen des Kaiserspalasts.

Zu den Sehenswürdigkeiten der Kaiserstadt gehört "Bến Vân-Lâu" (Vân-Lâu Hafen). Zu Beginn dieses Jahrhunderts pflegte der gelehrte Patriot und Revolutionär Phan-Bội-Châu hier beim Angeln nachzudenken, wie dem Volk aus dem tragischen Schicksal unter dem Kolonialismus herauszuhelfen sei. Welche Kinder des Vaterlandes Vietnams können ihn schon vergessen, einen Mann, der mit dem starken Kampfgeist zwischen der Heimat und Hongkong, Shanghai bis nach Tokyo hin und her pendelte, um Erfahrungen und reformistische Ideen anzusammeln in der Hoffnung, das eigene Volk aus den Bürden des weißen Mannes zu befreien.

Wenn es für Geistliche ein renommiertes Lehrgebäude gibt, dann darf in der Kaiserstadt Huê eine Denkfabrik für Weltliche nicht fehlen. Wer religiöse Philosophie suchte, fand sie in Pagoden und Tempeln. Wer dichterische Vergnügungen zu erleben wünschte, konnte sich mit einer Bootsfahrt auf dem "Fluß der Düfte" durch selbstinspirierte Verse mit der Mondfee unterhalten. Lyrische Augenblicke wie diese gehören längst zur Vergangenheit. Schade!.

Der südvietnamesische Distrikt Bình - Dương ist schon immer für die Qualität vieler Obstarten bekannt. Dennoch weiß man, daß die hervorragendsten dickfleischigen Longans in Huê zuhause sind. Klein, fein und würzig schmecken die Spezialitäten aus dieser kaiserlichen Metropole.

Wenn es um das weibliche Geschlecht geht, dann darf man mit vollem Respekt ein Lob den Huê-Frauen aussprechen. Denn schon von ihrer Kindheit aus wurden sie so erzogen, daß sie ohne "áo dài" (nationales Kleid vietnamesischer Frauen) das Haus nicht verlassen dürfen, ob nun für einen kurzen Besuch in der Pagode, beim Einkauf, während der Arbeit auf dem Reisfeld, oder beim Rudern. Wie selbstverständlich wissen sie, daß ihre Höflichkeit eine Gottesgabe ist, womit Menschenherzen zu gewinnen sind.

Die Huê-Männer sind strebsam, geduldig und fleißig wie ihre Genossen in Quảng-Nam. Wahrscheinlich verdanken sie dem Standort der kaiserlichen Residenz ihre Feinheit.

Über die Kaiserstadt zu schreiben ohne dort gelebt zu haben ist natürlich sehr mangelhaft. Mögen Leser, die aus dieser Stadt stammen, die Lücke füllen.

Diesen Abschnitt habe ich während meiner dreimonatigen Zeit des "in Frieden Verweilens" nach einer ruhigen Meditationsstunde abgefaßt. Ich betrachte ihn als ein Geschenk an die "drei Kostbarkeiten". Möge das Triratna mein Zeuge sein, daß ich trotz dieser Entfernung von meiner Heimat, räumlich und zeitlich, mein Herz immer nach Vietnam richte. Möge der Frieden bald in das Land zurückkehren, der Haß und die Feindseligkeit aus dem Herzen der dortigen Menschen vertrieben werden und tausend Blüten ihre Pracht zeigen, sowie ihren Duft, wie die des Udumbara, die ewig blühende Blume im Geist aller Kinder Buddha verbreiten.

Viele Menschen fragten mich, warum ich so oft in die USA und nach Kanada reiste und nicht nach Südostasien, wo unzählige leidende Flüchtlinge auf den Besuch eines Geistlichen warten, um Trost zu finden. Darauf konnte ich nur antworten: "Vielleicht weil ein günstiger Umstand noch nicht gekommen ist; wer weiß ob ich in der nächsten Zeit eine Möglichkeit finde, dorthin zu kommen".

Das ist ein großer Unterschied zwischen einer buddhistischen Missionsreise und einer Urlaubsfahrt von Menschen mit viel Geld und Zeit. Ein Geistlicher geht nur dorthin, wo nach ihm verlangt wird. Daß Mönche viel unterwegs in Europa, Nordamerika und Australien sind, liegt daran, daß der Bedarf an religiöser Betreuung in diesen Regionen immer größer und dringender wird. Das hängt natürlich damit zusammen, daß den Flüchtlingen in ihrer neuen Heimat in der ersten Zeit sehr viel geholfen werden muß. Außerdem sind die meisten vietnamesisch-buddhistischen Institutionen erst seit 10 Jahren in diesen Ländern und haben aufgrunddessen noch kein festes Fundament. Deshalb ist es richtig, daß sie Verstärkung bekommen. Sobald sie selbständig arbeiten können, dann werden wir in andere Richtungen gehen. Was ich gerade beschrieben habe, bedeutet nicht, daß wir unsere Meister und andere Brüder in der Heimat sowie unsere Landsleute in den Lagern Thailands, Malaysias, Singapurs, Indonesiens, Philippinen u.a.... vergessen haben. Wir haben an sie gedacht und mal mehr, mal weniger Geld und Geschenke gesandt in der Hoffnung, sie einwenig trösten zu können.

Was sein wird, wird sein, pflegen die Franzosen zu sagen. Das finde ich richtig. Was wir zu erreichen wünschen, geschieht nicht immer wie wir es uns vorgestellt haben. Was wir in unserer Nähe haben wollen, ist von uns durch die Entfernung noch weiter entrückt. Vermögen und Wertsachen, die wir schätzen, können wir nicht für immer behalten.

Über die Vergänglichkeit des Lebens lehrte Buddha, daß es selten ist, wenn zwei Liebende beieinander sein können und daß es häufiger ist, daß Feinde sich begegnen. Buddhisten, welche die Lehre verstanden haben, verleugnen die Wahrheit nicht. Denn wie auch immer eine Wahrheit erscheint, bleibt sie im Grunde eine Wahrheit. Auch wenn sie gefärbt oder verdreht wird, kann niemand ihre Natur ändern. Ob eine süße oder bittere Wahrheit, wir sollten sie einfach annehmen. Je mehr wir sie nicht leugnen, können wir sie bewältigen.

Wäre der Lotus nicht aus dem Schlamm heraus gewachsen, wäre er nicht so viel wert wie jetzt. Wie ein Lotus aus dem Schlamm sollten wir uns verhalten. Leiden, welchen wir begegnen, nehmen wir freilich entgegen, um in Anlehnung an Buddha-Dharma versuchen, sie loszuwerden. Das ist der Sinn des Glaubens. Das gleiche hatte Buddha vor seiner Erleuchtung auch getan wie andere Wahrheitssuchende, die noch nicht am Ziel sind.

Seiner Auffassung nach existiert der Buddhismus in verschiedenen Formen und Gestalten, um Lebewesen zu erlösen, solange sie sich im Ozean der Leiden befinden. Er ist aufgrunddessen dort präsent, wo es leidende Wesen zu befreien gibt.

Ich habe immer ein ruhiges Gefühl, wenn ich an meine Heimat denke. Während hier draußen im Ausland mein Weg sich als grenzenlos erweist, bewegte ich mich damals im Heimatland in nur einem engen Raum. Als ich noch in die Schule ging, wünschte ich das ganze Land von Nord bis Süd zu bereisen, Tempel und Paläste zu besuchen. Ich wollte dort sein auf jenem Berg "Yên-Tử", wo einst der Hofberater *Trần Thủ Độ* die Rückkehr des Kaisers *Trần Nhân Tôn*, der in die Hauslosigkeit zog und dort den Tugendwandel verwirklichen wollte, zu bewegen versuchte: "*Eure Majestät, wo Ihr Euch gerade aufhaltet, dort ist auch der Hof*" sagte er. Ich wollte dort sein, wo der einstige Hoflehrer *Khuông-Việt* dem Kaiser gedient hatte. Es ist leichter davon zu träumen als es zu verwirklichen. Es gibt noch viele Orte, die ich besuchen möchte. Heilige Stätten wie der Lumbini-Hain, wo Buddha als Siddhartha Gotama das Licht der Welt erblickte, Kapilavasthu, wo er als Prinz aufgewachsen war, Himalaya, wo er in die Hauslosigkeit zog und in seiner Einsiedelei in der Meditation seine Erleuchtung fand, Gazellenhain, wo er zum ersten Mal mit einer Predigt das Rad der Lehre in Bewegung setzte, Kushinagara, wo er unter den Zwillings-Salabäumen ins Nirvana ging. Heute 25 Jahrhunderten später, werden diese historischen Orte des Geschehens von internationalen Organisationen wie die der UNO, vom Bundesstaat Indien und von dem kleinen Königreich Nepal zu Gedenkstätten erklärt und geschützt. Dort wo vor 15 Jahrhunderten der 28. indische Patriarch Bodhidharma in China die Schule des "Inneren Lichts" gegründet hatte, ist sie auch heute noch erhalten. Im Gegensatz dazu sind Stätten, an denen vor 10 Jahrhunderten die ehrwürdigen Meister *Khuông-Việt* und *Vạn-Hạnh* waren, mit der Zeit verschwunden. Tempel und Pagoden zur Gründungszeit des Kaisers *Ngô-Quyền* sind heute unbekannt. Worauf können sich die Kinder Vietnams stützen, um zurück in die Vergangenheit zu kommen und sich von dort aus weiter zu entwickeln? Das japanische Volk ist zwar modern, aber nicht entwurzelt. Was aus Europa und Amerika als Elemente des Denkens nach Japan gelangten, trägt nur dazu bei, die Kultur und Zivilisation des Landes noch gedeihlicher zu machen. Währenddessen ist die Situation des Volkes Vietnams immer erbärmlicher. Unser Wurzel ist heute nur stückweise zu finden. Wie wollen wir es verhindern, daß unsere Nachkommen sich mit euro-amerikanischer Zivilisation identifizieren? Wer gibt ihnen Auskunft darüber, wie sie zurück zum Ursprung finden?.

Wer von Zentralvietnam südwärts geht, über unendlich scheinende Berge bis NHA-TRANG, kann in der *Tịnh-Hội* Pagode haltmachen, um dortige Buddhisten nach den Weg zur Klosterschule *Hải-Đức* zu fragen. Sie liegt auf einem recht hohen Hügel mit Blick aufs Meer. Hier lernen Mönchsschüler nicht nur das Wissen zu erweitern, sondern auch Tugenden zu üben und Weisheit zu sammeln. Sie lernen, wie das mönchische Leben mit der Anhäufung von Reichtum und Anhaftung von Sozialstellungen nicht zu vereinbaren ist. Sie müssen sich darüber im Klaren sein, daß wer Tugenden übt und vernachläßigt, sein Wissen weiterzuentwickeln, sich blindlings ins Verderben begibt. Wer aber sein Wissen zu vervollständigen pflegt und dabei die Tugenden zu entfalten vernachläßigt, ist nur ein Bücherschrank. Das Wissen ist nur ein Mittel zur Erlangung der geistigen Vollkommenheit. Die grundlegende Lehre der Schüler beinhaltet die in chinesisch und vietnamesisch geschriebenen Sutren. Außer dem Studium des Dharma haben die Mönchsschüler die Möglichkeit, die heimatliche Literatur und Fremdsprachen zu lernen, um ihre allgemeinen Kenntnisse zu erweitern. Sie haben das Recht dazu, Hauptsache ist, daß ihre Pflichten erfüllt werden.

Nachdem sie ein paar Stufen hinauf gegangen sind, können Pilger die Statue des im freien Himmel auf dem Lotusthron sitzenden Buddha verehren. Wahrscheinlich steht hier die größte Buddhafigur im ganzen Land, denn sie ist zwischen 7 und 8 Metern groß. Es wurde berichtet, daß gottlose Kinder der Revolution einen Anschlag auf sie geplant hatten, dieses jedoch mißlang. Es liegt nicht daran, daß sie aus festem Beton gebaut wurde, sondern vielmehr am festen Willen zum Schutz des Glaubens von Mönchen und Laien. Daran scheiterten die Kommunisten.

Von NHA-TRANG bis SAIGON können Reisende verschiedene Wege benutzen. Sie können fliegen und mit dem Bus oder Schiff fahren. Saigon ist eine sehr geschäftigte Stadt mit vielen Gesichtern. Unter den Augen eines Mönches ist es bestimmt kein Reich der Glückseligkeit, sondern ein Ort des Leidens und der Befangenheit. Ich begründe dies damit, daß bisher Tempel und Kloster in Stille und Frieden gebaut wurden. Statuen befinden sich dort, wo Reinheit herrscht. Während sie hier sehr formvielfältig sind. Es ist wirklich schwer, sie hier zu definieren. Wer das von *Vương*

Hồng Sển verfaßte Buch *"Sài-gòn năm xưa"* (Saigon in der alten Zeit) gelesen hat, kennt die Geschichte dieser Stadt genauer. Der Autor pflegte, über jeden Platz, jeden Namen eine präzise Erklärung zu geben. Was die Pagoden und Tempel betrifft, wissen wir, daß es davon zwei gibt, mit einer Geschichte von mehr als 2000 Jahren. Es sind die beiden Pagoden *Giác-Lâm* und *Giác-Viên* an der Landstraße 14 in der Gemeinde PHÚ-THỌ-HÒA. Sie wurden nach einem sehr alten Stil errichtet. Diese Architektur von antiken Tempelbauten ist leicht erkennbar, vor allem dadurch, daß das Zeigeldach sehr niedrig nach unten gezogen und an Firstenden emporgeschwungen wurde. Es umschloß eine riesengroße Haupthalle, die bei den frommen Buddhisten die Ehrfurcht noch weiter erhöht. Auf dem Altar schließen sich Figuren von Buddha und von Heiligen Mandala-artig in der Neun-Lotus-Konfiguration an, wie es aus dem Sutra entnommen ist. Reliefs und Ornamente stellen charakteristische Motive wie aus den früheren Jahrhunderten dar. Rund um das Tempelgelände können Pilger viele Reliquienstupa von höheren Mönchen sehen. Sie sind meistens von 1 bis 7 Stockwerken gebaut. Ein erleuchtender Anblick im Rahmen einer Stadt wie Saigon.

Wie die *Cây-Mai* Pagode im Bezirk Cholon hat auch die *Hưng-Long* Pagode in der Minh-Mạng Straße eine langjährige Geschichte. Sie besteht nämlich seit über 150 Jahren. Sie bietet schon an der Fassade einen eindruckvollen Anblick. Für Kenner des Buddhismus ist es sehr interessant, einen Blick in die Haupthalle zu werfen. Hier findet eine genaue Darstellung der "Trias-Konfiguration" statt, wie es im Mahayana die Regel ist. In axial-symetrischer Stellung steht zwischen den beiden Schreinen von *Akashagarbha* auf der linken und *Kshitigarbha* auf der rechten Seite eine Buddha-Gruppe in Mandala-Manifestation, die die drei kosmischen Zeitalter zu sehen vermag. Hier gibt es sogar Statuen von *Kuan-Yü, Lưu-Bình* und *Dương-Lê*. Jährlich am 8.Tag des 1. Mondkalendermonats strömen tausende Gläubige hierher anläßlich des traditionellen Festes der Schicksal bestimmenden Sterne.

Die Ân-Quang Pagode, Sitz der "Congregation", liegt an der Su-Van-Hanh Straße 243 im Bezirk Cholon. Ursprünglich wurde sie unter dem Namen "*Ứng-Quang*" vom verstorbenen Hochehrwürdigen *Trí Hữu*, Abt der *Linh-Ứng* Pagode in NGŨ-HÀNH-SƠN NON NUỚC gegründet und der Congregation zum Geschenk gemacht. Könnte es vielleicht sein, daß der frühere Name "*Ứng*" von "*Linh-Ứng*" stammt? Leider hat der Hochehrwürdige das Geheimnis mit ins Grab genommen. Zu seiner Lebzeit versammelten sich eine Schar von Schülern, Mönchen und Laien um ihn. Der Ehrw. *Thích Bảo-Lạc* ist einer seiner ersten Mönchsschüler. Die Figur des Shakya Muni in dieser Pagode zeigt genau die 32 Hauptmerkmale der Vollkommenheit (*Lakshana*) und 80 Nebenmerkmale der Schönheit des Buddha.

Die Zentralhalle und Nebenkapelle befinden sich im ersten Stock. Das Erdgeschoß wird so aufgeteilt, daß sowohl das "Institut für die Verbreitung des Dharma" als auch das Sangha-Präsidium, genannt "Hohes Geistliches Institut" untergebracht werden können. Über Struktur und Organisation beider Organe der buddhistischen Congregation wurde ausführlich in "DIE ENTDECKUNG DER BUDDHA-LEHRE", Hannover 1985, desselben Autors geschildert.

Die Buddhahalle verbindet sich nach hinten mit einer Kapelle, wo Schreine vom Sektengründer und Großmeister Platz finden. Links und rechts dieser zentralen Kulthalle schließen zwei Ketten von Arbeits- und Wohnräumen des Sangha-Ordens an. Das Büro für Mönchswesen und der Studiensaal teilen sich miteinander den linken Abschnitt des unteren Stockwerks. Rechts ist das Verlagsbüro und die Räume zur Aufbewahrung vom Kultschatz der Pagode. Unmittelbar unter der Gedenkkapelle der Großmeister liegt die Druckerei "Goldener Lotus". Fast alle Bücher und Schriften, die vom "Institut für die Verbreitung des Dharma" herausgegeben wurden, wurden hier gedruckt. Flächenmäßig ist die "Ấn-Quang Pagode" für so eine Organisation wie die buddhistische Congregation viel zu klein. Zumal es hier ursprünglich ein Provisorium war. Denn eigentlich liegt die Zentrale der Congregation in der "Việt-Nam Quốc-Tự" (Nationalpagode Vietnams) an der Trần-Quốc-Toản Straße. Nach 1963 wollte die Congregation das große Gelände zu einer zentralisierten Kultstätte für die Gesamtheit des vietnamesischen Buddhatums umwandeln. Deshalb trägt das Zentrum den Namen "Die Nationalpagode Vietnams". Aufgrund interner Schwierigkeiten kam dieser Zentralisierungsprozeß nicht zustande. Infolgedessen teilt sich die Zentrale in zwei Pole. Der eine bleibt in der "Ấn-Quang-Pagode" und der andere zieht in die "Vĩnh-Nghiêm Pagode" an der Công-Lý Straße. Im Prinzip führte die "Nationalpagode Vietnams" ihre Aktivitäten weiter, aber in einer erbitterten Atmosphäre. Später ließ der Hochehrwürdige *Thích Tâm-Giác* auf dem Gelände einen Stupaturm bauen. In der Zwischenzeit ging der Obermönch in die Verwandlung und wir zweifeln daran, ob dieses Stupaturm-Projekt je seine Vollendung erreicht.

Viele strenge Gläubige pflegen sich nur mit vegetarischer Kost zu ernähren. Manche andere haben ihre Gründe und denken, es ist rechtmäßig, nur an bestimmten Tagen auf Fleisch zu verzichten. Wie oft sie auch immer zu fasten vermögen, haben sie Schwierigkeiten, wenn sie mal auf Reisen gehen. Das galt besonders, wenn man sich gerade mehrere tausend Meter zwischen Himmel und Erden befand. Um das Problem zu umgehen, vermeiden sie an den Fastentagen wie zB. 1., 14., 30. und Gedenktagen zu fliegen. Das gehörte längst der Vergangenheit. Denn heutzutage kümmern sich fast alle Fluggesellschaften darum, es Kunden so angenehm wie möglich zu machen. Sogar das kleinste Detail wie Fastenkost wird nicht außer Acht gelassen. Dies verdanken die Buddhisten und Angehörige vieler anderen Religionen dem Konkurrenzkampf in der Luft. Sie brauchen für die fast zwei Tage dauernde Reise wie zum Beispiel von Australien nach Deutschland keinen vegetarischen Proviant mitzubringen. Sie können heute folgendermaßen vorgehen: Vor dem Reiseantritt ruft man die Fluggesellschaft an und teilt ihr mit, daß man während des Fluges vegetarische Speisen haben möchte. Sicherlich wird das Servicebüro wissen wollen, auf welche Art man fasten möchte, denn gewöhnlich stehen drei Möglichkeiten zur Wahl. Erstens nach chinesischer Art, wie es die meisten von uns bereits kennen, allerdings nur auf der Strecke nach Fernost. Zweitens nach indischer Art mit Reis, Trauben, Salat und Curry. Drittens nach europäischer Art mit Obst und Gemüse. Für diese Auswahl zwischen einer von drei Möglichkeiten braucht man nicht extra zu bezahlen, denn sie ist im Preis des Flugtickets miteingeschlossen. Damit der ungewöhnliche Gast weiß, daß sein Wunsch auch erfüllt wird, macht die Stewardess vor dem Abflug bei der Abfertigung einen Vermerk auf das Ticket.

Einige meiner Glaubensbrüder und -schwestern, die keine Fremdsprache können, schüttelten immer den Kopf die ganze Zeit während des Fluges von Flüchtlingslagern Südostasiens bis Europa oder Amerika, wenn sie gefragt wurden. Zum einen fürchteten sie, daß es an Bord keine vegetarische Speisen gibt, zum anderen wußten sie nicht, daß sie dafür nicht zu zahlen brauchen. Kein Wunder, wenn es ihnen beim Verlassen des Flugzeuges sehr kalt war. Manche von ihnen trafen hier nichtwissende Landsleute, die sie davor warnten:"In diesem kalten Norden ist es nicht gut, vegetarisch zu essen. Ohne Fleisch wird man sterben". Aus Verzweiflung wußten sie nicht mehr, was sie machen sollten. Wer hätte gedacht, daß es hier Mode ist, zu fasten. In Deutschland und in der Schweiz gibt es in Reformhäusern vegetarische Kost auf Soja-Basis als Fertigprodukt. Und in jeder Großstadt gibt es 20-30 solcher Läden.

Mit diesen Zeilen wollte ich keine Werbung für Reisebüros oder vegetarische Speiselokale machen, sondern nur meinen buddhistischen Landsleuten einen hilfreichen Dienst erweisen. Einmal machte ich mit meinem japanischen Freund einen Stadtausflug. Vor meinen staunenden Augen zog er aus seiner Tasche einen in Japanisch gedruckten "Deutschen Reiseführer". Es handelte sich um eine Orientierungshilfe mit ausreichenden Informationen über Sehenswürdigkeiten und viele wichtige Adressen jeder einzelnen deutschen Stadt.

Wie man von Helmstedt nach Berlin kommt, wo man in Berlin übernachtet, wo man dort am besten essen kann, steht alles in dem Reiseführer zu lesen. Wehmütig betrachtete ich den kleinen Wegweiser und dachte an meine armen Landsleute, die einfach so reisen, ohne eine einzige Information einzuholen. Wer Glück hat, trifft am Reiseort einen Freund oder Bekannten, der ihm Auskunft gibt. Wenn nicht, dann kann man einfach Geschichten erfinden, wenn zuhause jemand danach fragt, was er gesehen hat. Wer von einer Reise zurückkommt, hat viel zu erzählen, ob es wahr ist oder nicht. Die meisten von uns besitzen nicht mal einen Stadtplan, geschweige denn wollen sie einem Fremdenführer sprechen. Einige fragten mich, warum ich nicht so einen Touristenführer mache. Leider bin ich in diesem Sektor kein Spezialist. Ich kann meinen Landsleuten nur auf einem anderen Gebiet dienstlich sein, das im Rahmen meiner Grenzen liegt. Viele haben aus Unkenntnis gehandelt, sodaß es sie manchmal doppelt oder dreifach so teuer kommt, oder ihnen kein Einreisevisum gewährt wurde. Es droht einem, dessen Visum verweigert wurde, daß er niemals eine Genehmigung erhalten wird, in das Land hineinzukommen. Vielleicht wäre es auch an der Zeit, da heute die Vietnamesen überall zuhause sind, daß einer von uns sich die Mühe macht, so einen "Führer" herauszugeben. Das kann für viele Landsleute eine große Hilfe sein.

Dort wo ich herkam, war ein recht unterentwickelter Winkel an Schlamm und stehenden Gewässern der Quảng-Region. Der Boden ist so unfruchtbar, daß der Volksmund die Arbeiten auf dem Reisfeld mit dem "Pflügen auf Kieselstein" (Cày lên sỏi đá) kläglich vergleicht. Ich verbrachte meine Kindheit bis zum Tag meines Mönchslebens auf dem Land. Als wir in der Großstadt Hội-An wohnten, sagte mir eines Tages mein Lehrmeister: "Bald gehst du in die Schule mein Kind, besorge dir Hefte und Schreibzeug". Ich erwiderte:"Muß einer, der in die Hauslosigkeit zieht, auch die Schule besuchen?". Manchmal dachte ich mit einem Lächeln an jene Zeit und jene Frage zurück. Ich freute mich für meine kindische und unschuldige Vorstellung von damals. Der Meister zeigte sich von der freundlichen Seite und sagte: "Höre auf mein wort, Kind". Seitdem dauerte meine schulische Bildung 20 Jahre auf beiden Seiten Regelschule und Klosterschule. Dennoch fühlte ich, daß ich noch viel zu lernen habe.

Beim ersten Mal, als ich von Đà-Nẵng nach Saigon fliegen mußte, fragte ich den Meister : "Meister, ob es an Bord Toiletten gibt?". Mit einem freundlichen Lächeln nickte er: "Du muß ganz nach hinten gehen". Damals dachte ich, daß es nicht möglich sein kann, einfach so in der Luft auszutreten, damit die Ausscheidung sich nach allen Seiten verteilt. Nein, das sollte man nicht. Ein Bauerssohn bleibt bäurisch. Jedesmal wenn ich zu einer Messe bei buddhistischen Familien eingeladen wurde, wußte ich nicht recht, wie ich mich richtig verhalten sollte. Beim Essen fragte ich vorher, welche Speise zu welcher paßt, damit ich nichts falsch machte. Lieber erkundigte ich mich als nur so als ob zu tun. Ich habe mich nicht gescheut, heute diese Zeilen zu schreiben. *"Eine Wahrheit bleibt immer eine Wahrheit"*.

In Saigon fühlte ich mich im Fluß von Autoschlangen und schicken Kleidern verloren. Ich fühlte mich so verlassen mit dem runden (kahlen) Kopf und flacher Mönchskutte. Mein einziges Gepäck war das Herz für Glauben und Menschenwesen. Ich habe es sorgfältig eingepackt und bewahre es bis zum Ende meiner Tage, durch alle Zeiten der Freude und des Schmerzes, damit es nicht vom Wind verweht wird.

Ich ging ziellos quer durch Saigon und suchte nach einem Unterbringungsort, um weiter in die Schule gehen zu können. Erbittert begegnete ich dem wettkampfartigen Großstadtleben. Mein Gefühl ähnelte dem eines jungen Mannes aus einer Erzählung, die ich einmal gelesen hatte, als ich die siebte Klasse besuchte:

" Nach einer fernen Reise kehrte der junge Mann heim. Da strömten die Leute aus der Nachbarschaft und Verwandten. Sie fragten ihn nach dem Pariser Eifelturm, dem Triumphbogen, dem Verkehr und der Seine im Herbst, als die gelben Blätter fielen. Wie schön das alles sein sollte. Nach langem Nachdenken antwortete er zögerlich: "Gar nichts von dem was ihr sagt habe ich gesehen. Das einzige, was ich gesehen habe, war der Zähler des Taxis, der ständig den Fahrpreis anzeigt". Alle Zuhörer lachten und damit endete die Reise des jungen Mannes".

Ich erinnere mich an jene Rezitation, die ich vor fast 30 Jahren in der dritten Klasse auswendig gelernt hatte. Ich finde es gut, wenn einige Damen und Herren meiner Landsleute das Gedicht, das den Titel *"Đi ngày đàng, học sàng khôn"*

(Ein Tag auf der Wanderschaft erbringt eine Wanne von Wissen) trägt, auch noch kennen:

"Geh' hinaus hier und dort, die Erde kennenzulernen,
Denn zuhause bei Mutter, zu keinem Zeitpunkt wird man klug.
Sieh' dort die Welt, umrundet von fünf Kontinenten.
Wie viel die Menschen sind, so groß ist die Erde.
Endlos breite Flüsse, zahlreich hohe Berge,
Ein Weg hin, ein Weg her, in hundert Richtungen kreuz und quer.
Gelb und rot, schwarz und weiß, vier Rassen gibt es von Menschen,
Nord und Süd, Ost und West, in vier Richtungen teilt sich der Himmel.
Von allen Seiten Wolken und Wasser weit und breit,
Tannen und Gras kennst du nicht, wenn du nicht suchst die Weite"

Früher als Kind lernte ich dies einfach so, weil es Schule ist. Heute, nachdem ich die Welt umreist habe, bin ich davon überzeugt. Tatsächlich gibt es auf dieser Welt vier Menschenrassen, die die fünf Kontinente bewohnen. Darüberhinaus lehrte mich das Sutra, daß unendlich viele Welten, außer der irdischen, in verschiedenen kleinen und großen Systemen existieren, und daß es außer diesem Reich der Menschen, weitere Sphären und Gebiete gibt, wie zum Beispiel von Buddha, Göttern, Asura (Genien), Höllenwesen, Teufeln, Unholden und niederen Tieren. Damit weiß ich, daß mein Lern-, und Wandelsweg nie aufhören wird. Sie öffnen mir einen weiten Horizont nicht nur zu den fünf Kontinenten, sondern auch in den dreitausend großen und kleinen Weltsystemen des Universums, wie wir vom Wort des Erhabenen zu hören bekommen haben.

Auf dem Gelände der *"Xá-Lợi Pagode"* (Sharira-Vihara, Pagode der Buddha-Reliquien) steht ein prächtiger himmelhoher Stûpaturm mit sieben Stockwerken. Majestätisch thront eine riesengroße Statue des Shakya Muni Buddha in der Haupthalle. Seine vergoldete Figur leuchtet in einem unermeßlichen Lichtglanz. Wie eine harmonische Einfügung dominiert der Shakya Muni die stilvoll konstituierte Zentralhalle, als Kernpunkt des Sanktuariums. Erwähnenswert wäre die reichlich ausgestattete Bibliothek mit einem großen Bücherbestand. An einem Ende des Korridors findet man den Zugang zu einer Kapelle, die dafür gedacht ist, Totentrauerfeiern in geeigneter Atmosphäre zu veranstalten. Bemerkenswert war, daß die Pagode nicht nur wochenends und an Festtagen gut besucht war. Sie ist ein beliebter Ort für junge Menschen. An Schultagen wurde sie von jungen Gymnasiasten und hübschen Lyzealschülerinnen frequentiert. Es lag nicht nur daran, daß die Umgebung eine meditationserweckende Atmosphäre bietet, sondern auch an dem Gartengelände mit einer großen Zahl schattenspendender Bäume und vor allem an ihrer extrem günstigen Lage. Denn vor der Pagode auf der anderen Straßenseite liegt seit 200 Jahren das traditionsreiche größte Mädchenlyzeum Vietnams mit dem Namen eines Herschers der NGUYỄN-Dynastie: " TRUỒNG GIA-LONG". 1963 war diese Pagode eine Zentrale der buddhistischen Bewegung gegen die Religionspolitik der Ngô-Đình-Diệm's Regierung. Der einstige Staatssekretär und Kultusbeauftragte *Chánh-Trí Mai-Thọ-Truyền*, war Initiator zum Bau dieser Pagode in Zusammenarbeit mit vielen anderen namhaften Buddhisten im Land.

Die meisten Ausbildungsstätten für Mönche liegen zerstreut an den Grenzgebieten um Saigon und im Umland. Als Hochburgen für geistigen Nachwuchs der Congregation zählen zum Beispiel folgende Klosterschulen und Monasterien: "*Phật-Học Viện Giác-Sanh*" in der Nähe der Rennbahn Phú-Thọ, "*Phật-Học-Viện Huệ-Nghiêm*" bei An-Dưỡng-Địa in Phú-Lâm und "*Tu-Viện Quảng-Hương Già-Lam*"in Gia Định. Auch Nonnen haben ihre Elite-Schulen, wo sie wie ihre Glaubensbrüder die elementaren, mittleren und höheren Ausbildungsstufen genießen dürfen. Zu den bekanntesten und größten Nonnenklosterschulen zählen unter anderen die *Từ-Nghiêm-*, die *Dược-Sư-* und die *Huệ-Lâm* Pagode.

Was vor 1964 in den beiden Pagoden *Xá-Lợi* und *Pháp-Hội* als akademisch-buddhistisches Studium angefangen hatte, wurde von der buddhistischen Universität *Vạn-Hạnh* übernommen. Mit dem Ehrwürdigen *Thích Minh-Châu* als Rektor nahm diese Lehranstalt den Charakter einer internationalen Hochschule an. Nach 1975 stellte die Universität *Vạn-Hạnh* ihre Lehrtätigkeit ein und zog als eine einfache Klosterschule in die Võ-Di-Nguy Straße in Phú-Nhuận um.

Wenn man die Nationalstraße Nr.1 in Richtung Süden fährt, sieht man in Höhe Phú-Lâms auf der rechten Seite einen siebenstöckigen Stûpaturm. Hier ist der Sitz der "Allgemeinen Buddhistischen Vereinigung". Sie setzte sich zusammen aus verschiedenen buddhistischen Schulen Vietnams. Zu ihr zählen die "Gemeinde der Bettelsangha", die "Cô-Sơn-Môn-Sekte", die "Cao-Đài", die "Hòa-Hảo" und mehrere buddhistische Dhyana-Tempel. Die Besonderheit des Buddhatums in Vietnam liegt daran, daß zum ersten Mal in der Geschichte des Buddhismus die beiden Hauptschulrichtungen Mahayana und Hinayana sich zusammenschließen zu einer derartigen Vereinigung. Nirgendwo sonst in der gesamten buddhistischen Welt ist bisher so ein Phänomen der buddhistischen Metamorphose in Gang gesetzt worden. Ob es eine gute oder schlechte Ausgangsbasis für jede spätere Entwicklung war, dafür überlassen wir der Nachwelt die Beurteilung.

Im Großraum Saigon und Cholon gibt es viele buddhistische Institutionen, die wir noch nicht besucht haben. Die oben erwähnten Pagoden sind typische Vertreter des Mahayana-Buddhismus. Diese Rolle übernimmt die *Kỳ-Viên Pagode (Jetavana-Vihara)* für den Theravada-Buddhismus, das gleiche gilt für die Buddhastätte *Tịnh-Xá Minh-Đăng-Quang* in Gò-Vấp als Repräsentant der Gemeinde der Bettelsangha. Darüberhinaus existieren noch viele alte Pagoden der "Südvietnamesischen Buddhistischen Gesellschaft", der "Cổ-Sơn-Môn", der "Lục Hoà-Tăng" und deren Gemeinde "Lục-Hoà Phật-Tử". Es wäre aber ein großer Fehler, wenn wir im Raum Saigon die *"Vĩnh-Nghiêm Pagode"* vergessen hätten. Sie wurde vom Ehrwürdigen *Thích Tâm-Giác* in der Công-Lý Straße gegründet und selbst geleitet bis zu seinem Dahinscheiden. Architektonisch trägt sie verschiedene Charaktere. In ihr stecken sowohl der alte nordvietnamesische Stil als auch der Bautypus Südvietnams, gemischt mit einem Hauch von japanischen Zen-Tempel.

Auf der Nationalstraße Nr.1 in Richtung Vũng Tàu treffen wir bei Thủ-Đức (14km von Saigon entfernt) zunächst das *"Quảng-Đức Monasterium"* und die *"Hoa-nghiêm Pagode"*. Die Klosterschule *Đại Tòng-Lâm* liegt ein Stück weiter. Sie wurde auf Initiative des verstorbenen Hochehrwürdigen *Thích*

Thiện-Hòa gegründet und galt als eine Ausbildungsstätte von hoher Bedeutung der Congregation. Nach unserer Information wurde in diesem Bezirk ein einzigartiges Übersetzungszentrum für alle Heiligen Schriften des Buddhismus gegründet, dessen Leitung vom Ehrw. *Thích Trí Tịnh* übernommen werden sollte. Die noch im Bau befindliche Einrichtung mußte aufgrund der kommunistischen Machtübernahme aufgegeben werden.

Zu den wichtigsten Denkmälern gehört der Kolossal-Buddha auf dem "Kleinen Berg" bei Vũng Tàu. Diese Riesenfigur mit Blick aufs Meer wurde 1963 von der Theravada-Kirche unter der Schirmherrschaft des singhalesischen Obermönchs *Narada Mahathera* und unter der Anwesenheit des Sangha-Ordens Vietnams, Chinas und Kambodschas eingeweiht. Auf dem Gelände stehen auch 4 Denkmäler, die Pilger an die Original-Heiligstätte zur Buddha's Lebzeit erinnern. Unter den vielen anderen Pagoden und Einsiedlerhütten in Vũng-Tàu, die wir leider noch nicht besuchen konnten, gibt es beide Klöster "*Chương-Không*" u. "*Thường-Chiếu*" des zeitgenössisch berühmten Zenmeisters Ehrw. *Thích Thanh-Từ*. Schade, daß wir nur aus Literatur von ihrer Existenz wissen.

Zwar ist Südvietnam so immens, daß die Sicht über dem Reisfeld am Horizont verloren geht, aber wir hatten bisher nur die Gelegenheit, nach Vĩnh-Long und Cần-Thơ zu kommen. Im Jahr 1974 kam ich von Japan mit einem japanischen Freund zu einem Besuch in die Heimat. Wir gingen nach "Cồn Phụng" (Lagune des Phönix) in der Absicht, dem Meister *Đạo Dừa* einen Besuch abzustatten. Es war gerade seine Periode intensiver geistiger Schulung, in der er sich in seine Wohnstätte zurückzog und keinen Besuch empfang. Zum

Glück machte "Cậu Hai" (so wurde er von seinen Anhängern angeredet) diesmal eine Ausnahme, als er hörte, daß wir den weiten Weg von Japan hierher gereist waren. Gemeinsam tauschten wir miteinander weltanschauliche Gedanken aus. Während dieses fast zweistündigen Gesprächs hatte ich die Gelegenheit, einen Blick auf die Inneneinrichtung zu werfen. Architektonisch reflektiert das Interieur eine mir undefinierbare euro-asiatische Mischung, die weder den buddhistischen noch den christlichen Charakter vertritt. Immerhin hob das "Undefinierbare" etwas reines und subtiles hervor, das auf die Lebensphilosophie eines Mannes wie "Cậu Hai" zugeschnitten war.

Während unseres Aufenthalt in Cần-Thơ übernachteten wir in einer alten Pagode, die der "Südvietnamesichen Buddhistischen Gesellschaft" gehört. Wir trafen dort nur einen Abt mit seinem Schüler. Ein Buddhist der Gemeinde war zu dieser Zeit nicht zu sehen. Am nächsten Morgen machten wir mit unserem Gastgeber und seinem Schüler die Frühtätigkeit. Dazu gehört die Rezitation des "Suramgama-Sutra" und der Entenmarsch um den Lotusthron. Ich wußte nicht, welcher Sekte die Gemeinde angehört, aber dieser Entenmarsch dauerte länger als alle, die ich bisher kannte. Ich hatte genau gezählt und kam zu einer anerkennenswerten Zahl von 108. Also eine achtbare Leistung nach einer langen Meditationssitzung. Ich empfand dabei eine Bewunderung für die würdevolle Haltung und die strenge Unterwerfung der Regeln der Disziplin des Abtes. Nach unserer Auskunft liegt in der Nachbarschaft eine großräumige Pagode des Theravada-Buddhismus von einer in Südvietnam lebenden Khmer-Minderheitsgruppe. Nach langem hin und her hatten wir uns entschlossen, aufgrund der Sprach_schwierigkeit auf einen Besuch zu verzichten.

Wer schon mal mit dem japanischen Verkehrsmittel "Shinkansen" zwischen Tokyo und Kyoto gefahren ist, dem würde es sicherlich auffallen, daß die dortige Landschaft mit Bergen und Hügeln, mit Reisfeldern und Dörfern, mit der in Südvietnam vergleichbar ist. Auch dort spielen wie bei uns im Mittelpunkt des religiösen Lebens auf dem Land die Tempel und Pagoden. Auch die folgenden Verse des zeitgenössischen Dichters NGUYỄN-BÍNH (1919-1966) machen das Gefühl noch einmal sehr deutlich, ganz besonders bei jenen, die aus welchem Grund auch immer ihre Heimat verlassen mußten:

"In meiner Heimat gibt es den Wind zu allen Zeiten,
Den Mond zur Monatsmitte und die Pagode im ganzen Jahr.
In Vollmondsnächten bläst der Wind mild und frisch,
Wie bescheiden und still das Leben hier ist.
Schon bald verlasse ich die Heimat, den Mond, den Wind,
Und, welch ein Jammer, die Pagode !"

Und genau in einer derartigen Situation befinden wir uns heute. Wo bleibt das einstige Glockengeläut in den stillen Vollmondsnächten entlang der Küste? Groß ist der Schmerz, sich von Lehrmeistern zu trennen, den Weg von der Heimat weitzurückzulegen, mit einer winzigen Hoffnung auf eine Heimkehr. Viele Mönche gingen inzwischen dahin, andere verbringen den Lebensabend hinter den Gittern und Mauern, ohne rechtmäßiges Gerichtsurteil. Dennoch stimmen sie und wir miteinander überein, bis zum letzten Atem dem Ideal zu dienen, für das Wohlergehen der Menschheit und für das Vertrauen im Glauben. "*Zum Sterben gilt nur ein Sterben für die Wahrheit und nicht weil eine Gewalt einer anderen unterliegt*".

Möge die Rauchfahne die Heimat Vietnam erreichen, mit dieser Bitte an die Barmherzigkeit aller Buddha und Dharma-beschützenden Gottheiten um Segen, damit das Land von kommunistischer Gewalt befreit wird, damit alle Zurückgebliebenen Frieden finden und die Verstorbenen erlöst werden.

Gerade von Kanada zurück mußte ich wieder nach Bonn fahren, um mein Einreisevisum für einige südostasiatische Länder zu beantragen. Mein nächstes Ziel war, meine Landsleute in den Flüchtlingslagern zu besuchen. Die Konsularabteilung von Japan und den Philippinen stellten diese Genehmigung innerhalb von 2 Stunden aus. während Singapur und Taiwan von mir verlangten, eine andere Person zu finden, die für mich bürgt, dauerte die Wartezeit bei Indonesien, Malaysia und Thailand noch länger.

Eine Mischung aus Freude und Traurigkeit erfüllte mein Herz, als ich mit dem Asylpaß von einer ausländischen Vertretung zur anderen ging, um für die Einreiseerlaubnis das Gesuch zu stellen. Ich war froh darüber, das von den meisten meiner noch zuhause gebliebenen Landsleute ersehnte Glück zu haben, nicht in kommunistischer Gewalt zu sein und die Bewegungsfreiheit zu genießen. Traurig war ich darüber, weit weg von daheim das Exildasein führen zu müssen. Auf die Frage des Sachbearbeiters der Konsularabteilung antwortete ich:
- Ja, ich bin ein Asylant. Wieder eine andere Frage:
- Ist ein Asylant und ein Heimatsloser gleichbedeutend?
- Ganz wie Sie wünschen, mein Herr, sagte ich.

In dem Augenblick fühlt man sich so klein wie nie. Man kann schreien und schreien, es lohnt sich nicht. Wer hört auf ein Volk, dessen Stimme international verloren ist? Nach Laune und Lust geben ihm die anderen die Erlaubnis, ihr Territorium zu betreten, weil seine Heimat zwar noch existiert, er aber keine Zuflucht hat, von der er weiß, daß er dorthin gehört. Er kommt sich vor wie ein Ball, den andere entweder in Ruhe lassen oder mit einem Schuß in unbestimmte Richtung fliegen lassen.

Von der thailändischen Botschaft erhielt ich ein Touristenvisum. Doch bevor der Konsularbeamte meinen Paß zurückgab, las er das Formular noch einmal durch und annulierte den Vermerk, als er merkte, daß ich das Flüchtlingslager besuchen wollte.

- Das geht über meine Kompetenz hinaus, darüber entscheidet das Innenministerium, tut mir leid, sagte er prompt.

Oh Weh! eine Reise weniger, obwohl meine Landsleute dort geistig und materiell Not leiden. Sie brauchen dringend Hilfe. Warum sie leiden ist genau eine Frage, worauf es viele Antworten gibt.

Im Oktober 1984 traf ich einen Engländer, den Ehrwürdigen *Abiyana*, im Haus des vom Ehrwürdigen *Thích Đức-Niệm* initierten "International Monastic Institute". Durch ihn wußte ich, daß er meine Landsleute in verschiedenen Lagern auf den Philippinen und in Hongkong betreute. Als er eines Tages das "Vietnamese Refugee Camp" in Thailand besuchen wollte, gab die Behörde des Landes keine Genehmigung, ohne einen Grund zu nennen.

Nachdem meine Maschine in verschiedenen Städten wie z.B. Amsterdam, Rom, Dubai, Bangkok Zwischenstation gemacht hatte, landete ich in Singapur am 22. Jan. 1985. Hier gab es niemanden, der mich abholte. Ich nahm ein "car" und fuhr zum Hotel.

Unterwegs sah ich an beiden Seiten der Straße feurige Flamboyants, deren weitausgebreitete Äste eine ganze Fläche bedeckten. Hier und da zeigten sich Tausende wilder Blumen zwischen roten Hibicus und bunten Ixoren. Das erinnerte mich an meine Heimat in der vergangenen Zeit. In meinem Kopf leuchtete ein großes Fragezeichen. 75% der hiesigen Bevölkerung sind Chinesen. Wie kann das Land so sauber sein wie die Schweiz ?. So fortschrittlich wie hier sind Chinesen nirgendwo sonst, ob in Vietnam oder in den USA. Das Bild von San Francisco ist ein typisches Beispiel. Man erzählte mir, daß die Ordnungshüter in diesem Land sehr streng sind. Wer auf der Straße spuckt, dem droht ein Bußgeld von 25Dollar. 50 Dollar muß einer zahlen, wenn er Zigarettenreste in der Öffentlichkeit wegwirft.

Ich war hier in Singapur, nur eine Handbreit von meiner Heimat entfernt, jedoch erschien es mir wie himmelweit. Das Land der anderen ist so schwungvoll entwickelt, während die eigene Heimat von gewissenslosen Leute gequält und unterdrückt wurde bis zum totalen Zusammenbruch.

Bei der Ankunft im Hotel war ich mit Indern, Europäern und einer Gruppe von Japanern konfrontiert. Gewöhnlich reisen Japaner nie allein, denn die meisten von ihnen können keine Fremdsprache und brauchen deshalb bei jeder Reise einen oder mehrere Dolmetscher als Begleitung. Eine Japanerin sprach mich an. Wahrscheinlich dachte sie, daß ich als Asiat ihre Sprache beherrschen müßte. Zunächst wollte ich ihr in englisch eine Antwort geben. Doch dann wollte ich sie nicht enttäuschen, um die Sache zu komplizieren. Sie hörte mich Japanisch sprechen, als ob es eine Selbstverständlichkeit war und interessierte sich nicht einmal dafür, was für ein Landsmann ich bin und woher ich kam.

Im Hotel, auf der Straße und in Supermärkten war neben Englisch, Malaiisch und Chinesisch auch Japanisch zu lesen. Weil Japaner gern nach Singapur kommen, und da viele von ihnen kein Englisch können, bleibt der Bevölkerung nichts anderes übrig.

Am Morgen des 23. Jan. fuhr ich zum Flüchtlingslager. Es liegt in der Nähe des Flughafens und ist durch die einfache Bauweise im Verhältnis zu den anderen Wohnhäusern in der Umgebung leicht zu erkennen. Das es sich in Nr. 25 Hawkins Road befindet, wurde es oft von dessen Insassen "Hawkins-Lager" genannt.

Auf die Frage des Pförtners nannte ich den Grund meines Besuches und zeigte ihm meinen Paß, den er zum Büro des Lagerleiters brachte. Nach einer Weile unter der prallen Sonne erschien der Leiter persönlich und fragte ein paar notwendige Dinge. Eigentlich durfte ich meine Landsleute nicht sehen, denn bei meiner Abreise von Hannover, war das Beglaubigungsschreiben des UN-Hochkommissars für Flüchtlinge noch nicht eingetroffen. Er hörte meiner Erklärung aufmerksam zu und fragte nach meinen Personalien. Als er erfuhr, daß ich viele Jahre in Japan und Deutschland verbracht hatte, war seine Attitüde höflicher. Er sprach mit mir in japanisch anstatt englisch wie gewöhnlich.

Dieser plötzliche Besuch war für alle im Lager unvorbereitet. Einige Vertreter der Vietnamesen riefen die anderen Landsleute über ein Megaphone auf, zum Versammlungsraum zu kommen. Nach 15 Minuten war die große Halle überfüllt und das Gespräch konnte beginnen. Von ihnen erfuhr ich, daß das hier ein Übergangslager ist. Die meisten von ihnen kamen von Malaysia und Indonesien und warteten innerhalb von 3 bis 6 Monaten auf die Weiterreise ins Aufnahmeland. Am Ende übergab ich dem Vertreter das gesammelte Spendengeld von Vietnamesen in Deutschland, Dänemark, Frankreich, der Schweiz, Kanada und Australien. Jedoch entschieden sich alle Anwesenden, das Geld der buddhistsichen Andachtsstätte im Lager auf der Insel Galang in Indonesien zugute kommen zu lassen. So hatte ich es am gleichen Tag an den dort tätigen Mönch, Ehrwürdigen *Thích Hạnh-Tuấn* überwiesen.

Vor dem Abschied machte ich einen Begrüßungsritus vor dem Buddha in einem ruhigen engen Raum. Die vietnamesischen Buddhisten ließen mich ihren Wunsch wissen, buddhistische Zeitschriften und Literatur zu bekommen. Sie baten mich an Pagoden und Organisationen zu appellieren, ihnen Bücher zu schicken und zwar an:

     Vietnamese Refugee Camp
     25 Hawkins-Road - Singapore

Links von mir war ein Schrein des Avalokiteshvara, der so einsam und verlassen erschien. Niemand gab sich die Mühe, dem Herrn Kuanyin ein

Räucherstäbchen anzuzünden. Hat man seine Heiligkeit vergessen?. Die Anwesenden sagten mir, es liegt daran, daß es im Lager keinen Mönch gibt, der sich darum kümmert. Die bisherigen buddhistischen Geistlichen waren nur kurze Zeit geblieben, bevor sie zu ihrem Aufnahmeland gingen. Die Beziehung zwischen den im Lager lebenden Flüchtlingen und christlichen Geistlichen hatte sich besser entwickelt. Denn sie hatten sich in dem dritten Land fest etabliert, bevor sie von ihrer obrigen Stammkirche zurück ins Lager zur karitativer Arbeit abgeordnet wurden. Währenddessen haben buddhistische Führer es schwerer, im dritten Land Fuß zu fassen und mit ihrer Arbeit anzufangen. Mit anderen Worten ist das Anpflanzen des Bodhi-Baumes in den Boden des kalten Nordens einer Sisyphusarbeit sehr ähnlich. Dennoch wünschen sie sich eines Tages, wenn die Zeit erlaubt, zurück nach Südostasien zu kommen, und den Landsleuten zu dienen.

Am nächsten Tag während meiner Wanderung durch die Stadt traf ich ganz zufällig einen vietnamesischen Mönch, den Ehrw. *Thích Cảnh-Thanh*. Er lebt hier seit 30 Jahren und leitet eine sehr alte Pagode, so alt wie die meisten Gedächtnistempel in unsererm Land. Diese *Long-Sơn Pagode* ist durch ihre Architektur von Touristen sehr viel besucht. Sie liegt in 371 Race Cource Toad, Singapur.

Der Ehrwürdige sah, wie in mich in typischer vietnamesischer Mönchskutte verehrungsvoll vor dem Lotusthron unterwarf, und fragte mich, ob ich aus Vietnam komme. Er konnte seine Freude nicht unterdrücken, denn es war eine ewige Zeit vergangen, daß er eine Gelegenheit gehabt hatte, sich mit einem anderen in vietnamesisch zu unterhalten. Wahrscheinlich bedingt dadurch war seine Stimme härter geworden. Dafür kann er heute gut Chinesisch. Er ist ein nachdenklicher Mensch und pflegt zu analysieren und argumentieren.

Am 25. Januar 1985 verließ ich Singapur und flog zu den Philippinen. Nach etwa 3 Stunden Flug brachte die Boeing 747 des "Singapor Airlines" mich in die Hitze-Zone. Als wir das vietnamesische Hoheitsgewässer überflogen, verkündete die Stimme aus dem Lautsprecher, daß wir noch 20km vom vietnamesischen Territorium entfernt seien. Ich spürte einen stechenden Schmerz in jedem Muskel. Ich schaute nach unten und es sah aus, als ob die Wolken und Gewässer von einer frostigen Atmosphäre überdeckt waren, obwohl die heiße Saison angefangen hatte. Wer sich lange im Ausland aufgehalten hatte, kennt sicherlich das Heimwehgefühl. Einige Freunde sagten mir, daß der Titel " Weg ohne Grenzen" nicht ganz richtig ist, denn wenn der Weg an keine Grenzen stößt, dann ist es unmöglich, daß ich nicht nach Vietnam dürfte. Ich konnte nur erwidern: "Das kann ich doch, nur unter einer Bedingung, daß die Kommunisten nicht mehr im Land sind".

Während es in Europa -25°C bis -30°C kalt war, stiegen die Temperaturen auf den Philippinen auf +30°C. Mein Körper mußte einen Unterschied von 60°C unter Beweis stellen und das quält ihn sehr. Wenn man sich in der Kälte befindet, wünscht man sich die Wärme und umgekehrt. Das Leben ist voller Widersprüche.

Ich verließ die Maschine und sah die hier lebenden Landsleute mich zum Abholen kommen. Die Vietnamesinnen trugen das Nationalkleid. Dadurch wußte ich, daß sie meinet wegen hier erschienen. Denn es gibt eine Ähnlichkeit zwischen den Völkern Südostasiens. Bei der Erledigung der Formalitäten traf ich die katholische Schwester *Pascale Triều*. Sie war für ihr Sozialengagement bei allen karitativen Aktivitäten im Flüchtlingslager sehr bekannt. Einmal sagte mir Pfarrer *Tài*: "Wir betrachten sie als Botschafterin der Republik Vietnams auf den Philippinen" und ich gab ihn recht, nachdem ich Kontakt mit ihr aufgenommen hatte. Bereits im Jahr 1975, als ich noch in Japan war, hatte ich von ihrer Arbeit gehört.

Bevor ich auf die Philippinen kam, hatte ich Schwester *Pascale Triều* und einer buddhistischen Familie aus Vietnam in diesem Land geschrieben. Deshalb waren sie jetzt hier, um mich abzuholen.

Der dichte und unordentliche Verkehr in Manila erinnerte mich sehr an Saigon vor 1975. In Singapur hatte ich mich so nah an Vietnam gefühlt, aber jetzt war das Gefühl noch stärker.

Ich ging früh mich auszuruhen, denn schon am nächsten Morgen war geplant, daß ich zum Lager kommen sollte und zwar in Begleitung von unserer Schwester und einigen Buddhisten. Das Lager *Palawan* liegt einen Stundenflug südlich von Manila.

Bei der Landung sah ich vietnamesische Mönche, Buddhistenvertreter und junge Kinder der buddhistischen Jugendfamilie am Flughafen warten. Auch ein katholischer Geistlicher, Pfarrer *Cannet* aus Amerika war bei ihnen.

Nach der Begrüßung brachten uns Pfarrer *Can-*

net und Reverend *Thích Nhu-Đinh* mit den Buddhisten zur Pagode. Auf dem Hof standen schon die Gemeindemitglieder unter der Leitung des Reverends *Thích Nhât Trí* auf beiden Seiten des Eingangs. Drei Trommelwirbel hintereinander und drei Glockenschläge kündigten meine Ankunft in der Haupthalle an. Nachdem *"Sampai"*, d.h. dreimaligem Niederwerfen als Ausdruck meiner Verehrung gegenüber den "drei Kostbarkeiten", sprach ich einige Worte zur offiziellen Begrüßung an die Anwesenden und versprach ein längeres Gesprächstreffen am Abend.

Das Lager liegt an einen einsamen Ort südlich der Stadt, ganz in der Nähe des Flughafens. Hier hielten sich etwa 2000 Flüchtlinge auf, die schon die Aufnahmezusage von Kanada und den USA hatten. Sie warteten nur noch auf die Abreise in die neue Heimat. Das Lager existiert seit 1979 und, da es ein Provisorium ist, wurde es nur mit leichtem und billigem Material gebaut. Dächer und Wände sind aus Stroh. Deshalb tropft es hier und da, wenn es regnet. Wenn das Wetter schön ist, dringen die Sonnenstrahlen durch die Löcher in den Innenraum. Die Wartezeit ist auch eine gute Gelegenheit für Erwachsene, Englisch zu lernen, sowie für Kinder, die Muttersprache aufzufrischen. Der Lehrkörper besteht aus Philippinos, Chinesen und Vietnamesen. Da die Verwaltung in der Hand der Vietnamesen liegt, ist die Atmosphäre im Allgemeinen bemerkenswert angenehmer als in Singapur. Übrigens hat das Lager eine hervorragende Kommunikationstechnik. Jede Neuigkeit wird sofort wirkungsvoll weiter verbreitet.

Der Tagesablauf ist einigermaß annehmbar.

Jeden Morgen um 6ʷʷstehen alle auf. Vor dem Frühstück dürfen sie über dem Lautsprecher die Nachrichten hören. Danach holen sie das Essen für den ganzen Tag ab. Dann fängt der Unterricht an bis zum Mittagessen. Nachmittag erhalten alle Hitzefrei. Alle zwei Tage einmal am Abend gehen sie Post holen. Nach dem Abendessen folgen gemeinschaftliche Aktivitäten in der Kirche oder Pagode und Tempel. Manchmal gibt es auch Filmvorstellung.

Sanitäranlagen gibt es überall, soviel wie Brunnen, wo unsere Landsleute Wasser zum Kochen und Waschen holen. Reis gibt es auf den Philippinen sehr billig zu kaufen und zwar pro kg 4-6 Pesos (P) (100 Pesos=13,400 DM). Hier haben moderne vietnamesische Hausfrauen ein Problem, denn hier wird weder mit Gas noch elektrisch oder Öl gekocht, sodern einfach mit Brennholz. Ein kleiner Laden versorgt die Flüchtlinge mit Süßigkeiten und kleinen Dingen. Es gibt im Lager sogar ein Caféstübchen, wo sich abends Jungen und Mädchen im heranwachsenden Alter verabreden.

Die Lebenshaltungskosten auf den Philippinen sind günstiger als in Deutschland und den USA. Der Durchschnittsverdienst eines Ingenieurs liegt bei 100 - 200 DM. Während in Europa ein Bund Wasserwinde umgerechnet 5 Dollar kostet, kann man diese in diesem Land für 1 Peso bekommen.

Nach dem Eingang des Lagers sieht man sofort links und rechts ehrwürdige Gotteshäuser. Zunächst trifft man eine Pagode im Stil der Gemeinde der Bettelsangha. Kein Wunder, denn sie wurde vom Reverend *Thích Giác-Lượng* gegründet, der später nach San Francisco ging und Abt der *Pháp-Duyên Pagode* ist. Direkt gegenüber steht der *Cao-*

Đại Tempel, der zwar sehr einfach gebaut wurde, aber regelmäßig zweimal am Tag besucht wird. Dann kommt die Kirche der Jungfrau des Friedens. Der katholische Pfarrer *Cannet* leitet sie mit Hilfe einer Gemeindeschwester, eine Philippina. Als letztes in der Reihe der Gotteshäuser steht die evangelische Kirche. Danach kommt man zum Verwaltungsbüro des Lagers.

Vom 25. bis zum 30. Januar hielt ich mich im Lager auf. Dann ging ich nach Manila zurück, um mit Pfarrer *Tài* das Lager *Pataan* nördlich der Hauptstadt zu besuchen. Hier in *Palawan* erinnerten mich Tiergeräusche in der Nacht, wie z.B. von Gecko, Mäusen, Grillen und anderen Insekten, an Nächte in der Heimat damals. Gegen Mittag des 28. Januars zelebrierten wir gemeinsam den Tag der Buddha-Erleuchtung. Bei der Gelegenheit lud die buddhistische Gemeinde Andersgläubige und Vertreter ihrer Religionen zu einem Fastenmahl ein. Am nächsten Tag gab ich den Lagerbewohnern einen Überblick über das Leben der Vietnamesen in Amerika und Europa. Alle im Hof versammelten Landsleute hörten mit äußerster Aufmerksamkeit zu. Vor meiner Rückreise nach Manila überreichte ich den buddhistischen Mönchen, den Lagervertretern sowie einigen notdürftigen Bewohnern eine von Buddhisten in westlichen Ländern gespendete Geldsumme, um sie einigermaßen über das harte Schicksal zu trösten.

Zwar ist das Leben im Lager sehr hart, denn man hat zum Essen und Trinken nur Wasserwinde und Brunnenwasser und auf harten Bettboden aus Bambus muß man schlafen, man hört die mitleidenden Insekten schreien, aber man hat wenigste die Hoffnung, bald eine neue Existenz aufzubauen. Immerhin ist ihr Schicksal besser als das von denen, die als Gefangene hinter dem Bambusvorhang des kommunistischen Systems leben müssen.

Am Mittag des 30. Januars brachte mich eine Gruppe aus der Gemeinde der Buddhisten zum Flugplatz. Ich warf noch einen Blick auf die jungen Leute in grauen Kleidern, deren sympathische Gesichter auf mich sehr beeindruckend wirkten. In diesem Augenblick keimte in mir die Hoffnung, daß aus dieser vor mir stehenden jungen Generation künftige Männer und Frauen mit starkem Glauben und festem Willen werden, die eines Tages ihre früher Geborenenen beim Befreien des Vaterlandes aus der Unfreiheit und bei der Vollendung des Dharma helfen.

Die gesamte Situation des Lagers *Palawan* war recht angenehm, in Unterbringung wie menschlichen Beziehungen. Ich blickte zuversichtlich darauf, daß mit Hilfe ihres Organisationstalents die Lagerleitung das Leben ihrer Schützlinge von Tag zu Tag erträglicher machen wird.

Am ersten Tag des Februars 1985 kam der Fahrer von Schwester *Pascal* zusammen mit einigen Gläubigen mich abholen. Der Chauffeur brachte uns zum Funkhaus, um Pfarrer *Nguyễn Văn Tài* zu besuchen. Dieses kirchliche Organ arbeitet in direkter Unterstellung des Vatikans und sendet kirchliche Nachrichten im ganzen asiatischen Raum. Der Pfarrer war so freundlich, mir einzelne Abteilungen und Apparate zu zeigen. Danach gingen wir das Lager *Bataan* besuchen, wo sich die meisten Flüchtlinge aufhalten. Etwa 12.000 Bootmenschen warten hier auf die Aufnahme. Zwar liegt *Bataan* nur 200km von Manila entfernt, aber, um dorthin zu kommen, geht der Weg über Berge und Täler, so daß wir erst nach einer fünfstündigen Fahrt zum Ziel gelangten.

Einige Vertreter der *Van-Hanh Pagode* und deren Mitglieder hatten sich nach einer langen Wartezeit aufgelöst. Deshalb sahen wir bei der Ankunft außer dem Schild "Herzlich Willkommen" nur einige Ältere, die den Ort noch nicht verlassen hatten. Sonst war alles hier sehr still. Wir trafen Reverend *Thích Minh-Lục*, die Nonne *Thích-Nữ Hạnh-Thanh* und einen Novizen. Sodann erfuhr ich, daß diese *Van-Hanh Pagode* von einem Engländer gegründet worden war. Wahrlich ein prachtvoller Bau. Neben dem Gebäude sah ich die Statue des Kuanyin im Freien. Viele Mangobäume spendeten große Schatten mitten in dieser unendlichen Wildnis voller Berge und Hügel. Zwar ist diese Pagode ein Provisorium, weil der eine kommt und der andere geht, aber ihre Haupthalle hat ein Fassungsvermögen von über 400 Gläubigen auf einmal. Sie ist viel schöner als die meisten Pagoden in den USA.

Nach einem bescheidenen Mittagessen in diesem Ort mitten in den Bergen zeigte mir Pfarrer *Nguyễn Văn Tài* bis ins Detail die gesamten Anlagen des Lagers. Das ist hier sehr groß, von einem Haus zum anderen müssen wir mit den Wagen fahren. Wenn man zu Fuß geht, braucht man bestimmt mindestens eine Stunde, um alle Häuser zu erreichen. Bei der Gelegenheit kamen wir bei einer anderen Pagode vorbei, die vom Reverend *Thích Thông-Hải*, zur Zeit in Hawaii, gegründet wurde. Hier dominiert eine sehr ruhige und einsame Atmosphäre. Ein kambodschanischer Mönch, der heute die Pagode residiert, begrüßte uns, nachdem wir uns vor dem Buddha niedergeworfen hatten. Nach einem kurzen

Gespräch mit dem kambodschanischen Bikkhu über Beziehungen zwischen im Lager lebenden Khmer- und vietnamesischen Flüchtlingen. Ich hinterließ zum Abschied einen kleinen Betrag als Opfergabe für die "drei Kostbarkeiten". Von dort aus fuhren wir direkt zur Gedenkstätte. An diesem Mahnmal lassen sich heimatliche Darstellungen von Nationalhelden, unbekannten Soldaten sowie gefallenen Kämpfern für den Frieden und die Unabhängigkeit der drei indochinesischen Völker Vietnams, Laos und Kambodschas ablesen. Unser Weg führte uns zur nächsten Station, eine Kirche für Vietnamesen, die von einem gut Vietnamesisch sprechenden kanadischen Geistlichen geleitet wird. Verehrungsvoll stand ich vor der Skulptur Jesus Christus und fühlte mich wie vor Buddha und Bodhisattva. Ich sprach mit einigen Kirchenbrüdern, die bald die Priesterweihe erhalten sollten. Wir kamen dann zu einem traurigen Ort, wo einigen Lagerbewohnern das Fürchten gelehrt werden soll. Im sogenannten *"Monkey House"* werden in schwergewichtigen Fällen disziplinmißachtende Flüchtlinge eingesperrt. Alle 20 Personen, die sich derzeitig dort befanden, waren Vietnamesen. Aus dem Mund einiger um mich stehender Vietnamesen rutschte leise ein Wort:"Immer sind unsere vietnamesischen Landsleute in Schlägereien die besten und in Betrügereien Nummer eins". Welch ein Jammer! In mir erschien plötzlich das elende Bild von armseligen Landsleuten, die in der Heimat das kommunistische Herrschaftssystem ertragen müssen. Den Sträftlingen sprach ich ein paar Worte zum Trost und kehrte zur Pagode zurück. Die feinen Tröpfchen des Staubregens umhüllten mich und durchnetzten meine Kleidung.

Dem Abendessen folgte ein Gespräch mit Mönchen und Nonnen im Lager. Ich benutzte die Gelegenheit, um die allgemeine Lage des Buddhismus im Ausland darzulegen. Anschließend reichte ich einzelnen von ihnen einen bescheidenen Betrag, als Mittel für ihre Aktivitäten während dieser Übergangsphase, bis sie von einem dritten Land die Aufnahmezusage erhielten.

Am gleichen Abend traf ich die buddhistische Bevölkerung des Lagers zum letzten Mal in der Van-Hạnh Pagode. Der Abschied dauerte 90 Minuten. Am nächsten Morgen ging ich mit dem Pfarrer nach Manila zurück, damit ich von dort aus nach Taiwan fliegen konnte.

Gerade in Taiwan angekommen merkte ich, daß sich Vietnam auch vor 1975 nicht mit diesem Inselreich messen konnte. Denn es ist so zivilisiert wie Japan und Singapur. Die Infrastruktur der Inselrepublik ist nahezu perfekt. Die Naturlandschaft ist unübertroffen schön, die Menschen sind gütig und das Leben erweist sich als friedvoller als auf den Philippinen. Die Fahrt vom internationalen Flufhafen Chiang Kai-Shek bis zur Hauptstadt Tai pei ging per modernen Autobahnen über zahllose Berge. Jene erinnerten wehmütig an unsere Heimat.

Während meines Aufenthalts auf Taiwan wohnte ich in der Buddhastätte Linh-Sơn, deren Begründer, Ehrw. Thích Tịnh-Hạnh, hatte jahrzehnte lange unter harten Bedingungen gelebt, bis er die pädagogische Hochschule von Taiwan absolviert hatte. Er gilt heute als einflußreich im Kreis der Gelehrten und Hochschullehrrer auf Taiwan. Wenn wir in den USA in dem verstorbenen Hochehrwürdigen *Thích Thiên-Ân* einen buddhistischen Bekehrer der weißen Amerikaner sehen, dann können wir den Ehrw. *Thích Tĭnh-Hanh* als einen Bekehrer der Taiwanesen zu Laienbuddhisten und Mönchen zählen.

Auf Empfehlung des ICMC-Beauftragten für Indochina-Flüchtlinge auf den Philippinen, Herrn *William G. Applegate*, machte ich einen Besuch bei einem belgischen Pfarrer auf Taiwan, der sehr gut Mandarin-Chinesisch spricht. Wir sprachen miteinander in Englisch. Durch das Gespräch erfuhr ich von den 120 Vietnamflüchtlingen, die sich zur Zeit auf Penghu, eine Insel des Archipels Pescadoren (Fischer-Inseln), etwa eine dreiviertel Flugstunde von Taipei entfernt, befanden. 80 der Flüchtlinge erhielten bereits die Aufnahmezusage der US-Regierung. Für die restlichen 40 Personen war die Zukunft noch ungewiß. Augenblicklich bekamen sie kein bißchen Hilfe von der UNO. Nur die taiwanesische Regierung versorgte sie mit den notwendigsten Dingen. Aufgrund der Zeitknappheit war es mir nicht gelungen, meine Landsleute zu besuchen. Jedoch hatte das Gespräch mit dem belgischen Pfarrer *Peter Mertens* mich einigermaßen beruhigt. Ich schrieb hier die Adresse des Lagers auf, damit die im Ausland befindlichen Organisationen der Vietnamesen unseren Landsleuten im Lager Bücher und Zeitschriften zuschicken können:
"Indochinese Refugee Center"
150 Chiang Mei, Paishawan, Penghu, Taiwan
884.

Taiwan zu verlassen war nicht so einfach wie ich dachte, d.h. man brauchte dabei nicht nur einige Formalitäten, die sonst in allen anderen Ländern üblich sind, zu erledigen. Aber nein! Hier muß man soviel ausfüllen wie einer, der zurück zu seinem Ursprungland kehren will, obwohl ich gar kein Chinese bin. Diese Verzögerung hatte dazu geführt, daß ich widerwillig auf Taiwan noch einen Tag bleiben mußte.

Am 6. Februar 1985 brachte mich eine Maschine der "Malaysian Airlines" mit einem Flug von 3 Stunden nach Tokyo. Für mich war es ein angespannter Flug, denn ich brannte darauf, Tokyo nach 8 Jahren wiederzusehen und ich wußte, daß einige auf mich warteten. Nach so vielen Jahren der Trennung hatte sich vieles sehr verändert. Ich machte einen Besuch in der damaligen Pagode und beim alten Lehrmeister. Alle Brüder aus der Zeit von damals waren nicht mehr da. Jeden zog es in eine Himmelsrichtung. Nur die Glocke und die Trommel blieben treu, jedoch unbenutzt. Es überlief mich ein Schauer von Schmerzen. In der Haupthalle machte ich eine "Sampai". Bei dieser dreimaligen Niederwerfung äußerte ich den Dank an die "drei Kostbarkeiten" und an Spendengeber von damals. Denn ohne sie wäre ich nicht so, wie ich jetzt bin. Wer Vietnamesisch kann und mein Gefühl besser verstehen will, möge mein Buch "Giọt mưa đầu hạ" (Die ersten Regentropfen des Sommers) lesen. Zwar gehörte alles der Vergangenheit an, aber es war eine Vergangenheit, in der das Herz des Menschen sich bewegt fühlte.

Zwei Tage nach meiner Ankunft, am 8.Februar ging ich zum Hauptamt der Indochina-Flüchtlinge, dem die Japaner einen großen Namen gegeben haben: "Welthilfe-Zentrum - Behörde für Erziehung", um die Genehmigung zum Besuch der Flüchtlinge aus Vietnam zu holen. Japaner pflegen alles mit pompösen Namen und Titel zu nennen, wenn nicht größer dann wenigstens gleich den anderen internationalen Organisationen. Im Grunde sind ihre Strukturen nicht besser als in den USA, Kanada, Australien und sonstwo in Europa.

Zwei Stunden lang hatte ich versucht, durch Worte und Gesten dem Verantwortlichen klar zu machen, was ich wollte, wer ich bin und worüber ich mich mit meinen Landsleuten unterhalten werde. Dennoch war er nicht zufrieden. Seiner Meinung nach müßte ich noch weitere Gründe haben als den, welchen ich in der schriftlichen Erklärung genannt hatte. In diesem Augenblick fiel es mir nicht schwer zu verstehen, daß es nicht einfach ist, das Flüchtlingslager betreten zu dürfen. Am Nachmittag fuhr ich nach FUJASAWA, wo ich vor genau 10 Jahren das erste Flüchtlingsboot nach Japan kommen sah. Heute leben alle, die damals gekommen waren, teils in Holland, teils in Norwegen. Ich ging in die Kirche des Ortes und fragte eine Nonnenschwester, wie das einstige Lager heute geworden ist. Dadurch erfuhr ich, daß es längst aufgelöst wurde und daß außer denen, die nach Europa gegangen waren, noch einige minderjährige Jugendliche da waren, die von Familien, die rund um der Kirche wohnen, aufgenommen worden waren.

Es regnete in Strömen als ich am nächsten Tag zum Flüchtlingszentrum ging. Auf den ersten Blick sahen Wohnblöcke ordentlich aus. Wer weiß, ob hinter dem Stacheldraht unerfüllte Wünsche verborgen waren. Viele Ältere warteten bereits auf meine Ankunft. Nachdem das Repräsentantkomitee sich vorgestellt hatte, führten die Mitglieder mich zu einem geräumigen Gemeinschaftssaal, um mich dort den Lagerbewohnern bekannt zu machen. Wie der Name des Lagers schon sagte, versammelten sich hier alle Flüchtlinge in Tokyo und Umland. Trotzdem gab es insgesamt nur 200 Personen. Die meisten von ihnen waren junge Männer. Zunächst trug ich den Anwesenden die allgemeine Situation der Vietnamesen in Europa, Nordamerika mit allen religiösen, kulturellen Aktivitäten sowie sprachlichen und beruflichen Problemen vor. Es folgten Fragen seitens der Landsleute. Die meisten Themen waren sehr realistisch. Ich war froh, viele ihrer Probleme lösen zu können, wie sie auch erwartet hatten. Unser Gespräch wurde auf Band aufgenommen, um später von einem Vietnamesisch sprechenden Japaner in die Landessprache übertragen zu werden. Aus Sicherheitsgründen waren die japanischen Behörden neugierig zu wissen, worüber wir miteinander sprachen.

Meine Landsleute hatten hier kein bißchen Bewegungsfreiheit. Alle blieben an ihrem Platz nach dem Motto "niemand rein, keiner raus" wie eine Kaserne im Alarmzustand. Mit dieser Froschperspektive merkten die Lagerbewohner nicht, wie es draußen war. Deshalb richteten einige von ihnen diese Frage an mich: "Meister, warum besuchst du nicht andere Lager, wo unsere Landsleute unwürdiger behandelt werden als hier in Japan?" . Nach anderthalb Stunden Gesprächsdauer wußte ich zu vergleichen, daß es den Leuten hier schlechter ging, als denen in PALAWAN auf den Philippinen. Obwohl sie besser versorgt wurden, neigte ich dazu zu sagen, daß sie mehr litten. Denn Menschen leiden nicht immer unter materieller Not oder unzureichender Gesundheitsversorgung, sondern auch mitten im Wohlstand und Reichtum. Schön wäre es für die Armseligen, wenn sie öfter Besuch erhielten. Ich notierte hier die Adresse in der Hoffnung, daß einige meiner im Ausland lebenden Landsleute, wenn sie die Möglichkeit haben, auf die Idee kommen, sie zu besuchen:

> Vietnamese Refugees Camp
> 3-2-1 Yashio Shinagawaku - Tokyo - Japan

Wie aus Eimer gegossen regnete es weiter, als ich das Flüchtlingslager verließ. Ich nahm den schnellsten Zug der Welt (300Km/h) und fuhr nach OSAKA und NARA. Meine erste Station war das auf Anordnung des Kaisers SHOMU (724-748) errichtete *Todaiji* (Großes Östliches Kloster), das heute noch das religiöse Zentrum der Kegon-Schule (Chin.:Hua Yen, Schule der Blumengirlande) ist. Dort sprach ich mit dem Sektenvertreter über einige Probleme im Zusammenhang mit der künftigen Entwicklung der *Viên-Giác Pagode* in Deutschland. Danach machte ich einen Besuch im berühmten Tempel *Yakushiji* (Kloster des Lehrers der Heilmittel, auch des Medizin-Buddha genannt). Zum Schluß besuchte ich das im T'ang-Stil erbaute Kloster des Vinaya-Meisters *Chien-chen* (Jap.: *Ganjin*, 688-763). Der chinesische Disziplin-Meister, der auf Einladung des japanischen Kaisers nach NARA kam, gründete in diesem Kloster, das der Kaiser ihm zur Verfügung gestellt hatte, die Schule der Disziplin (Chin.:

Lü-tsung, Jap.: Ritsu). Zu dieser Zeit ließen sich alle Mitglieder der kaiserlichen Familie von ihm ordinieren. Das Kloster gilt noch heute als Zentrum der japanischen Ritsu-Schule. Über das Leben und Wirken des Meisters *Chien-chen* hatten die Japaner ihm vor zehn Jahren einen Film gedreht, der als Erfolg ausgezeichnet wurde.

Von NARA fuhr ich nach FUKUYAMA, um ein anderes Lager zu besuchen, wo ich vor 8 Jahren schon einmal gewesen war, um nach der Nonne *Thich-Nư Diệu-Tư* zu sehen. Sie lebte heute in den USA bei Sacramento. Ich wußte nicht, was sich die japanische Regierung dabei gedacht hatte, meine Landsleute mitten in einsamen bergigen und windigen Gegenden wie hier unterzubringen. Zwar ist die Naturlandschaft sehr poetisch, aber das Lager liegt weit entfernt von Wohnstätten und Einkaufsstädten, so daß es schwierig ist, dorthin zu kommen. Ich stieg aus dem Bus und ging 20 Minuten lang zu Fuß. Dieser Ort wurde seit früher die "Heimat des Amida Butsu" genannt. Nichts hatte sich geändert. Nur tat es mir weh, als ich einige Kinder aus Vietnam mich in japanisch grüßen hörte. Ich lächelte ihnen zu und beugte den Kopf, um ihren Gruß zu erwidern. Ich ging ins Büro und traf dort die Verantwortlichen. Einige von ihnen können sehr gut Vietnamesisch. Dadurch wußte ich, daß sie mehr als 30 Jahre in Vietnam gelebt hatten, bis die Vietcong Südvietnam eroberten. Die neuen Herren schickten alle Ausländer aus dem Land.

Der Schilderung des Lagervertreters nach befanden sich hier insgesamt 29 Flüchtlinge aller Altersstufen. Jeder von ihnen mußte draußen nach Arbeit suchen und monatlich 27.000 Yen für Verpflegung an die Lagerleitung entrichten. Wenn einer erkrankt war, dann übernahm das Rote Kreuz diese Kosten. Manche von ihnen lebten hier seit 5

Jahren und hatte noch keine Aufnahmezusage von einem dritten Land. Die Mehrheit der Flüchtlinge träumten davon, in die USA, nach Kanada oder Australien gehen zu dürfen. Nur wenige wollten in Japan bleiben. Einige meiner Landsleute, die sich hier fest ansiedelten, hatten schlechte Erfahrungen mit der Sprache sowie Sitten und Bräuchen des Landes gehabt. Das bedeutet auch nicht, daß Vietnamesen in anderen Ländern nicht mit solchen Problemen konfrontiert werden. Das ist überall das gleiche. Ich besuchte einen sehr kranken Ex-Militär, der nicht arbeitsfähig war. Bei der Gelegenheit übergab ich ihm ein Geschenk von einem Landsmann in Deutschland. Als Beitrag für das bevorstehende asiatische Neujahrsfest, hinterließ ich den Vertretern, die für die Vorbereitung des Neujahrsempfangs verantwortlich waren, eine bescheidene Summe. Ich hoffte, damit alle etwas Trost fanden, daß sie besonders die extremen Lebensbedingungen in diesem Ort vergessen konnten. Ich wußte, viel hatten nicht mal das wenige Geld, um einen Brief abzuschicken. Welch eine bittere Wahrheit, mitten in dieser Gesellschaft, die in einem der reichtesten Länder der Erde wohnte. Wer kennt denn schon diese Wahrheit, wenn er sie nicht erlebt hat?.

Ich verließ FUKUYAMA und ging nach MATSUYAMA auf der SHIKIKU-Insel, um einige Freunde aus der früheren Zeit zu besuchen, die heute verheiratet sind und Kinder haben. Sie leiten heute eine ziemlich bekannte Pagode in diesem Ort. Der Weg dorthin war äußerst schwierig, denn er ging über Berge, Pässe, Meer und durch viele Wälder. Aber wenn der Wille bestand, konnte nichts zum Hindernis werden. Kaum drei Stunden hielt ich mich dort auf, schon kam ein Anruf von der *Honryuji* Pagode in HAICHI, in dem mir mitgeteilt wurde, daß die Zeitung MAINICHI SHINBUM mich über meinen Besuch bei den Flüchtlingen interviewen wollte. Es kam sehr überraschend. Ich wußte auch nicht, woher sie von meiner Reise erfahren hatten. Erst später wurde mir klar, daß irgendeiner in NARA nach TOKYO telefoniert hatte, um die Zeitung über mich zu informieren.

Am 13-ten kehrte ich nach TOKYO zurück und hielt mich bei einem damaligen Komilitonen der Erziehungswissenschaft auf. Zu zweit sprachen wir miteinander über die vergangenen 15 Jahre sowie über Bekannte und Freunde, die Karriere machten oder machen werden. Am nächsten Morgen ging ich zur Verabredung mit dem Zeitungsreporter in der *Honryuji* Pagode, wo ich vor 8 Jahren rund 5 Jahre lang gewohnt hatte. Der Zeitungsbericht erschien zwei Tage später und nach zwei Monaten würden die Leser alles vergessen, was die Zeitung geschrieben hatte, als wäre die Sache Schnee von Gestern gewesen!.

Am Abend des 14. Februars 1985 traf ich mich mit Mitgliedern der japanischen Sektion der Congregation. Gemeinsam tauschten wir Informationen über uns aus. Wir erinnerten uns an jene Zeit, als die Sektion 1970 gegründet wurde und besprachen künftige Entwicklungspläne.

Ich verließ die lärmende und hektische japanische Hauptstadt, um zurück nach Deutschland zu fliegen. Denn das asiatische Neujahr stand bevor. In unserer VIÊN-GIÁC PAGODE in Hannover warteten auf mich tausend Dinge, die erledigt werden mußten. Unterwegs zum Flugplatz erinnerten mich die Tsubaki-Blumen (bot.Name: Cedrela sinensis; Franz.: Cedrel, Vietn.: Hoa thung ; diese Blume ist das Symbol des Vaters in der vietn. Literatur) an meine Mutter-Heimat und mein Vaterland. Mögen alle meine buddhistischen Landsleute die Dankbarkeit gegenüber den Eltern und dem Vaterland nie vergessen. Das Vietnam-Drama von 1975 war eine lehrreiche Lektion für uns alle. Eine bittere Wahrheit, eine Erfahrung, die wir teuer bezahlt haben. Es wäre schön, wenn wir daraus etwas gelernt haben.

In Ausgabe Nr.2 der neuen VIÊN-GIÁC Zeitschrift hatten wir schon über Australien geschrieben. Und nach vier Jahren hatten wir wieder die Gelegenheit, meine veehrten Lesern über Australien in Einzelheiten zu berichten.

Ich war schon dreimal allein nach Australien gefahren. Aber diesmal waren außer mir noch drei Personen aus der Schweiz, drei Personen aus Norwegen und 25 Personen aus Deutschland mitgereist. Unsere Gruppe wollte bei der Einweihung der fertiggebauten *Pháp-Bảo Pagode* am 26.05.85 in Sydney teilnehmen. Wenn ich allein reise, dann gibt es nichts zu sagen. Aber bei einer Gruppenreise gab es viele Probleme und außerdem wurde diese Reise zum ersten Mal veranstaltet. Wir hofften darauf, daß es in der Zukunft nicht so viele Schwierigkeiten wie bei diesem Mal geben wird. Viele meinten, daß eine Gruppenreise viele Vorteile brachte und machten uns den Vorschlag, daß wir wenn möglich die Reisen zu anderen Kontinenten veranstalten sollten. Darüber hatten wir noch keine Entscheidung getroffen und wollten auch noch abwarten.

Zuerst mußten wir uns Visa und Flugtickets 3 Monate vor der Abreise besorgen. Mit den Formularen war es ziemlich kompliziert. Der eine wollte mitreisen und hatte dabei keine Mittel. Der andere konnte mitreisen, aber wegen einer Familienangelegenheit mußte er leider zurücktreten. Weil die Anträge sowie die Pässe an die australische Botschaft in Bonn nicht auf einmal hingeschickt wurden, waren sie irgendwie verloren gegangen und viele hatten sich falsche Gedanken gemacht. Zum Glück wurden die Pässe später wiedergefunden. Schließlich waren wir doch geflogen und alle trafen sich an dem Treffpunkt:Flughafen Frankfurt.

Die Flugreise fing am 10.05.85 um 19Uhr30 an und endete in Sydney-Australien um 9Uhr45 am 12.05.85; d.h. nach 26 Stunden Fliegen und 4 Stunden Pause über die Schweiz, Karachi, Singapore und Melbourne. Im Flugzeug dachten wir, daß wir die Ruhe genießen konnten, nach dem Formalitätenerledigen am Flughafen. Aber es war anders gelaufen, weil es einigen älteren Personen schlecht ging, weil sie eine lange Reise nicht gewohnt waren. Dann mußten wir uns um sie kümmern. Glücklicherweise war der Reiseführer der Reiseagentur ein Vietnamese. Deshalb brauchten wir uns nicht, um die Probleme mit den Kranken kümmern.

Wir mußten zwei Nächte und einen Tag im Flugzeug verbringen. Dadurch fühlten wir uns müde und abgeschlagen. Obwohl wir sie schon vorher über die Reise und die Dauer informiert hatten, dachten alle Reisenden, daß die Reise nicht so lange dauern würde. Aus diesem Grund machten sie sich viel Sorgen. Am Anfang waren sie ein bißchen aufgeregt und nach vielen Stunden im Flugzeug warteten sie wieder darauf, daß der Flug so schnell wie möglich zu Ende ging, um bald die Mönche oder die Verwandten am Flughafen in Sydney zu sehen. Und wir kamen am Flughafen in Sydney nach genau geplanter Uhrzeit an. Aber erst nach zwei

Stunden für die Formatität der Einreise und Gepäckkontrolle konnte unsere letzte Person der Gruppe den Zoll verlassen. Wir waren insgesamt 31 Personen, aber nur neun Personen fuhren in die Pagode und die anderen wurden von Verwandten abgeholt.

Diesmal wurden wir direkt in die neue *Pháp - Bảo Pagode* in Smithfield, aber nicht in die alte Pagode in Lakemba wie letztes Mal gebracht. Die Fahrt vom Flughafen bis zur Pagode dauerte über eine Stunde, nur weil der Fahrer den Weg gut kannte. Sonst dauert es noch länger.

Die Pagode liegt auf einem Grundstück von 5.000qm mit vielen großen Bäumen. Die Pagode wurde nach modernem Stil erbaut, hatte auch das dreitürige Tor, eine große Haupthalle, Räumlichkeiten für die Mönche, einen Empfangssaal, eine Stupa für die Verstorbenen usw. Und alles sieht ganz modern aus. Das Dach der Pagode ist nicht gebogen, aber von dort erstreckt sich noch ein Dach, so daß sie übereinander stehen und sehr modern aussehen. Das drei-türige Tor ist ein Mittelding zwischen europäischer und asiatischer Architektur. Das Gemeinschaftshaus, Arbeitszimmer sowie die anderen Räume sind noch im Bau. Der Glocken- und der Trommel-Turm sind auch geplant. Wir hofften darauf, daß die *Pháp-Bảo Pagode* bald fix und fertig mit dem Bau wird, damit sie die erste Pagode in der Geschichte Australiens wird. In dieser Zeit im Ausland gibt es über 100 Pagoden und Andachtsstätten. Und fast wurden sie gemietet oder einfach gekauft. Danach wurden sie zur Pagode ernannt. Es gab nur 8-10 Pagoden, die offiziell mit asiatischer Schönheit gebaut wurden, in verschiedenen Orten wie:

-*Die Pháp-Hoa Pagode in Marseille- Frankreich*

unter der Führung von Hochehrwürdigen Thích Thiền Định, Baujahr 1976.
   -Die Khánh-Anh Pagode in Bagneux-Frankreich, unter der Führung von Ehrwürdigen Thích Minh Tâm, Baujahr 1979.
   -Die Tịnh-Tâm Pagode in Sevre-Frankreich, unter der Leitung von Ehrwürdigen Thích Minh Lễ, Baujahr 1981.
   -Die Linh-Sơn Pagode in Joinville- Frankreich, unter der Leitung von Hochehrwürdigen Thích Huyền Vi, Baujahr 1982.
   -Die Thiền-Minh Pagode in Lyon-Frankreich, unter der Leitung von Venerablen Thích Tánh-Thiệt, Baujahr 1984.
   -Die Liên-Hoa Pagode in Brossard- Kanada, unter der Leitung von Hochehrwürdigen Thích Tâm-Châu, Baujahr 1976.
   -Die Quan-Âm Pagode in Montreal-Kanada, unter der Leitung von Ehrwürdigen Thích Minh- Tâm und uns, Baujahr 1984.

   In den USA gab es viele Pagoden, aber keine dieser Pagoden war fertiggebaut. Einige Pagoden waren noch im Bau wie:
   -Die Giác-Minh Pagode in Palo Alto, San Jose, unter der Leitung von Hochehrwürdigen Thích Thanh Cát.
   -Das Kloster Liên-Hoa unter der Leitung von Ehrwürdigen Thích Pháp-Nhẫn in Dallas.

   In Australien ist die Pháp-Bảo Pagode unter der Leitung von Ehrwürdigen Thích Bảo-Lạc eine erste gebaute Pagode. Sie hat die große Fläche in der ersten Reihe und auch überhaupt keine Bankschulden im Verhältnis zu den anderen obengenannten Pagoden. Das ist eine große Freude für den Buddhismus in Australien sowie im Ausland.

Nach einem Jahr des Bauens fand die Einweihung der *Pháp-Bảo Pagode* am 26.05.85 statt. Die Einweihungszeremonie war unter der Bezeugung von *Hochehrwürdigen Thích Phuớc Huê*, *Hochehrwürdigen Thích Thiện Định* sowie unter Anwesenheit von Herrn Minister für Jugend und Wohnangelegenheiten des Bundesstaats New South Wales. Und über 800 Mönche und Gäste verschiedener Bundesstaaten in Australien und verschiedener Länder wie Frankreich, Japan, der Schweiz, Norwegen, Kanada und der BRD nahmen teil. Der Ablauf dieser Zeremonie ähnelte dem althergebrachter Einweihungsfeierlichkeiten im traditionellen Vietnam sowie im heutigen Ausland. Nur diesmal gab es einen Tag davor zusätzlich einen als einmalig zu bezeichnenden Ritus zur Errettung der Totengeister aus dem Meeresgrund. Dabei wurden Totengeister aufgerufen, die "dreifach Zuflucht" und die Aufnahme in die Pagode angeboten. Von dem Zeitpunkt an durften sie an einem bestimmten Platz, d.h. Totenaltar in Frieden weilen, täglich Gebete und Sutra-Erläuterung hören, um eine aussichtsreiche Wiedergeburt zu sichern. Anschließend fand eine Zeremonie zur Freilassung der Brennenden Münder, d.h. eine Zeremonie zugunsten herumirrender Geister statt; diese auf Mitleid und Liebe ruhende Bemühung beabsichtigte, hungrige Geister (Preta) von ihren Qualen zu erlösen und eine erfolgversprechende Wiedergeburt zu ermöglichen. Zu erwähnen wäre, daß diese Zeremonie des Freilassens der Brennenden Münder zum zweiten Mal im großen Rahmen wie solchen veranstaltet wurde, nachdem sie vor wenigen Jahren in den USA vom *Hochehrwürdigen Thích Thiện Ân*, als er noch lebte, vollzogen wurde. Unter umgebenden Fahnen wurden zehn verschiedene Geister herbeigerufen, die dann vor dem Altarschrein des innen sowie auswärtigen Triratna erschienen. Dabei wurden sowohl die "drei Kostbarkeiten" als verstorbene Großmeister um Hilfe und Beistand angebetet. Der Zeremonienmeister als Vorbeter wurde von vier Mönchen begleitet, um miteinander harmonisch im Einklang mit dem Takt Glocken- und Trommelgebete und Dharani aufzusagen. Ihre Stimmen durchdrangen mal die Tiefe mal die Höhe der Wahrnehmbarkeit aller Wesen und durchlaufen einen Ausdruck der Erlösung. Fast fühlten sich alle Anwesenden so als ob sie die irdische Welt verlassen haben und in ein weitentferntes tranzendentales Reich versetzt. Die hohe und warme Stimme des Vorbeters, Ehrwür. *Thich Nhu-Huê, Abts der Pháp-Hoa Pagode* in Adelaine durchdrang den Geist von lebenden und toten Wesen und wirkt Besinnung auflösend bei allen Herzen. Als nächster und Beter begleitete ihn der *Reverend Thich Quảng Ba, Abt der Van-Hanh Pagode* in Canberra, mit einer noch höheren Stimme, die die Geister ehrerbietig umsorgen und besänftigen soll. Beide Stimmen mischten sich im Einklang mit dem melodisch singenden Chor, gebildet durch vier beistehende Mönche, und mit dem Rhythmus, der von der Regelmäßigkeit des Glockengeläuts und dem Trommelton zu einer schöpferischen Zen - artigen Melodie durchzogen war.

Vor der Einweihungsfeier waren alle sehr beschäftigt, dem eigentlich war die Pagode jeden Tag sehr still, aber jetzt war sie belebter und nach dieser großen Feier ruhte die Pagode wieder.

Bei dieser Gruppenreise gab es ein Unglück, aber auch ein Glück. Eine Woche vor der Einweihungsfeier der *Pháp-Báo Pagode* waren wir nach Canberra gefahren, um die Hauptstadt von Australien zu besichtigen und an dem Ritus des Pagodeeintretens von *Reverend Thich Quảng-Ba* in der

Vạn-Hạnh Pagode teilzunehmen. Zusammen mit uns waren insgesamt noch vier Autos vorgefahren. Auf der Fahrt hatte ein Auto sich verirrt. Aber danach wußten wir, daß ein Unfall passiert war, weil der Autofahrer beim Überholen nicht rechtzeitig einlenkte. Das eine von anderen zwei Autos, die vor uns fuhren, hatte auch einen Unfall, weil der Fahrer den Weg nicht so gut kannte. Wir sind zusammengefahren, aber es gab zwei Unfälle in zwei Orten in einem Tag. Es war wirklich ein kollektives Karma der Lebewesen! Es gab drei Verletzte, zwei Leichtverletzte und einen Schwerverletzten. Wir dachten, daß es wieder in Ordnung ginge. Aber das war nicht einfach, weil die Patienten immer mehr Schmerzen bekamen und natürlich so viele Probleme dadurch entstanden. Wir wollten auch nicht die traurigen Geschichten hierher bringen, um die Lesenden zu stören, es soll aber die Probleme einer Gruppenreise veranschaulichen. Deswegen bekam *Reverend Thích Quảng-Ba* noch mehr Arbeit. Aber zum Schluß fand diese Feier würdevoll statt. Es waren *der Hochehrwürdige Thích Phước-Huệ*, das Oberhaupt der "GESAMTEN VIETNAMESISCH-BUDDHISTISCHEN VEREINIGUNG in Australien", *Ehrwürdiger Thích Như-Huệ, Ehrwürdiger Thích Bảo-Lạc, Ehrwürdige Thích - Nữ Như-Tuấn, Reverend Thích Minh Tám* und wir anwesend. Außerdem waren viele Buddhisten in der Umgebung gekommen.

Chúc-Thiện, ein Buddhist mit gutem Dharmaherzen und Hilfsbereitschaft hatte uns tüchtig geholfen. Ich sagte sehr oft dazu:"*Chúc-Thiện* ist jung aber macht sehr oft große Sachen. Und viele ältere Menschen unternehmen nur kleinere Sachen." Er lächelte nur. Wenn es überall solche Buddhisten mit wahrer Frömmigkeit und Menschenfreundlichkeit, die dem Dharma und den Pagoden dienen, gäbe, dann würde der Buddhismus im Ausland immer weiter verstärkt.

Wir kamen gerade im Herbst nach Australien, die gelben Blätter fielen verstreut an den großen langen Straßen entlang. Sie webten die schönen gemusterten Brokate wie die Naturteppiche , auf denen die Landschaftsbetrachter die Engel in Tausenden von Landschaften sind. In diesem Moment lag Europa am Ende des Frühlings und Anfang des Sommers. Eigentlich ist der Schöpfer auch gerecht und die Natur harmonisiert nach einem Rhythmus des Lebens. Denn die Erde dreht sich wegen Geburt und Tod und ist der einzige Weg des epischen Gedichts, und die Lebewesen sind die unfreiwilligen Fußgänger.

Australien ist riesig groß und breit, die Zahl der Einwohner ist wiederum niedrig. Angenommen, daß das ganze Volk Vietnam hierher siedelte, so gibt es noch viel freies Land. Wenn jemand hierher kommt, will er deshalb dieses Land nicht wieder verlassen. Australien hat eine verführerische Kraft für die Europäer und sogar auch für die Asiaten. Auch wenn jemand ein höchst schwieriger Mensch wäre, könnte er Australien nicht kritisieren, denn Australien ist ein Land, in dem man sehr leicht und einfach leben kann.

1979 gab es in Australien überhaupt keine Pagoden, keine Mönche und auch keine buddhistischen Vereinigungen. Aber Anfang 1980 wurde "die vietnamesisch-buddhistische Vereinigung" in New South Wales gegründet. Seit 1979, sechs Jahre hindurch hatten die Vietnambuddhisten in Australien viele Pagoden z.B. *die Pháp-Báo Pagode* und

Phước-Huệ Pagode in Sydney, *Đại-Bi Quan-Âm Pagode* in Melbourne, *Pháp-Hoa Pagode* in Adelaine, *Phật-Giáo Việt-Nam Pagode* in Brisbane, *Vạn-Hạnh Pagode* in Canberra und *Phật-Giáo Việt-Nam Pagode* in Perth. "DIE GESAMTE VIETNAMESISCH-BUDDHISTISCHE VEREINIGUNG IN AUSTRALIEN" wurde auch vor 3 Jahren gegründet und heute gibt es noch viele Organisationen in verschiedenen Bundesländern, die dieser Dachorganisation unterliegen.

Die Phước-Huệ Pagode in Sydney, Verwaltungsorgan der "GESAMTEN VIETNAMESISCH-BUDDHISTISCHEN VEREINIGUNG IN AUSTRALIEN" unter der Leitung von *Hochehrwürdigen Thích Tắc Phước* war nur ein kleines Haus, das provisorisch als Pagode benutzt wurde. Hinter dem Haus wurde eine Halle für einen Buddhaaltar und ein Anbetungsraum für Laienbuddhisten gebaut. Der war ziemlich groß und bot Räumlichkeit für 100 Personen. Wenn der Buddhismus in Australien in der Zukunft noch weiter entwickelt wird, dann wird diese Lokalität nicht mehr ausreichen für die wöchenlichen Anbetungszeremonien.

Bei den Aktivitäten in Australien handelt es sich nicht nur um die Religionen, sondern auch um die Kultur, Erziehung, Berufseingliederung, Leben usw. Aber unsere Fähigkeiten sind begrenzt in einigen Bereichen. Die anderen Bereiche werden wir nur kurz erwähnen, damit unsere Leser einen Überblick gewinnen. Vielleicht werden Sie nicht böse auf uns sein? Denn was wir wissen, werden wir sagen. Und was wir nicht wissen, versuchen wir, zu sagen. Denn es ist nicht korrekt für einen Schreiber!

In den USA gibt es in vielen großen Städten

wie Los Angeles, Westminster, San Jose, San Diego, Houston usw. viele Vietnamesen, die Geschäfte treiben, wie in Vietnam damals. In Australien sind die Städte wie Banktown, Cabramutta, Sydney usw. nicht weniger geschäftig wie andere große Städte, wo die Vietnamesen sich meistens aufhalten. Nach der Statistik der UNO sind die USA das Land, die höchste Aufnahmequote der Vietnamflüchtlinge hat. An 2. Stelle liegt Australien, und dann kommen Kanada, Frankreich, Deutschland und Großbritannien nach der Reihe.

Die Zahl der Vietnamflüchtlinge in Australien in dieser Zeit steigt bis 90.000 und besonders in Sydney versammeln sich über 25.000 Personen. Aus diesem Grund sind alle Aktivitäten hier konzentriert. In Sydney gibt es viele Zeitschriften wie *Chuông Sài-Gòn*, *Chiêu-Dương usw*. eine Rundfunk-Sendung *Quê-Me*(Mutter Heimat), die wöchentlich ein paar Mal Nachrichten aus der Welt und auch die Nachrichten der Vietnamesen sendet. Die Zeitschrift *Chuông Sài-Gòn* besteht am längsten, von der Wochenzeitschrift zur halbwöchenlichen Zeitschrift. Und die Zahl der Ausgaben ist ziemlich hoch. Für die Vietnambuddhisten in Australien gibt es zwei regelmäßige Zeitschriften. Es sind die *Pháp-Bảo* Zeitschrift von der "vietnamesisch-buddhistischen Vereini - gung in Australien" in New South Wales und *Phât Giáo Việt-Nam* Zeitschrift von der " GESAMTEN VIETNAMESISCH-BUDDHISTISCHEN VEREINIGUNG IN AUSTRALIEN". Außerdem gibt es noch die *Van-Hanh*-Zeitschrift, *Phô-Quang*-Zeitschrift, die aber unregelmäßig erscheinen, aber trotzdem die buddhistische Bevölkerung erreicht.

Nach der Einweihungszeremonie der *Pháp-Bảo*-

Pagode in Sydney am 26.05.85 waren wir: *Reverend Thich An Thiên* aus Japan, *Ehrwürdige Thich Ni Nhu Tuân* aus der Schweiz, einige Buddhisten und ich dabei, um auf eine lange Reise per Bus durch viele Bundesländer von Australien vorzubereiten.Früher nahm ich oft das Flugzeug von Sydney bis Melbourne, Adelaine und Brisbane. Dabei konnte ich die Landschaft von Australien nicht anschauen.Deshalb wünschte ich dieses Mal die ausgedehnte und unübersehbare Landschaft zu sehen und kam zu diesem Entschluß, obwohl viele Buddhisten zu mir gesagt hatten, daß ich die Müdigkeit der langen Reise nicht ertragen konnte. Ich antwortete:" Ich bin schon gewohnt mit Tau und Wind. Dann wird es nicht so schlimm sein!". Der 2. Grund war, damit alle mit dem Bus reisen mußten, Platzmangel bei der Fluggesellschaft "stand by"(billige Tarif) , wenn wir auf einmal mitfliegen. In Australien gibt es eine besondere Art von Flugticket, eigentlich nur für die Passagiere, die vorher keine Platzreservierung eingetragen haben. Sie brauchen nur bei der Reception nachfragen. Wenn es noch Karten gibt, dann können sie sofort mitfliegen. Und wenn nicht, dann müssen sie abwarten zum nächsten Flug. Durchschnittlich sind die Flugkarten 20-30% billiger. Denn die Fluggesellschaften meinen,wenn sie die übriggebliebenen Karten nicht verkaufen können, dann bleiben die Plätze unbesetzt. Währenddessen bei den Fluggesellschaften in Europa es wieder anders ist: Wenn die eiligen Passagiere unbedingt reisen müssen, kosten die Flugkarten wieder viel mehr. Vor drei Jahren kostete eine Flugkarte "stand by" von Sydney nach Adelaine nur 70 australische Dollar. Nach drei Jahren ist der Australien-Dollar im Kurs sehr tief gefallen im Verhältnis zum US-Dollar. So müssen die Passagiere doppelte Preise bezahlen.

Wir wollten alles richtig für diese Reise arrangieren. Deshalb ließen wir einige Buddhisten von der *Pháp-Bảo Pagode* sicherheitshalber für uns die Busfahrkarten schon vorher kaufen. Am Morgen früh vom 28.05. waren die Buddhisten bereit, uns zur Busstation der Agentur VIP(Via Important People) hinzubringen. Aber unglücklicherweise war die Station irgendwohin anders umgezogen. Wir hatten kaum noch Zeit und mußten auf der Straßen von der Stadt Liverpol herumsuchen. Wenn jemand uns in dieser Situation gesehen hätte, hätte er über uns sehr gelacht. Und als wir die Busstation für die Reise nach Melbourne erreichten, war diese Station nicht von der Agentur VIP, sondern von der Agentur Greyhound. Das reichte dann! Wir mußten uns den Schweiß von der Stirn wischen und stiegen in den anderen Bus ein. Dieser war aber nicht die Prajna-Schunke, die die Passagiere aus der irdischen Welt zum Ort der Reinheit hinüberbringt, sondern nur ein Boot voller Gefahr und Verlassenheit, das den Mönch aus dem irdischen Leben wegbringt.

Wenn man von Sydney nach Melbourne per Flugzeug reist, braucht man nur eine Stunde Flugzeit. Währenddessen brauchten wir per Bus über 12 Stunden für diese Fahrt. Man darf auf den Autobahnen in Australien maximal 110km/Stunde fahren, weil die Straßen sehr schlecht sind, im Vergleich zu den deutschen Autobahnen oder zu den breiten und weiten Autobahnen in den USA. Unterwegs machten wir nur dreimal Pause, damit die Fahrgäste in Raststätten frühstückten oder zu Mittag speisten. Auf den Straßen hatten wir nur Kühe, Schäfer und Pferde gesehen. Ab und zu mal sahen wir ein Haus. Es war wirklich wahr, daß Australien riesen groß und breit ist, und es dort auch wenig Menschen gab. Eine volle ganze Insel, so groß wie Europa hatte nur 15 Millionen Einwohner. In Europa hingegen beträgt die Einwohnerzahl über 100 Millionen.

Wir kamen in Melbourne um 9Uhr 15 an und warteten bis 22 Uhr, aber niemand holte uns ab. Wir waren alle so aufgeregt und nervös und riefen die *Quan-Âm Pagode* an. Am anderen Ende des Telefons meldete sich niemand. Dann mußten wir einfach noch warten. Schließlich kamen die Buddhisten. Wir fragten danach, warum es so geschah. Dann wußten wir es schon, weil sie in einer verkehrten Busstation auf uns gewartet hatten. Na ja! Alle seufzten und gingen zuerst in die Unterkünfte der Buddhisten. Morgens besuchten wir die Pagode.

Am nächsten Tag besuchten wir die *Quan . Âm Pagode*, die unter der geistigen Führung von *Reverend Thích Phước-Nhơn* lag. Dort erfuhren wir, daß gestern abend sich in der Pagode sehr viele Buddhisten versammelten, um Telefonanrufe zu erwarten. Aber das Telefon klingelte überhaupt nicht. Dann mußten sie wieder nach Hause gehen. Und sogar die zwei Töpfe von Reisbrei warteten noch auf uns, bis heute waren sie immer noch voll. Wir hatten aber nicht die falsche Nummer gewählt oder das Telefon war kaputt, vielleicht hatte diese Pagode keine schicksalhafte Fügung mit uns. Und die Antwort blieb offen.

Die Dai-Bi Quan-Âm Pagode war früher in Melbourne unter der Leitung von *Ehrw. Thích Huyền - Tôn* gewesen. Und jetzt ist sie wieder an einen anderen Ort umgezogen. Und diese bisherige Pagode wurde von *Reverend Thích Phước-Nhơn* geleitet.

Der Grund war, daß diese Lokalität kein richtiger Ort für gemeinsame Aktivitäten und Öffentlichkeit war. Und das störte die Nachbarschaft sehr. Aber die zweite Pagode hatte auch keine Ruhe, weil die jetzige Lage so ähnlich wie die erste war. Wir erfuhren auch, daß die Adresse nur provisorisch für eine kurze Zeit war. Die Buddhisten waren auf der Suche nach einem Grundstück für die Pagode.

Am Abend von 29.05. unterhielten wir uns mit einigen dortigen Buddhisten und fanden, daß ihre Kenntnisse über die Buddha-Lehre ziemlich gut, im Gegensatz zu denen in anderen Ländern waren.

Am 30.05. besichtigten wir Chinatown in Melbourne und trafen auf den großen Regen im Winteranfang. Es war uns sehr kalt! In Melbourne ist das Klima recht besonders: vormittags ist Frühling, mittags ist Sommer, nachmittags ist Herbst und abends ist Winter. Fast alle Bewohner in Melbourne haben immer Regenschirme bei sich oder im Auto. Der Verkehr in Melbourne ist auch anders als in anderen Orten in Australien. Deshalb müssen die Leute den Führerschein nochmal prüfen lassen, wenn sie nach Melbourne ziehen möchten. Denn in Melbourne fahren die Straßenbahnen zusammen mit den Autos auf der Straßen, wie in einigen Städten in BRD. Das Merkwürdigste dabei sind die Verkehrsregeln in Melbourne. Um nach rechts abzubiegen muß man auf die Vorfahrt des von links kommenden Verkehrsteilnehmers achten, und abwarten, bis der Weg frei ist.

Am Morgen des 31.05 brachten einige Buddhisten uns in die Busstation der Agentur VIP, damit wir weiter nach Adelaine reisten. Der Abschied ist dann immer schmerzlich. Der Fortgehende und der Zurückbleibende fühlten sich einander verbunden. Zum Glück sind wir Mönche. Und die Menschen im normalen Leben ertragen noch mehr Leid!

Die Strecke von Melbourne bis Adelaine ist über 700 km lang. Und mit dem Bus braucht man ungefähr 10 Stunden für die Fahrt. Unterwegs sieht man auch nur Bäume, Weiden und Wüsten. In Australien sieht man überall nur eine einzige Pflanzenart, d.h. Sandelbäume (Santalales). Jemand nennt sie "weiße Sandelbäume". Vielleicht haben die Pflanzen einen besonderen Duft"Minzöl". Damals in Amitabha-Sutra hat Buddha über eine Welt im Süden gesprochen. Ist hier wirklich diese Welt? Dort geht die Sonne im Westen auf und im Ost unter.Und deshalb heißt es Südpol?

An der Busstelle waren Ehrw. Thích Nhứ-Huế, mein älterer Lehrer(er hat mich vor 20 Jahren gelehrt) zusammem mit einigen älteren Mitarbeitern der Gemeindeausschusses der "Buddhistischen Vereinigung von Südaustralien" der Pháp-Hoa Pagode, und Mitgleider der "Buddhistischen Jugendfamilie" anwesend, um uns zu empfangen. Es war sehr ergreifend, als wir die Blumen von den netten und freundlichen Buddhisten erhielten. Und wir bekamen diese liebevollen Blumen wie ein ganzes erhabenes Herz.

Wohin ich gehe, wünsche ich immer Wasserwinde und die tropischen Gemüse zu essen. Aber leider war es in Südaustralien gerade Winter,so daß das, was ich mir wünschte, nicht in Erfüllung ging. Aber am nächsten Tag bekamen wir ein vegetarisches Mahl, das wir schon vorgeplant hatten, nur mit heimatlichen Gemüsen. Es war einfach phantastisch!

Am Morgen vom 1. Juni brachten einige Buddhisten uns zur Stadt-Besichtigung. Dabei zeigt der Vorsitzende der buddhistischen Vereinigung uns die neue *Pháp-Hoa Pagode*. Diese Pagode war noch im Bau und liegt auf einem Grundstück von 5.000qm, so groß wie die Fläche der *Pháp-Bảo Pagode* in Sydney. Bald wird der Bau der *Pháp - Hoa Pagode* in Adelaide fertig sein. Dann ist diese 2. Pagode in Australien, die im großen Umfang mit asiatischer Architektur wie die *Pháp-Bảo Pagode* in Sydney gebaut wird.

Am Nachmittag war die regelmäßige Anbetungszeremonie in der Haupthall der alten Pagode. Der Mönch *An-Thiên* sprach über den Buddhismus in Japan. Die Ehrwürdige Nonne *Như-Tuấn* sprach Eindrücke anläßlich dieser Feierlichkeit aus. Und schließlich verwickelte ich alle Buddhisten in ein Gespräch über die Buddha-Lehre. Es dauerte fast über eine Stunde und keiner war müde. Überall gibt es viele Buddhisten, die dem Buddhismus mit großer Hingabe folgen, meisten studieren sie die Lehre des Buddha. Darüber sind wir sehr froh.

Am 2. Juni war wahrscheilich der geschäftigste Tag der *Pháp-Hoa Pagode*. Denn das war das 2529. Vesakh-Fest. Punkt 14^{00} fing die Feier an und endete um 19^{00}. Der erste Teil dieser Feier waren die Ansprachen zur Eröffnung des Vesakh-Festes und die traditionellen buddhistische Zeremonielle. Der zweite Teil war die Musik - Vorstellung, die aus Tänzen, Liedern und einem Theaterstück bestand. Besonders war das Stück über "Die Geschichte des Buddha von Geburt bis zum Zeitpunkt des Mönchwerdens", das von der buddhistischen Jugendfamilie der *Pháo-Hoa Pagode* gespielt wurde. Eigentlich war die Bühnentechnik nicht perfekt, aber die Kleidung sowie Einrichtung des Palastes auf der Bühne waren einfach wunderschön. Jede gesellschaftliche Veranstaltung geht schnell zu Ende und hinterläßt das Echo im Herzen der Reisenden mal verschwommen mal imaginär, wie die Tropfen vom Morgentau an Zweigen und Gräsern unvollendet hängen.

Am Morgen des 3. Juni mußten wir nach Sydney zurückfahren, damit der Mönch *An-Thiên* weiter nach Perth fahren konnte und wir nach Brisbane, um einen Besuch bei den Buddhisten zu erstatten. Von Adelaide nach Sydney brauchten wir wieder per Bus fast 24 Stunden. Auf dieser Strekke gab es wieder nur trockene Felder und Wüsten. Ab und zu sahen wir einige Häuser und Dörfer. Wir fuhren den ganzen Tag durch und dann die Nacht. Die Stadt zündete schon ihre Lichter an. Der Busfahrer ließ das Fernseher anmachen, Damit wir während des Fernsehschauens die schwere und lange Zeit der verlassenen Nacht vertrieben. Die Filme gingen zu Ende, aber die Strecke war noch immer weit. Am nächsten Morgen waren wir wieder in der *Pháp-Báo Pagode*.

Am 5. Juni fuhren wir noch einmal wieder mit dem Bus nach Brisbane, wo das Klima so ähnlich wie in Vietnam ist. Diesmal waren nur ich und 3 Buddhisten dabei. Der Mönch *An-Thiên* mußte nach Sydney fahren und die Ehrwürdige *Nhu-Tuán* hatte in Sydney einiges zu erledigen, bevor sie wieder in die Schweiz zurückfahren. Denn der "Weg ohne Grenzen", der Rückreise in die Heimat, in eine Heimat der anderen, hatte schon eine Grenze.

Auf der ganzen Reise von Deutschland nach Australien und zurück sowie bei der Durchreise in

Australien war ich ein unfreiwilliger Dolmetscher. Einmal ließ ich die Buddhisten wunschgemäß einkaufen. Ich saß einfach da und lachte selbst. Damals sagte ein französisches Sprichwort: "Die Augen sind das Fenster zur Seele". Und heute muß man sagen: "Die Sprache ist das Fenster zur Seele". Wegen Sprachschwierigkeiten hatte ein Buddhist Milch bestellt und er bekam ein Coca Cola. Ich trank Coca, lächelte nur und sagte nichts.

Im Gegensatz zu Südaustralien gibt es, je weiter man nach Norden kommt, immer mehr Gebirge und grüne Pflanzen. Die Teiche, Seen, Flüsse und Meere sind unermeßlich. Die Boote und Schiffe drängen sich. Es ist einfach eine verführerische Landschaft. Wenn jemand also Sydney, Adelaide, Melbourne schon besucht hat, muß er Brisbane auch besichtigen.

Wir waren in Brisbane gegen Mitternacht, nach 16 Stunden Busfahrt. Der Mönch Nhật-Tân und einige Buddhisten hatten uns abgeholt und brachten uns in die Pagode. Wir blieben in der Pagode an den Tagen 6., 7. und 8. Juni. Die ersten zwei Tage besuchten wir die Gärten der Vietnamesen. Dort gibt es verschiedene heimatliche Obstbäume wie Zuckerrohrpflanzen, Guavenbäume, Longansbäume, Brotfruchtbäume, Kassawa-Pflanzen usw... Als wir diese Bäume ansahen, hatten wir Sehnsucht nach der Heimat. Die Arekapalme brachte uns die Erinnerungen nach Zentralvietnam am Sommermittag. Damals hatten wir nach der Schule ohne Kummer gespielt. Diese Bilder von der Kindheit riefen aus meinem Innern hervor, als ob sie die Welt zum Paradies machten. Und jetzt sind Umstände so verändert. Wenn jemand noch an die Heimat denkt, soll er hierher kommen, um sie zu besuchen...

Am Nachmittag des 8.Juni gab es in der Haupthalle der Andachtsstätte eine Verkündung über die Buddha-Lehre. Über 80 Buddhisten hatten teilgenommen. Es hatte fast über 3 Stunden lang gedauert und niemand fühlte sich müde. Es ist wirklich eine Seltenheit in diesem zivilisierten Land. Die Buddhisten in Brisbane unter der Führung von Reverend Nhựt-Tấn hatten die drei Juwelen im geistigen sowie im materiellen Bereich sehr tüchtig unterstützt.

Eigentlich führen die drei Buddhisten und ich wieder mit dem Bus nach Sydney zurück. Aber am Morgen vom 9. Juni fand mein Vortrag in der Pháp Bảo Pagode statt. Also mußten wir fliegen. Ich mag nicht gern, daß so viele Menschen beim Empfang oder Abschied dabei sind. Aber am Flughafen von Brisbane waren über 30 Buddhisten anwesend.

Nach einer Stunde und 15 Minuten war ich wieder in Sydney. Die Buddhisten dort hatten mich beim Abholen gefragt, warum ich so viele Sachen mitgebracht hatte. Ich antwortete: "Es sind nur Zuckerrohrstangen, Wasserwinde, Bananenknospen usw...". Alle lachten zusammen.

Die Pháp-Bảo Pagode wurde sichtbar unter dem undeutlichen Reif des Winterabends. Ich kam plötzlich wieder zu mir und dachte an etwas. Ich wußte auch nicht, warum mein Herz einfach leer und verlassen war. Wahrscheinlich fehlte die Pagode dem Abt? oder in meiner Erinnerung spielte etwas vor wie ein Film aus meiner Vergangenheit? Zum Schluß gab es gar nichts. Denn der alte Schauplatz war immer noch da.

Punkt 11Uhr am 9. Juni versammelten sich über 100 Menschen in der Haupthalle der *Pháp-Báo Pagode*. Es waren viele ältere Menschen und auch nicht wenig kleine Kinder der buddhistischen Zugendfamilie. Wahrscheinlich, weil "Buddha im Hause nicht so heilig war" warteten alle auf den fremden Gast. Nach wiederum 2 Stunden Vortrag war keiner müde.

Am Nachmittag und am nächsten Tag besuchten wir einige Orte und danach mußten wir wieder unser Koffer packen für die Rückreide nach Deutschland.

Gegen 11 Uhr am 11. Juni waren viele Autos bereit da, um uns zum Flugplatz zu bringen. Wir waren bei der Ankunft in Australien 31 Leute und jetzt bei der Rückkehr nur noch 11 Personen.Denn einige von unseren Mitreisenden wünschten, noch ein paar Monaten bei ihren Verwandten zu bleiben. Sie flogen später wieder nach Deutschland. Das war auch richtig, wie sie sich verhielten für so eine lange Reise über 30 Stunden zwischen Himmel und Erden und noch bei diesen Flugkosten.

Am Flughafen waren die Weggehenden und die Zurückbleibenden zerstreut. Es war nichts weiter als daß wir, Meister und Schüler Abschied nahmen, so weit tausend Meile entfernt...Aber wir waren voller Hoffnung, daß wir uns irgendwann wiedertreffen.

Die Jahreszeiten und das Klima in Australien sind im Verhältnis zu den anderen Kontinenten anders. Denn Australien liegt auf der südlichen Halbkugel (Hemisphäre) und dort verläuft das Jahr folgendermaßen: Frühling von September bis November, Sommer von Dezember bis Februar, Herbst von März bis Mai und Winter von Juni bis August. Während es in Europa und Nordamerika Schnee gibt, ist es in Australien sehr heiß. Zur Weihnachtenzeit in Australien gibt es kaum Schnee, sondern nur Schweiß. Ich war einmal gegen Ende Dezember in Australien. Die Temperatur steigt in dieser Jahreszeit über 40°C. Im Haus ist es noch wärmer als im Freien. Auch draußen im Garten fühlte ich mich noch heiß. Diese Hitze folgte mir so weit, daß ich einfach Wasser nahm und auf den Baum goß, damit ich die Kühlung ein bißchen erhielt. Es gab auch manchmal in einem Jahr kaum Regen. Die Regierung mußte eine Verordnung herausbringen, daß die Bevölkerung Wasser sparen mußte. Die jungen unschuldigen Schafe waren wegen Durst gestorben. Damit die Tiere nicht so sehr unter Durst litten, hatten die Farmer sie einfach geschossen. Und auch wegen dieser trocknen und heißen Sommerzeit gab es in Australien viel Waldbrände, besonders in Südaustralien. Es hat viele Gründe für Waldbrand gegeben, vielleicht wegen achtlos weggeworfener Zigarettenstummel oder auch von der Abreibung der Baumstämme und noch dazu wegen der enormen Hitze. Man bemerkte auch, daß das Klima in Australien im Sommer so ähnlich wie das in Nordafrika war. Die Afrikaner schätzen das Wasser mehr als Gold oder Edelsteine. Jedes Jahr ist in Afrika die Regenmenge sehr gering, aber der Bedarf an Wasser von Menschen, Tieren und Pflanzen ist sehr hoch. Deshalb ist Wasser in Afrika sehr wertvoll. In Australien ist es viel besser, aber es gibt manchmal auch Düre und Trockenheit. Deshalb müssen wir richtig mit Wasser umgehen, wenn wir glücklicherweise im Wohlstand leben. Wir haben auch gesehen, daß viele Menschen einfach verschwenderisch Wasser gebrauchen und dabei nicht gedacht haben, daß irgendwo anders die Menschen Wasser dringend brauchen. Buddha hat in den Sittlichkeitsregeln gelehrt:" *Man darf Wasser nicht verschwenderisch gebrauchen.*" Denn Wasser und Luft sind am allernotwendigsten. Man kann einen Monat lang nicht essen, aber wenn man nicht trinkt, wird man sterben. Buddha hat auch gesagt:" *Als Buddhist muß man immer an die elende und arme Zeit denken, wenn man reich ist. Und wenn man sich glücklich und wohl fühlt, denkt man an die unglückliche und jämmerliche Zeit. Wenn man jung ist, denkt man an das Alter usw.*"

Zwischen Sydney und Perth gibt es drei verschiedene Uhrzeiten, z.B. in Sydney 10Uhr, in Adelaine 9Uhr30 und in Perth 8Uhr. Australien liegt etwa 8-10 Stunden von Zeitmeridian Greenwich und von New-York 9-10 Stunden entfernt. Dann liegt Australien senkrecht zwischen Europa und Amerika über Asien und waagerecht in derselnen Höhe mit Südafrika und Südamerika.

Das Klima ist wie oben schon gesprochen. Höchste Temperaturen erreicht Australien gegen Ende Dezember und im Januar. Niedrigste Temperaturen sind im Juni und Juli. Die Durchschnitts - temperatur liegt zwischen 20°C und 25°C. Nur in Canberra fällt die Temperatur im Winter manchmal bis 11°C ab. Es gibt in einigen Orten auch Schnee im Winter, z.B. auf der Insel Tasmanien.

Australiens Bevölkerung besteht aus verschiedenen Völkerstämmen und Rassen. Jedes Volk hat eine eigene Sprache, die weiter gepflegt und bewahrt wird. Aber Englisch wird als Amtsprache benutzt. Wenn die Touristen ohne englische Sprachkenntnisse nach Australien reisen, bekommen sie bestimmt viele Schwierigkeiten, so als wenn sie nach Japan kommen und dabei kaum Japanisch sprechen können. Es reicht nur die Muttersprache zu sprechen, um sich mit anderen Völkern zu verständigen. Die chinesische Sprache sprechen üner eine Milliarde Menschen jeden Tag in dieser Welt. Aber sie ist nicht die Sprache, die alle Menschen kennen. Umgekehrt ist Englisch oder Amerikanisch eine Sprache, die ungefähr 400-500 Millionen Menschen sprechen. Aber sie ist wieder eine Weltsprache, weil alle diplomatischen Schriftstücke, Dokumente und wirtschaftliche Urkunden heute auf Englisch geschrieben werden. Französisch ist eine Sprache der Diplomatie, aber nicht so sehr gebräulich. Und die deutsche Sprache hat es noch schwerer als die japanische Sprache, in der Zukunft eine Art Weltsprache zu sein. Aber auf jedem Fall ist die Sprache auch "Fenster der Seele" für die Mitteilung der eigenen Gedanken zum anderen Menschen oder für die Verständigung zwischen den Völkern.

Die meisten Australier sind katholisch. Einige sind evangelisch, mohammedanisch, buddhistisch usw. Deshalb kann man auch sagen, daß Australien ein polykulturelles Land ist.

Die Touristen können, wenn sie niemanden in Australien kennen, die Hotelbetten in verschiedenen Orten in Australien vorher bestellen, bevor sie nach Australien reisen. Sonst können sie beim Ankommen alles erledigen. Am internationalen Flughafen Sydney gibt es genügend Dolmetscher in verschiedenen Sprachen sowie Reiseführer, die für die Touristen sorgen.

Die Touristen aus Europa brauchen sich nicht zu impfen, während die aus Asien, Mitteleuropa und

Afrika sich impfen lassen müssen. Alle Flugzeuge vom Ausland müssen eine Zwischenstation in Melbourne machen. Dort müssen alle Reisenden aussteigen, um die Gesundheit kontrollieren zu lassen. Bei der Ankunft in Melbourne darf niemand die Maschine verlassen, bevor die Beamten der Gesundheitsbehörde den Passagierraum mit einer Art von Desinfektionsmittel gesprüht haben. Es ist sehr unangenehm! Danach können alle aussteigen. Das stört viele Menschen. Aber es ist nach einer Anordnung der autralischen Regierung eine Pflicht. Man gewöhnt sich daran, wenn man mehrmal nach Australien reist. Man muß sich den Umständen anpassen.

Außerdem dürfen Touristen weder Pflanzen noch Lebensmittel ins Land mitbringen. Alles wird sehr streng kontrolliert am Flughafen. Nur mit einer Sondergenehmigung der australischen Botschaft dürfen einige Pflanzenarten mitgebracht werden. Die Tiere unterliegen auch solcher Verordnung, d.h. nur mit Sondergenehmigung sowohl der Botschaft als auch der Gesundheitsbehörde . Viele Leute haben auch gedacht, daß Europäer und Australier die Tiere gern mögen. Aber am Flughafen hat das Gesetz einen Vorrang.

Ich erinnere mich daran, als unsere älteren Damen die Betelblätter, Arekanüsse und Kuchen mitgebracht hatten, hatten die Zollbeamten trotz aller Erklärungen alles in die Eimer des Flughafens geworfen. Es tat sehr weh! Besonders den Besitzern.

Hierbei dachte ich wieder an eine lustige Geschichte. Viele Buddhisten gehen jahrelang in die Pagode, hatten aber noch nicht die dreifache

Zuflucht abgelegt. Dazu haben sie viele Gründe. Vielleicht verstehen sie die Bedeutung nicht so richtig. Andererseits denken sie, daß es nicht wichtig ist. Aber im Allgemeinen ist die Zufluchtnahme bei den drei Juwelen eine gewisse und ausreichende Bedingung, damit man den Grenzübergang vom Leben und Tod und Wiedergeburt überquert. Wenn man die Zufluchtnahme bei den drei Juwelen noch nicht abgelegt hat, dann ist man wie ein Reisender, der die letzte Strecke des Lebens noch nicht durchquert hat. Jemand hat gesagt: "Wenn ich das Land des Westens schon erreicht hätte, würde ich die Bürgschaft für meinen Mann oder meine Frau übernehmen, damit sie auch mitkommen kann". Aber wenn man die Bürgschaft übernimmt, muß man auch z.B. eine Urkunde vorweisen. Wenn die Amitabha-Buddha oder Bodhisattva Avalokiteshvara nach Urkunden oder die Lehre des Buddha fragen, wie kann man darauf antworten. Wenn dies nicht vorhanden ist, muß man wieder in die alte Welt eintreten und warten, bis die offiziellen Papiere schon da sind. In dieser Welt gibt es schon so viele schwierige Formalitäten, um so mehr gibt es in der Überweltlichen. Dann als Buddhist soll man nachdenken und aufmerksam sein.

Jedes Bundesland Australiens hat eine eigene Besonderheit. Aber diese Beschreibung ist begrenzt. Wir können nicht alle Einzelheiten beschreiben. Wenn Sie, liebe Leser etwas mehr über Australien wissen möchten, bitte, wenden Sie sich an die australische Botschaft, wo Sie wohnen. Oder Sie können in Zeitungen, Reiseführern oder Zeitschriften darüber lesen.

Der vietnamesische Buddhismus in der BRD ist noch nicht ganz 9 Jahre alt. Deshalb hat man nicht genug Zeit, um zu sagen, ob er gut oder schlecht, schnell oder langsam ist usw ... Aber trotzdem sind die Pioniere die Menschen, die die Sache am besten kennen. Wenn wir dies hier nicht beschreiben oder nicht erzählen, dann werden die späteren Generationen es sehr schwer haben, etwas über die Einführung des vietnamesischen Buddhismus in die BRD herauszufinden. Eigentlich möchten wir erst in zwanzig Jahren darüber schreiben. Dann ist genügend Zeit vergangen, zu einer Entscheidung über dessen Wert zu kommen. Andererseits haben wir Angst, alles wieder zu vergessen. Außerdem empfinden wir auch, daß das Leben vergänglich und diese Welt wie ein Traum ist, und so müssen wir jetzt schon anfangen zu schreiben.

Wir haben schon ein paar Male über die BRD geschrieben und die Aktivitäten in der BRD in der *VIEN-GIÁC ZEITSCHRIFT* und in dem Buch "*GESCHICHTE DES VIETNAMESISCHEN BUDDHISMUS IM AUSLAND VOR UND NACH 1975*"ganz flüchtig vorgestellt. Es ist nicht sehr gründlich gewesen, aber die wichtigsten Teile sind fast erwähnt worden. Viele Buddhisten mögen gern diese schriftliche Ausdrucksweise, halb klösterlich halb weltlich, manche aber nicht. Sie behaupten, daß es nur eine lange vertrauliche Mitteilung eines Mönches ist. Aber es gibt auch viele Menschen, die gern diesen Artikel lesen, um die fünf Kontinente und die vier Ozeane kennenzulernen. Sie möchten wissen, daß es nicht das Geheimnis der Seevögel ist, sondern das Herz von jemandem, der die Liebe vom Körper trennt. In dieser Welt gibt es sehr viele Menschenarten. Die einen mögen das, die anderen aber dies. Wer auch immer ein guter und geschickter Handwerker ist, kann seine Kundschaft nicht ganz befriedigen. Überdies sind wir nur Mönche, ungeschickt beim Schreiben, arm in Gedanken, aber immer gestikulieren wir mit Füßen und Händen herum, und so müssen wir irgendwann aber Lücken haben. Deshalb hoffen wir, daß Sie die Aufmerksamkeit dem Buddhismus schenken und diesen Mangel ersetzen.

Damit Sie es wissen, müssen wir Ihnen sagen, warum wir erstens in die BRD kamen, und warum wir bis heute hier blieben.

Jahr um Jahr in Japan, nach dem Studieren, nach der Prüfung, Arbeiten, Anbetung, Reisen... fühlte ich mich sehr unwirklich wie auf einer einsamen Ozeaninsel, nicht mehr und nicht weniger. Deshalb wünschte ich mir, aus dieser Einschränkung zu entkommen. Es war einfach zu verstehen. Wenn es heiß ist, möchte man frischen Wind haben und umgekehrt. Wenn die Leute gerade ein angenehmes Leben genießen, wünschen sie wieder etwas anderes, dann wird das Leben lustiger. Immer den ganzen Tag eingeschlossen im Zimmer könne man die frische Luft nicht atmen.

Die Japaner sind gut, aber ihre Seele ist auch eingerahmt, beim Sitzen, Essen, Sprechen... Dadurch trug ich mich mit dem Gedanken, mich selbst zu ändern. Während dieser Zeit in Japan hatte ich oft Kontakt mit einem Freund aus den gleichen Geburtsort. Damals war er Medizinstudent an der Universität Kiel in der BRD. Das war der Grund, warum ich die BRD besuchte. Nach der Aufnahmeprüfung zum Höheren Studium über Buddhologie an der Universität Risso in Tokyo, studierte ich dort nur einige Zeit. Dann hatte ich die Absicht, einmal nach Europa zu reisen. Die BRD war das erste Land bei dieser Reise.

Eigentlich mußte ich mein Studium über Erziehungswissenschaft fortsetzen. Aber nach 1975 war die Chance, wieder nach Hause zu kehren, hoffnungslos. Ich dachte mir, mit dem Fachwechsel könnte es noch nützlicher sein, für die spätere Zukunft. Außerdem meinte ich auch, daß das Lernen in der Schule nur bis zum Diplom ging. Man nannte jemanden, der ein Aufbaustudium machte oder promovierte, Forscher, aber nicht mehr Student. Deshalb konnte man irgendein Fachstudium wählen. Hauptsache, daß dieses Fach einigermaßen in Verbindung mit dem vorherigen Studium stand.

In Japan gab es damals für das höhere Studium zwei Richtungen, nämlich die technisch-industrielle Fakultät und die geisteswissenschaftliche Fakultät. Die erste Fakultät wurde wieder in verschiedene Fachbereiche unterteilt wie Industrie, Management usw. Die geisteswissenschaftliche Fakultät bestand aus Fachbereichen wie Literatur, Erziehung, Philosophie, Buddhologie usw. Es gab selbstverständlich auch Medizin und einige andere Fakultäten. Aber am häufigsten gab es diese beiden obengenannten Fakultäten.

Ich hatte die Universität Risso gewählt, weil ich damals in der Pagode Honryuji in Hachioji wohnte. Diese Pagode unterlag der Sekte Nichiren-Shoshu. Und außerdem,in der Universität Risso,gab es viele ältere Dharma-Brüder, die das Studium schon längst abgeschlossen hatten wie Ehrw. Thích Minh Tâm, Ehrw. Thích Trí Quảng, Ehrw. Thích Chơn Thành usw.Bei der Aufnahmeprüfung gab es insgesamt 37 Kandidaten, aber nur 12 bestanden und ich stand auf dem 7.Platz. Ich war sehr froh und mutig, weil ich die schweren Fremdsprachen gewählt hatte, Französisch als 1. Fremdsprache, Chinesisch als 2. Fremdsprache und Japanisch natürlich die Muttersprache. Es waren meistens Mönche, nur einige waren Laienanhänger. Danach mußten wir die Studiengebühr bezahlen. In Vietnam, für uns als Mönche war es kostenlos. Aber in Japan sollte es alles korrekt sein, weil die japanischen Mönche sehr reich waren, aber ich nicht. Der Meister S.Oikawa, Abt der Pagode Honryuji hatte mich nach der Studiengebühr gefragt und ich antwortete, daß ich nur noch zigtausende Jen hatte(entspr. 600,DM) und die Gebühr für das erste Studienjahr 320.000 Jen≙3200 DM betrug. Das war nur für buddhistische Studien, für das Medizinstudium kostete ein Jahr mindesten 10.000 DM. Damals gab es in Japan 800 vietnamesische Studenten, aber nur ein oder zwei konnten Medizin studieren, weil sie genug Geld hatten. Viele hatten Fähigkeiten aber leider kein Geld und mußten aufgeben.

Es gab in Japan drei verschiedene Institutionen von Universitäten, die staatlichen, die öffentlichen und die privaten Universitäten. Staatliche Universitäten gehörten zur Staatverwaltung, öffentliche Universitäten zur Stadt oder Kreisverwaltung(halb öffentliche halb private) und private Universitäten. Um einen Studienplatz an der staatlichen Universität zu erwerben, mußten die japanischen Studenten fünf oder sieben Mal die Aufnahmeprüfung ablegen, meistens erfolglos. Deshalb können nur wenige Vietnamesen an dieser Universität studieren, meistens also an der privaten Universität.

Insgesamt gab es in Japan 950 Universitäten, 100 davon waren staatliche und der Rest waren private.Für das Buddhologiestudium gab es 40-50 Universitäten. Die Aufnahmeprüfung war schwer, aber die Abschlußprüfung war leicht. Das Studium zum Diplom dauerte 4 Jahre, zum Höheren Studium 2 Jahre und für die Promotion 3 Jahre, insgesamt 9 Jahre. Allgemeine Bildung dauerte 12 Jahre, Grundschule 6 Jahre, Mittlere Stufe 3 Jahre und Oberstufe 3 Jahre. In Vietnam war es für die Grundschule 5 Jahre, Mittelstufe 4 Jahre und Oberstufe 3 Jahre. Später gab es vielleicht einige Änderungen, aber wir waren sehr lange weg von der Heimat und wußten es nicht genau. Und in der BRD dauert das Studium von der Grundschule bis zum Abitur 13 Jahre. Nach der mittleren Reife gibt es wieder viele Berufs- oder Fachschulen. Das Studium an der Hochschule ist aber unbegrenzt. Es könnte für 8 Semester(4 Jahre) sein. Aber es ist sehr selten, daß ein Student nur 8 Semester studiert, normalerweise 12 oder 14 Semester. Es gibt auch jemanden, der fast schon 20 Semester studiert, aber noch nicht mit dem

Studium fertig ist. In der BRD gibt es auch ein Aufbaustudium, aber im Vergleich mit dem Höheren Studium in USA oder in Japan ist es sehr unterschiedlich. Deshalb ist es mit dem Studium von einem Land zum anderen nicht einfach. Nach der Diplomprüfung kann man schon mit der Promotion anfangen. Das dauert 3 Jahre. Der Meister S. Oikawa hatte gesehen, daß ich kein Geld hatte; er gab mir das Geld für die Studiengebühr unter einer Bedingung, daß ich die Buchkataloge über den vietnamesischen Buddhismus und die vietnamesischen Literatur im Ausland sammelte. Diese Arbeit war eigentlich einfach aber trotzdem sehr kompliziert und schwierig. Das war auch der Grund, daß ich mich beurlauben ließ und in die BRD bzw. nach Europa reiste, um die historischen Dokumente zu suchen. Ich hatte meine Absicht und Gedanken bei dem Abt geäußert. Er war einverstanden und schenkte mir Geld für die Hälfte des Flugtickets. Die andere Hälfte lieh mir mein Freund aus der BRD. Am Anfang wollte ich wieder zurück und mußte die Flugkarte für Hin- und Zurück kaufen. Und mein Gepäck war nur ein Koffer zusammen mit der gelben Kutte eines Mönches.

Venerable Thích Chờn Thành und einige Buddhisten verabschiedeten mich am Flughafen Haneda. Es war am 22.4.77. Ich wählte dieses Datum, weil ich auch am gleichen Tag vor 5 Jahren Vietnam verlassen hatte und nach Japan kam. Ven. T. Chờn Thành gab mir einen Umschlag und sagte, daß ich ihn in Europa in entsprechenden Umständen gebrauchte. Welche Nummer der Flug hatte, wußte ich nicht aber ich flog mit der Lufthansa. Es gab eine lustige Geschichte. Seitdem fliege ich sehr oft bei verschiedenen Luftgesellschaften und nach der Reise werfe ich alle Flugtickets weg. Nur die Flugtickets von Air-Vietnam in Tân-Sơn-Nhất-Flughafen am 22.04.72 bewahre ich bis heute auf. Vielleicht war es für mich die letzte Fahrt und sogar auch die längste Flugreise von Air-Vietnam in dieser Zeit(Saigon-Hongkong- Taipei-Osaka-Tokyo). Im Jahre 1974 hatten meine japanischen Freunde und ich Vietnam wieder besucht, aber ich hatte die Flugkarte bei dieser Reise auch nicht aufbewahrt. Hoffentlich gibt es wieder Möglichkeiten ins Heimatland zu kommen, wenn das Land nicht mehr unter kommunistischer Führung ist, damit "DER WEG OHNE GRENZE" von mir das Gelübde "ohne Grenze" auf dieser Erde verwirklichen könnte.

Bei dem Stand"Gepäckabfertigung" bekam ich ein Telegramm von einem Bekannten aus Hannover. Der Text auf Englisch lautete, daß ich beim Ankommen in Hamburg von niemanden abgeholt werden konnte. Ich war so traurig und wußte auch nicht, warum es so geschah. Ich war so betrübt und in Gedanken versunken; dann wollte Ven.T.Chơn Thành mich verabschieden, damit er arbeiten gehen konnte. Und ich allein zog in dem Flughafengebäude herum. Der Polizist am Flughafen nahm meine Aufenthaltserlaubnis zurück und fragte mich, ob ich wieder nach Japan zurückkäme. Ich lächelte und sagte:"Bitte! sehen Sie auf dem Papier". Dann ging ich still weg, für immer in die Ewigkeit.

Damals waren Ven.*Thích Bảo Lạc*,mein Bruder und Ven. *Thích An Thiên* noch in Japan. Die waren so beschäftigt mit dem Lernen oder Arbeiten, deshalb konnten sie mich nicht am Flughafen verabschieden, sogar Ven. Thích Minh Tuyên nicht. Sie sind jetzt auf dem Rang Ehrwürdige. Alle vier haben das Studium abgeschlossen, sowie die Schule des Dharma-Entwickelns als auch die Schule der Dharma-Ausübung. Es sind Ehrw.T.Chơn-Thành, Ehrw. T.Nguyên-Đạt, Ehrw. T.Bảo-Lạc und Ehrw. T. Minh-tuyên. Und Ehrw. T.An-Thiên ist bereits heute oder morgen ehrenvoll bei der Rückkehr in das Buddha-Land der erfolgreiche Kandidat, aber das ist nicht jemand, der zuerst auf der Matte getragen wird, und ich danach, sondern die Glocke und Trommel von Prajña sind bereit, auf ihn zu warten!

Aus dem Flugzeug heraus sah ich nur weiße Wolken. Unten war es noch kalt, die Sonne schien nicht. Und jetzt oben in der Luft schien die Sonne so stark. Die Lehrreden von Buddha seit tausenden Jahren sind immer noch gültig:" *Die Sonne tritt immer deutlich in Erscheinung, aber wegen der Wolken wird die Sonne bedeckt*"oder"*Nicht wegen des Blinden wird die Sonne nicht erscheinen; eigentlich kann der Blinde die Sonne nicht sehen, weil er blind ist*". Deswegen bleibt die Lehre des Buddha, der Weg zur Errettung der Menschen aus dem Elend immer gültig, überall im Raum sowie in der Zeit. Aber wegen des Staubes der Unwissenheit können die Lebewesen diese Wahrheit noch nicht einsehen. Aber die Wahrheit bleibt immer da, nur die Menschen lehnen sie ab, aber die Wahrheit ist nicht vom Menschen entfernt. Die Lehre des Buddha ist so wie das Licht der Sonne. Der Grund dafür ist, daß wir noch nicht tief darin eindringen, weil wir noch verblendet sind. Wenn wir uns Mühe geben, werden wir die Erleuchtung und Befreiung erlangen. Denn nach den Wolken scheint die Sonne wieder. Man muß es so verstehen, dann kann man die Lehre des Buddha vollständig erlernen. Umgekehrt kann man nur Freundschaft mit Verblendung und Begierde schließen.

Ich öffnete den Brief von *Ven.T.Chơn-Thành*. Damals war er der Leiter der CONGREGATION DER VEREINIGTEN VIETNAMESISCH-BUDDHISTISCHEN KIRCHE Sektion JAPAN, jetzt praktiziert er das Dharma in den USA. Er hatte mich bei allen Organisationen und Vereinen in Europa vorgestellt, sowie bei allen buddhistischen Aktivitäten in Japan, damit ich keine Schwierigkeit hatte, beim Kontaktaufnehmen in Europa. Ich entfaltete den Brief und war nachdenklich über die Zukunft und über den Horizont, in dem ich bald Fuß faßte.

In meinem Kopf waren so viele Ideen, aber ich wußte nicht, ob ich alles durchführen konnte. Deshalb versuchte ich mich abzulenken und plauderte mit einigen Japanern.

Das Flugzeug legte Zwischenstation in Alaska ein, und flog weiter nach Hamburg. Von Japan nach Europa gab es 2 Möglichkeiten: von Tokyo nach Moskau und von dort nach Europa. Der andere Weg führte über Nordamerika nach Europa. Es gab auch eine 3.Möglichkeit, nämlich über Thailand und Mitteleuropa nach Westeuropa. Aber dieser Flugweg war sehr lang und für Touristen gedacht, die Geschäftsleute flogen die anderen Flugrouten.

Die Maschine landete in Hamburg, um 6.40 Uhr am 23.04.77 nach 18 Stunden Flug. Der Polizist am Flughafen schaute mich neugierig an. Das war zum ersten Male, daß ich von jemanden neugierig angekuckt wurde, weil in Japan und Vietnam alle Menschen die buddhistischen Mönche kannten, mit kahlgeschorenem Kopf und braunen Kutten. Erst schaute er mich von Kopf bis Fuß genau an. Dann studierte er meinen Paß. Er fragte mich auf Deutsch und ich schüttelte den Kopf. Dann fragte er mich wieder auf Englisch "Warum ich bis heute immer noch diesen Paß benutzte, denn die Süd-Vietnam Regierung existiert nicht mehr?" Danach kam eine Szene mit Berichten über Ente und Huhn, zusammen mit ein bißchen Geplauder auf Englisch. Ich sagte:"Süd-Vietnam existiert nicht mehr, aber mein Paß ist immer noch gültig bis April 1980.Und die Deutsche Botschaft in Tokyo hat mir ein Einreisevisum gegeben, d.h.sie sind einverstanden, und ich darf in die BRD einreisen." Der Polizist verstand die Sache sehr klar, aber er ging mit meinem Paß für eine Weile fort, um sich zu erkundigen. Und die Passagiere mußten warten. Er kam zurück und sagte, daß ich einreisen dürfte, aber ich mein Papier regeln müßte. Ich war sehr froh und mühte mich mit dem Gepäck ab und ging weiter am Zoll vorbei.

Nach dem Erledigen der Formulare ging ich durch den Haupteingang hinaus. Draußen war es kalt und noch trauriger, weil kein Mensch mich abholte. Diese Kälte ging bis in die Knochen und merkwürdig so einsam. Obwohl ich in die Hauslosigkeit ging und alles annahm, aber als Mensch, ab und zu mal hat man auch diese selsame Leere. Ich wechselte Geld bei der Bank, um zu telefonieren. Ich wußte auch nicht, wie weit die Entfernung zwischen Hannover und Hamburg war, aber warfe 50 Pf-Stück in den Apparat ein. Das Telefon

hier war ganz anders, nicht wie in Japan.   Nach
dem Erkundigen konnte ich das Telefon benutzen.
Es war aber mühsam. Am anderen Ende des Telefons
sprach jemand:"Bitte warte noch, ich rufe deinen
Freund an und er soll dich abholen. Dein Freund
macht Praktikum in Trappenkamp und   kann dich
noch nicht abholen." Das Gespräch war noch nicht
zuende, dann war das Geld schon aus. Ich   mußte
noch mal Geld wechseln und telefonierte.   Aber
ich dachte selbst, seitdem ich Mönch bin, sagte
niemand "Anh" zu mir(Anh:Freund). Man   nannte
mich "Chú" als Novize und später selbstverständlich "Thầy"(Meister). Es klang merkwürdig   und
ich nahm an, daß er vielleicht ein Katholik oder
Buddhist war, oder ein Student, der schon   sehr
lang weg von zu Haus war und alles   vergessen
hatte und die Benennung nicht so gut kannte.

   Aber es war egal, Hauptsache daß er   Viet-
namesisch sprechen konnte. Nach dem 2. und   3.
Anruf erfuhr ich, daß er schon Kontakt mit mei-
nem Freund hatte und mein Freund mich   abholte.
Ich hatte auch vergessen, zu fragen,   wieviel
Zeit mein Freund von dort bis hierher bräuchte.

   Nach 2 Stunden Warten traf ich   meinen
Freund. Er hatte ein blaues Hemd   und   eine
schwarze Hose an. Außerdem hatte er einen kurio-
sen Schnurrbart und eine deutsche Frau   mitgebracht. Er hatte mich ihr auf Deutsch vorgestellt,
sprach Englisch mit mir und gab mir ihre   Hand.
Ich wußte nicht, was ich machen sollte, seit e-
hemals wagte keine Frau, dem Mönch die Hand   zu
geben. Und jetzt mußte ich dies erdulden.   Wie
machte man es dann! Wenn ich mich mit zusammengelegten Händen tief zum Gruß verneigte, brach-

te ich sie in Verlegenheit. Also gab ich ihr ungern die Hand.

Es fing an zu regnen, die umgebende Landschaft war so elend, an einem Morgen des Wintersendes in einem fremden Land. Ich fühlte mich so seltsam gelassen, obwohl mein Freund neben mir über viele, getrennt durch Berge und Flüsse erzählte. Das Auto fuhr schnell von Hamburg nach Kiel. Zwei Städte, zwei Häfen verbunden durch den Weg von ungefähr 150km. Meine ersten Gefühle waren, daß alle Menschen sich direkt auf mich stürzten. Es war aber nicht, weil ich immer noch schläfrig war, durch 28 Stunden von Tokyo nach Deutschland wegen der Zeitverschiebung, sondern eine natürliche Rückwirkung von jemanden, der so lange in Japan lebte. Dort fuhr man links und hier wieder rechts. Deshalb fühlte ich mich, als ob ich gegen den Strom ging. Das Stromaufwärtsfahren bedeutete ja auch die entgegengesetzte Richtung von Leben und Tod. Vielleicht war es eine richtige Definition für diejenigen, die in die Hauslosigkeit gingen, wie wir. Im weltlichen Leben suchten die Menschen immer nach Vergnügen, und den fünf Begierden. Die Mönche waren von aller Zuneigung getrennt. Die Menschen im weltlichen Leben waren sehr auf Haare und Kleidung bedacht und schmückten sich mit Rouge und Puder. Aber die Mönche im Gegensatz dazu hatten immer einen rundlichen Kopf und quadratische Kleidung. Durch alle vier Jahreszeiten hatten sie nur solche Kutten mit verblicher Farbe an. Sie waren nicht so arm wie *Nguyễn Công Trứ* (Dichter und Staatsmann 1778-1858):"*Das Handtuch war so schmutzig, dunkelrot beim Spülen, wurde als Decke benutzt, wenn es kalt war und als Matte, wenn es warm war. Alle vier Jahreszeiten wurde es so gewechselt:"* Aber das Leben eines Mönches war sehr einfach. Der Mönch brauchte nicht etwas nachzuahmen, aß einfach Jahrelang nur Reis mit Sojasauce und fermentiertes Bohnenmus. Der Ministerpräsident Uy-Viên hatte Armut beschrieben:" *Der vollkommene Mensch braucht sich nicht satt zu essen. Die ganze Nacht schläft er tief und schnarcht laut. In der Zeit des Friedens sind die Haustüren immer offen.*" So war er noch reich, die Mönche mußten noch enthaltsamer leben. Die drei Alltäglichkeiten dürfen nicht reichen."Tam Thường bất túc", waren die Regeln, die ein Mönch immer einhalten mußte. Es waren die Regeln beim Essen, Trinken, und Schlafen. Die Armen konnten durch die Nacht schlafen und die Mönche mußten sehr früh aufstehen, um regelmäßig Pujâ auszuüben und die Lehre des Buddha fleißig zu lernen. So konnten wir alle oben geschriebenen Punkte sagen, es war die entgegengesetzte Richtung vom Leben und Tod.

Die Autobahnen hier waren sehr gut ausgebaut. Die Geschwindigkeit war auch größer als die in Japan. Man konnte in Japan auf der Autobahn höchstens 90km/Stunde fahren, während man in der BRD bis 120-130km/Stunde fahren kann. Es gab auch Autos, die über die Geschwindigkeitsbeschränkung fahren. Nach anderhalb Stunden brachte das Auto uns in ein kleines Dorf, 30km von Kiel entfernt. Mein Freund machte gerade hier sein Praktikum in einem Krankenhaus. Am Tag, während mein Freund arbeitete, saß ich am Schreibtisch und schrieb Briefe und wartete,bis er zurückkam. Dann konnten wir spazierengehen oder wir sprachen über das Studium, die Prüfung, die Tätigkeit sowie auch über die Lebensauffassung. Als ich das Wort "Spazierengehen" zum ersten Mal hörte, fand ich es ganz selsam und komisch, weil in Japan dieses Wort sehr selten erwähnt wurde oder schon längst in Vergessenheit geraten war, in dieser zivilisierten Gesellschaft. Den ganzen Tag können die Japaner unermüdlich an der Maschine oder dem Auto sogar auch am Sonnabend nachmittag arbeiten. Wie kann man also Zeit haben, spazierenzugehen. Von der Schule bis zur Behörde hat man nur am Sonntag frei, an den anderen Tagen müssen die Japaner arbeiten. Einmal sagte mein Freund an einem Freitagmittag, daß bald Wochenende sei. Es klang wieder sehr komisch, weil ich es nie gehört hatte. Manchmal am Sonnabend nachmittag mußte ich zur Versammlung mit anderen buddhistischen Studenten in Tokyo gehen. Aber ich konnte nicht, weil ich am Sonnabend manche Hauptfächer-Vorlesungen in der Uni. hören mußte. Ich saß im Hörsaal, aber ich war immer aufgeregt und sehr nachdenklich. In Japan gab es nur Arbeiten und Arbeiten, nie hatte man eine Stunde oder Minute Pause, um auszuruhen. Das war nur in dem weltlichen Leben, und in der Pagode war man aber auch sehr beschäftigt.

Nach 2 Wochen in diesem Dorf zogen wir wieder zurück nach Kiel, in ein Studentenwohnheim in die Projendorferstrasse 156. Das separate Zimmer war ziemlich groß, aber nicht genug für uns zwei, weil im Zimmer so viele Sachen gänzlich durcheinander standen. In Japan gibt es für eine Familie nur ein einziges Zimmer. Dieses Zimmer galt als Schlafzimmer, Eßzimmer, Arbeitzimmer und auch als Wohnzimmer. Es war alles so eng in Japan. Man mußte aber sehr geschickt kalkulieren, dann konnte man dort leben. Wenn nicht, dann wurde man betrachtet, als ob man am Rand der Gesellschaft lebte. Alle Möbelstücke wie Tisch, Stühle, Bett, Schränke,kann man zur Schau stellen und auch wieder zusammenklappen. Abends räumten die Japaner alle Möbel auf, holten Bettzeuge heraus, um zu schlafen. Nach dem Schlafen, am früheren Tag, stellten sie alle Möbel wieder auf, für den Tag. Manchmal bündelte die Schwierigkeit die Intelligenz, aber man könnte es auch anders ausdrücken: "*Wer geschickt ist, hat einen vollen Magen und wer sich gewandt anzieht, wird warm:*" Deshalb sagt man:" *wo man lebt, wird man sich an die Umstände gewöhnen*". Wenn jemand nicht "*Thiếu dục tri túc*"(=wenig will und viel weiß) und trotzdem schon Jade-König wäre, fühlt er sich so, daß er immer noch Mangel leidet. Und ich, ein Mönch, es ging irgendwie alles wieder in Ordnung.

Die erste Zeit für jemanden, in einem fremden Land ist die wichtigste, in der er sich in die Gesellschaft integrieren kann oder nicht.Deshalb hatte ich mir viel Zeit gelassen, um richtig zu überlegen, über alle Probleme und Gesichtspunkte, ob ich weiter in der BRD bleibe oder wieder nach Japan zurückflog. Es waren fast drei oder vier Monate vergangen, aber ich traf keine Entscheidung. Ich mußte sagen, daß diese Zeit für mich eine Zeit voller Überlegungen war.

Am Wochenende fuhr mein Freund weit weg, in verschiedene Städte, um mit Freunden zusammenzutreffen. Zum ersten Male hatte die VEREINIGUNG DER VIETNAMESISCHEN STUDENTEN IN HANNOVER mich eingeladen, zusammen mit dem *Ven.T.Minh Tâm* aus Paris. Hier ist der Inhalt von dieser Einladung:

Liebe Freunde!

Im Namen der VEREINIGUNG DER VIETNAMESISCHEN STUDENTEN in Hannover, möchten wir Sie herzlich einladen, zu einem Gespräch mit dem Thema über die kommunistische Partei Vietnams, die gegen Menschenrechte verstößt, die Religionsfreiheit zertritt...und in der jüngsten Zeit, am 06.04.77 wurde die gesamte Führerschaft der CONGREGATION DER VEREINIGTEN VIETNAMESISCH-BUDDHISTISCHEN KIRCHE widerrechtlich verhaftet.

Das Gespräch wird am Donnerstag, 11.08.77 in KSG Leibnitzufer 17A um 20 Uhr stattfinden. Bei dem Gespräch werden zwei Mönche von der Congregation teilnehmen: *Venerable Thích Minh Tâm*, Vorsitzende des "Kontakt-Ausschusses der vietnamesischen Sangha-Mitglieder in Europa" und *Venerable Thích Như Điển*, Vertreter der "Congregation der Vereinigten Vietnamesisch-Buddhistischen Kirche-Abteilung in Japan".

Wir freuen uns sehr auf Ihre Anwesenheit!

Vereinigung der Vietnamesischen Studenten - in Hannover   i. A. *Dương Ngọc Minh*

Im Saal sah ich einen Buddha-Altar und eine Buddhastatue, die von Herrn *Nguyễn Ngọc Tuấn* aus seiner Wohnung hierher gebracht wurde. Es gab keine Kerzen, keine Glocke und auch keinen hölzernen Gong, aber ein Räucherfaß, einen Teller mit Obst und eine Vase mit roten Gladiolen. Hinter der Buddhastatue stand eine internationale buddhistische Flagge. Über der Flagge hing ein Schlagwort von zwei Zeilen mit dichten roten Schriften:

ES LEBE DAS VATERLAND VIETNAM!
EWIG BLEIBEN DAS VOLK UND DAS DHARMA!

Ich war gerührt und beeindruckt, als wir dieses feierliche Bild in Hannover sahen. Und vielleicht war es auch zum ersten Mal, daß die Vereinigung der vietnamesischen Studenten in Hannover eine buddhistische Zeremonie in der Katholischen Studenten Gemeinde(KSG) organisiert hatte. Es waren viele Vietnamesen anwesend: *Herr Lê Đức Phung*, der älteste, saß am Anfang des Tisches neben uns. Er und seine Familie waren die ersten Flüchtlinge in Hannover, zur Zeit leben sie in Australien; das Studentenehepaar *Tuấn und Cúc*, sie waren die ersten Buddhisten der Andachtsstätte VIÊN-GIÁC und leben jetzt in Hamburg; *Herr Bé* aus Hildesheim; *Herr Lê und Herr Quân* aus Kiel. Und aus Hannover kamen viele Studenten wie *Hiếu, Minh, Trường, Khánh, Hùng, Vĩnh, Châu und Điệp*. Fast alle sind jetzt mit dem Studium fertig, der eine ist Ingenieur, der andere ist Arzt usw. Manche bleiben noch in Hannover, manche ziehen weg, aber sie haben immer noch Kontakt mit der Pagode. Manche sind Evangelisten oder Katholiken. Aber sie kamen trotzdem hierher, um unser Gespräch mitzuhören. Am Anfang war die Buddha-Verehrungszeremonie. Weil es keine Glocke und auch keine Muju gab, mußten *Venerable Thích Minh Tâm* (der damals noch Reverend war, den Ehrwürdigen Titel erhielt er später bei der am 03. September 1983 im *Phát-Học-Viện Quốc Tế Hoa-Kỳ*, Internationalen Gesellschaft für Buddhismus in USA-Los Angeles stattgefundene Session *Thiên-Hoa*) und ich die Prajña-Paramita-Sutra dreimal hintereinander rezitieren und danach die Gelöbnisse ablegen. Unten war es still im Saal, alle standen aufrecht und hörten das Sutrenrezitieren. Niemand wußte,wie die Hände zusammenzufalten waren, dabei waren sie eigentlich selber Buddhisten.

Danach berichteten wir über die Vorfälle der Menschenrechtverletzung von der Kommunistischen Partei Vietnams, sowie über die Verhaftung der Führer von dem 'Institut für die Verbreitung des Dharma" und über einige Aktivitä.- ten in Frankreich und Japan. Danach folgte die Diskussion.

Während der Diskussion schenkte ich meine Aufmerksamkeit drei Studenten in Hannover. Es waren Herr Phan Văn Trường, er lebt jetzt in USA, Herr Lâm Đăng Châu und Herr Ngô Ngọc Diệp. Sie leben jetzt noch in Hannover.

Auf der Rückkehr nach Kiel fragte Trâm, mein Freund,mich über die Studenten in Hannover Ich antwortete,daß ich den drei Personen Aufmerksamkeit schenkte, und den anderen nicht, weil sie keine Worte sagten. Herr Trường sprach sehr gut und flott. Herr Châu war sehr scharf über Politik. Aber in Sachen Religion und Glauben hatte er vielleicht kein Interesse. Und Herr Diệp sprach sehr viel, aber er war die Person, die ich in Betracht zog. Und warum, das wußte ich nicht. Vielleicht wegen eines unabwendbaren Schicksals hatte ich ihn aufmerksam verfolgt.Es würde vielleicht nützlich sein, für die Zukunft des Dharma in diesem Land, wenn ich für immer hier blieb. Trâm sagte, daß ich dies nicht falsch einschätzte. Und diese Bemerkung ist immer noch gültig.

Die Zeit verlief so still und friedlich. In der Woche lernte ich Deutsch und am Wochenende besuchten wir verschiedene Vereinigungen und sprachen dort über die Situation der buddhistischen Congregation in unserer Heimat in verschiedenen Städten wie Berlin, Dortmund, Stuttgart... An den Tagen 25.26. u.27.11.77 nahm ich an einem Treffen von Vietnam-Flüchtlingen im norddeutschen Raum in Berlin teil. In dieser Zeit gab es Nord und Süd, weil nach 1975, wie einige Studenten uns berichteten, die vietnamesische Studentenschaft kaum eine anspruchsvolle Stellung errungen hatte. Jeder von ihnen waren mit dem Studium sowie mit der Prüfung beschäftigt. Es existierte im Süddeutschland "LIÊN ĐOÀN SINH VIÊN TỰ DO"(=Bund der freien vietnamesischen Studenten). Aber für die Studenten aus Norddeutschland war es viel zu weit. Deshalb setzten sich einige Studenten in Norddeutschland wieder zusammen, um die Aktivitäten gemeinsam zu organisieren. Es entstand aus drei Vereinigungen in Kiel, Berlin und Hannover eine "ALLIANZ-NORDDEUTSCHLAND". Wenn die Vereinigung in Hannover das TẾT=Neujahr-Fest organisierte, dann wurden die Vereinigungen in Kiel und Berlin eingeladen. Und wenn die Gruppe in Berlin das Sommerlager organisierte, nahmen die Gruppen aus Kiel und Hannover teil. Danach mußte die Vereinigung in Kiel wiederum das TẾT=Neujahr-Fest für nächstes Jahr organisieren. Damals war die Freundschaft zwischen den drei Vereinigungen sehr fest, so als "wenn die Schwester hinfällt, wird die kleine ihr aufhelfen".

Es waren meistens Studenten, unter ihnen auch viele Buddhisten. Aber sie verstanden überhaupt nichts vom Buddhismus. Wenn sie sich trafen, gaben sie sich einfach die Hände zur Begrüssung. Sie wußten nicht, daß die Hände zusammengefaltet werden oder der Satz gesagt wird " NAMO AMIDA-BUDDHA(NEMTBUTSU)". Bei dem Treffen der "ALLIANZ NORDDEUTSCHLAND" in Berlin gab es viele Programme wie Fußball, Gebete-Sprechen, Musik und Meinungsaustausch usw. Zum Fußball ist nicht viel zu sagen, alle nahmen tüchtig teil, beim Musik-Programm auch. Bei der Diskussion waren Herr Châu (Hannover), Herr Trâm (Kiel), Herr Nam (Berlin, jetzt in Wiesbaden), Herr Lộc(Berlin,jetzt in den USA) und bei Musik-Programm Herr Hoāng (Berlin, jetzt in Bremen) und noch einige Personen dabei.

Es gab bei diesem Treffen auch eine Wandzeitung, auf der Berichte über die Gedenken-Zeremonie der Heiligen Mönche, Nationalhelden und der Unbekannten, die für die Freiheit des Vaterlands ums Leben kamen, standen. Sie beschrieb....

"*Nach der Diskussion saßen alle still und ernst vor dem Vaterlandaltar, der schon längst aufgestellt und sehr einfach war. Aber alle fühlten sich, als ob die Heimat Vietnam davorn stand und sie schienen den dringenden Aufruf von Bergen und Flüßen zu hören. Die Schriftzeile"VATERLAND VIETNAM" stand gleich unter der Landkarte von Vietnam, die vor der aufgerichteten Fahne von Weihrauch und Rauch hing. An dieser Feier nahm Venerable THÍCH NHƯ ĐIỂN, Vertreter der CONGREGATION DER VEREINIGTEN VIETNAMESISCH-BUDDHISTISCHEN KIRCHE- Abteilung in Japan und der BRD, teil und wurde von allen Teilnehmern zum Hauptleiter ernannt. Das Lied "Vietnamesischer Buddhismus" wurde von den Vietnamesen der verschiedenen Musikgruppen zur Eröffnung des Gedenkenfeier gesungen.*

Die Anprache bei der Zeremonie beinhaltete die traditionelle Vaterlandverteidigung, das Aufrichten sowie Retten des vietnamesischen Volkes im Laufe seiner Geschichte bis heute. Es erhob die Flagge der Unabhängigkeit und Freiheit, brachte dem Feind eine Niederlage bei und baute ein Land Vietnam im Geiste des Volkes auf. Vor 2 Jahren kam die KPV an die Macht und bringt das Vokl Vietnams in eine elende Lage. Alle Grundfreiheiten werden nicht respektiert, wie Religionsfreiheit, Gedankenfreiheit, Bewegungsfreiheit. Die Bürger werden unterdrückt, werden in neue Wirtschaftszonen geschickt oder in Umerziehungslagern verhaftet. Viele Menschen sind gestorben, die Mönche und Nonnen, Tragsäulen der Gemeinde, haben sich geopfert, um das System zur Einsicht zu bringen, daß die vietnamesische Bevölkerung keine Angst vor Gefahr und Sturm gehabt hat, sondern mit Hilfe von Booten geflüchtet ist, um die Freiheit wiederzufinden. Und viele Menschen sind auf dem Ozean ums Leben gekommen.

Die Gedenkenzeremonie fand in einer aufrichtigen Atmosphäre der Hochachtung statt. Alle waren still und beten für die Verstorbenen, die Heiligen, die religiösen Märtyrer, die Nationalhelder und Gefallenen, die sich für das Volk und das Dharma geopfert haben, die Gefallenen, die auf dem Weg waren, nach Freiheit zu suchen.

Außerdem trägt die Zeremonie noch eine Bedeutung, das ist unsere Entschlossenheit. Wir möchten unsere Worte mit voller Treue und Rechtschaffenheit von ganzem Herzen sagen, um die Administration vom Gegenteil der Wünsche der Bevölkerung derer zu überzeugen der Regierung der *kommunistischen Partei Vietnams, damit sie vor der öffentlichen Meinung der Welt erwacht....."*

Die Aktivitäten der vietnamesischen Studenten häuften sich um die Ferien und TẾT =Neujahr. Und ich, ein Mönch der mitten in Europa vereinsamt war, stand nicht ganz solide, brachte den Bodhi-Baum, die Saat zur Erlösung des Erwachten, und setzte ihn in dieses schneereiche Land ein. Damit waren aber eintausend Schwierigkeiten und zehntausend Probleme verbunden! Wer könnte mich verstehen, außer ich selbst, mein innerstes und wer könnte mich verbessern, während ich mir keine Mühe gab. Zurück in meiner Wohnung gab es nur einen einzigen Buddhaaltar, mit Blumen und Obst von einem armen Mönch wie ich es bin in allen Bereichen. Es war nicht genug, um mich zu trösten, in vielen wechselnden weltlichen Angelegenheiten und bei den unbeschreibaren Menschenherzen. Einmal wollte ich wieder zurück nach Japan. Aber nach vielen Überlegungen war ich entschlossen, doch in Deutschland zu bleiben. Und was bis heute nach dieser Entscheidung geschah, werden Sie im nachfolgenden Bericht erfahren.

Als die labilen Sommerstrahlen des Sommers 77 den einsamen und verlassenen Raum im Himmelsgewölbe der BRD beschienen, war es bereits Herbst, die Obstbäume veränderten sich und es war auch Zeit für die Ernte. Ich hatte von vielen über das Leben der Studenten in Europa gehört. Während der Semesterferien gingen sie Obst-Pflücken, um ein bißchen Geld zu verdienen. Aber ich hatte nie Gelegenheit, es direkt an Ort und Stelle zu sehen. Deshalb beschloß ich, in diesem Sommer mit einigen Studenten und Flüchtlingen, die gerade nach Deutschland gekommen waren, beim Kirschenpflücken mitzumachen. Viele nannten es Anh-Dāo(=japanische Kirsche). Aber die echten japanischen Kirschen kann man nicht essen, sondern nur anschauen. Die Kirschen sahen rötlich aus, nach der Reifung waren sie violett. Es gab Sauerkirschen und Süßkirschen. Die Süßkirschen wurden als Marmelade, Kofitüre, Likör verkauft. Diese Bäume gibt es überall in Europa.

Gegen 5 Uhr verließen wir Bahnhof Kiel und fuhren nach Plön, ein ziemlich bekannter Urlaubsort im Norden Deutschlands. Nach 2 Stunden waren wir am Ort, eine Kirschenplantage. Die Plantage war sehr groß und weit, die Bäume waren voll mit Früchten. Der Plantagenbesitzer hatte uns gesagt: Wer einen Korb voll pflückt, bekommt dafür 5,DM (=2 US$). Wer viel pflückt, wird mehr Geld verdienen. Und diese Arbeit war von der Mühe jeder Person abhängig. Jeder Korb wog ungefähr 10kg. Jeder konnte pro Tag ungefähr 10 Körbe erreichen, das entsprach 50,DM. In dieser Zeit war für Studenten, einen Mönch wie mich sowie für einige Flüchtlinge dieser Geldbetrag ziemlich hoch. Ich hatte fast 3 Monate gearbeitet, auf verschiedene Plantagen in vielen Orten. Und es hatte mir Spaß gemacht. Ich habe nicht erst 1977 zu arbeiten begonnen, sondern ich tat es seit 5 oder 6 Jahren. Früher hatte ich schon in Tokyo gearbeitet, während der Tage mit Regen und Schnee. Ich wußte auch, wenn ich im Ausland studierte, mußte ich alle Schwierigkeiten für mich selbst lösen. Trotz aller Bedrängnisse und Not mußte ich mir Mühe geben. Die Buddhistische Congregation war sehr arm und die Buddhisten mit guten Herzen sah man nur für eine begrenzte Zeit. Es gab auch niemanden, die uns das ganze Leben hindurch unterstützte. Wenn wir diesen Weg gewählt hatten, versuchten wir ihn bis zu Ende zu gehen. Der Lebensweg war genau wie der Dharma-Weg.

Ich erinnerte mich an die Jahre in äußerster Not in Tokyo. Ich mußte arbeiten und gleichzeitig studieren. Ich mußte mir oft Mühe geben, um bis zum Erfolg zu arbeiten, obwohl ich dem Schnee ausgesetzt war und von Regen durchnäßt, damit ich Freude hatte, denn unsere Meister warteten darauf und achteten darauf, daß nichts vergeudet wurde. Ich bin bekümmert, wenn ich darüber nachdenke . Und heute gibt es so viele Mönche und Nonnen, die das Studium abgeschlossen haben. Sie üben jetzt überall in Amerika, Europa und Australien das Dharma und die buddhistischen Aktivitäten aus. Und diese Personen hatten auch dieses elende und kritische Stadium erlebt.

Nach dem Jahre 1975, als der Devisentransfer von der Vietnam ins Ausland nicht mehr verfügbar war, mußten alle Studenten einschließlich der Mönche und Nonnen arbeiten gehen, um mit eigener Kraft und Fleiß für den Lebensunterhalt zu sorgen. Wer weiß davon? Und jetzt sind die Buddhisten überall mit den Mönchen und Nonnen vertraut. Man könnte sagen, daß es wirklich eine schicksalhafte Fügung ist. Als wir gute Früchte ernteten, mußten wir immer an die früheren Samen denken. Als Buddhisten sollen wir mit unseren Mönchen und Nonnen teilen, wenn sie die Probleme bei der Dharma-Arbeit haben.

Das Leben eines Mönches ist nur möglich mit dem Lernen und der Durchführung des tugendhaften

Wandels, mit der Absicht, oben gegenüber den vieren Dankbarkeit zu erweisen und unten alle Lebewesen aus dem Elend zu erretten. Sonst brauchen sie sich um nichts zu kümmern. Sie müssen auch wie die normalen Menschen leben, essen, trinken, schlafen und denken. Aber sie lassen die Leiden nicht zuteilen und sind mit dem geringsten zufrieden.

Gegen Ende des Jahres 1977 hatte ich mehrmals Briefe an die alte Pagode in Tokyo geschrieben, und auch an viele Bekannte, um um Rat zu bitten, ob ich weiter in Deutschland bleiben solle oder besser zurück nach Japan ging. Der japanische Abt hatte keine deutliche Meinung und die anderen waren meistens der Meinung, daß ich in Deutschland bleiben sollte. Und warum sollte ich hier bleiben? Weil es damals in Japan kein eindeutiges Programm für die Flüchtlinge aus Vietnam gab und in BRD keine buddhistischen Führer hatte. Als ich diese beiden Gründe einsah, mußte ich wissen, was für eine Entscheidung ich traf. Aber als ich das Flugticket für Hin und Zurück gültig bis ein Jahr sah, wünschte ich wieder nach Japan zurückzukehren, weil ich weiter Buddhologie studieren wollte. In dieser Zeit von Ende 1977 bis Anfang 1978 war meine seelische Verfassung wie ein Teichhuhn, der die Seele eines gerade Gestorbenen zurückrief, oder wie die Schwalben, die ihren Schrei in die Dunkelheit stießen. Niemand konnte mich verstehen. Niemand konnte für mich entscheiden, nur ich selbst mußte es entscheiden. In jener Lage ging ich oft zum Buddhaaltar und rezitierte Sutra oder saß einfach ganz still für eine Zeitlang, um nachzudenken.

Einmal hatte ich einen sonderbaren Traum und mit Sicherheit werde ich so etwas nicht ein zweites Mal träumen. Ich wohnte in einem großen Schloß, und draußen war alles weit und mit Schnee bedeckt. Die Atmosphäre draußen war sehr kalt und gleichgültig in der Landschaft der Winternacht. Aber es war seltsam, mein gepflanzter Bodhi-Baum hatte so viele hohe Zweige voller Blätter, und trieb hoch in die große und einsame Atmosphäre der kalten Winternacht. Die Zweige streckten sich weiter hoch und wurden von keinen Hindernissen aufgehalten. Im Traum war ich sehr froh, weil mein Bodhibaum nicht von der Atmosphäre und den Umständen beeinflußt wurde. Ich war ruhig und schlief weiter. Am nächsten Morgen bedachte ich die erfüllte Weissagung im Traum. Ich fand, daß es falsch war, aber wirklich echt und daß es wahr war, aber leider nicht echt. Weil das Leben eigentlich so war, deshalb verschwieg ich dieses Vorzeichen und erzählte niemandem davon. Vielleicht ging es nicht in Wirklichkeit. Und wenn es wirklich wahr wäre, würde ich es später weiter sagen.

Die Zeit ging einfach schnell und wartete auf niemanden. An einem Tag saß ich mit Trâm zusammen, um einige Dinge zu besprechen. Es handelte sich um diese Entscheidung, ob ich hier blieb oder zurück nach Japan flog. Wir tauschten viele Erfahrungen für die nächste Zeit und zählten die Arbeiten des letzten Jahres nach. Trâm war mein Schulfreund. Wir gingen zusammen in die Grundschule in unserem Heimatsdorf Quảng-Nam. Im Jahre 1964 ging ich in die Hauslosigkeit und Trâm ging nach Đà-Nẵng, Hội-An und besuchte dort das Gymnasium. Im Jahre 1968 studierte Trâm im Ausland, im Jahre 1972 kam ich nach Japan. Im Jahre 1974 fuhren wir beide in die Heimat zurück, nachdem wir viele Jahren fort von zu Hause waren, um sie zu besuchen. Wir beide trafen uns wieder auf der Strasse Lê-Lời in Saigon und erkannten uns nicht. Ich hatte ihn falsch erkannt und dachte, daß er ein anderer Freund wäre. Nach den Ferien fuhr Trâm wieder nach Deutschland zurück und ich nach Japan, um weiterzustudieren. Und im Jahre 1977 hatten wir die Möglichkeit, uns wieder zu treffen. Jetzt ist Trâm Arzt und arbeitete in einem Krankenhaus in einer kleinen Stadt an der Grenze zu Holland. Die frühere Freundschaft war nur so. Trâm ist heute meine Dharma-Schüler und sogar auch mein Kamerad. Zwei Gesichter und ein Leben. Es gibt in dieser Welt viele Theaterstücke, in den ein einzelner Schauspieler viele Rollen spielt. Und hier spielte ich mal seinen Meister, mal seinen Freund. Es war irgendwie freudig und heiter. In der Öffentlichkeit gab es nur Liebe und Pflicht vom Meister zum Schüler für uns. Und privat waren wir Freunde. Es gab nicht nur Trâm, sondern auch viele, die früher meine Freunde, meine Brüder, Ärzte oder Ingenieure waren. Sie sind jetzt meine Dharma-Schüler und Schüler der drei Juwelen des Buddhismus. Ich wollte sie nicht einzeln in diesem Buch vorstellen. Aber weil die Personen sehr viele verdienstvolle Leistungen für das Buddha-Dharma geleistet haben und mit dem Leben und Tod des Buddhismus in diesem Land in Verbindung standen, mußte ich es erwähnen, damit die späteren Generationen dies erfahren.

Nach dem Besuch eines Deutsch-Kurses in der Uni-Kiel hatte ich Herrn Châu gebeten, für mich einen Antrag auf Zulassung für die Pädagogische-Hochschule einzureichen. Meinem Antrag wurde zugestimmt und dann hatte ich die Chance, für immer in Deutschland zu bleiben.

Und jetzt war diese Entscheidung schon endgültig. Ich mußte eine Wohnung suchen. In Hannover suchte ich eine Wohnung in der Zeitung, aber erfolglos. Dank der Hilfe eines Vietnamesen hatte ich nach 4 Wochen eine Wohnung gefunden. Die Wohnung hatte 2 Zimmer, eine kleine Küche und Bad und draußen war ein kleiner niedlicher Hofraum. Die Miete war 180.-DM im Monat. Zu dieser Summe konnte ich nichts beitragen. Und einige Studenten hatten selbst eine kleine Spende zu diesem Zweck geleistet, jeden Monat einen kleinen Betrag. Es waren: Thi Minh Văn Công Trâm (20.-DM), Thị Chơn Ngô Ngọc Diệp (20.-DM), das Studentenehepaar Tuấn und Cúc (20.-DM), Frl. Doãn thi thu Hanh (20,-DM) u. Herr Nguyễn Tấn Đức (20.-DM), Herr Lâm Đăng Châu (20.-DM). Insgesamt waren es 120.-DM. Das war die Grundlage. Außerdem gab es auch einige, die unregelmäßig spendeten. Die Ausgaben umfaßten nicht nur die Miete, sondern auch Essen und die Buddha-Verehrungen. Ich mußte noch Wohngeld beantragen.

Viele hatten an dieser Wohnung gearbeitet., um religiöse Verdienste zu erwerben. Es waren: Thi Chơn Ngô Ngọc Diệp, Nguyễn Hữu Tĩnh, Lê Đức Hiếu, Nguyễn Tiến Hội und Hùng. Sie hatten die Wände neugestrichen und Teppich verlegt, Thị Chơn Ngô Ngọc Diệp hatte Holzplatten gekauft, um einen Buddha-Altar zu errichten. Sie waren bei der Vorbereitung zum Fest:"Einweihung der Andachtsstätte VIÊN-GIÁC am 2. April 1978 dabei.

Anläßlich der Teilnahme an dem katholischen Kongreß 3.Versammlung in Königstein, veranstaltet durch die KATHOLISCHE VEREINIGUNG VIETNAMS IN BRD, kam Reverend T.Minh-Tâm aus Paris als bezeugender Meister zur Einweihung der VIÊN-GIÁC-Andachtsstätte am 02.04.78 nach Hannover. Diese kleine Andachtsstätte lag in der Kestnerstr. 37, 3000 Hannover 1. Der Grund dafür, daß ich den Namen Viên-Giác für diese Andachtsstätte wählte, war, daß vor 20 Jahren die Pagode, wo ich mit dem klösterlichen Leben anfing, den Namen VIÊN-GIÁC trug, dort war mein ursprünglicher Meister der Abt der Pagode. Und hier im Ausland nahm ich diesen Namen wieder für meine kleine erste Andachtsstätte, um Dank gegenüber dem Urmeister, Dharma-Meister zu erweisen. Sie hatten sich viel Mühe gegeben, für die Erziehung und Unterweisung, damit ich ein guter Mönch wurde. Ich wünschte, für ihre Dienste wenigstens etwas als Dankbarkeit beitragen zu können.

Während der Einweihung der Buddha-Statue unter Bezeugung von Reverend T.Minh-Tâm war Buddhistin Diêu-Ngọc aus Paris anwesend. Sie war früher französische Lehrerin des Gymnasiums Trưng-Vương in Saigon gewesen, und sie opferte bei dieser Feier zwei Orchideensträuße. Außerdem gab es noch die Familien Dương văn Phương, Lê Hữu Cơ aus Essen, Familie-Buddhisten Nguyễn Thanh Tuý aus Recklinghausen und einige Buddhisten und Buddhistinnen aus Hannover.

Auf dem Buddhaaltar stand eine kleine Buddha-Statue, die direkt aus der Pagode Khánh-Anh hierher gebracht wurde, 2 Blumenvasen, 2 Teller mit Obst, 2 Kerzenständer, ein Räucherfaß und 2

Gläser mit frischem Wasser. Etwas tiefer stand ein Glasbehälter mit Fischen für die Zeremonie "die Freiheit wiedergeben" und einige Heilige Schriften "um Frieden bitten" und "Einweihung der Buddha-Statue", die vor einigen Tagen photokopiert wurden.

Nach dem Fest der Einweihung der Buddha und zu Ehren des willkommenen Buddha hielt *Reverend T. Minh-Tâm* einen Lehrvortrag mit dem Thema:" Das Leiden der Flüchtlinge". Und wegen dieses Festes gab er mir 2000 Frc..Diese Summe war damals sehr viel und bis jetzt habe ich sie auch noch nicht zurückgegeben. Ich hatte ihn danach gebetet und er war einverstanden. Der Grund war aber nicht, daß die Pagode *VIÊN-GIÁC* kein Geld hatte, sondern weil ich es für immer zu behalten wünschte, damit ich mich immer wieder an ihn und an seine Wohltat erinnere. Er hatte mir in dringender Not geholfen . Wenn ich das Geld sofort zurückgebe, wird diese Erkennlichkeit schnell vergessen. Ich möchte mich auch bei den Familien *Nguyễn Thanh Tùy, Dường văn Phường* bedanken. Diese beiden Familien stellten sinnbildlich tausende Familien in der BRD dar.Die haben regelmäßig in 8 Jahren gespendet. Das Gelingen des vietnamesischen Buddhismus in der BRD vom Anfang bis heute wird von vielen kleinen Händen getragen, für das allgemeine Dasein und dem Untergang des Dharma in diesem Land.

Nach der Einweihung der Buddha-Statue ging ich weiter zur Vorlesung in der Pädagogischen Hochschule Hannover. Dort studierte ich Pädagogik für Erwachsenenbildung und einige Monate später reichte ich den Antrag auf Asyl in der BRD ein. Fast alle Vietnamesen, Studenten oder Flüchtlinge mußten früher einen Antrag auf Asyl stellen und ihn begründen. Seit 1979 wurde dieses Verfahren einfacher, als Der Deutscher Bundestag die besonderen Gesetze für Flüchtlinge in Kraft setzte. Es gab auch viele Vietnamesen, die nach 1975 nach Deutschland kamen, aber trotzdem bis 1978 keinen Bescheid bekamen, weil die Begründung für die Asylbewerbung nicht rechtlich war, nicht wegen politischer Verfolgung oder aus wirtschaftlichen Gründen oder wegen einiger ungeeigneter Gründe. Ich kam aus dem 3.Land und war vor 1975 Mönchstudent im Ausland. Eigentlich bekam ich keine Asylanerkennung für die BRD, aber mit Hilfe der folgenden Gründe durfte ich bis heute hier bleiben.

Der 1.Grund war, daß 1977 die Führer des "Hohen Geistlichen Instituts" (VIỆN TĂNG THỐNG) verhaftet wurden. Deshalb konnte ich nicht mehr nach Hause zurück, um dort zusammen mit Kommunisten zu leben. Außerdem hatten sie andere politische Ansichten und eine andere Religion. Der 2. Grund war, daß viele vietnamesische Studenten u. Flüchtlinge in Japan seit dem Machtwechsel in VN am 30.04.75 überhaupt keine Asyl-Verordnung erhielten. Nach der Genfer-Sonderstellung vom 20.-22.07.79 nahm die Regierung Japans diese Asyl-Verordnung an. Und der 3.Grund war, daß es in der BRD keine Pagode gab und auch keinen Geistlichen. Ich hatte die Absicht hier zu bleiben, um meine Landsleute seelisch zu betreuen.

Das war meine drei Gründe, mit denen ich den Antrag auf Asyl stellte, bei dem Bundesamt für Asylanerkennung für ausländische Flüchtlinge in Zirndorf. Später hatte ich den Anerkennungsbescheid bekommen.

Nach der Enthüllung der Buddha-Statue im Zusammenhang mit der Gründung der Andachtsstätte VIÊN-GIÁC, war diese vielen Buddhisten in Hannover und sogar in anderen Städten bekannt und viele kamen in die Andachtsstätte. Bei den Pújã jeden Sonntag gab es nicht genug Plätze. Wenn wir Gäste empfingen oder aßen, mußten wir alle auf dem Boden sitzen. Der Grund war nur, daß die Räumlichkeiten einfach nicht ausreichten und außerdem war die finanzielle Lage ziemlich schwierig, so daß wir keine Möbel anschaffen konnten.

Einige Buddhisten saßen wieder zusammen, um einen Gemeindeausschuß (=Ban Hộ Trì Tam Bảo) zu bilden. Es war das Studentenehepaar Tuấn und Cúc, Herr Văn Công Trâm, Herr Ngô Ngọc Diệp, Herr Lâm Dáng Châu, Herr Nguyên Tấn Đức, Frl.Doãn Thị Thu Hanh. Mit Ausnahme von Frl.Doãn thị Thu Hanh waren die anderen Vorstandsmitglieder schon lange Studenten in diesem Land. Und Herr Nguyên Ngọc Tuấn wurde zum Vorsitzender gewählt, vielleicht weil er mehr Glauben als die anderen hat, und weil er ziemlich reif war und schon eine Familie gegründet hatte. Danach wurde am 08.08.78 der Gemeindeausschuß beim Ordnungsamt angemeldet und wurde am 29.08.78 genehmigt, nach dem Inhalt der Satzung. Die VEREINIGUNG DER BUDDHISTISCHEN STUDENTEN UND VIETNAMESEN IN DER BRD wurde auch später am 20.11.79 gegründet. Bei der ersten und zweiten Antszeit war Herr Văn Công Trâm Vorsitzender. Diese Vereinigung wurde auch gerichtlich im Vereinsregister am 13.03.81 eingetragen. Während der weiteren Amtzeiten hatten die Vereinigung nicht nur Schwerpunkte auf die buddhistischen Studenten, sondern auch auf den Bedarf der Vietnam-Flüchtlinge gelegt, die immer mehr in die BRD kamen. Deshalb mußte Herr Ngô Ngọc Điệp in seinen Amtszeiten die ordentliche Mitglieder-Hauptversammlung berufen, um den Namen der Vereinigung zu ändern. Seitdem trägt die Vereinigung den neuen Namen:"VEREINIGUNG DER VIETNAMESISCHEN BUDDHISTISCHEN FLÜCHTLINGE IN DER BRD" und wurde vom Amtsgericht Hannover am 13.03.85 genehmigt, sowie auch vom Finanzamt für Körperschaften am 13.02.82 die Gemeinnützigkeit des Vereins anerkannt wurde und vom Gericht am 17.02.82 bestätigt.

Die erste Phase war wirklich in allen Bereichen die schwierigste Phase, finanzielle Probleme waren sowieso vorhanden, aber es wurde auch über die buddhistischen Gebrauchswörter und über die Aktivitäten in der Andachtsstätte gesprochen. Ich mußte den Studenten alles erklären, in einzelnen Wörtern und die Buddhisten am Anfang bei jedem Schritt führen. Obwohl sie schon von Haus aus längst Buddhisten waren und auch viele buddhistische Tätigkeiten in der Pagode geleistet hatten, und weil sie schon lange im Ausland lebten, wurde ihre Buddha-Natur fast trübe. Viele gaben mir einfach die Hände und wußten nicht, daß Hände zusammengefaltet werden und der Satz Namo Admida-Buddha gesagt wird, um mich zu begrüßen. Oder sie hatten nach langer Zeit wieder einen Mönch gesehen und waren froh, darüber und klopften mir auf die Schulter, als ob sie und ich Freunde wären. Manche sagten: "Mein Meister! Gestatten Sie, daß ich(=Em) meine Meinung äußere usw.". Er redete mich mit Meister an und sagte "Em" zu mir. Zum Glück war er Buddhist, aber falls es sich um eine Buddhistin oder ein junges Mädchen gehandelt hätte, hätte es fatale Folgen haben können. Auch wenn sie das Wort "Con"(=Kind) zu dem Geistlichen sagten, waren sie irgendwie verlegen und beschrieben es sehr ungeschickt. Aber wir brauchten es nicht mehr zu sagen. Jetzt nannten auch viele Buddhisten, die die Nonnen und Mönche treffen, sie einfach *"Tôi"* oder *"Cháu"* oder *"Em"* aber nicht *"Con"*. Dann denken sie, daß das Alter von Mönchen und Nonnen dem ihres Bruders glich oder Neffen. Sie können es nicht so sagen. Sie verstehen aber nicht, daß *"Con"* hier das seelische Kind einer Person, die sich zu einem Glauben bekennt, ist. Es bedeutet nicht die Anrede zwischen Eltern und Kindern in der Familie. Die älteren Personen können auch behaupten, daß sie viel älter als die Mönche und Nonnen sind. Es heißt älter im "weltlichen Leben" aber nicht älter im "klösterlichen Leben". Dieser Mönch ist sehr jung und das Mädchen geht gerade in die Hauslosigkeit. Aber das Alter eines klösterlichen Lebens dieser beiden ist mehr als das der normalen älteren Menschen. Deshalb brauchen sie sich nicht zu schämmen. Nur für den Begriff "Gemeideausschuß" mußte ich viele Zeit Mühe und Worte gebrauchen, um ihn zu erklären, damit die Studenten genau verstehen und mitmachen. Es gab noch viele Probleme und wenn ich hier alles erzählten wollte, es gäbe nicht genügend Papier, alles niederzuschreiben.

Nachdem wir uns in dieser Räumlichkeit eingelebt und ungefähr 2 Monate eingearbeitet hatten, wurde die Erdgeschoßwohnung vom Haus nebenan frei. Der Gemeindeausschuß sagte mir, daß wir diese freie Wohnung als Hauptträumlichkeiten nehmen sollten und die jetzige Wohnung zum Schlafen und Treffen benutzen sollten. Dann wurde ein Schriftstück herausgegeben und überall hingeschickt, um zu Spenden für die Miete der neuen Wohnung aufzurufen. Die Miete kostete 360.-DM und die beiden Wohnungen wurden durch einen kleinen Hinterhof getrennt. Die Briefe waren schon weggeschickt und ich war sehr aufgeregt und wußte nicht, ob meine Landsleute und die Studenten ihre Zustimmung zu dem Aufruf gaben. Aber "es gab den Himmel und mich auch, der Weg in die Hauslosigkeit ist die Ursache des ewigen Glücks und Zuneigung ist die Fessel des grausamen Schicksals". Insgesamt waren 33 Buddhisten, 12 Studenten und 21 Flüchtlinge einverstanden und hatten regelmäßig monatliche Beiträge beigesteuert. Der Beitrag war mindestens 10.-DM und maximal 50.-DM. Hier ist die Liste der Spender:

Văn Công Trám(Kiel);Nguyễn Thị Dẹp(Neumünster);Nguyễn Thị tú(Kiel);Hồ Kim Lê(Kiel);Đoàn Thị Mỹ Lộc(Koblenz); Đoàn Thị Thu Hạnh(Hannover);Lê Xuân Bình;Lê Văn Hồng;Hồng Hoàng-Sơn;Trương Văn Giáo(Koblenz);Lê Thanh Bình;Ngô Ngọc Diệp; Lê Huy Cát;Nguyễn Tiến Hói;Lâm Đắng Châu(Hannover);Fam.Long (Hildesheim);Phạm Văn Phung(Pattensen);Nguyễn Ngọc Tuấn(Hannover);Lê Hữu Cờ(Nuess);Ngô Tài Ba;Phạm Bé(Holland); Đinh Thị Hới(Aachen);La Thành(Herford);Nguyễn Đức Quyền(Aschaffenburg);Nguyễn Thanh Tùng(Recklinghausen);Dương Văn Phường (Essen);Phan Văn Trường(Hannover);Nguyễn Thị Hạnh(Braunschweig);Vũ Văn Há(Frankreich);Bùi Hữu Tường(Münster); Vương Đắc Mân(Kiel);Phạm Công Hoàng(Bremen);Trần Văn Tường(Schweringhausen).

Und dieser Spendeaufruf war für ein Jahr gültig(vom 06.78 bis 05.79). Danach mußten wir wieder werben. Diese Spenden waren kontinuierlich und die Summe betrug monatlich 600.-DM. So konnten wir die Miete für beide Wohnungen zahlen und die Aufwendungen in der Andachtsstätte stammte von den unregelmäßigen Spenden der Buddhisten.

Nach dem Einrichten des neuen Hauptsaales kam das Ullambana-Fest. In diesem Jahr fand das Fest am 19.08.78(16.07.nach Mondkalender) statt. Für die Vorbereitung dieses Festes hatten wir die Arbeiten an die Studenten folgendermaßen verteilt Herr Tuân sorgte für den Gästenempfang, Herr Diệp für die Dekoration, Fr.Cúc für den Einkauf, Frl. Hanh für das Fastmahl und noch viele andere in Hannover waren beteiligt. Die Zeremonie fand sehr würdig im Hauptsaal mit der aufrichtigen Hochachtung aller Menschen statt. Es waren ungefähr 100 Personen anwesend. Essen und Zeremonie wurden nur in der Pagode durchgeführt, wir hatten auch keine musikalische Veranstaltung. Denn der Organisationsausschuß wußte keine zuverlässigen Teilnehmerzahlen. Sie konnten sich nur danach richten , was sie in der Hand hatten.

Dieses Fest war für mich noch eine wichtigte Sache, vermerkte es doch ein fortgeschrittenes enormes Heranwachsen. Das war mein Empfangen der Laien-Schüler. Es gab 3 Personen: *Herr Ngô Ngọc Diệp* mit dem Dharmanamen *Thị-Chơn*, er war mein erster Laien-Schüler und hatte viel Legenden; *Herr Nguyễn Trung Hiếu*, mit dem Dharmanamen *Thị-Ân* und *Frl.Doãn thị Thu Hanh* mit dem Dharmanamen *Thị-Nhân*. Seit ich in die Hauslosigkeit gegangen war, waren es bis jetzt nach den Orden Sramanera und Bikkhu, insgesamt 15 Jahre(1964-1978). Es war eine ziemlich lange Zeit für das normale Leben, aber sehr kurz für das klösterliche Leben. Eigentlich nahm ich keinen Schüler an, aber ich sah, daß die Zeit gekommen war und es außerdem keinen Mönch in Deutschland gab. Meine Pflicht war,sie auf den richtigen Weg des Dharma zu führen. Die beiden Buddhisten waren in dieser Zeit Studenten in Hannover. Jetzt ist der eine Ingenieur und der andere Diplom-Informatiker. Die Buddhistin ist verheiratet mit einem Promovierten.

In der Zeremonie der Zufluchtnahme bei den drei Juwelen gab es kein Buch der Vinaya-Vorschriften für die Grundlage der Regelerklärung. Ich konnte nur mit Hilfe meines Gedächtnisses die Regeln übermitteln. Der Buddhist *Thi̇̀ - Chớn Ngô Ngọc Diệp* wurde früher von den anderen Studenten verspottet, sie sagten:"Wenn Du Zuflucht bei den drei Juwelen nimmst und keinen Alkohol mehr trinkst, stürzt die Erde in Hannover zusammen." Aber die Stadt Hannover stürzte nicht, sondern entwickelte sich im Gegenteil weiter, weil hier eine Pagode existierte und viele Menschen die eigenen privaten Dinge beiseite gelassen hatten, um dem Dharma zu dienen, und auch auf Alkohol verzichteten.

Nach dem Ullambana-Fest wurde die geistige Stimmung der Buddhisten, besonders die des Gemeindeausschusses sehr standhaft. Sie festigten ihre Empfindung des Glaubens und konnten weiter aktiv arbeiten.

Die Dinge, die zwischen Meister und Schülern geschahen, waren manchmal sehr freudig, es half dem Geistlichen sehr viel, in vielen Gesichtspunkten, dadurch führte er einen tugendhaften Wandel vor ihm selbst. Und so fühlte er auch, daß er gewisse Verpflichtungen hatte. Im Sutren stand geschrieben:

"Der Schüler sucht leicht den Meister auf, der Meister aber schwer einen Schüler."

Es war überhaupt nicht falsch, der Meister fragt seinen Schüler nach seinen Ansichten und es ist für ihn nicht leicht. Denn war es aber nicht, wenn der Schüler da war und dann:*"So lange das Geld ausreicht, bleibt der Schüler da. Und wenn der Reis nicht mehr vorhanden ist, gibt es weder Meister noch Schüler!"*

Der Schüler sollte seinen Meister verstehen, dann war er wirklich ehrenwert. Es gibt viele Personen, die man sofort beim ersten Blick mag und umgekehrt schenkt man ihnen keine Sympathie. Warum ist es so? Wenn es zwischen beiden Menschen keine Lichtstrahlen gibt, die übereinstimmen. Aber es gibt auch Menschen, die wir nicht mögen, aber die andere mögen, weil zwischen beiden Menschen Lichtstrahlen entstehen oder die Lichtstralen keine Gemeinsamkeit haben. Lebewesen wie wir haben nur weltliche Augen, deshalb haben wir die zusammengesetzten Lichtstrahlen nur für die Liebe und nicht für den Haß. Aus diesen Gründen entstanden Widersacher nämlich Leben und Tod und die Wiedergeburt. Buddha und die anderen Heiligen die schon aus dem weltlichen Leben austraten, hatten nur diese Lichtstrahlen, die Zuneigung ausstrahlten. Deshalb kamen viele Menschen zu ihnen, um gestützt zu werden oder um sie zu verehren. Im Buddha existierten nur die vollkommene Barmherzigkeit und die vollständige Güte. Und die Menschen hatten diese auch, aber sie wurden auf einen kleinen Bereich begrenzt. Wir lernen daraus, daß wir lieber allen Menschen und allen Lebewesen Zuneigung schenken, mehr als Feindseligkeit zu erschaffen. Wenn man sich für eine Feindschaft rächte, wurde immer mehr Mißgunst geschaffen. Nur wenn man Dankbarkeit als Vergeltung nimmt, wird der Haß sofort vernichtet. Wir sollten die Lichtstrahlen der Liebe ständig vermehren, um zusammenzusein und dadurch den Verdacht untereinander zu vermeiden.

In dieser Zeit studierte ich immer noch an der Pädagogischen Hochschule. Am Tage war ich in der Hochschule, hörte Vorlesungen oder lernte in der Bibliothek und abends kam ich in die Andachtsstätte zurück, wartete auf Telefonanrufe, lernte oder schrieb usw. Am Wochenende fuhr ich in andere Orte, um mit den Vereinen und Organisationen in der BRD gemeinsam Aktivitäten durchzuführen, falls an dem Wochenende keine Pūjā stattfand. Am frühen Morgen rezitierte ich Sutra und der Buddhist *Thi-Chon* war immer dabei. Damals verstand er nicht viel von der Lehre des Buddha aber, weil er oft in die Andachtsstätte kam und sich mit guten Gläubigen verstand, wurde sein Leben total verändert, fast um 360°. Das würde niemand glauben, und er selbst auch nicht. Und so war das Dharma verborgen und wunderbar!. Der Dharmaname, den ich meinen Schülern gab, hat immer mit THỊ angefangen (Thị: Element vietnamesischer Frauennamen, z.B. *Nguyên thị Lan*) und darum wurde wieder einmal gespottet. Jemand sagte: Eintreten in das Kloster tut man in der Absicht, sich vom weiblichen ins männlichen zu verwandeln und wenn die Männer in die Pagode von *Venerable Thich Như-Điển* eintreten, würden ihre Namen mit dem Zusatz THỊ verstehen. Das war nur zum Lachen. In diesem Zusammenhang hat das Wort THỊ nichts mit Frauen zu tun, sondern es heißt NHƯ THỊ sodaß,wie das Wort THỊ wurde nach der Zeile des buddhistischen Gebets vom Zen-Meister Minh-Hải vergeben. Diese Zeile fing mit dem Wort MINH an und endete mit dem Wort TRUNG z.B. CHƠN NHƯ THỊ ĐỒNG. So gab der Meister den Schülern den Dharmanamen. Mein Meister hatte einen Dharmanamen mit dem Anfangswort CHƠN und ich hatte einen Dharmanamen mit NHƯ und meine Schüder haben Dharmanamen mit THỊ und weiter geht es in der nächsten Generation.

Wegen dieser Schwierigkeit hatte ich für meinen 100.Schüler einen anderen Dharmanamen ausgesucht, der wieder mit THIỀN anfangen sollte. Der 100.Schüler, Herr Tôn Thất Quốc Thanh, Sohn des Generals Tôn Thất Xứng, lebt zur Zeit in Canada und hat den Dharmanamen Thiền-Chơn.

In der Andachtsstätte ging alles seinen Lauf bis 12.78. Am 10.12.78 wurde DAS KOMITEE ZUR WAHRUNG DER MENSCHENRECHTE IN VIETNAM VON DEN VIETNAMESEN IN DER BRD neugewählt. Ich war auch dort gewesen und erfuhr, daß die Landesregierung von Niedersachsen die 1000 Vietnam-Flüchtlinge auf dem Schiff HẢI-HỒNG aufgenommen hatte und die Flüchtlinge Morgen früh schon in Hannover sein sollten. Nach dem Treffen am nächsten Morgen fuhren wir alle zum Flughafen, um unsere Landsleute zu empfangen. Der Empfang war sehr herzlich und feierlich. Herr Dr.Albrecht, Ministerpräsident von Niedersachsen und viele Vertreter von verschiedenen Ministerien von Niedersachsen waren dabei. Und von uns kamen sehr viele Organisationen und Vereine.

In dieser Zeit brauchte die Niedersächsische Regierung dringend Dolmetscher für die Vietnam-Flüchtlinge. Deshalb ließ ich mich ein Semester beurlauben, um meinen Landsleuten im Durchgangslager Friedland zu helfen. Als Dolmetscher arbeitete ich 3 Monate in der Uni-Klinik Göttingen. Aber nach dieser Aktion führten *Herr Tuân und Frau Thu-Cúc* aus dem Gemeindeausschuß diese Tätigkeit weiter. Die beiden entschlossen sich zu diesem sozialen Engagement, um den vietnamesischen Flüchtlingen im Raum Niedersachsen von Anfang an zu helfen.

Ich war gerade 1 Jahr in Deutschland und konnte nicht so gut Deutsch sprechen. Aber ich verzichtete auf das, was ich hatte, um meinen Landsleuten zu helfen, damit sie mindestens die Erscheinung eines Mönches im Ausland sahen. Dieser Mönch hatte sie noch nicht vergessen. Ich, *Herr Hiêu, Herr Hà und Frl. Kim-Anh* arbeiteten im Krankenhaus Göttingen. Wie blieben dort fast 3 Monate in einem eiskalten Winter mit so vielem Schnee. Wir feierten auch dort unser Neujahrfest in tiefer Traurigkeit. Manchmal mußten wir die ganze Nacht aufbleiben, um nach den Kranken zu sehen. Es gab außer uns noch *Herrn Dr. Trang* und einige Studenten in Göttingen. Aber sie waren nicht ständig anwesend wie wir. Wegen dieser unermüdlichen Dolmetschertätigkeit für die Flüchtlinge des Schiffes HAI-HÔNG schenkten die Regierung Niedersachsens sowie die Bundesregierung ihre Aufmerksamkeit dem geistigen Leben der vietnamesischen Flüchtlinge in diesem Land. Die ersten Pūjá im Neujahr fanden im Durchgangslager Friedland für die Flüchtlinge statt. Es war die ersten neuen Eindrücke unter den Augen von Zeitungen und Fernsehen und es kam auch die Gelegenheit dazu, daß das Fernsehen im 2. Programm Bilder von meiner Tätigkeit sowie der Aktivitäten der Andachtsstätte in der Kestnerstrasse in Hannover zeigte, die wieder in Verbindung mit den vietnamesischen buddhistischen Flüchtlingen in diesem Land stand, und dies half dem Vietnamesischen Buddhismus in der BRD bis heute.

Das Leben ging seinen Lauf und veränderte sich mit der Zeit. Mein Weg in die Hauslosigkeit veränderte sich ebenfalls nach Monaten und Jahren. Aber mein Herz sagte, daß ich mich bemühte, um die Schwierigkeiten und Hindernisse zu überwinden, damit meine Verdienste für die Vollkommenheit immer mehr gefestigt wurden. Deshalb war ich bei vielen Schicksalsprüfungen, die von innen oder von außen auf mich zukamen, immer entschlossen. Und heute schreibe ich diese Zeilen für die drei Juwelen mit unendlicher Dankbarkeit. Denn der Buddhismus half mir sehr und zeigte mir auch einen Weg. Dieser Weg hatte wiederum vielen Menschen Vorteile gebracht, und zwar nicht nur den Mönchen und Nonnen, sondern auch den normalen Menschen. Ich möchte mich auch bedanken, daß die Buddhisten, ob sie meine Schüler waren oder nicht, mir viel halfen, damit ich genügend Schaffenskraft für die Empfindung des Glaubens und Hoffnungen bekam, sodaß die Pagode weiter bestehen kann.

Während meines Einsatzes in Friedland und Göttingen wurde ich öfter von Vertretern der Presseorgane gefragt und interviewt. Sie interessierten sich für meine Person als Geistlicher und Seelsorger.

Es folgten die Artikel in der BILD- Zeitung vom 05.Januar 79 und der Zeitung "DIE WELT" vom Mittwoch 03.01.79:
WOHNZIMMER ALS BUDDHISTEN-TEMPEL.Kestnerstr. 37: Ein Mönch betreut Flüchtlinge aus Vietnam.

Thich Nhu-Dien(28), kahlköpfig, hager, mit einer orangefarbenen Kutte bekleidet, kniet mit gefalteten Händen vor einer 20 Zentimeter hohen Buddha-Statue. Seine beiden Assistenten zur rechten und zur linken Seiten stimmen mit ihm einen eintönigen Gesang an. Langsam schlagen sie dazu ihre Bambustrommeln. Die Vietnamesen in Niedersachsen feiern schon ihre ersten Gottesdienste . In Hannover, Kestnerstrasse 37:

Thich Nhu-Dien ist der erste und einzige buddhistische Mönch aus Vietnam in Deutschland . Er kam über Japan in die neue Heimat seiner 1000 Landsleute, die Ministerpräsident Dr. Ernst Albrecht nach Niedersachsen geholt hat. Jeden Sonntagnachmittag können sie nun ihren Gottesdienst abhalten. 20 Gläubigen dürfen kommen, mehr passen nicht in die 20 Quadratmeter große Pagode (250,DM Monatsmiete). Die Einrichtung des Tempels ist spärlich aber sehr farbenfroh: Dunkelrote Tücher, gelbe Chrysanthemen und Nelken und zwei gefüllte Reisschalen schmücken den kleinen Altar. Räucherstäbchen erfüllen den Raum mit süßlichem Duft. Die betenden Buddhisten knien im Schneidersitz auf dem Boten vor ihrem Mönch.

Kaum in Hannover angekommen, hat Thich Nhu Dien schon Platzsorgen:" Wir brauchen eine grössere Pagode!". Er denkt an die Flüchtlinge der HAI-HONG. 70 Prozent von ihnen sind Buddhisten , die seit Jahren nicht mehr beten durften. Das Regime in Hanoi hat es verboten.

DIE PAGODE IM WOHNZIMMER; 1000 FLÜCHTLINGE VOR DER TÜR, von Hannover aus betreut ein buddhistischer Mönch seine vietnamesischen Landsleute in der Bunderepublik. "Sie waren außer sich vor Freude".

Dem deutschen Gast in der Erdgeschoßwohnung des Hauses Nr.37 in der Hannoverschen Kestnerstr. bietet sich ein ungewöhnliches Bild: Von der Spitze eines fünfstufigen, mit roten Tüchern gelben Chrysanthemen und Reisschüsseln drapierten Altars blicken die Augen einer Buddhastatue auf 20 im Schneidersitz auf dem Boden kauernde Vietnamesen. Mit dem Rücken zu seiner kleinen Gemeinde kniet der einzige vietnamesisch-buddhistische Mönch in der Bundesrepublik, Thích Nhú-Dién. Während der mit einer orangefarbenen Kutte bekleidete Mann drei glimmende Räucherstäbchen über seinen Kopf hebt, stimmt er den Sprechgesang des buddhistischen Gottesdienstes an. Zwei Assistenten begleiten ihn mit gelegentlichen rhythmischen Schlägen auf exotischen Holzinstrumenten.

In dem 20 Quadratmeter großen Wohnzimmer, das die vietnamesischen Studentenvereinigung Hannover für monatlich 250,DM gemietet hat, befindet sich die einzige Pagode von Buddhisten aus dem Land am Mekong in der Bundesrepublik.

An jedem Sonntagmittag trifft sich die Gemeinde zum Gottesdienst mit anschließendem vegetarischen Essen, das im kaum unerwarteten Zuwachs erhalten. Ein halbes Dutzend Vietnamesen, die auf ihre Flucht mit einem Fischerboot in der südchinesischen See von dem Bremer Frachter Holstein aufgenommen und via Manila nach Hannover geflogen worden waren, erleben zum erstenmal seit April 1975 wieder Gottesdienst. "Als sie hörten, daß es in Hannover eine Pagode gibt, waren sie außer sich vor Freude", sagte der Sprecher der Studentengemeinde, Lâm Dǎng.

Die Flüchtlinge berichten, daß Gottesdienste in ihrer Heimat zwar offiziell nicht verboten seien, praktisch aber unmöglich gemacht werden. Nach Ende des Vietnamkrieges habe die neue Regierung zahlreiche Klöster und Pagoden in Gefängnisse oder Umerziehungslager verwandelt. Als ein Beispiel dafür wird die nach einer weiblichen Gottheit benannte Pagode Chua-Ba im Saigoner Chinesenviertel Cholon genannt. Ins Ausland geschmuggelte Bilder zeigen zerstörte Gotteshäuser und Statuen. Die Schäden soll das Regime nach der ursprünglich von vielen buddhistischen Mönchen begrüßten "Befreiung" angerichtet haben.

Über einen Akt Hanoi's sind die Gläubigen besonders erbost: in den wenigen für Gottesdienste zur Verfügung stehenden Pagoden seien Bilder von Ho Chi Minh in Höhe der Buddhaköpfe angebracht worden. Ein Vietnamese ergänzt, daß in christlichen Kirchen neben den Jesusbildnissen ebenfalls Ho Chi Minh-Plakate aufgehängt worden seien.

Ebenso wie der 31-jährige Ex-Oberleutnant mit dem Vornamen Sinh, der in der Luftwaffe des alten Regimes gekämpft hatte, haben die anderen Flüchtlinge Verwandte in der Heimat. Aus Furcht vor Repressalien wegen unerwünschter Äußerungen wollen sie ihren Namen nicht veröffentlicht wissen. Sinh berichtet über seinen einjährigen Aufenthalt in Umerziehungslagern, 100 Kilometer nördlich von Saigon. Folterungen habe es nicht gegeben, aber bei mangelhafter Ernährung Schwerarbeit von morgens vier Uhr bis Sonnenuntergang. Das beste Überlebensmittel sei gewesen, sich möglichst schnell die Parolen der Partei zu eigen zu machen:" Wer das gut konnte, hatte eine Chance auf vorzeitige Entlassung".

Die Gläubigen, denen ihre Religion an bestimmten Tagen den Verzicht auf Fleisch vorschreibt, haben sogar einen politischen Witz parat:" Das neue Regime hat die Vietnamesen erst zu richtigen Buddhisten gemacht, denn sie essen kein Fleisch mehr. Es gibt ja keines", sagte einer von ihnen.

Der Mönch Thích Nhū Điển und seine Anhänger sehen nach der Ankunft von 1000 Vietnamesen in Niedersachsen viel Arbeit auf sich zukommen. 70 Prozent, so schätzen sie, sind buddhistischer Konfession:" Sie alle möchten unsere winzige Pagode besuchen". In den nächsten Tagen und Wochen will der Mönch im Grenzdurchgangslager Friedland und in den Übergangsheimen zwischen Harz und Nordsee Gottesdienste abhalten."Besonders für die Älteren ist das die wichtigste seelische und moralische Hilfe zum Eingewöhnen", sagte Thích Nhū Điển. Er ist überzeugt, seine unerwartet angewachsene Zahl von Schäfchen in kurzer Zeit versammelt zu haben. Sein Wunsch an Kirchen und Behörden in Niedersachsen: Hilfe bei der Einrichtung einiger Pagoden. Zur Ausstattung wollen die Buddhisten aus Japan beitragen: sie kündigten dem fernen Missionar inzwischen eine 1,20 Meter hohe Buddhastatue aus Bronze an. WOLFGANG MEYER (DIE WELT, Mitt.03.01.79 -Nr.2)

Diese Presse-Berichte gaben den Lesern recht genau Informationen über die Aktivitäten der Andachtsstätte VIÊN GIÁC zu dieser Zeit und machten die Landes- und Bundesregierung auf die Tätigkeit des Buddhismus in Deutschland sowie auf die Flüchtlinge aufmerksam. Eines Tages wurden wir von Herrn Dr.Geißler, Beauftragter für kulturelle Förderung der Minderheitsvölker in der Bundesrepublik Deutschland im Bundesinnenministerium eingeladen.

Zusammen mit uns kamen noch die Vertreter der Flüchtlinge aus anderen Nationen wie Chile, Albanien usw. Herr Dr. Geißler, ein sympathischer blinder Bundestagsabgeordneter, eröffnete die Versammlung und sagte, daß die gute Intension der Bundesregierung darauf beruht, Aktivitäten der Flüchtlingsorganisationen in der BRD kulturell zu unterstützen. Jede ausländische Organisation möge ihren Jahresplan mit genauen Angaben über Kosten und Aufwendungen zur Überprüfung nach Bonn schicken, um finanzielle Hilfe zu erhalten. Es waren noch *Herr Nguyễn Ngọc Tuấn*, *Herr Văn Công Trâm* zusammen mit mir bei dieser Versammlung in Bonn. Nach der Rückkehr aus Bonn hatten wir erstmal die Aufstellung des Jahresplans und des Kostenvoranschlages für solches Programm beiseite geschoben. Nach einigen Monaten bekamen wir noch einen Brief vom Bundesinnenministerium, in dem nachgefragt wurde, warum wir die Sache noch nicht fertig gestellt hatten. Dann mußten wir einfach mit der Arbeit beginnen. Nach der Einreichung unseres Antrags erhielten wir die Zusage des Bundesinnenministeriums, daß die Kosten für die Veranstaltungen großer Feste wie Vesakh und Ullambana sowie die Jahresmiete für 1979 bewilligt wurden. Dieses waren nur außergewöhnliche Aufwendungen, weil unser Antrag zu spät gekommen war. Ab 1980 bis 1986 war diese Hilfe regelmäßig. Wir möchten uns hier auch herzlich bedanken für die hingebungsvolle Hilfe des Ministeriums, besonders die von Herrn Dr. Geißler.

Jetzt geht er in Pension(er ist schon 83 Jahre alt), aber die Sekretärin Fr.Michael ist immer noch tätig.

Vor dem Vesakh-Fest 2523(1979) in Hannover hatte Fr. Michael die Pagode VIÊN-GIÁC angerufen und sagte mir, daß ich schnell handeln mußte, ehe es zu spät würde, damit die Unterlagen per Express am Montag schon auf ihrem Schreibtisch lagen. Das Gespräch war sehr kurz, aber ich war bestürzt, weil ich keine Erfahrung mit Papieren und Formularen hatte. Das Bundesinnenministerium würde alles unternehmen, was in seiner Macht stand, um uns zu helfen. Aber der Empfänger, ein Novize, der gerade vom Urwald und den Bergen herunterstieg, um das Dharma zu praktizieren, kannte überhaupt keine weltlichen Angelegenheiten. Das Resultat war allerdings gut und alles lief bis heute weiter wie zuvor.

Das Vesakh-Fest 2523-1979 fand im Beethovensaal der Stadthalle Hannover statt. Das Parkett bot 600 Sitzplätze, oben im ersten und zweiten Rang noch weitere hundert. Dieses Fest wurde zum 1.Mal in diesem großen Umfang in Deutschland veranstaltet. Diesmal kam eine Delegation von Buddhisten und eine Musikgruppe der buddhistischen Jugendfamilie Quảng-Đức mit zwei großen Reisebussen unter der Führung des Ehrw. Thích Minh-Tâm, Abt der Pagode Khánh-Anh in Paris. Weil es damals keine Musikgruppe der buddhistischen Vereinigung gab, hatten einige Studenten und die vietnamesischen Flüchtlinge in Hannover und Hildesheim die Rollen des Theaterstücks übernommen und mit einigen Buddhisten guten Willens aus Berlin zusammengesungen. Das Theaterstück:"Die Geschichte Gotama Buddhas von der Geburt bis zum Nirvana" wurde von mir geschrieben. Ich selbst dachte, obwohl ich gerade erst mit der Pflicht eines geistigen Führers betraut war, mußte ich schon die Aufgabe der Leitung eines Theaterstücks übernehmen. So dachte ich mir, um mich selbst zu verteidigen. Weil es keinen Regisseur gab, mußte ich diese Rolle spielen. Aber wenn der Mönch sonst den Regisseur spielte, dann könnte man nichts mehr dazu sagen. Aber was kommen wird, muß kommen. Was macht das schon!. Der Junge *Ngọc-Duy* spielte die Rolle des neugeborenen Prinzen, *Frau Giang* spielte die Rolle der Prinzessin(sie lebt jetzt in Australien), Frl. *Thêu* spielte die Königin-Mutter, *Herr Đạt* spielte den erwachsenen Prinzen, *Herr Giao* spielte den Weissager Ashita(er lebt jetzt in USA), Frl. *Liên* spielte die Bäuerin Sujata, die dem Asket Gotama Milchbrei opferte. Bis zur Erleuchtung übernahm *Herr Nguyễn Ngọc Tuấn* die Rolle des Gotamas und noch viele weitere Nebenrollen, deren Namen ich nicht alle behielt, weil solche Bilder im Laufe der Zeit für die anderen Theaterstücke gestattet wurden. Aus Berlin kamen *Herr Lộc* mit der Musikgruppe, die den Bambustanz und Seidentanz vorführten, und von den vietnamesischen und deutschen Zuschauern vielen Beifall bekamen. Fr.*Thúy* aus Berlin war die Ansagerin mit sehr schöner deutscher Ausprache und behaglicher vietnamesischer Stimme. Sie zitterte manchmal vor vielen Menschen oder vielleicht vor Freude. Deshalb sagte ich ihr, daß sie sich gegen eine Säule lehnen solle. Ich frage mich, ob sie sich daran erinnert wenn sie diese Zeilen liest.

Die Musikgruppe der buddhistischen Jugendfamilie *Quảng-Đức* trug den "Tanz der Reisbauer" und den "Tanz auf dem Weg zur Pagode" bei. Die vietnamesische Kampfkunstart VOVINAM-Việt-Võ-Đạo wurde von Herrn Nguyễn Tiến-Hội und Schülern vorgeführt. Diese Vorstellung wurde von vielen Menschen Aufmerksamkeit geschenkt.

Dieser Kulturabend war recht erfolgreich. Ungefähr 400 vietnamesische Buddhisten und über 200 deutsche Gäste nahmen an diesem Abend teil. Viele Zeitungen in Hannover hatten über diesen Kulturabend berichtet. Wenn Sie darüber mehr wissen möchten, lesen Sie bitte mein Buch:"Das geistige Leben der buddhistischen Vietnam-Flüchtlinge im Ausland".

Bei diesem Fest gab es 2 Buddhisten, die Zuflucht zu den 3 Juwelen nahmen. Der eine war Herr Phạm Công Hoàng aus Berlin(früher lebte er in Berlin). Ich gab ihm den Dharmanamen Thị-Thiện er war später Leiter der Musikgruppe der Vereinigung der buddhistischen Studenten und Vietnamesen in der BRD, während der Amtzeiten 79-80 und 81-82. Später wurde er Vorsitzender der Organisation für die Angelegenheiten der Vietnamesen in der BRD. Der zweite war Herr Văn Công Trâm, mit Dharmanamen Thị Minh, er war früher mein Schulkamerad, jetzt mein Laienschüler und Vorsitzender der Vereinigung der buddhistischen Studenten und Vietnamesen in der BRD, während der Amtzeiten 79-80, 80-81. Jetzt sind sie beide Diplom Ingenieur für Flugzeugbau und Arzt. Meine Laienschüler sind bis heute ungefähr 300 Personen aus vielen Berufsgruppen(Gelehrte, Bauern, Arbeiter und Kaufleute). Sie sind Universitätdozenten, Ärzte, Apotheker, Ingenieur, Studenten, Schüler, Kaufmänner, Soldaten, Schriftsteller, Maler und selbstverständlich die älteren Leute. Dieses entspricht hier der Gleichheit im Buddhismus. Und wenn der Bikkhu den Schülern die Sittlichkeitsregeln übermittelt, darf er nicht zwischen Armen und Reichen, Gelehrten und einfachen Menschen unterscheiden, wie es im Brahmajala-Sutra steht.

Das Vesakh-Fest gab der neugegründeten Vereinigung der buddhistischen Studenten und Vietnamesen in der BRD Anlaß, sich selbst allen Gästen vorzustellen, das vermerkte ein kräftiges und gewaltiges Wachstum der vietnamesischen Buddhismus in diesem Land. Früher wäre ich auf Wunsch der Studenten und Flüchtlinge hier geblieben. Es sollte eine Andachtsstätte und eine buddhistische Vereinigung gegründet werden. Und diese Aufgabe ist vollendet. Man braucht dies von nun an nur weiterzuentwickeln.

Die Zeit ging so weiter, der Winter endete und der Frühling kam bald, und danach kam der Sommer. Ich wünschte mir mit ganzem Herzen, den Mitmenschen zu dienen. Es war aber nicht wie Thanh Tịnh sagte, er beschrieb:" *Der Herbst in diesem Jahr kommt während die gelben Blätter vom Baum fallen, als ob er sein Herz hierher bringt, um den alten traurigen Herbst wiederzutreffen und jetzt wünsche ich die Herbst-Rückkehr zu sehen, damit das Wasser im See blau bleibt. Fußabdrücke sehen von weitem so verlassen aus, oder es war nur der Wind, der sanft weht und welcher mein Inneres durcheinander weht, oder es war nur das Echo der früheren Tage...*". Thanh-Tịnh ist ein sehr guter Schriftsteller, aber er ist sehr in Träume versunken. Und ich, ein Mönch muß sehr realistisch sein, ich lebe für die Gegenwart und nur für die Gegenwart. Denn sagten viele Zen-Meister, wenn die Gegenwart gut sei, werde die Zukunft auch gut sein. Aber wenn die Gegenwart schlecht sei, werde die Zukunft das Gegenteil sein.

Nach dem Erfolg des Vesakh-Festes versuchten die Studenten sowie Buddhisten ihre eigene Organisation kräftiger zu machen, indem sie andere Aktivitäten innere wie äußere beitrugen. Es gab wieder einmal keinen weiteren Mönch in Deutschland. Gegen Ende 1979 nach der Rückkehr aus der USA, erfuhr ich von den Buddhisten in der Andachtsstätte, daß ein Mönch, Shamen Giác-Minh nach Deutschland gekommen ist und jetzt in Aachen wohnte. Ich freute mich sehr darüber und dachte, daß er vielleicht zu der Sekte der Betteln-Sangha Vietnams oder der Ältesten des Theravada-Buddhismus Vietnams angehörte. Das machte aber nichts, ich besuchte ihn, um mehr über ihn zu erfahren. Bald fuhr ich nach Aachen und suchte ihn in einem Flüchtlingslager auf. Bei dem ersten Treffen empfand ich schon Sympathie für ihn. Wahrscheinlich hatten wir dasselbe Ziel, den Mitmenschen zu dienen, für das Ideal zu leben und uns selbst zu vergessen, trotzdem wir verschiedenen buddhistischen Sekten angehörten. Shamen Giác-Minh wohnte in einem Flüchtlingslager, welches früher ein Kloster der katholischen Nonnen war. Dadurch gab es immer ein Kreuz in jedem Zimmer. Neben dem Kreuz stellten er und die Flüchtlinge einen Altar auf. Das Zimmer war sehr klein, reichte aber gerade für eine Person und man konnte nur die vier Wände sehen. Ich sagte zu ihm, daß es ziemlich groß war verglichen mit dem in Japan. Nach einigen geselligen Fragen und Antworten hatte Shamen *Giác-Minh* die Absicht geäußert, in der Andachtsstätte VIÊN GIÁC mit mir zusammenzuleben. Ich nahm es sofort an und erklärte ihm noch etwas dazu, daß die Räumlichkeit noch recht eng war. Er sollte hier zuerst Deutsch lernen. Danach konnte er nach Hannover ziehen, um in der Andachtsstätte zu wohnen. Shamen hat aber Talent, Geschichten sehr geschickt zu erzählen, auch wenn die Geschichten nicht besonders sind. Aber durch seine Darstellung mögen viele Menschen seinen Äußerungen von Anfang bis Ende folgen. Außerdem hat er noch eine andere hervorragende Begabung, von der ich nur eintausendstel habe. Das ist seine Kochkunst. Wer das Essen von Shamen mal probiert hat, wird es nie vergessen. Für das vegetarische Fastmahl sind die Zutaten nur Gemüse, Tofu, Sojasauce und einige Gewürze. Aber wer gut kochen kann, kann dies mit Phantasie umformen. Und so schlecht wie ich beim Kochen bin, kann ich nur die Gemüse braten. Deswegen wenn jemand zur Pagode kam und Shamen in der Küche sah, dann gingen sie alle, besonders die Damen nach vorn und saßen im Aufenthaltsraum und tranken Tee. Sie wagten nicht in die Küche zu treten. Erstens könnten sie Shamen nicht gefallen. Und zweitens könnten sie vielleicht nicht so gut kochen wie er. Man sagte,"wenn jemand Talent hat, hat er oft eigenartige Angewohnheiten" oder das Gegenteil:" jemand, der eigenartige Angewohnheiten hat, hat auch meistens Talent". Dadurch ist Shamen ziemlich schwierig, wenn es ums Kochen geht. Aber alle hören auf ihn.

Shamen lebte zusammen mit mir in der Andachtsstätte VIÊN-GIÁC ungefähr ein Jahr. Dann kehrte er wieder zurück nach Aachen. Und danach flog er für immer in die USA. Der Grund, warum Shamen Deutschland verließ und nach Amerika flog, kannten nur ich und einige seine Schüler, nämlich daß es in Deutschland sehr kalt ist. Und deshalb konnte Shamen die Tugend "um Almosen bitten" nicht praktizieren. Noch ein anderer Grund war, daß die deutsche Sprache für ihn sehr schwer war und er überhaupt nicht lernen und begreifen konnte. Er hatte immer darüber geklagt, auch mir gegenüber.

Nach einem Jahr in den USA widerfuhr ihm großes Unglück. Er mußte im Gefängnis sitzen, aus welchem Grund? Bis heute gibt es immer offene Fragen darüber, aber vielleicht könnte nur die Zeit dies beantworten. Über die Erörterung und die Stellungsnahme hat wahrscheinlich nur die Gerechtigkeit mehr Gerechtigkeitssinn als wir. Wenn wir das sagen, um uns selbst zu trösten, dann müssen wir dies so verstehen, daß Buddha selbst auch Unheil ertrug, um so mehr eben auch die Lebewesen. Aber im Prinzip muß man unter allen Umständen versuchen, dem Unglück zu entkommen. Das gilt nicht nur für die Geistlichen, sondern auch für die Laien. Man muß es durchführen. Nguyễn-Du, ein berühmter vietnamesischer Literat hatte in seinem Versroman "Kim-Vân-Kiều" über das Schicksal eines schönen Mädchens Kiều geschrieben: "Das überragende Talent und das Unglück kommen oft zusammen". Und in dem Fall von Shamen kann man sagen: "Der tugendhafte Lebenswandel stimmt mit dem Gefängnisaufenthalt überein."

Ich besuchte ihn einmal im Gefängnis in San Francisco letztes Jahr 1983, zusammen mit Venerablen Tịnh-Tú, Thiện-Tường, Minh-Thân und Shamen Giác-Lượng. Diese Geschichte hatte noch viele

Geheimnisse. Wir sagen es, um für eine Kraft des Karmas Sympathie zu empfinden. Aber wir haben keine Möglichkeit, ihn zu retten, außer der Gerechtigkeit. Im Jahre 1966 hatte ich schon die Freuden des Gefängnisses in Vietnam genossen, um für die Religionsfreiheit zu kämpfen. Deshalb habe ich auch Verständnis für die Gefangenen. Obwohl das Gefängnis in den USA besser als woanders ist, sollte das Schicksal der Gefangenen immer noch das Schicksal der Menschen in Verbannung und Mißhandlung sein.

Ich saß im Gefängnis wegen des Ideals der Geistlichen, die für eine Heimat mit Freiheit, Demokratie für alle Rechte eines Volkes unter der Führung der Congregation der Vereinigten Vietnamesisch-Buddhistischen Kirche kämpften. Deshalb hatte ich keine Klage und beklagt mich auch nicht über mein Schicksal. Und Shamen sitzt im Gefängnis wegen eines Raubmordes. Aber wer könnte die Unschuld beweisen. Die öffentliche Meinung der vietnamesischen Zeitungen in den USA war einmal in Aufruhr für eine Zeitlang und jetzt gerät er langsam in Vergessenheit. Die Congregation der Vereinigten Vietnamesisch-Buddhistischen Kirche hat noch keine Stellungnahme und sogar auch seine Sekte(Betteln-Sangha) hat auch keine Mitteilung.

Im September 1983 anläßlich der Teilnahme an der Session *Thiện-Hòa*, die von der "Internationalen Gesellschaft für Buddhismus in den USA" organisiert wurde, hatte ich dieses Problem erwähnt, bei der Sitzung in der Pagode "Phật-Tổ" in Long Beach unter der Leitung von *Ehrw. Thiện-Thanh*. Aber die alte Sache blieb die alte Sache. Wir hatten keine andere Wahl, nur abzuwarten, bis die Gerechtigkeit das Urteil spricht.

Im Jahre 1979 kamen *Vens*. *Minh-Thân*, *Minh-Phú*, *Thiện Tâm*, *Nonnen Diệu-Ân*, *Diệu-Hanh*, *Minh-Loan* nach Deutschland. Durch Telefongespräche erfuhr ich, daß *Ven.Minh-Thân* in Barntrup wohnte. Das ist ein kleines Dorf in der Nähe von Hameln, gehört zum Land Nordrhein- Westfalen. Die anderen Mönchen und Nonnen wohnten in einem katholischen Kloster, als Flüchtlingslager genutzt, in Münnerstadt in der Nähe von Schweinsfurt/Nordbayern. Bei einem Besuch in Berlin hatten ich und einige Buddhisten sie in Münnerstadt besucht. Das Geschenk am Anfang war nur ein bescheidendes eines Mönches für das Dharma in Zukunft.

Venerable Minh-Thân konnte ich nicht besuchen, obwohl er nicht weit von Hannover wohnte. Wahrscheinlich weil er in der Nähe von uns wohnte, dachten wir, daß wir auch am leichtesten zu ihm kämen? Genau so als die Eltern noch am Leben waren, liebten die Kinder sie nicht so sehr. Aber als die Eltern nicht mehr da waren, weinten sie herzzereißend. Wirklich hat das Leben so viele normale Dinge, aber man erkennt sie nicht immer. Jetzt lebt *Ven.Minh-Thân* in den USA nach 5 Jahren in Deutschland in verschiedenen Orten von Nordrhein- Westfalen. Sein letzter Wohnsitz war Düsseldorf. Er wohnt jetzt in der *Pagode Tù-Quang* in San Francisco unter der Leitung des *Ehrw.Thích Tịnh-Tú*. Jeder Geistliche kam nach Deutschland und verließ Deutschland wieder. Ich weiß nicht, ob Deutschland keine schicksalhafte Fügung für die Mönche bedeutete oder die Mönche keine Vorherbestimmung in Deutschland hatten. Solche Dinge brauchen Zeit, um sie besser zu verstehen.

Danach kam *Venerable Thich Tri-Hoa* nach Deutschland, in der Zeit von 81-82. Ungefähr nach einem Jahr verließ er Deutschland wieder und flog nach Amerika. Jetzt ist *Ven.Tri-Hoa* Abt der *Pagode Viên-Giác* in Oklahoma in den USA. Nun habe ich gehört, daß es unter seiner Pagode ein Ölfeld gäbe. Er hat wirklich großes Glück und genieß es. Alle drei waren Stellvertretender Leiter der Congregation der Vereinigten Vietnamesisch-Buddhistischen Kirche- Abteilung Deutschland. Dann gingen sie alle drei in die USA. Deswegen ist im Moment diese Position immer noch unbesetzt. Keine Mönche und keine Nonnen möchten diese Stellung annehmen, weil sie Angst haben, daß sie Deutschland wieder verlassen. Das Fortgehen von drei Mönchen ist die große unbesetzte Lücke für die Buddhisten in Deutschland. Aber das macht nichts. Der Mönch wird hingehen, wo er gebraucht wird. Er beharrt nicht auf Schwierigkeit und Elend. Es gibt nur ein Ding, das man sagen sollte, daß jede Person eine eigene schicksalhafte Fügung hat. Auch wenn diese Person ein Geistlicher ist, kann er nicht aus der Kausalität(Ursache und Wirkung) des Buddhismus entkommen." Wenn man geschickt in die Hauslosigkeit geht, wird man auftauchen, und wenn man schlecht in die Hauslosigkeit geht, wird man sinken". Es gibt so viele und nicht mehr.

Das Jahr 1980 war das Jahr, in dem wir am meisten Mönche und Nonnen hatten. Deswegen hatte ich eine Versammlung einberufen, um in der Andachtsstätte VIÊN-GIÁC in der Kestnerstrasse 37 3000 Hannover 1 die Congregation der Vereinigten Vietnamesisch-Buddhistischen Kirche- Abteilung in Deutschland zu gründen. Und seitdem existiert die Deutsche Sektion der Congregation. Dieses Resultat hatten wir erzielt mit Hilfe und Bemühung aller Mönche und nonnen. Und das war eine große Freude für alle Buddhisten in Deutschland. Und ich selbst, war noch froher, weil die Gelübde in Erfüllung gingen. Der Aufbau der Organisation war in Ordnung, und jetzt kommt die Entwicklung in Frage. Natürlich ist für unsere Mönche und Nonnen das Medium der Religion sowie der Kultur in diesem Land ziemlich fremd, aber mit der Zeit werden sie sich daran gewöhnen. Und in diesem Moment wissen wir alle, daß der vietnamesische Buddhismus in Deutschland Anlauf nimmt, um sich weiterzuentwickeln und kräftige Fortschritte zu machen.

Wegen des großen Bedarfs an buddhistischen Aktivitäten hatten wir einen Antrag auf die Miete für eine große Lokalität zur Nützung als Pagode an das Bundesinnenministerium gestellt, sowie für die Mittel für eine kleine Druckerei.Unseren Vorschlägen wurde vom Bundesinnenministerium zugestimmt, d.h. wir konnten eine Räumlichkeit für etwa 3.000.-DM mieten. Die Suche nach einer neuen Pagode übernahmen einige Buddhisten, die regelmäßig die Anzeigen in der Zeitung durchlasen. Ich und die anderen sorgten für die Druckerei.

Eines Tages gegen Ende 1980 zeigte Herr Lâm Dáng-Châu mir eine Annonce in der "Hannoverschen Allgemeinen Zeitung". Es handelte sich um 2 Fabriken zur Vermietung in der Eichelkampstr. 35. Die eine hatte eine Fläche von 450 qm mit Büro, Wohnraum und einer großen Halle von 250 qm und die Miete betrug 3.000.-DM monatlich. Die andere war 250 qm groß und kostete 2.200,-DM monatlich. Ich freute mich sehr darüber und dachte, daß die Kurve der Buddha-Dharma sich drehte. Ich rief die Makler an, um mich nach den Bedingungen des Mietvertrags zu erkundigen, sowie einen Termin zur Besichtigung zu vereinbaren. Bei der Besichtigung waren ich, Ven.Minh-Thân und der Makler dabei. Die Fabriken waren damals sehr schmutzig. Die Haupthalle der Pagode war früher eine Verkaufstelle von Wasserrohren. Überall sah man nur Staub an den Wänden und es sah aus wie ein Kriegsgebiet nach dem 2.Weltkrieg, so verlassen und zerstört. Und jetzt sieht es wieder ganz anders aus, sehr lebhaft. Ven.Minh-Thân hatte keine Meinung geäußert. Später kamen ich und der Buddhist Thi-Minh noch einmal wieder, um sie zu sehen. Und wir mußten auch entscheiden, welche Fabrik wir nehmen sollten. Die Fabrik für 2.200,-DM monatlich war ziemlich neu aber sehr eng und hat außerdem keine Parkplätze. Und die größere Fabrik war viel älter hat aber mehr Komfort. Wir kamen zu dem Entschluß, daß wir die größere Fabrik nehmen sollten. Das war auch mit der Summe des Bundesinnenministeriums zu vereinbaren. 6.000,-DM für die Maklergebühr hatten wir aus der eigenen Kasse der Pagode genommen. Auf einmal waren 6.000,-DM einfach weg. Wir hatten nicht gezögert, obwohl wir auch kein Geld hatten. Außerdem mußten wir auch die 2Monate-Miete als Mietsicherheit(6.000,-DM) leisten. Insgesamt 12.000,-DM mußten wir ausgeben und diese Summe wurde nicht vom Bundesinnenministerium bewilligt. Der Besitzer der zwei Fabriken ist eine Person, die viel Interesse am Buddhismus hat. Er hatte viel Verständnis und Mitleid mit uns und dadurch verlangte er von uns auch keine Mietsicherheit. Das entlastete uns sehr.

Die Andachtsstätte VIÊN-GIÁC zog offiziell in eine neue Adresse am 08.01.81 um, mit einem neuen Namen "PAGODE VIÊN-GIÁC". Beim Umzug waren nur ich und der Buddhist Võ-Xuân-Khôi dabei. Ich beklagte mein Schicksal, weil in der Umgebung niemand war. Aber das machte nichts, die schweren Dinge mußte ich selber tragen. Dann werden die großen Aufgaben leicht Erfolg haben. Ich mußte so denken, damit ich meine Kräfte einsetzte, um mit Khôi mehrmals die Möbeln zu transportieren, von der alten Andachtsstätte zur neuen Pagode.

Danach mußten wir uns für den Neujahrempfang vorbereiten. Es war das Jahr Tân-Dậu(des Hahns). Das war aber wirklich das Jahr des Hahns. Alle, Meister und Schüler hatten sehr hart gearbeitet. Am 05.02.81 war das Jahreswechsel. Punkt 5 Uhr nachmittags waren drei Buddhisten in die Pagode gekommen. Es waren der Buddhist Ngô Ngọc-Diệp, Frl.Yến und ihre Mutter. Sie führten die buddhistische Zeremonie in der Pagode durch, um das Neujahrfest zu feiern. Die feierliche Handlung war einfach und schlicht aber mit der herzlichen Aufrichtigkeit für eine neue Pagode. Wir mußten viele Kräfte und Mühe gebrauchen, damit die Pagode bis zum Vesakh-Fest 2525-1981 in Ordnung war.

Besonders was die Druckerei betraf, hatten wir überhaupt keine Ahnung, deshalb hatten wir nur gebrauchte Maschinen gekauft. Das Bundesinnenministerium sagte, daß wir die neuen Maschinen kaufen sollten. Dann gingen wir, ich und der Buddhist Thị-Minh überall herum, um sie zu finden. Und zum Schluß hatten wir auch eine kleine Druckerei, die alle Einladungen zum Vesakh-Fest und Ullambana-Fest, die Zeitschrift Viên- Giác und einige Sutren-Bücher, die Sie seit langem regelmäßig bekommen hatten, gedruckt hat. Und alle Unkosten für die Druckerei wurden vom Bundesinnenministerium getragen.

Weil ich die Zustimmung der Deutschen Regierung hatte, sagten viele Mönche und Buddhisten, daß ich viel Glück habe. Das ist sehr richtig. Aber dazu muß ich vielleicht sagen, daß ich mich seit vielen früheren Existenzen mit Wohltätigkeiten beschäftige, ist es heute nur das Resultat. Wir müssen an die Kausalität glauben. Wenn die Gegenwart gut ist, wird die Zukunft auch gut sein. Deshalb sollten wir nur für die Gegenwart leben, und vielleicht reicht es ja auch wie ein Zen-Meister gesagt hatte:" *Wenn man heute lebt, sollte man heute auch wissen. Und über die Zeit von "Herbst und Frühling" braucht man nichts zu wissen*".(*Herbst und Frühling 722- 481 v.Chr. Chún-Chîu-Periode*).

Als Buddha Sakya Muni noch am Leben war, wurde das Wort"Hộ Phât"=Buddhapala(Helfer des Buddha) mehr gebraucht. Damals hatten die Könige, Fürsten oder die Angehörigen des Mittelstandes, Bourgeoisie und die Buddhisten usw. Opfer dargebracht z.B. wurde Buddha Vihava(Aufenthaltsort der Mönche) damals und heute gleich bedeutend mit Kloster geschenkt, damit Buddha sich aufhielt und seine Lehre verkündigte und auch den Mönchen half, damit sie einen tugendhaften Wandel führten. Und nachdem Buddha ins Nirvana ging, wurde das Wort "*Buddhapala*" nicht mehr benutzt, sondern statt dessen das Wort "Dharmapala". Dharmapala bedeutet die Lehre des Buddha beschützen, damit das Dharma für immer hinterlassen wird. Solche Könige waren z.B. Asoka von Indien, Shoto Ku taishi von Japan, Liang Wu-Ti von China und Lý Thái-Tô von Vietnam. Sie hatten der Nation geleuchtet, mit dem Licht der Barmherzigkeit und Gleichheit des Buddhismus. Und alle Klassen des Volkes waren von dieser Dankbarkeit durchdrungen. Dann hörte man auch das Wort "Hô Tăng" Sanghapala, durch die Spender, die die Mönche und Nonnen unterstützten mit Büchern, Medikamenten oder die vier nötigen Dingen, damit die Mönche und Nonnen genügende Mittel hatten, um die Tugenden zu praktizieren. Buddha, Dharma und Sangha sind die drei Triratna. Wenn die Buddhisten Opfer darbringen und damit die drei Triratna unterstützen, werden sie sehr viele wertvolle Verdienste erhalten. In dieser Zeit finden wir keine einzelnen Wörter für jeden Zweck wie z.B. Buddhapala, Dharmapala. Jetzt benutzt man einfach den Begriff: "Ban Hô-Trí Tam-Bảo" (Gemeindeausschuß), d.h. Beschützen und Unterstützen der drei Triratna in dieser Welt. Deshalb gründet man in fast allen Pagoden einen Gemeindeausschuß, um die Lehre des Buddha zu beschützen und zu entwickeln.

In der BRD wurde der Gemeindeausschuß der Andachtsstätte VIÊN-GIÁC 1978 gegründet und er existiert bis heute. Am Anfang war dieser Begriff ein bißchen fremd, weil die Buddhisten sehr jung waren und sie sich recht "alt" dafür fanden. Aber als sie die wirkliche Bedeutung gründlich verstanden, waren sie begeistert und arbeiteten sehr tüchtig, im Sinne der Dharma-Unterstützung sowie der Dharma-Entwicklung.

In den vorherigen Texten erwähnten wir einige Buddhisten, die seit Anfang an schon viel geleistet hatten. Und heute möchten wir hier noch einige Wohltäter sowie die Personen, die mühevolle Aufgaben für das Dharma geleistet hatten, im Jahre 81-82 und in den letzten Jahren erwähnen. Wir beschreiben nur die Personen, die regelmäßig jahrelang für die Pagode eingetreten sind. Außerdem gibt es noch viele Personen, die unregelmäßig während des Vesakh-, Ullambana- sowie TẾT-Fest viel gespendet hatten. Die Liste haben wir in der VIÊN-GIÁC-Zeitschrift veröffentlicht. Durch diese Spenden existiert die Pagode VIÊN-GIÁC bis heute und ist auf dem Weg sich weiter zu entwickeln.

Hier ist die Liste der Wohltäter und Spender:
Lâm Dáng Châu, Ngô Ngọc Diệp, Lê Huy Cát(Hannover), Nguyễn Thi Tư, Nguyễn Thị Dep, Trần Thị Soan, Hồ Kim Lê, Văn Công Trâm, Vương Dắc Mắn(Kiel), Nguyễn thị Hanh, Doãn Thị Thu Hanh(Braunsschweig), Phạm Công Hoàng, Lê Thanh Bình(Bremen), Nguyễn Ngọc Tuấn(Stade), Nguyễn văn Cử, Nguyễn Văn Ván(Hildesheim), Lê văn Hóng(Lohr am Main), Dương văn Phường(Essen), Nguyễn Thanh Tuy, Nguyễn Thị Phụng(Recklinghausen), Mai Vi Phúc(Barntrup), Nguyễn Lưu, Grimaldi, Lê văn Hiệp, Doãn thị Thanh Tú, Thân Trọng Lạc, Hồ văn Nguyễn, Nguyễn Dand Dán, Lê Đinh Chung, Lý Ngọc Hoa(Frankreich), Nguyễn Bình Dương(Lünen) Doãn Thị Thuấn(Suisse), Trường Tân Lộc(Hannover), Lý Diệu Anh, Trường Phước Hào, Trần Thục Nghi(Vechta), Nguyễn thị Thu Mỹ(Berlin), Tó văn Phước(München), Trần Thị Lang(Paris), Đinh Kim Thanh(Weingarten), Lâm Thanh(Lingen/Ems), Diệu Niên (Hannover), Lê thi Thu Ba(Weingarten), Đăng Trinh(Wallenstätter-München), Nguyễn văn Xiếu(Barntrup), Trần Ngọc Sơn(Dörentrup), Lâm văn Hoàng(Weetzen), Đáng Ngọc Hải(Speyer), Nguyễn Trung Trực(Hannover), Tử Sanh, Lai Khánh Vân(Aachen), Lâm văn Tốt(Laatzen), Nguyễn Ngọc Châu, Nguyễn Thị Thiếp, Phan thị Thìn, Trần Liễu thị Diệu Huyền, Đăng thi Linh Thay, Phạm

Đảng Anh Tuấn(Kassel), Bùi Thị Thảo, Phan Ngọc Bình usw.

Ende 1978 bis Ende 1980 hatten wir insgesamt 6 Ausgaben der VIÊN-GIÁC-Zeitschrift in DIN A5 Format. Weil wir eine kleine Druckerei mit Unterstützung des Bundesinnenministeriums erhielten, hatte *Herr Mai Vi Phúc* Anfang 1981 vorgeschlagen, daß wir die VIÊN-GIÁC-Zeitschrift in neuem Format herausgeben sollten. Seitdem haben wir die VIÊN-GIÁC-Zeitschrift mit neuem Format. 6 Jahre sind seitdem vergangen, insgesamt 36 Ausgaben, regelmäßig erscheint die Zeitschrift 6 Hefte in einem Jahr. Die ersten Hefte der neuen Ausgabe waren inhaltlich sehr arm. Trotzdem gab es viele bedeutungsvolle Texte von Professor *Nguyễn Khắc Kham*, die er für uns exzerpiert hat. Im Bereich des Schreibens gab es sehr wenig. Später hat *Herr Mai Vi Phúc* noch einige Schriftsteller wie *Herrn Hồ Trường An, Nguyễn Hồng Kỳ* in Frankreich um Mitwirkung gebeten. Dadurch hat die Zeitschrift einiges verändert. *Herr Hồ Trường An* hat dann noch einige erwähnenswerte Autoren wie *Frau Huyền Châu, Frau Trần Thị Diễm Thi* um die Zusammenarbeit gebeten. Deswegen wurde die VIÊN-GIÁC-Zeitschrift von vielen Lesern leidenschaftlich geliebt. *Herr Hồ Trường An* hat für eine lange Zeit sehr viele Artikel verfaßt. Wegen seines Gesundheitszustands hat er dann später nur sehr wenig geschrieben. Und die VIÊN-GIÁC-Zeitschrift verlor seine Mitwirkung, zusammen mit seinen Freunden. Die VIÊN-GIÁC-Zeitschrift änderte sich wieder. Eine Zeit hatte *Herr Phong Lưu, Lưu Nhơn Nghĩa* für die Zeitschrift die Geschichte auf dem Land geschrieben, die genauso gut war wie die von *Sơn Nam, Bình-Nguyên-Lộc*. In der Zeit der Umwandlung der Zeitschrift gab es noch Artikel über Nachrichten und Seiten für Kinder. Den Nachrichtenteil übernahm Herr Vũ Ngọc Long. Solche Artikel lesen viele Leute, weil sie bei den Nachrichten im Fernsehen nicht alles mithören können. In der VIÊN- GIÁC Zeitschrift können sie nachlesen und sie sind reichlich vorhanden. Herr Vũ-Nam kann auch so gut schreiben, wie der Schriftsteller Ngô Nguyên Dũng. Herr Nguyễn Hòa, unter dem Pseudonym Phù Vân schreibt scherzhaft, sodaß niemand so gut wie er schreiben kann, und viele Leser schenkten ihm Sympathie. Frau Lê thị Bạch Nga schrieb "den Brief aus Nordamerika" und brachte den Lesern dadurch, daß sie in sich die Stimmung des Buddhismus im weltlichen Leben sowie im Dharma-Leben einfühlen kann. Über "der Weg ohne Grenze " von uns gibt es keine Beurteilung. Wir überlassen dem Leser die Kritik. Dieser Artikel wird bis Ende 1987 beendet. Später wird dieser Artikel als Buch herausgegeben, nachdem wir den Text nochmals korrigieren. Wir werden es Ihnen zuschicken, als Geschenke zum Anlaß des 10-jährigen vietnamesischen Buddhismus in Deutschland.

Außer den regelmäßigen Artikeln gab es noch einige Texte, die auszugsweise publiziert wurden, oder die unregelmäßigen Artikeln sowie die Gedichte von vielen Flüchtlingen. Dies alles bringt der VIÊN-GIÁC-Zeitschrift immer mehr Abwechslung. Eigentlich hat die Zeitschrift nicht allen Bedürfnissen entsprochen, weil die Bedürfnisse der Leser immer sehr schwierig und kompliziert sind(der eine mag dies und der andere etwas anderes). Aber trotz aller Umstände ist die VIÊN-GIÁC-Zeitschrift nur eine Zeitung des Dharma, sie bringt das Dharma in das weltliche Leben. Deshalb sind viele Artikel für die Leser manchmal schwierig unverständlich oder unbegreiflich und manche mögen sie nicht lesen. Aber sie dürfen in dieser Zeitschrift nicht fehlen. Denn die Psychologie der Menschen mag nur etwas einfaches und selten schwieriges. Aber auf der Suche nach der Wahrheit bekam niemand unter den Heiligen und Weisen in dieser Welt keine Schwierigkeiten, kein asketisches Leben ,bis er das Ziel erreicht hatte. Das ist auch der wichtigste Punkt, den die VIÊN-GIÁC-Zeitschrift immer vertritt.

Das Vesakh-Fest(1981-2525) fand feierlich in der neuen Pagode, Eichelkampstr. 35A, 3000 Hannover statt, unter Anwesenheit vieler Hochehrwürdigen, Ehrwürdigen, Bikkhu und Bikkhuni aus Frankreich und aus Deutschland, die nach Hannover kamen, um an der Festbezeugung teilzunehmen. Es war auch Anlaß der Einweihungszeremonie der Sakya-Muni-Statue, die ein Heiligstum der Congregation ist. Die Congregation hat sie vor 1970 nach Japan geschickt und im Jahre 1980 haben wir sie wieder nach Deutschland gebracht. Im Jahre 1981 hatten wir die Möglichkeit, die Einweihungszeremonie für diese Buddhastatue in dieser kalten Heimat zu feiern.

Früher hatte sich die Congregation darüber keine Gedanken gemacht. Denn das Leben ist vergänglich und außerdem hatten die Schicksalsfügungen des Lebens(Küste und Maulbeerfeld) diese Vergänglichkeit ganz deutlich schon früher bewiesen. Damals hatte die Congregation uns auch ins Ausland geschickt, damit wir später nach Beendigung des Studiums der Congregation in der Heimat dienten. Das ist die Pflicht eines Menschen, der Reis vom Almosegeber und Spender bekommt. Er sollte wieder den Lebewesen dienen, um seinen Dank dem Meister, den Eltern, usw. auszusprechen. Aber die Umstände ändern sich, die Dinge wandeln sich und die Sterne wandern weiter und wir schweifen umher, bis hierher, nicht als Müßiggänger, der Tag für Tag zwei Mahlzeiten hungrig oder satt einnimmt, sondern wir kommen hierher, wegen eines unabwendbaren Schicksals des Buddha-Dharma, um uns zu begegnen. Dann eines Tages müssen wir uns wieder trennen. Aus Sutren gibt es:

Was immer entsteht, hat ein Ende und erneuert sich,
Ohne Geburt gibt es weder Tod noch ein neues Dasein.

Hierherkommen und wieder Gehen, die Begegnung ist das normale Geschehen der Menschheit und dieses Leben läuft so wie *Nguyên-Du*, größter Dichter Vietnams, Verfasser des Versromans "*Kim Vân Kiêu*" 1765-1820, schon gesagt hat:

Jeder ist Träger seines Karmas,
Und lastet nicht dem Himmel dieses an,
Der Quell guter Taten ruht in uns selbst,
Dreimal mehr wert als überragendes Talent ist wahre Menschlichkeit.

Wir treffen uns wieder wegen eines unabwendbaren Schicksals. Deswegen gibt es Treffen und Trennung. Das ist so und das muß so sein. Die Brahmajalā-Sutra lehrte uns:"*Alle Männer sind unsere Väter und alle Frauen sind unsere Mütter...*". Weil wir im Gesetz der Wiedergeburt Leben und Tod in mehreren Existenzen stehen, können wie alles nicht ganz klar begreifen. Aber die Buddhas und die zahlreichen Weisen harren über die Kraft unseres Karmas seit zahlreichen Dasein. Deswegen sollten wir die Liebe zueinander pflegen, und niemals Rache untereinander säen, sodaß wir uns immer gegenseitig rächen und die Buddha-Landschaft uns nie zu Gesicht kommt.

Die Haupthalle der VIÊN-GIÁC-Pagode im Moment hat die Länge von 25m und die Breite von 10m. Die Fläche beträgt 250qm. Am Tag des Einzugs sahen wir, daß die Pagode riesengroß aussah. Dann hatten wir die Halle in zwei Räume geteilt: ein Raum zum Gästeempfang und als Aufenthaltsraum und ein Raum als Haupthalle zum Buddhaaltar. Aber es läuft wieder ganz anders als wir es uns vorgestellt hatten. Jedesmal ist es voll bei großen Feierlichkeiten, die Buddhisten drängen sich zusammen. Unsere Haupthalle bietet Raum für 400-500 Personen, und sie ist ziemlich groß im Verhältnis zu den anderen Pagoden im Ausland. Aber wir können dieses Problem nicht lösen, jedesmal wenn die Zeit der Vesakh und Ullambana wiederkehrt.

Während des Ullambana-Festes 1981 fand wieder eine Einweihungszeremonie für zwei Statuen beider Bodhisattvas statt: Avalokiteshvara und Mahasthamaprapta. Die Statuen sind 1,30m groß und wurden aus Taiwan hertransportiert. Die Avalokiteshvara hält einen Weidenzweig in einer Hand und in der anderen Hand eine Vase mit Elixir, um die Lebewesen von Leiden zu befreien. Dadurch verkörpert die Bodhisattva Avalokiteshvara die Barmherzigkeit des Buddhismus. Die Mahasthamaprapta hält eine Lotusblüte in der Hand, er symbolisiert die überweltliche Weisheit. Beide Bodhisattva begleiten den Amitabha im westlichen

Reich der Glückseligkeit.

Ein Besuch der Pagode bedeutet zugleich den "Mittelweg" zu gehen; zu Buddha zu kommen bedeutet, daß man sich mit Barmherzigkeit und Weisheit identifiziert. Deshalb hatten die Buddhisten bei Buddha oder bei den Bodhisattvas das Überweltliche gelernt, sie sollten nicht das vom Weltlichen betrübte Herz hierherbringen, um das Tor der Zen-Pagode zu beflecken. Jemand, der mit unreinem Herzen dem Dharma dienen will, der steht an der falschen Stelle. Das ist kein wahrer Buddhist.

Im Jahre 1981 fand das Vesakh-Fest vom 15. bis 17.05.81 feierlich statt und die Ullambana-Feier vom 14. bis 16.08.81. Außerdem gab es zwei große buddhistische Treffen, die sich mit dem Buddhismus beschäftigen, woran viele deutsche und vietnamesische Buddhisten teilgenommen hatten.

Erstmalig wurde für Deutsche und Vietnamesen eine buddhistische Feier im großen Rahmen veranstaltet, um die buddhistischen Traditionen und die Kultur des Volkes Vietnams zu zeigen. Auch in diesem Jahr hatte der Ministerpräsident von Niedersachsen Dr.Albrecht uns unterstützt, sodaß wir eine große Halle auf dem Messegelände für das Vesakh-Fest gemietet hatten. Weil das Wetter während dieser Tage sehr schlecht war, konnten wir nur dort die Zeremonie veranstalten und wenig Leute blieben. Es wurde nicht so, wie es vorher geplant war.

Es gab einen besonderen Punkt, den wir hier

erwähnen möchten: Jedes Jahr regnet es während des Vesakh-Festes und der Ullambana-Festes, obwohl wir versuchten, diese eine oder zwei Wochen früher als das Jahr zuvor zu veranstalten. Aber es regnete trotzdem. Viele hatten gesagt, daß es ein gutes Vorzeichen war."Blumenregen als Opferdarbringung an Buddha". Und das war auch ein Phänomen, das zeigte, daß die Pagode auf dem Weg zur Erweiterung stand. Ob dies richtig oder falsch war,kann jeder einzelne Buddhist für sich beurteilen. Aber wir freuen uns nicht so sehr,wenn wir sehen, daß der Himmel trüb ist.

Die Tage und Monate fließen viel zu schnell, sowie das Wasser unter der Brücke fließt, das Mondlicht durch das Fenster strahlt. Wenn wir die Zeit zum Führen eines tugendhaften Wandels oder Almosengeben nicht richtig ausnutzen, haben wir viele wertvolle Gelegenheiten verpaßt. Weil die Zeit vergeht und nie wieder zurückkehrt, dürfen wir das Sprichwort nicht vergessen:

*Versprich nicht, erst im hohen Alter
mit dem Dharma anzufangen,
In unbekannten Grabstätten liegen so
viele junge Menschen.*

Am 15.11.81 waren wir Mönche und Nonnen,die in der BRD leben, in der Pagode VIÊN-GIÁC Eichelkampstrasse 35a, 3000 Hannover 81 zusammengekommen, zu einer Versammlung der vietnamesischen Sangha über die künftige Dharma-Arbeit. Die Satzung der Abteilung in Deutschland von der Congregation wurde von uns, Mitgliedern der Sangha Vietnams,verfaßt. Es waren die Mönche Như Điển, Trí Hoa, Minh Phú sowie die Nonnen Diệu Ân, Diệu Hạnh, Minh Loan, Diệu Hương anwesend. Die Satzung war das Fundament für die weiteren Amtszeiten und wurde vom Amtsgericht Hannover anerkannt, unter der Nummer 4826 am 23.12.81.

Nach der gerichtlichen Anerkennung gingen wir noch einen Schritt weiter, daß unsere Abteilung in Deutschland e.V. vom Finanzamt Hannover anerkannt wurde, als gemeinnützig zum Zweck der religiösen, kulturellen und karitativen Arbeiten für die Flüchtlinge. Das Finanzamt Hannover hatte uns am 13.01.82 unter der Nummer 2.5. 206/28507/227 anerkannt. Das waren alle notwendigen Dinge im Verwaltungsbereich, die einem Verein nicht fehlen dürften und wir hatten es fertiggebracht.

Und jetzt sind die beiden Organisationen fest verankert, die Vereinigung der Buddhisten 1979 gegründet und die Abteilung in Deutschland 1981. Wir arbeiten parallel im Sinne der Bewahrung und Erweiterung der buddhistischen Kultur sowie der Kultur des Volkes konkret und harmonisch miteinander.

Die Pagode wurde gerade errichtet und niemand kümmerte sich darum. Im Jahre 1981 kam der Mönch *Minh Phú* für fast ein Jahr in die Pagode, um mit uns zusammenzuarbeiten. Die Buddhistin *Diệu-Niên, Huỳnh thi Dậu* aus Brauschweig besuchte die Pagode anläßlich des Gedenktags des Bodhisattva Avalokiteshvara auch in diesem Jahr und danach blieb sie bis heute in der Pagode, um die religiöse Wirkung zu erwerben. Der Buddhist *Thi Chánh Trương Tán Lộc* hatte auch viel Mühe und Unbequemlichkeit am Anfang mit mir auf sich genommen.

Früher und heute noch sagen viele Buddhisten heimlich über mich, daß ich sehr schwierig bin und die anderen Mönche viel gefälliger sind. Vielleicht bin ich wirklich schwierig. Ich bin nicht schwierig was das Essen, Leben usw. betrifft, aber sehr beim Lernen und Führen eines tugendhaften Wandels. Mit den Personen, die faul sind oder lieber spielen als lernen, stimme ich nicht überein. Ich bin aber bereit, meinen Schülern Moral zu lehren, damit sie den Weg in die Hauslosigkeit nicht vernachlässigen. Nicht nur meine Schüler, sondern auch die Novizen von anderen Meistern, sind meiner Strenge überdrüssig. Manche sagten auch zum Spaß:"weil ich früher arm war, behandele ich meine Schüler heute sehr schlecht, um mich zu entschädigen". Ob diese Worte richtig waren, kann ich nicht beurteilen. Aber eins muß ich zugeben, daß ich nie nachgiebig mit den faulen unordentlichen Personen bin. Ordnung muß sein!

Eine hat gesagt:"warum sind die Mönche, die Nonnen, die Priester usw. sehr schwierig und streng?, niemand von ihnen ist wirklich angenehm". Ich habe geantwortet:"Darum existieren sie heute noch. Und wenn sie gegen sich selbst und den Mitmenschen nachgiebug sind, dann werden sie von der Strömung des Lebens fortgeschwemmt."

Im Leben haben die Eltern mit den Kindern auch Kummer und so haben die Meister mit den Schülern im klösterlichen Leben auch Kummer miteinander. Die Eltern wünschen, daß ihre Kinder Persönlichkeiten werden. Deswegen raten sie ihnen Güte und Verstand zu gebrauchen. Der Meister wünscht, daß sein Schüler vollständig den Weg in die Hauslosigkeit verfolgt. Er hat die Sittlichkeitsregeln dem Schüler beigebracht. Aber manchmal kommen aus der vielen Unterweisung viele Erbitterungen. Das kommt von den Personen, die nicht viel über das Leben verstehen und das Dharma kaum verstehen. Aber die, die alle Dinge verstanden haben, müssen dem Meister dankbar sein.

Normalerweise wünschen sich die Menschen immer Freihet. Aber die Freiheit hat auch ihre Grenze und Richtschnur. Aber wenn die Freiheit Faulheit und Ungenauigkeit bedeutet, dann ist diese Freiheit bedeutungslos.

Später gab es einige buddhistische Studenten, die in der Pagode für eine Zeit provisorisch wohnten, damit sie studieren konnten. Nachdem sie eine Arbeit oder eine Wohnung gefunden hatten, gingen sie wieder in das normale Leben. Ich machte ihnen keine Vorwürfe, weil diese Personen ihre Gelübde abgelegt hatten, in der Pagode für eine Zeit zu verweilen, sagte ich mehrmals: in der Pagode sah es so wie bei einer Theatervorstellung aus. Wenn der Vorhang auf der Bühne heruntergelassen wurde, begann für die Schauspieler wieder der Alltag. Nur der Regisseur und die Zuschauer waren die Kritiker, um das Theaterstück und die Rollen zu beurteilen.

Es gab in der BRD bis zum Jahre 82-83 noch keine weitere Andachtsstätte oder Pagode außer der VIEN-GIAC Pagode in Hannover, obwohl fast 10 Mönche und Nonnen in Deutschland lebten. In dieser Zeit waren sie dabei, deutsch zu lernen, einige Mönche wünschen auch nach Amerika auszuwandern. Dadurch war unsicher, wie sich das religiöse Leben in Deutschland weiterentwickeln würde. Ich sage sehr oft zu meinen Schülern und den Buddhisten, daß sie die Menschen mit der gelben Kutte respektieren sollten, obwohl "die Kutte nicht den Mönch macht". Denn wenn wir selbst unser Leben nicht hingeben können, dann sollten wir diesen Menschen hochschätzen und auch das, was wir noch nicht gemacht haben oder nicht machen können, müssen wir respektieren. Aber die Buddhisten sind manchmal schwieriger als die Mönche. Während sie überhaupt keinen tugendhaften Wandel führen, verlangen sie, daß die Mönche so sein müssen. Das ist aber ein hoher Anspruch!

Wenn wir die Ausbildung nicht abschließen, aber trotzdem Personen mit vielen Zeugnissen lehren, ist dies vom Anfang an schon ein grundlegender Fehler. Eine Person, die selbst keine Tugend und kein Betragen beweist, unterweist die die Ethik und Sittengesetze den Personen, die gerade Moral erlernt und ein gutes Benehmen haben. Das ist schon ein Irrtum. Nur allein ist die Ichheit, selbstsüchtig, mal anhaftend mal nicht anhaftend, alles stagniert immer noch im Innern dieser Menschen, die dadurch die Angelegenheit der Mitmenschen anschauen können, aber nicht ihre Probleme der Familie selbst.

In den Jahren 1982-1983 hatte unsere Pagode die großen Feste wie Vesakh, Ullambana sehr würdig organisiert. Das Vesakh-Fest fand im Theater am Aegi, in der VIEN-GIAC Pagode und im Jugendzentrum statt. Im Theater am Aegi gab es einen Kulturabend mit modernem Volkstheater, Tänzen, Gedichtrezitation, Musik usw. Die berühmten Sänger aus Frankreich waren dabei wie: *Chí Tâm*, *Hương Lan*, *Quốc Anh*, *Cao Thái*, *Minh Tâm*, *Tài Lường* und die Schauspieler und Schauspielerinnen von dem modernen Volkstheater, die Volksgesang-Nationalmusik-Gruppe *Phương-Ca* usw. Alle hatten zusammen mit den buddhistischen Musikgruppen aus Berlin, Hannover, Hamburg sowie der Musikgruppe der buddhistischen Jugendfamilie *Quảng Đức* von der Pagode *Khánh Anh* in Paris, beigetragen. Das Theater am Aegi bietet Raum für 1300 Sitzplätze und war jedesmal voll.

Das Jugendzentrum war der Ort, wo die Küchenmannschaft ihr Hauptquartier hatte. Dort fand auch die musikalische Veranstaltung für das Ullambana-Fest statt. Niemand konnte so gut kochen wie *Frau Hạnh* aus Brauschweig, zusammen mit ihren Familien-Mitgliedern und allen Buddhisten aus Hannover. Bei jedem Fest kamen ungefähr tausend Menschen nach Hannover und blieben dort von Freitag abends bis Sonntag nachmittags. Das ist wirklich kein kleines Problem für den Organisationsausschuß sowie die Verpflegungsgruppe und die anderen Arbeitsgruppen. Eine Lokomotive, obwohl sie sehr stark ist und so viel PS hat, kann die alten und verfaulten Wagen nicht mehr ziehen. Aber hier arbeiten Lokomotive und Wagen sehr harmonisch zusammen. Es gibt keine lauen Worte oder keine Klagen. Denn hier arbeiten alle im Sinne der Freiwilligkeit und des Selbstbewußtseins.

Nach jeder Veranstaltung tagt der Organisationsausschuß, um das Ergebnis zu besprechen. Alle Buddhisten und Buddhistinnen waren erschöpft und abgekämpft, aber das Lächeln lag immer auf den Lippen. Dann wußten wir, daß das Fest erfolgreich war. Und ich selbst, konnte kein Wort herausbringen und wußte auch nicht, mit welchen Worten ich ihnen danken sollte. Es waren Herr Hùng, Herr Diệp, Herr Trâm, Herr Tuân, Herr Nghĩa, Herr Châu, Herr Đức, Frau Hanh, Frau Diệu Hằng, Frau Diệu Niên, Minh Tôn, Thanh Hòa, Diệu Nhụy, Diệu Thái, Diệu Hiền, Viên Tuyết, Familie Quảng, Fam. Bác Sáu usw. Hier konnte ich nicht alle Namen aufzählen, denn ich hatte die Einzelheiten in dem Buch "Das geistige Leben der vietnamesisch-buddhistischen Flüchtlinge im Ausland" im Jahre 1986 geschrieben.

Die Pagode wird immer größer und stärker. In den ersten Jahren kamen ungefähr 100-200 Personen in die Pagode und das war schon viel. Heute kommen tausende Menschen nach Hannover. Dies Ereignis bringt dem Organisationsausschuß eine große Freude. Es war sehr anstrengend, aber mit der Zeit verging alles sehr schnell.

Nach der Statistik des Bundesinnenministeriums gibt es bis heute in der BRD über 30.000 Vietnamesen. Man hat auch keine genaue Anzahl der Buddhisten, Katholiken oder Anhänger des Ahnenkultes. Aber wir können fest vermuten, daß die Anzahl der Buddhisten nicht unter 20.000 liegt, weil jedes Jahr anläßlich des Vesakh-, Ullambana- und Tết-Festes ungefähr 8.000 Menschen aus den verschiedenen Städten der BRD in die Pagode kommen. Das ist schon eine Rekordzahl in diesem Land.

Im Jahre 1983 verließen die Mönche und Nonnen in Münnerstadt die Flüchtlingslager und zogen nach Rottershausen, mit der Absicht, eine

Andachtsstätte zu errichten. Unter der Bezeugung der Hochehrwürdigen Thích Thiên Dinh, Ehrwürdigen Thích Dúc Niêm und uns fand die Einweihungsfeier der Andachtsstätte Khánh Hòa statt. Diese wurde dann in die Pagode Khánh Hòa verwandelt. "Khánh Hòa" ist der Name eines Vatergründers in Südvietnam. Er hatte verdienstvolle Leistungen für die Entfaltung der buddhistischen Studien des vietnamesischen Buddhismus in der Geschichtsperiode 1930-1940 geleistet. Später wurde die Andachtsstätte Khánh Hòa in Barntrup auch in diesem Sinne gegründet: Entfaltung der Kultur des Volkes und des Dharmas im fremden Land sowie Hervorbringung des Glaubens für die hilflosen und verlassenen Menschen der westlichen Welt.

Die Pagode Khánh Hòa hat auch eine besondere Zeitschrift mit dem Namen "Tú Bi Âm" (*Stimme der Barmherzigkeit*) herausgegeben. Hier ist ein Organ für freie Meinungsäußerung in der BRD, gleichzeitig sollen aber auch die Eindrücke und Bilder der Zeitschrift "Tú Bi Âm" in den Jahren des Aufblühens der buddhistischen Studien von der "Buddhistischen Studiengesellschaft Süd-Vietnam" damals gebracht werden.

Außer der Zeitschrift Tú Bi Âm hat die Pagode Khánh Hòa noch den Verlag "Tú Bi Âm" gegründet, um die Sutren-Bücher und die Zeitschrift zu drucken. Das ist auch eine der buddhistischen Aktivitäten, die nicht nur die Mönche sondern auch die Laien-Anhänger in Betracht ziehen müssen.
Denn:
Vor Buddha beugen meint Buddha-Tugend verehren,
Buddha aufrufen meint Buddha-Erkennlichkeit empfinden,

Sutren rezitieren meint das Dharma aufklären,
Meditieren meint in die klare Buddha-Landschaft gehen mögen.

Deshalb ist das Drucken der Sutren eines der 4 obengenannten Felder des Wohlergehens, damit die Buddha-Lehre die Gelegenheit hat, sich weiter zu entwickeln.

Viele Buddhisten rezitieren Sutren, verehren Buddha und meditieren. Aber sie haben es nur geübt und die Bedeutung von Sutren nicht ganz verstanden, sodaß sie nicht viel Wohlergehen und Segen erreichen. Viele Menschen gehen auch in die Pagode, um um Geld zu bitten oder um Segen, Talent, Ehe usw. zu bitten. Und ich sehe auch nicht viele, die um Erlösung bitten. Die Erlösung ist am wichtigsten, die andere Dinge sind unbrauchbar.

Im Jahre 1982 verlor unsere Abteilung der Congregation den Mönch Trí Hoà. Nachdem er "die buddhistisch-vietnamesische Gesellschaft" in der Pagode Nam-Tuyên um Erlaubnis gebeten hatte, durch den Mönch Trí Huê und die " Buddhistische Gesellschaft" in Oklhoma, ging er in die USA und kehrte Deutschland den Rücken zu, das Land mit vielem Schnee und einer der schwierigsten Sprachen der Welt. Es fehlen wieder Mönche. Shamen Giác Minh war schon längst nicht mehr in Deutschland. Das Phänomen der Vermehrung sah man nicht, aber von der Minderung sah man mehr. Darüber hatte ich mit Sorgen gemacht, aber allmählich ging alles wieder in Ordnung.

Nachdem die Pagode Khánh Hoà in Rottershausen errichtet war, kam der Mönch Minh Phú nach

Düsseldorf, um dort die Andachtsstätte *Thiên-Hoa* zu gründen. Obwohl der Mönch *Minh Thân* in dieser Gegend schon lange gelebt hatte, hatte er keine buddhistische Basis für die Buddhisten errichtet, weil er die Absicht hatte, nach Amerika zu gehen. Zuerst hatte der Mönch *Minh Phú* zugelassen, daß die Vereinigung der Vietnamesisch-Buddhistischen Flüchtlinge in Nordrhein-Westfalen sich öffentlich vorstellte. Nach der Gründung der Andachtsstätte wurde der Gemeindeausschuß für die Andachtsstätte ins Leben gerufen. "Thiên Hoa" ist der Name eines Hochverehrten Mönches der Gegenwart, er ist gerade im Jahre 1977 gestorben. Er war ein Hochehrwürdiger mit hoher Tugend und strengem Einhalten der Sittlichkeitsregeln. Alle Mönche und Nonnen, Laien-Buddhisten verehren ihn. Weil viele Menschen in die Andachtsstätte kamen, wurde sich über die Andachtsstätte durch die Nachbarschaft beklagt. Das war auch kein richtiger Ort für die öffentlichen Aktivitäten. So zog die Andachtsstätte um nach Mönchengladbach. Der Mönch *Minh Phú* dachte vielleicht, daß hier eine ruhigere Lage war. Aber die Stadt Mönchengladbach ist noch kein fester Wohnsitz für ihn.

Als wir in Vietnam lebten, gab es solchen Kummer nicht, weil unsere Heimat die Heimat des Buddhismus ist. Die Nachbarn von uns sind die Menschen mit denselben Sitten, sodaß wir überhaupt keine Schwierigkeiten bekamen. Solche Probleme gibt es nicht nur in Deutschland, sondern überall auf dieser Erde. Der Grund ist nicht, daß die Einheimischen uns unterschiedlich behandeln, sondern daß jedes Volk seine eigene Kultur und eigenen Glauben besitzt. Dadurch ist das Bemühen um Verständnis und Verstehen füreinander nicht die einfachste Sache.

Ende 1984, Anfang 1985 kam die Nonne Thích Nũ Diệu Tâm nach Deutschland. Nach einiger Zeit in Wilhelmshaven zog sie nach Hamburg und gründete das Vihara "Bảo-Quang" (*das Licht des Wunders also das Licht, das zur Erleuchtung führt*). Das ist nur eine kleine Form einer Andachtsstätte und eigentlich wünscht die Ehrwürdige Diệu Tâm auch nicht, eine Andachtsstätte oder eine Pagode zu errichten, sie möchte nur für die erste Zeit Ruhe haben, um den Weg in die Hauslosigkeit zu gehen.

In Hamburg gibt es ähnliche Probleme wie in Mönchengladbach. Aber was kann man machen, und wohin sollte diese Lokalität umziehen, da die Spende der Buddhisten monatlich nicht über 1.000.-DM beträgt. Ein Haus mit allem Komfort, das man für eine Pagode mit Parkplätzen, Haupthalle und Treffraum usw. benutzt, kostet mindestens 2.500.-DM monatlich. Das ist eine ziemlich große Summe in jedem Ort, wenn man keine Unterstützung von der Regierung erhält.

Deswegen sagen viele Mönche und Nonnen, die nicht nur in Deutschland leben, sondern auch überall, daß ich glücklich bin und viel Segen bekomme, weil meine Pagode große Unterstützung von der Bundesregierung und in der Umgebung auch keine Klage bekommt, obwohl die Pagode fast 10 Jahre schon in Deutschland existiert. Jedes Jahr kommen tausende Menschen zum Fest. Die Stadt Hannover ist wirklich friedlich.

Ein europäisches Sprichwort sagt:" Dreimal umziehen entspricht einmal Hausbrand". Aber der Umzug der Pagode bringt noch mehr Arbeit als der einer Wohnung, weil sie viele Sachen und Kleinigkeiten hat. Man verliert schnell den Mut, wenn man sie sieht. Und ich muß um Hilfe bitten. Bis dahin erinnere ich mich an mich selbst früher. Beim Umzug in die neue Adresse der VIÊN-GIÁC Pagode, mußten wir uns mit einer schweren Last abmühen, um viele Kisten von Büchern, Sutren, Statuen, Glocken und Trommeln zu tragen. Es war nicht einfach. Als ich aus Japan nach Deutschland kam, hatte ich nur einen Teller und einpaar Stäbchen und nach 10 Jahren in Deutschland gab es wieder so viele Sachen und woher kommt es? weiß ich auch nicht. Die schwersten sind Bücher, sie belagern mich, kreisen in meinem Zimmer, wie sie eine Festung oder eine Mauer umringen, um mich zu schützen. Es ist wahr, daß ich die schwere Last der Bücher und Lampen trug. Wenn man keine Rücksicht nimmt, ist man manchmal so unvorsichtig, daß man dadurch ersticken kann.

Während der Zeit als ich noch Novize war, besuchte ich die Schule "Bồ Đề"(Bodhi) in Sàigon und hatte auch kein Geld für Bücher. Deshalb mußte ich die Bücher von Freunden mitlesen. Heute habe ich so viele Bücher und habe kaum Zeit, die wertvollen Bücher zu lesen. Viele Bücher in vielen Sprachen wie Deutsch, Französisch, Chinesisch, Englisch hat die Pagode im Moment. Die Mönche sind immer noch begierig, nicht wahr, meine Buddhisten? Sie werden wieder über mich lachen! Oder einige sagen:"Meister, Du hast deine Schüler immer gelehrt, daß die Buddhisten sich immer begnügen müssen. Und Du, Meister, Du fühlst Dich noch nicht zufrieden!". Wenn sie dies sagen, haben sie kein Mitleid mit mir. Denn Buddha hat auch gesagt:"*Wenn der Denker von selbst weiß, daß er intelligent ist, dann ist er dumm. Und wenn der Dumme weiß, daß er wirklich dumm ist, dann ist er ein Weiser".* Und wir sind so dumm und wissen trotzdem nicht, daß wir dumm sind. Also gehören wir nicht zu den zwei obengenannten Klassen. Deswegen muß ich noch lernen und sogar vielmehr lernen und das ist mein Wunsch.

Die VIÊN-GIÁC Pagode ist auf dem Weg zur Weiterentwicklung und ich muß immer wieder viel reisen. Weil ich nicht so oft in der Pagode anwesend bin, hatte ich den Gemeindeausschuß gegründet, damit er sich für mich um die buddhistischen Aktivitäten in der Pagode kümmert. Der Gemeindeausschuß besteht aus den älteren Personen in Hannover wie: *Diệu Niên, Minh Tôn, Diệu Hằng,* Thanh Hoa, *Viên Tuyết, Thị Tâm, Diệu Nhụy, Diệu Hiếu,* Fam. *Bác Sáu,* Fam. *Trần văn Quang,* Fam. *Hải,* Fam. *Thiện Lực, Thiện Danh,* Fam. *Đỗ Thuần Phát usw.* Diese Buddhisten sind Seite an Seite in der Pagode, unterstützen und helfen der Pagode in allen Bereichen.

Weil ich viel reisen muß, möchte ich manchmal für einpaar Monate stehenbleiben, um auszuruhen. Aber das ist nicht der Grund, warum ich für einige Zeit daheim bleiben soll. Es gibt nur eine Möglichkeit, während der "An Cư Kiết Hạ(*Eremitage, im Frieden verweilen)* hänge ich ein Schild "verbotener Raum" vor das Zimmer. Diese Sittlichkeitsregel hat Buddha für die Mönche und Nonnen seit alther vorgeschrieben. Einmal im Jahr müssen die Bikkhu und Bikkhuni 3 Monate lang streng die Sittlichkeitsregeln einhalten, und die anderen 9 Monate können sie überall die Mitmenschen erretten und das Dharma unterweisen. Aber im Ausland hatte ich es jahrelang nicht geübt, weil es immer viel zu tun gab. Aber in den Jahren 1984, 1985 entschloß ich, mich in der Pagode einzuschließen, keine Gäste zu empfangen, kein Telefongespräch zu hören. Wirklich hatte ich meine Ruhe zu meditieren, Sutren zu rezitieren, Bücher zu lesen und zu studieren und außerdem noch zu schreiben. Im Jahre 1985 hatten die Buddhistin Diệu Niên und der Buddhist Thị Chơn ein feierliches Versprechen abgelegt, daß sie die Bodhisattva-Sittlichkeitsregeln für Laien-Anhänger einhalten und für immer vegetarisch fasten, um um Erlösung zu bitten. Während der Zeit der Eremitage im Jahre 1985 hatten wir die gesamte Sammlung von Saddharma pundarikasutra in 12 Wochenendseminaren der "Acht Fasten Regeln" Atthanga Sila erläutert. Wir hatten einen Kursus über die Grundlage der buddhistischen Lehre für die Buddhisten organisiert. Außerdem hatte ich die gesamte Sammlung von Avatamsaka-Sutra ungefähr 4.000 Seiten durchgelesen sowie 2 Bücher fertiggeschrieben. Ich hatte nur 3 Monate Zeit, aber das Resultat war reichlich, ich könnte es kaum glauben.

Wegen dieses Ergebnisses hatten sich alle Mönche und Nonnen gegen Ende 1985 in der Pagode versammelt und kamen zu den Entschluß, daß sich alle nächstes Jahr in der Pagode versammeln, um dort die Eremitage zu vollziehen. Das war eine große Freude für alle Mönche und Nonnen und für mich selbst, denn das war die Chance miteinander den Weg in die Hauslosigkeit und den tugendhaften Wandel gemeinsam zu führen.

Während der Zeit der Eremitage 1986 fehlte der Mönch Minh Thân, weil er schon in den USA lebt. Aber stattdessen kam die Nonne Thích Nũ Nhữ Hân, die gerade nach Deutschland kam, im Rahmen der Familienzusammenführung und in Norddeich lebte. Der eine war weg und die andere kam, eine Traurigkeit und eine Freude, Plus und Minus, es gleicht sich aus. Ob der Mönch Minh Thân wegging und Sehnsucht nach Deutschland hat, weiß ich nicht, aber viele Buddhisten hier haben sich an ihn erinnert.

Drei Mönche kamen nach Deutschland, drei Mönche verließen es wieder und hinterließen eine große Leere. Niemand kann diese Plätze annehmen und sie ersetzen. Im Jahre 1986 gab es 2 Kurse über die buddhistische Lehre I und II, insgesamt hatten wir die 13 Wochenendseminare über " Acht Fasten Regeln" organisiert und dabei hatten die Buddhisten einige grundlegende Sutren für Laien gelernt. In diesem Jahre hatte ich auch die Sammlung der Maha-Pari-Nirvana-Sutra gelesen.

Die Stimmung sich dem Studium zu widmen stieg jeden Tag .Regionen wie Berlin oder Dänemark hatten buddhistische Kurse für Buddhisten organisiert, damit sie die Gelegenheit hatten, ihr Wissen zu erweitern. Wenn man als Buddhist nicht viel über den Buddhismus versteht, ist das nicht schön. Wir alle sollen uns Mühe geben und tüchtig lernen. An diesem Kursus nahm nicht nur die ältere Generation, sondern auch mehrere Jugendliche teil. Das war eine Freude für alle. Dadurch haben einige Buddhisten gelobt, in die Hauslosigkeit zu gehen und viele Buddhisten wünschten, lebenslang vegetarisch zu fasten. Früher schenkten sie der Pagode wenig Aufmerksamkeit, heute nehmen sie tüchtig an allen buddhistischen Aktivitäten teil.

Über zehn Jahre lebe ich im Ausland und habe immer noch nicht erlebt, daß jemand Mönch werden möchte. Jetzt habe ich es zum ersten Mal erlebt. Das ist eine große Freude und ein Stolz nicht nur für mich selbst, sondern für alle Buddhisten in diesem Land. Buddha hat auch gesagt: *"Wer die geistige Vollkommenheit will und dabei das Studium des Dharma vernachlässigt, ist blind. Und wer über das Wissen des Dharma verfügt, und dabei nicht nach geistiger Vollkommenheit strebt, ist nichts weiter als ein Buchlager."* Wenn man die Lehre des Buddha nicht versteht, dann kann man daran auch nicht glauben. Deswegen ist das Lernen des Dharma, um den Weg des Dharma zu gehen, am wichtigsten. Wenn man es versteht, dann wird man daran glauben, und wenn man schon daran glaubt, dann kann man sich dazu bekennen und sich später danach richten und es einhalten. Das ist eine Fessel, die nicht fehlen darf. Aber wenn man so tüchtig und fortschrittlich lernt und sich dabei nicht in der Tugend übt wie der Buddha-Schüler, der Ehrwürdige Ananda es tat, wird man vom Buddha getadelt, weil es nicht nützlich für die Menschheit ist.

Von 1983 bis 1987 fanden alle große Feste genau wie im Jahre 1981-1982 statt. Aber sie waren besser organisiert, die Anzahl der Teilnehmer war höher und die Aktivitäten der Pagode sowie der Vereinigung der Buddhisten waren auch viel stärker als damals. Früher bekam der Organisationsausschuß viele Schwierigkeiten, wegen Personalmangel und weil die Mitarbeiter die Arbeit noch nicht so gut kannten. Jetzt hat der Organisationsausschuß keine Probleme mehr, obwohl die Teilnehmerzahl steigt. Aber wir dürfen nicht sagen, daß wir diese Arbeit gut kennen und dabei die kleinen Einzelheiten vergessen. Das könnte sehr gefährlich sein! Ein Autofahrer fährt z.B. sehr lange und meint auch, daß er ein guter Fahrer ist. Aber wenn er eine Minute unaufmerksam ist, gibt es einen Unfall. Deshalb sollen wir die Achtsamkeit an die erste Stelle setzten. Man hat das Leben folgendermaßen eingeteilt: Geburt bis zum 12.Lebensjahr spricht man von der Kindheit, vom 12. bis 18.Lebensjahr von der Jugend, vom 18. bis 35.Lebensjahr vom Heranwachsen, vom 35. bis 50.Lebensjahr vom mitteren Alter und ab dem 50. Lebensjahr vom höheren Alter. Ich liege in der 4. Stufe des Lebens. Die Zeit vergeht schnell. Die Zeit und die Gezeiten warten auf niemanden. Der Konfuzianismus hat auch gesagt:"*Bis zum 30.Lebensjahr soll der Mensch sich etwas aufbauen oder sich daran entschließen, bis zum 40. Lebensjahr soll man sich korrekt verhalten und wenn man 50 ist, weiß nur der Himmel...*"Deshalb müssen wir etwas tun, was große Bedeutung für den Glauben und das Leben hat,damit ich in meinen nächsten Jahren eine große Pagode bauen und viele Mönche und Nonnen ausbilden kann, in der Hoffnung, daß später, wenn der Bambus vergeht, der Bambussproß wachsen wird.

Eine Pagode bauen ist sehr schwierig, aber viel schwieriger ist die Ausbildung eines Mönches und am schwierigsten ist das Ausbilden eines Mönches, der das Wissen über die Lehre des Buddha sowie das weltliche Leben beherrscht. Wenn ein Mönch nicht Mönch wäre und Laien nicht richtig Laien wären, dann wären der Glaube und das Leben nicht mehr nützlich.

Die Pagoden, die Mönchsgemeinschaft, die

Glocken und Muju, die Sutren-Bücher werden sich verändert mit der Zeit und gehen nach dem Umlauf der Menschheit unter. Nur die wahre Natur der Erleuchtung, die Soheit(das wahre Wesen aller Dinge) bleibt ständig und überall. Die Regierung, der Staat, das System werden sich nach dem Umlauf des Schöpfers verändern müssen. Aber die wahre Natur unterliegt nicht solchem Gesetz, weil wenn man schon erlöst und selbst befreit ist, also wird man nicht von Zeit und Raum getrennt sein.

Die neue Pagode wird in einpaar Jahren fertiggebaut sein. Die Aufgabe der Vorläufer war das Legen eines Fundaments. Der Rest ist Sache der Nachkommenden, die für die Entfaltung und das Festlegen unserer Organisationen sorgen. Eigentlich warten die Schwierigkeiten immer auf uns, aber wir sollen auch einsehen, daß es nur Hindernisse waren. Werden wir solche Hindernisse überwinden? Wenn wir es schaffen, dann haben wir uns erobert!

Der Sohn eines Königs wird seit der Geburt
schon Prinz genannt. Ein Mönch in voller Tugendhaftigkeit wird trotz seines jungen Alters von
allen Menschen respektiert und verehrt. Eine
reiche Person in hoher Position und hohem Alter
kann man nicht als Prinz oder Mönch bezeichnen.
Eigentlich hat der Prinz diese Würde bekommen,
weil er viel Wohlergehen erworben hat, in mehreren Existenzen, bis er in diesem Dasein als
Prinz geboren wird. Und bei den Mönchen ist es
genauso , denn er hat durch unabwenbares Schicksal in mehreren Existenzen so viele gute Samen
gesät, daß er in diesem Leben viel Wohlergehen
bekommt. Ein normaler Mensch kann sich nicht mit
einem Prinzen oder mit einer Person, die die
Welt verläßt und in die Hauslosigkeit geht, vergleichen. Die wahre Natur von ihnen ist nicht
gleich und kann nicht miteinander verglichen
werden. Wir können nur Dinge miteinander vergleichen, wenn Übereinstimmung zwischen ihnen
besteht. Ein Sprichwort lautet:

*Wasserlinsen und Lotusblüten können sich
miteinander vermischen,
Welcher Hahn wagt es, sich mit dem Phönix
zu vergleichen.*

Ich habe oft von Menschen gehört, daß sie

sich ständig mit anderen vergleichen: Sie meinen, daß sie viel älter als andere seien...Darin liegt, daß sie nicht die wahre Natur des Lebens kennen, die von dem eigenen Karma bestimmt wird und früherem Dasein abhängt. Wenn wir nach der Gegenwart die Vergangenheit beurteilen, dann können wir auch die Ursache und Wirkung unseres früheren Daseins sowie zukünftigen Daseins wissen. Aber manche begreifen es nicht.

Bevor ich nach Thailand reiste, um die Vietnamflüchtlinge zu besuchen, waren viele Buddhisten mit meinem Reiseplan einverstanden. Aber einige waren dagegen. Sie behaupteten, daß die Pagode in der Bewegung des Errichtens steht und daß es dazu noch an Kapital fehlt. Und warum sollte ich nach Thailand reisen? Am Anfang als wir diese Einwände hörten, schien sie uns ziemlich erleuchtend für Menschen, die einfach denken; sie leben für sich selbst, aber nicht für die anderen. Sie haben vergessen, daß man sich in dieser Welt immer alles wünscht und das Gefühl hat, niemals genug bekommen zu haben. Man soll aber lieber nach unten gucken als nach oben schauen. Und wenn man immer von etwas träumt, das viel zu hoch und zu fern ist, gerät man selbst in Bitterkeit. Viele Menschen, die schon im Flüchtlingslager gelebt haben, haben uns sofort nicht nur die Zustimmung zu unserer Reise gegeben, sondern uns sogar in vielen Bereichen unterstützt,

Wir kamen in Thailand am 16.12.86 an und wurden vom *Ehrwürdigen Thích Giác Minh*, Generalsekretär der Theravada-Kirche Vietnams, und von der Nonne *Tử Ngọc* vom Flughafen abgeholt und in die Pagode WAT PAKNAN gefahren.

Die Pagode WAT PAKNAN ist riesengroß, hoheitsvoll und hat Plätze für 400 Mönche und Nonnen. Wie der *Ehrwürdige Thich Giác Minh* erzählte, ist die Pagode für Thais nur eine kleine Pagode. Ich war einfach erstaunt. So eine große Pagode, vielleicht findet man kaum irgendwo in Vietnam. Er sagte auch, daß es gegenwärtig in Thailand insgesamt nur drei vietnamesische Erhwürdige und zwei vietnamesische Nonnen gibt, die anderen Mönche und Nonnen sind schon in andere Ländern ausgewandert. Die in Thailand gebliebenen Mönche und Nonnen waren zwischen 1961 und 1975 nach Thailand gekommen.

Die thailändischen Mönche und sogar auch die Laienbuddhisten sahen mich ein bißchen auffällig an. Ich fragte den *Ehrwürdigen Giác Minh*, weshalb sie so sich verhielten. Er antwortete, daß es vielleicht daran liege, daß meine Kleidung ganz anders als die Kleidung der Mönche in diesem Land war und außerdem meine Augenbrauen nicht rasiert waren. Ich war aber bestürzt. Denn die Mönche oder Buddhisten aus Thailand mußten, wenn sie den Gesprächspartner anschauten, zuerst seine Augenbrauen sehen, nicht aber den kahlen Kopf. Wenn in Thailand eine Person den kahlen Kopf, aber unrasierte Augenbrauen hat, dann ist er noch nicht ein Mönch. Die Sitte jedes Landes ist anders. Wenn der Mönch die Augenbrauen nicht abrasiert und manchmal einen Perücke auflegt, um etwas Inopportunes zu tun, wird man ihn sofort entlarven. Der Buddhismus ist hier in Thailand eine Staatsreligion. Vom König und den hohen Beamten bis zur Bevölkerung müssen alle Thais einmal im Leben einige Zeit in der Pagode zubringen. Danach können sie die Pagode verlassen und gehen in das wetliche Leben zurück. Sie können dann erst heiraten, denn die Thais sind fest davon überzeugt, daß jeder Mensch mit der tugendhaften Handlung, "in die Hauslosigkeit zu gehen", zu einer wahrhaft tugendhaften Person geworden ist. Wenn ein Thai nicht mindestens eine Woche lang oder auch einen Monat oder drei Monate oder drei Jahre lang in der Pagode lebt, wird er lebenslang ehelos sein müssen. Kaum eine Familie wird ihm die Tochter schenken. Es gibt auch den Fall, daß ein Thai sich entschließt, für immer einen tugendhaften Lebenswandel zu führen. Hier in Thailand ist es ganz normal und daß man selbstverständlich für eine Zeit in der Pagode lebt und sie dann wieder verläßt. Bei uns ist die buddhistische Auffassung wieder anders.

Die Frauen werden nicht zu Bikkhuni ordiniert, also sie dürfen sich anschließlich als Tempeldienerinnen, genannt die "Weiß-Bekleideten", in Pagoden und Tempeln aufhalten und ihrem Ideal folgen. Hier ist ein Unterschied zu dem Mahayana-Buddhismus.

Überall sahen wir Pagoden, in denen Buddha und Hohe Mönche verehrt werden. Auch im Auto hängt man die kleine Buddhastatue auf und das Bild von dem Hohen Meister des Heimatsdorfs oder von der königlichen Hoheit. Wirklich ist der Buddhismus in Thailand eine Religion, die im Leben des Volkes fest verankert ist. Ich dachte selbst und dann fragte ich den *Ehrwürdigen Giác Minh*:"Warum hat dieses Land eine so schöne Staatsreligion,aber die Thaís.Piraten sind unmenschlich und unwürdig?" Der Ehrwürdige antwortete:"*Überall gibt es eben sowohl Helden, wie es auch Verrückte und*

Verbrecher gibt". Ich lachte und versuchte, über etwas anderes zu sprechen.

Die Mönche in Thailand bekommen sehr viele Vergünstigungen wie z.B. kostenlose Fahrkarten für Bus und Bahn, aber sie müssen ganz hinten sitzen. Die Menschen in dem Bus jedoch bieten ihren Platz den Mönchen an, und so wie in westlichen Ländern überlassen die Fahrgäste den älteren Menschen ihren Platz. Noch eine Besonderheit ist, daß die Mönche sich nicht grüßen und die Buddhisten auch nicht zurückgrüßen. Nur die Mönche in hohen religiösem Alter grüßen. Niemals kommt es vor, daß ein Hoher Mönch die jüngeren Mönche begrüßt. Während der Tage in Thailand versuchten wir, die Pagode der königlichen Hoheit und die Pagode der Hofmönche zu besichtigen. Sie sind aus Marmorstein gebaut, und sehen sehr groß aus: 50 mal oder 100 mal größer als die *Vinh Nghiêm Pagode* in Vietnam. Ein Europäer sagte zu mir, als er eine 60m lange und 17m hohe Statue des Buddha in Liege-Stellung, im Heimgang ins Nirvana fotografiert:" So was gibt es kaum in Rom. Oh, wie bewundenswert!" Unser Land Vietnam hat nichts, das mit solch prachtvollem Werk vergleichbar wäre.Wie sehr schämt man sich darum!

Früher mußte Thailand unserem Land, dem damaligen AN-NAM, Tribut darbringen. Deshalb haben wir thailändische Enten, Bananen, Kokosnüsse usw. Jetzt aber kehren die Thais sich von uns ab,weil wir, unsere Könige und Mandarinen und auch die Bevölkerung, so engstirnig und egoistisch waren. Stattdessen kommt das Unheil "Kommunismus" über sie und versetzt das Volk zurück auf ein beschränktes Lebensniveau wie vor ein paar hundert Jahren.

Nach der Besichtigung der Pagoden versuchten wir die Flüchtlingslager zu besuchen. Am Anfang gingen wir zur Deutschen Botschaft in South Sathorustraße, um dort um die Besuchserlaubnis zu bitten. Bevor wir nach Thailand flogen, hatten wir Herrn Phúc, Dolmetscher im Übergangslager für Vietnamflüchtlinge in Norddeich, gebeten, aufgrund der Empfehlung von Herrn Roman die Genehmigung zu erteilen. Wir hatten die Erlaubnis bekommen, aber wir brauchten noch die Zustimmung der "Thailändischen Flüchtlingskommission" und des Innenministeriums von Thailand. Als wir bei der Thailändischen Kommission nachfragten, hatte der verantwortliche Beamte unumwunden zugegeben: "Weil die Vietnamesen im Lager so viele Probleme und Schwierigkeiten machen, können wir nicht alles kontrollieren. Wenn Sie die Flüchtlingslager für Laoten und Kambodschaner besuchen möchten, dann können Sie die Erlaubnis bekommen. Aber für die Lager für Vietnamesen nicht!". Ich schaute regungslos diesen Mann an und sagte kein Wort mehr, nachdem die Nonne Metta Tú Ngọc alles versucht hatte, um ihn zu überzeugen.

Wie ich wußte, widerfuhren den Vietnamesen viele unangenehme und widerliche Dinge auf ihrem Fluchtweg: Kinder gingen verloren, Frauen wurden vergewaltigt usw. So sind sie fest entschlossen, mit den Thais abzurechnen. Tatsächlich machen sie den Thais sehr viele Probleme. andererseits haben die thailändischen Behörde Angst, daß die Kader der vietnamesischen Kommunisten sich unter die Flüchtlinge mischen, um zu soionieren. Deshalb sind sie sehr streng zu unseren Landsleuten.

Bevor ich nach Hongkong flog, hatte ich einen Eurasier in dem Haus des Buddhisten *Kim Quang* in Bangkok getroffen. Er sprach fließend Vietnamesisch und sagte zu mir:"Ein Besuch im Flüchtlingslager wird nicht schwer sein, wenn Ihr die Erlaubnis von der Deutschen Botschaft schon bekommen habt. Legt einfach zusammen mit dem Erlaubnispapier 500 oder 1.000 Bath in den Umschlag, dann werdet Ihr sofort den Einlaßschein erhalten." Ich sah den *Ehrwürdigen Giác Minh und die Nonne Metta Tứ Ngọc* an lächelte und sagte:"Wirklich, wir sind klardenkend für den Weg in die Hauslosigkeit, für das weltliche Leben aber sind wir unklug. Außerdem lehrt die Lehre des Buddha uns nicht so etwas, nur den Pfad der Tugend und nicht den des Bösen. Deswegen sind wir alle wirklich ehrlich. Wenn wir unsere Vietnamesen besuchen wollen, können wir das nicht auf dem Weg des Verbrechens und der Bestechung."

So hatten wir keine Möglichkeit, diese Lager zu besuchen. Wir versuchten aber, andere Lager zu besuchen, für die wir keine Genehmigung brauchten. Wir kamen ins Lager Nr.12, in der Nähe des "Immigration office" in Bangkok, mit der Begründung, daß wir die Verwandte suchten. Der Pförtner respektierte die gelbe Kutte des *Ehrwürdigen Giác Minh* und ließ uns hinein. Gerade in diesem Moment sammelten sich die Vietnamesen und warteten auf die Namensverlesung für die Einreise in die USA. Dies war nur ein Übergangslager, in dem die Vietnamesen für kurze Zeit untergebracht wurden, um auf den Einreisetermin in die Drittländer zu warten. Es war ziemlich sauber und ordentlich. Wir hatten noch nicht die Möglichkeit gehabt, mit den Landsleuten zu sprechen, außer einigen Worten zur Begrüßung und guten Wünschen für die weitere Reise. Da kamen schon die Mitarbeiter des Lagers und verbaten uns, mit den Vietnamesen Kontakt aufzunehmen und zu fotographieren. Sie wollten die Filme ausgehändigt haben. Aber wir wendeten ein, daß kein Schild "Fotographieren verboten!" da war. Außerdem hatten wir nur private Aufnahme gemacht. Wir waren nur 5 oder 10 Minuten im Lager, aber in dieser kurzen Zeit hatten wir mit doch unseren Landsleuten sprechen und einige Fotos machen können.

Danach in der Pagode hatten wir überlegt, daß sie noch tiefere Gründe haben machten, uns den Eintritt zu verbieten. Sie bekamen Geld vom "Hochkommissariat der Vereinten Nationen für Flüchtlinge" und hatten doch nicht genug für die Flüchtlinge gesorgt. Deswegen hatten sie Angst, wenn Fotos gemacht wurden und Zeitungen sie veröffentlichten. "Seien Sie unbesorgt", sagten wir "die Bilder werden in der Zeitschrift VIÊN- GIÁC veröffentlicht". Bei diesem Lagerbesuch konnten wir nur einige Kassetten über die Buddha-Lehre und Sutren und eine kleine Spende für die Mönche und Nonnen im Lager Phanat Nikhom sowie für die Buddhisten hinterlassen. Wir hoffen, daß die Mönche und Nonnen und die Buddhisten über uns nicht böse sind, daß wir uns nicht um sie gekümmert haben. Wir möchten diesen Wunsch so gerne mit aufrichtigem Herzen erfüllen, aber unter solchen Umständen wissen wir auch nicht, was wir machen sollen!

Viele machen dem thailändischen Buddhismus Vorwürfe, daß er überhaupt keinen Einfluß ausübt, denn hier ist der Buddhismus eine Staatsreligion. Die Antwort lautet, daß die Mönche hier nur für sich selbst einen tugendhaften Lebenswandel führen und die Laienbuddhisten bei ihnen Segen erwerben. Darüber hinaus gibt es nichts. Und deshalb bestehen viele Probleme. Hier in Thailand existiert der Buddhismus im Leben, aber der Buddhismus geht noch nicht direkt in das Leben hinein. Irgendwann wahrscheinlich geschieht Thailand ein Unglück, so daß es fraglich ist, ob das Land weiter fortdauern kann, ebenso wie unser Land Vietnam. Das ist aber ein schwieriges Problem! Vietnam hat zwar keine so großen Pagoden, keine so wunderschönen Paläste und Schlösser wie Thailand, aber wir haben ein Herz und eine Seele für die Heimat, das Dharma und das Volk. Obwohl unsere Kraft und unser Ansehen im Moment in die ganze Welt zerstreut sind, dauert der buddhistischen Geist des "Eintretens in das weltliche Leben" bei uns immer fort und bis heute existiert Vietnam immer noch auf dieser Erde. Einstweilen müssen wir sehr bedauern, daß unsere Heimat unter dem Kommunismus so trostlos und verlassen ist. Dadurch kann sich die Religion nicht weiter entwickeln. Armut und Tod treten deutlich überall in Erscheinung. Wir haben unsere Heimat, aber wir können nicht direkt dazu beitragen, unser Land aufzubauen, sondern unsere Befähigung für das Land einsetzen, wo wir uns jetzt befinden.

Ich machte Halt in einem Bezirk in Bangkok. In diesem Bezirk sieht es so ähnlich aus wie in Vietnam. Eigentlich ist die Stadt Bangkok in der Gegenwart nicht arm, aber das Leben hier ist am Augenblick orientiert und hat kein Fundament. Die Produktion ist gering, aber der Konsum ist wieder hoch. Unter solchen Voraussetzungen gerät das Land zwangsläufig irgendwann in die Krise. Die Pagoden und die Mönche sind die reichsten Menschen und sehr einflußreich. Aber die Tendenz des Buddhismus in diesem Land klammert sich fest an die Traditionen vor ein paar hundert Jahren. Deshalb ist der Buddhismus fast gleichgültig allen Ereignissen gegenüber. Wir hoffen darauf, daß der Buddhismus in Thailand allmählich die Richtung ändert, um das Ziel tüchtiger anschauen zu können. Während der Tage in Thailand freute ich mich sehr, als ich sah, daß Buddhismus in diesem Land wirklich eine Staatsreligion ist. Es gibt sehr viele Mönche(über 400.000 Mönche in den Pagoden) und viele riesige Pagoden. Ich sah auch, daß unser Buddhismus sich nicht vor den anderen Religionen schämt. Aber ich war sehr traurig, weil wir nicht alle Flüchtlingslager besuchen konnten, wie wir geplant hatten. Hier hatte ich gesehen, daß die Laienbuddhisten sehr fromm sind und die Mönche hoch verehren. Die Bus- und Taxifahrer oder die Fußgänger senkten jedesmal, wenn sie an einer Pagode vorbeikamen, den Kopf und verneigten sich tief mit zusammengelegten Händen. Wie wundervoll ist die Lehre des Buddha! Sie sagten niemals etwas zu einem Mönch, obwohl sie wußten, daß er später die Pagode wieder verlassen würde. Sie verehrten jeden Mönch wie ihren eigenen Meister, auch wenn er früher ihr eigener Sohn war. Ich habe auch nie gesehen, daß ein Buddhist mit einem Mönch auf gleicher Höhe stand. Überall herrschte Ordnung und Erhabenheit, nicht Konfusion wie in Vietnam. Unsere Buddhisten dagegen sind auch sehr fromm, aber manchmal auch starrköpfig und widerspenstig. Sie geben sich als Buddhisten aus, aber sie schaden der Pagode, dem Buddha, dem Dharma und den Mönchen, ohne das zu bedeuten. Sie wissen aber nicht, daß sie, wenn sie die drei Juwelen verletzen, später in der Avici-Hölle untergehen werden. Sie bleiben für immer dumm, unwissend und unvernünftig und verlassen nie diesen Ort. Wahrscheinlich gerieten sie in diese Lage, weil sie die Lehre des Buddha nicht genug gelernt hatten. Wir hoffen deshalb, daß unsere vietnamesischen Buddhisten viel von der Lehre des Buddha studieren, damit sie weiterkommen können.

Mögen alle Menschen und alle Familien Zufriedenheit und Glück unter dem Licht der Barmherzigkeit Buddhas bekommen.

Wir verließen Thailand am 21.12.86 und flogen nach Hongkong, um die Vietnamflüchtlinge im Flüchtlingslager zu besuchen. Hongkong, wörtlich Hafen der Duft, eine Stadt der Wirtschaft, ist die Stadt mit dem schwunghaftsten Handel in Asien. Die Touristen kommen hierher und müssen hinaufblicken, um die Hochhäuser zwischen Meer und Gebirge anzuschauen. In Hongkong gibt es mehr Menschen als selbst in Japan.

Am Flughafen waren Frau Lueng Wai Lan und *Herr Lâm*, um uns abzuholen. Alle beide sind gute Buddhisten, und halfen vielen Vietnamflüchtlingen in den letzten Jahren. *Herr Lâm* spricht perfekt Englisch und versteht viel vom Buddhismus. Bevor ich nach Hongkong kam, dachte ich, daß die Bewohner hier sehr gut Englisch sprechen können, weil Hongkong früher englische Kolonie war, so wie Vietnam französische Besatzung war. Aber im Gegenteil, sie sprechen kaum Englisch, stattdessen können sie nur regionale chinesische Sprachen wie Cantonesisch oder Phuckien-Sprache. Wer nach Hongkong kommt und nur Mandarin (das Pekinger Hoch-Chinesisch) spricht, wird bestimmt auch Schwierigkeit bekommen. Umgekehrt bekommt derjenige Probleme, der nach Taiwan kommt und nur Cantonesisch oder die Hanchien-Sprache spricht, weil in Taiwan nur Mandarin gesprochen wird. Ich aber spreche überhaupt keine von diesen Sprachen, obgleich ich die chinesische Schrift lesen kann, kann ich sie aber doch nicht artikulieren. Vielleicht möchte ich irgendwann Mandarin sprechen lernen. Englisch sprechen kann ich nicht so gut, aber Japanisch. Das aber verstehen die Hongkonger wieder nicht, außer vielleicht einigen älteren Menschen.

Frau Lueng und *Herr Lâm* brachten mich zum Übernachtungsort. Das ist die Bücherei für Buddhismus von der "Buddhistischen Gesellschaft in Hongkong". Die Bücherei hat viele Bücher, aber die vorläufige Unterkunft ist sehr eng und schmutzig. Als ich jedoch an die Flüchtlinge dachte, die im Lager sehr elend und erbärmlich lebten, vergaß ich alle Klagen.

Am 22.12.86 machten wir uns auf das Lager Argyle camp direkt im Zentrum von Hongkong zu besuchen. Das Gebiet ist trostlos und verlassen. Das Gebäude war früher eine Kaserne, jetzt ist es ein geschlossenes Lager geworden. "Closed Centre" ist ein noch zu schöner Name für das Lager. Tatsächlich gibt es dort kaum Freiheit, stattdessen sieht man nur Stacheldrahtzäune und Holzkäfige für die Verbrecher. Endlich konnte ich das Lager betreten, mit Hilfe von Frau Lueng und *Herrn Lâm*. Sie hatten Beziehungen zum Personal des Lagers. Bevor ich das Lager hier besuchte, waren *der Ehrwürdige Thích Nhất Hạnh* aus Frankreich und *der Ehrwürdige Thích Bảo Lạc* aus Australien gekommen, um die Flüchtlinge zu besuchen und zu besänftigen.

Man teilte das Lager in 4 Zonen A,B,C,und D. Eine Zone für Flüchtlinge aus Nordvietnam, die mit dem Boot geflüchtet waren; eine Zone für die Nordvietnamesen, die zuerst in die Volksrepublik China und von dort weiter nach Hongkong geflüchtet waren. Ich hatte gehört, daß die Menschen wieder nach China zurückgeschickt würden. Sie trafen uns und baten uns, ein Photo von ihnen zum Andenken zu photographieren. Es könne sein, daß sie erschossen würden, wenn sie nach China zurückkämen. Dann habe die Familie ein Bild von ihnen, um sie zu ehren. Das zerriß mir schier das Herz. Es gab im Lager auch zwei Waisenkinder. Ich notierte die Namen und gab sie weiter an Herrn Büschen in Hannover, damit er die Formalitäten für eine Pflegschaft für die Kinder erledigen konnte, wenn ich wieder in Deutschland sein würde. Er hatte mich zuvor darum gebeten.

Die dritte Zone ist für die Flüchtlinge aus Südvietnam und die vierte für die Flüchtlinge, die bald nach Frankreich kommen sollen. Die Flüchtlinge aus diesen beiden Zonen dürfen arbeiten gehen, um Geld für die Ansiedlung in einem dritten Land zu verdienen. Nur in einer der 4 Zonen des Lagers, nämlich der Zone für die Nordvietnamesen, chinesische Abstammung habe ich einen Buddhaaltar gesehen. Ich hatte um Erlaubnis gebeten, alle Flüchtlinge zusammen zu sehen. Aber das gelang nicht, weil sie sich gegenseitig nicht besuchen dürfen. So mußten wir die Zonen nacheinander besuchen. Dabei besuchten wir auch einige Personen im sogenannten "Affenstall". Dieses "monkey house" ist eine Gefängniszelle, wo man nur die Schwerverbrecher einsperrt. Ich sah diese Menschen an, und mir flossen die Tränen, wegen der Beschränkung der Freiheit. In Wirklichkeit aber sind wir alle die Gefangenen der Leidenschaften in dieser Welt, solange wir noch nicht aus dem Zyklus von Wiedergeburt, Leben und Tod befreit sind. Aber jedenfalls ist die Grenze des Zuchthauses tausendmal größer als diese Zelle. Die Gefangenen dürfen nur einmal am Tag hinausgehen. Die Zelle ist sehr dunkel. Essen und Schlafen, Wasserlassen und Stuhlgang findet alles nur hier in der Zelle statt. Es ist wahr, das Leben ist ein Meer voller Leiden.

Am 23.12.86 nahmen wir Boote, um das Lager Chi Ma Wan zu erreichen. Dieses Lager ist anderthalb Stunden mit dem Schiff von Hongkong entfernt. Es liegt am Bergabhang und sieht sehr romantisch aus, obwohl es in der Umgebung viele Gezenetze gibt. Dieses Lager war wieder in 2 Bereiche geteilt. Im oberen Bereich sind Aufenthaltsraum, Konferenzräume, Unterkünfte usw. Alle Räume waren sehr sauber und gepflegt. Dort gab es auch Buddhistische Jugendfamilie, die sehr aktiv unter der Beratung von *Reverend Quảng Nhiên* arbeitete. Als wir dort ankamen, waren viele Buddhisten anwesend und empfingen uns sehr feierlich. Nach der Zeremonie der Friedensanbetung kam das Gespräch. Viele verwechselten mich mit dem *Ehrwürdigen Thích Bảo Lạc* aus Australien(er ist mein Bruder), weil ich mit ihm viele Ähnlichkeiten habe. Nach dem buddhistischen Gespräch schenkten wir den Vertretern der Buddhisten einige Kuchen und Keks, Bücher, Kassetten mit Sutren und mit Musik, damit sie Hilfsmittel hätten, um gemeinsam etwas zu unternehmen.

Während dieses Besuches hatte ich zufällig meinen alten Lehrer von damals wiedergetroffen.

Er heißt *Huỳnh Việt Quế* und unterrichtete damals Physik und Chemie in dem Gymnasium Bồ Đề (Bodhi) in Hoi-An, Quang Nam im Jahre 1964. Die Erde ist wirklich sehr klein. Nach 20 Jahren haben wir uns wiedergetroffen. Danach gingen wir wieder in das Zimmer des Mönches *Quảng Nhiên*, um ihn zu besuchen und ihm eine kleine Spende für seinen Unterhalt zu geben. Er hat die Absicht, nach Deutschland zu kommen. Deshalb werde ich nach der Reise einen Antrag stellen, ihn hierher zu holen.

Wir verließen das Lager Chi Ma Wan, und dabei verspürten wir Sehnsucht. Wir wünschten hier zu bleiben, um mit den Landsleuten alle Schwierigkeiten zu teilen. Aber die Zeit war so knapp, und wir mußten an Bord gehen und wieder nach Hongkong zurückfahren.

Der Ehrwürdige Sodhalokha, ein Deutscher(auf Chinesisch Tin Quang) wartete schon auf uns am Hafen von Hongkong. Er lebte seit 6 Jahren in Hongkong und hatte den Flüchtlingen sehr tüchtig und aktiv geholfen, wie der Ehrwürdige Abhigana, ein Engländer, im Flüchtlingslager auf den Philippinen. Der Ehrwürdige Sodhalokha spricht Englisch, Deutsch, Spanisch, Italienisch, Chinesisch, Thailändisch, Indisch und etwas Vietnamesisch. Ich schämte mich so sehr, als ich die buddhistischen europäischen Mönche gesehen hatte, wie sie sich auf die sozialen Tätigkeiten warfen, um unseren Landsleuten zu helfen. Deswegen dachte ich, wenn die Pagode fertig sein wird, werde ich für eine Zeit im Flüchtlingslager weilen. Woanders bequem und angenehm zu leben und dabei nicht an die notleidenden Personen zu denken, ist auch eine Schuld. Die Schuld besteht darin, daß man für sich denkt und egoistisch ist. Man teilt nicht die Freude mit anderen. Wenn die Mönche und

Nonnen, die sich im Ausland befanden, sich nicht nur um die Buddhisten am Wohnort kümmerten, sondern auch um die Flüchtlinge im Lager, dann ist es bewundernswert.

Der Ehrwürdige Sodhalokha ist ernst und lacht sehr wenig. Er gibt sich als Culy Monk aus, d.h. als ein Mönch, der Dienste leistet, aber keinen Lohn dafür nimmt. Solche Menschen finden wir kaum auf dieser Erde. Er ging jede Woche einmal ins Lager, um die Lagerbewohner zu untersuchen, Rezepte zu verschreiben und Meditationkurse zu geben. Ich gab ihm 100 Hongkong-Dollars, und er sagte, daß er das Geld nicht für sich annehmen wolle, sondern Medikamente für Patienten kaufen würde. Er hat eine sehr aufrechte Art und daher schimpft er oft über Perdone, die faul sind oder den Glauben wechseln. Deswegen mögen viele ihn nicht. Aber trotzdem bleibt Wahrheit wahr.

Der Ehrwürdige wartete am Hafen auf uns, um zusammen mit uns ins Lager Jubilee open camp zu fahren. Hier war das einzige freie Lager. Die Bewohner dürfen ein- und ausgehen, ohne kontrolliert zu werden, weil die Flüchtlinge schon ein festes Einwanderungsziel haben. Aber das Lager war sehr alt und sehr schmutzig. Ratten, Fliegen und Mücken sowie Opium sahen wir überall und es stank sehr im Lager. Im 4.Stock befand sich auch ein Buddhaaltar. Wir waren dort ein paar Stunden und verließen dann das Lager.

Am 24.12.86 benutzten wir wieder das Schiff, um einen Besuch im Lager Hei Ling Chow zu machen. Dieses Lager war wieder ein geschlossenes Lager, aber sehr sauber und ordentlich. Es gab dort auch

eine Schule, ein Krankenhaus, Sportplätze usw...
An diesem Tag war auch Heiliger Abend, daher standen alle Räumlichkeiten für die Katholiken und Protestanten zur Verfügung. Und die Buddhisten veranstalteten die Zeremonie im Freien. Auf dem Altar sahen wir Blumen, Obst, Tee und Keks sowie Kuchen. Hier waren ausschließlich Nordvietnamesen untergebracht. Sie waren sehr fromm, kannten aber überhaupt keine Sutren auswendig. Nach einer Stunde der Feierlichkeit folgte die Lehrrede unter der Nachmittagssonne. Sie dauerte noch 2 Stunden, aber niemand war müde. Ich fragte meine Landsleute, warum sie nicht müde waren, so viele Stunden zu sitzen. Sie antworteten, daß sie in den 30 Jahren des Kommunismus in Vietnam so häufig lange Veranstaltungen gehabt hätten, daß sie schon daran gewöhnt waren. Ich war sehr bewegt und hatte auch Mitleid mit einem Menschenleben. Nach dieser Zusammenkunft sah ich aber auch, daß Gewalttätigkeit und Atheismus niemals den religiösen Glauben verdrängen konnten. Das beweist, daß trotz des Kommunismus die Sehnsucht nach dem Glauben lebendig geblieben ist.

Am 25.12.86 machten wir eine Pause, und am 26.12.86 machten wir das letzte Lagerbesuch. Dieses Lager heißt Tuen Mun closed centre, und dort lebten 4 bis 5 tausend Menschen. Er gab dort auch einen Buddhaaltar, und die buddhistische Jugendfamilie arbeitete sehr aktiv. Nach dem Sutrenrezitieren und der Predigt kam die Teestunde und alle waren in sehr freudiger Stimmung.

Bevor wir nach Taiwan flogen, waren wir noch einmal im Lager Argyle camp. Dabei haben wir 3.000 Hongkong-Dollars von der *Pagode Khánh Anh*

aus Frankreich und einigen Buddhisten an Frau Lueng Wai Lan überreicht, damit sie das Notwendigste für unsere Landsleute kaufen konnte. Wir konnten nicht einfach jedem Einzelnen im Lager etwas schenken, weil die Spende nicht hoch genug war. Nur Frau Lueng Wai Lan konnte Bescheid wissen, wem wirklich etwas fehlte und wer keine Angehörigen im Ausland hatte. Wenn Sie mit einer Spende für die Flüchtlinge zur Linderung ihrer Not möchten, können Sie unter folgenden Adresse mit Frau Lueng in Verbindung treten:
- Mrs Lueng Wai Lan
5 Staunton St. G/F Central HONGKONG
Tel. 5-234933 od. 5-594161

Ich hatte Angst, daß mit der Zeit die Ereignisse, die Namen der Lager usw. in Vergessenheit geraten könnten. Deshalb schrieb ich im Zimmer des Mönchs An Thiên in Tokyo dieses auf, damit alle Buddhisten etwas über meine Reise erfahren können.

Heute ist der 23.01.87 und ich schreibe "der Weg ohne Grenze", diesmal auf der Flugreise der Singapore Airline Nr.7 von Tokyo über Singapore nach Holland. Aber vielleicht werden Sie diese Zeilen erst im Juni 87 lesen. Hier ist auch die Flugreise am längsten im Jahre 86-87 und ich hoffe auch, daß ich in den nächsten Jahren nicht mehr weiterreise. Ich werde mir Zeit lassen für den Bau der VIEN-GIAC Pagode. Während dieser Reise kam ich in vier Länder. Diese 4 Länder waren für mich zwar nicht mehr unbekannt. Aber diesmal erhalte ich viele kleine Freuden, oder anders gesagt, hat jedes Land einen bedeutungsvollen und fremdartigen Blick.

In Thailand müssen die Mönche nicht nur den

Kopf, sondern auch die Augenbrauen rasieren lassen. Und als ich dort war, sahen die Thais nur nach meinen Augenbrauen, nicht aber nach meiner Kleidung oder anderen Merkmalen. In Taiwan war es wieder anders. Die Buddhisten guckten nicht auf meinen kahlen Kopf, sondern auf meine Winterschuhe "made in Germany". Alle waren sehr erstaunt, nicht wegen der Qualität, sondern weil die Mönche in Taiwan nur Stoffschuhe anziehen. Ich aber trug Lederschuhe. Ich versuchte, nach Möglichkeit zu erklären, daß es in Deutschland sehr kalt sei und Lederschuhe dafür sehr praktisch seien. Aber niemand wollte mir glauben, stattdessen sahen mich alle sarkastisch an.

In Japan, wie Sie schon wissen, waren alle Mönche sehr gefällig in allen Bereichen. Sie sahen, daß ich in der vietnamesischen Kutte enthaltsam lebte. Und sie hatten auch Mitleid mit mir und meinem Schicksal als buddhistischer vietnamesischer Mönch im fremden Land.

Ich war in Hongkong, Thailand, Taiwan und zuletzt in Japan. Jeder Ort war anders. Obwohl die Menschen dort, die wir trafen, Buddhisten waren, hatten sie doch verschiedene Ansichten und auch verschiedene Weisen, sich zu kleiden. Ich war dort überall und sehe, daß die vietnamesischen Mönche viel enthaltsamer und tugendhafter sind als woanders. Das sage ich aber nicht, weil wir Vietnamesen sind und unsere Landsleute verteidigen. Ganz offen müssen wir sagen, daß unsere Mönche in vieler Hinsicht stolz sind. Es ist sehr schade, daß Vietnam sich andauernd im Krieg befindet und dadurch nur eine unbedeutende Rolle auf der internationalen politischen Bühne spielt.

Hieraus können wir andere Sachverhalte erklären.
Wenn unser Land ein hochmodernes, technologisch-
fortschrittliches industrialisiertes Land   wie
Japan wäre, wäre unsere Sprache berühmter, denn
sie ist leichter zu erlernen als die japanische
Sprache.

In den 10 Jahren, die ich schon aus   Japan
weg bin, kam ich schon dreimal wieder. Und jedesmal sah ich, daß Japan anders war als vorher und
einen fortschrittlicheren Eindruck machte, während unser Land Vietnam immer noch unter   Feuer
und Flamme steht. Viele Vietnamesen verließen das.
Land, um die Gefängnisse und ein Leben in Unfreiheit zu vermeiden. Die Japaner sind jetzt   viel
reicher als früher. Sie leben luxuriöser und versuchen, sich mehr am westlichen Lebensstil   zu
orientieren. Das Land Japan ist eigentlich   kein
guter Lebensraum für Menschen. Denn z.B. Erdbeben
und Vulkanausbrüche sind keine kleinen Naturer-
eignisse in diesem Land. Es kommt vor, daß es an
einem Tag 5 bis 7 Erdbeben gibt. Alle Aktivitäten
ruhen dann für 5 Minuten. Einmal benutzte   ich
die Bahn Shinkansen für die Fahrt nach Sendai.Die
Bahn mußte unterwegs die Fahrt wegen Erdbeben un-
terbrechen, erst nach 2 Stunden fuhr sie weiter.
Ich sah die Ausländer, in deren Gesicht   sich
Angst zeigte. Aber die Japaner waren sehr ruhig
und still. Vielleicht ist das ein Gesetz, das die
Natur dem Land Japan gestellt hat. Und die ganze
Bevölkerung muß es annehmen. Demgegenüber sagen
die Leute aus anderen Ländern, daß das Leben hier
viel bequemer und besser ist als woanders.   In
Wirklichkeit aber fühlt man sich nicht wohl,wenn
man noch in dieser Welt lebt. Deshalb sagte Buddha:"*Wenn man aus dem Zyklus von Leben und   Tod*

und Wiedergeburt entkommt und dabei die Erlösung erlangt, dann gibt es weder beiden noch Wiedergeburt." Diesmal habe ich das Flüchtlingslager in Shinagawa besucht. Dieses Lager war vor 2 Jahren noch sehr streng, aber in diesem Jahr konnten wir es infolge der geschickten Diplomatie von Mönch *An-Thien* betreten. Wir wurden von dem Direktor und dem Personal sowie den Dolmetschern sehr herzlich empfangen. Sie waren freundlicher als früher und das Lager sah viel heller und ordentlicher aus. Am Wochenende dürfen die Flüchtlinge das Lager verlassen und können einen Rundgang machen. Drei Monate lang lernen sie täglich 4 Stunden Japanisch. Danach dürfen sie arbeiten gehen, wenn sie für immer in Japan leben möchten.

Die japanische Sprache ist aber so schwer zu lernen wie die deutsche Sprache. Deshalb ist es nicht genug, nur 3 Monate Japanisch zu lernen. Es wäre besser, wenn die Flüchtlinge noch mehr Unterricht-Stunden bekommen könnten. Für die Vietnamesen, die auf die Einreisegenehmigung des 3. Landes warteten, gab es Sprachunterricht in Englisch oder andere Sprachen. Wie ich gehört habe, leben insgesamt 3.000 Vietnamesen in Japan zusammen mit 200 Studenten von früherer Zeit.

Seitdem gibt es in Japan viele asiatische Lebensmittelgeschäfte, Buchhandlungen und vietnamesische Restaurants. Dadurch änderte sich die Stimmung und das Lebensgefühl der Vietnamesen sehr. Viele Vietnamesen schafften sich Autos an und große Wohnungen. Manche Studenten, die schon lange in Japan leben, haben Arbeit gefunden und sogar die japanische Staatsangehörigkeit angenommen. Alle beklagten sich über die Arbeit. Es sei nicht einfach, mit den Japanern in Konkurrenz zu stehen. Der Lebensstandard der Japaner ist sehr hoch. Sie leben sehr bequem, aber es ist sehr eng, und sie müssen sich sehr viel Mühe geben. Dabei denken viele an die Auswanderung in ein 3. Land. Es ist alles teurer geworden, 3 oder 4 mal mehr als vor 15 Jahren, als ich gerade nach Japan kam. Der Lohn andererseits steigt nicht viel.

Der Mönch An-Thiên und ich hatten fast anderhalb Stunden im Lager vorgesprochen. Die gemeinsamen Aktivitäten der Vietnamesen sind ähnlich wie in Europa oder in Ländern in Amerika oder Australien. Jedes Jahr findet das Vesakh-Fest statt, es wird eine Zeitung herausgegeben für die Aktion Cap-Anamur usw. Es ist irgendwie lebthafter als früher.

Anläßlich des Vesakh-Festes 2531-1987 wird sich eine Gemeinschaft der Vietnambuddhisten offiziell den Buddhisten vorstellen. Früher studierten viele Mönche in Japan. Meistens kehrten sie wieder in die Heimat zurück. Ein Teil blieb im Ausland, um die dortigen Vietnamesen zu betreuen. Jetzt aber waren in Japan nur noch 2 Mönche geblieben, auf diese beiden Mönche gingen die vielen buddhistischen Aktivitäten zurück.

Die Congregation hatte die Mönche damals ins Ausland zum Studieren geschickt in der Hoffnung, daß dies zur Entwicklung des Dharmas in Vietnam sowie im Ausland beitragen könne. Es waren wenige Nonnen in Japan. Nur eine einzige Nonne, mit Dharmanamen Mandala, studierte im Jahre 1964 Buddhologie an der Universität Komazawa. Sie lebt jetzt in Frankreich und arbeitet für die kommunistische Regierung Vietnams. Deshalb haben wir keinen Kontakt mit ihr. Die Nonne Nhu-Chinh war

1975 in Japan und lebt jetzt in den USA. Die *Hochehrwürdige Nonne Vĩnh-Bửu* war eine Zeit in Japan, um Meditation zu studieren. Aber sie ist schon gestorben. Später waren *Herr Trần Đức Giang* und *Herr Nguyễn Quang Đức*, die früher in Japan studiert hatten und schon lange in Japan lebten, in die Hauslosigkeit gegangen, zu den Sekten in Japan. Es gab auch einige Mönche und Nonnen, die geflüchtet waren und vom Schiff gerettet und hierher gebracht wurden. Aber sie blieben nur kurze Zeit in Japan und kamen dann in andere Staaten, wie der *Ehrw. Thích Nhũ Huệ, Reverend Thích Minh Nhẫn* und *die Nonne Diệu Tú*.

Japan hat viel gutes und auch nicht wenig schlechtes. Aber wir sollen nur das Gute lernen, um es als Gepäck unseres Lebens zu nutzen. Denn damit werden die buddhistischen Tätigkeiten wertvoller sein. Im Verhältnis zu den anderen Ländern, in die die Cogregation unsere Mönche geschickt hatte wie Indien, Sri-Lanka, Thailand, Taiwan, USA, England und Deutschland, war in Japan die Zahl der Mönche ziemlich hoch, und die Mönche hatten viel Erfolg. Zwar hatten die meisten Mönche den Doktor-Titel nicht erreicht wie alle Mönche in Taiwan und in Indien, aber mit dem Diplomzeugnis oder dem höheren Abschlußzeugnis hatten die Mönche in allen Bereichen über die Beziehung zwischen Buddhismus und dem weltlichen Leben viel erreicht.

Ich kam wieder nach Japan, diesmal, um zu sehen, ob die Pfirsichblüten voll erblüht waren und allmählich in den Nachmittag gingen. Denn nach 10 Jahren sahen alle Menschen viel älter aus, im Verhältnis zu der heranwachsenden jungen Generation. Diese jungen Menschen besuchten damals, als ich nach Japan kam, die Grundschule, und jetzt sind sie bald fertig mit dem Studium an der Universität. Ich fühlte mich viel älter und wurde stiller. Ich war aber nicht mehr bekümmert und nachdenklich, weil ich sah, wie bedeutungsvoll und wunderbar es hier war!

Noch dazu verändert die Zeit, das Leben, der Gedanke, die Menschen, sogar auch die Gesichtspunkte des Lebens. Damit meine ich nicht die Reform des Vietnam-Buddhismus im Ausland, sondern daß die Auffassung der Menschheit sich verändert, wie die Pfirsichblüten mal blühen und mal welken. Die Blüten in diesem Jahr sind bestimmt nicht so wie die Blüten im nächsten Jahr sein werden, sogleich die Blüten aus demselben Stamm kommen.

. Das Flugzeug fliegt und meine Gedanken sind zahlreich und einmutig. Sie tanzen in der Luft, angewiesen auf die magische Kraft der Götter, die die Gedanken an einen fremden Ort zu überbringen vermag. Auf der Route von Tokyo über Hongkong und Singapore nach Holland und Deutschland überfliegt das Flugzeug Vietnam, und ich möchte mit eigenen Augen meine liebe Heimat Vietnam tief unter mir wiedersehen. Aber in 10.000m Höhe konnte ich nur die weißen Wolken und das klare Wasser sehen. Meine Heimat ist zur Zeit immer noch unterdrückt. Mein Großmeister ist sehr bekümmert und leidensvoll, und meine Dharma-Freunde haben auch keine Freiheit, den Glauben auszuüben. Allein diese Gefühle bringen mir viele schlaflose Nächte. Früher sagte es die Stewardess immer an, wenn das Flugzeug über Vietnam flog. Jetzt aber verbreiten die 2 Wörter Viet-Nam in der ganzen Welt Schrecken, sodaß die Stewardess sie nicht mehr mitteilte!!!

Das Vietnam des Krieges, das Vietnam der

Not, das Vietnam der Nachbarinvasion usw. Oh! Die Tränen der Mutter Vietnam sind tausendmal geflossen! Oh! Die Knochen und das Blut von Vietnam haben viele Meere vollgefühlt! Bis wann denn können die Kommunisten in Vietnam ein Einsehen haben in voller Toleranz und Offenheit!

Nach 15 Tagen in Thailand, Hongkong und Taiwan sowie 21 Tagen in Japan kam ich wieder in das immer kalte Land zurück und brachte viele frohe Nachrichten für die Buddhisten.

Ich hatte diese Reisebeschreibungen von 1980 an bis heute,1987, geschrieben. Insgesamt 8 Jahre lang. Jedes Jahr wurden sechs Abschnitte daraus in der VIEN-GIAC Zeitschrift abgedruckt, die regelmäßig alle 2 Monate erscheint. Eigentlich wird der Bericht "Der Weg ohne Grenzen" weitergehen, wie der Titel schon sagt. Nicht wahr, meine Damen und Herren? Aber um die Stimmung zu wechseln und damit das Buch erscheint nach 8 Jahren, hatte ich es immer im Sinn, auf dem Schreibtisch, in der Erinnerung usw. Deshalb muß ich hier anhalten, und dies könnte man eine provisorische Grenze nennen. Irgendwann aber werde ich den Weg fortsetzen mit einem oder anderem Artikel.

Durch 8 Jahren hindurch mit Regen und Schnee hatten viele Leser den Berichten Aufmerksamkeit geschenkt und sich immer wieder nach meiner Reisestrecke erkundigt, um uns zu trösten und Beifall zu spenden für den Weg der Dharmaausübung. Durch so viele Bezeugungen von Mitgefühl und Sympathie der Leser überall von Buddhisten und Nichtbuddhisten, habe ich viel Freude und Schwung erhalten.

Binnen 10 Jahren in Deutschland hatte ich 8 Bücher in die Öffentlichkeit gebracht, und dieses Buch ist mein 8.Werk. Also wurde jedes Jahr durchschnittlich ein Buch herausgegeben. Die normalen Menschen haben Familie und Kinder, und für sie ist dies eine Freude. Und ich, ich habe die Freude eines Schreibers. Obwohl ich kein Schriftstellers bin, gebe ich mir Mühe, alle Ereignisse in meinem Leben zu notieren, während ich den Glauben ausübe. Vielleicht gibt es eines Tages jemanden, der die alten Schritte wiederfinden möchte, und er kann weiterkommen, wenn er über diese Ereignisse nachliest. Schöne Paläste, riesige Pagoden, hohe Positionen und der gleichen Dinge können nicht die Geschichte überdauern, auch wenn es möglich ist, daß sie hundert Jahre so existieren. So ist es mit den nichtsprechenden Dingen. Aber ein Buch, ob es schlecht ist oder gut, wenn es überdauert, dann ist es schon Zeuge der Geschichte. Deshalb muß ich es schreiben.

Vor 11 oder 12 Jahrhunderten gingen die Hohen Mönche Fa Hi und Hüang Tsang nach Indien, um die Heiligen Schriften für China zu erwerben und ihre Kenntnisse über das Dharma zu vertiefen. Wenn sie nicht alle Geschehnisse, Erlebnisse und die Erinnerungen notiert hätten, dann hätte in der heutigen Zeit die Menschheit keine genaue Kenntnis mehr über das Geschehen damals, falls sie auf der Suche nach der damaligen Geschichte ist.

Wir haben überlegt, daß der Buddhismus früher nur in Asien Fuß faßte, weil die Verkehrsmittel und die Möglichkeiten zur Gedankenübermittlung begrenzt waren. In der heutigen Zeit breitet er sich auch in Europa aus. Durch die Zivilisierung der Menschheit werden Fortschritte erreicht und die Gedanken werden entwickelt. Daher denke ich bei mir, daß der Buddhismus in Europa etwas Besonderes, Charakteristisches sein sollte, das man aufschreiben muß. Der Buddhismus ist eine der Religionen, die gegen Ende dieses 20.Jahrhundert nach Europa gebracht wurden.

Vietnam ist ein Land mit einer alten Zivilisation und einen Buddhismus, der über 18 Jahrhunderte währte. Aber Vietnam hatte viel Unglück durch den Krieg. So breiten Tod und Haß sich überall aus in diesem lieben Land. Wenn es keinen Krieg gäbe, wären wir auch nicht hier. Natürlich ist der Einfluß des vietnamesischen Buddhismus in diesem Land noch nicht besonders groß.

Früher sahen die Europäer unsere asiatischen Länder und fanden sie alle sehr ähnlich und kaum unterscheidbar. Aber jetzt verstehen die Europäer viel über Asien. Und damit sie uns jeden Tag mehr verstehen, müssen wir unbedingt die Kultur sowie die Religionen miteinander bekanntmachen, um ein tiefes Verständnis herzustellen. Meine Heimat, von DONG-VAN bis zum CAP CA-MAU, hat ungefähr 2.500km Länge, viele Flüsse, viele Gebirge und viel Meer, die Stadt HANOI mit 36 Stadtvierteln, die Kaiserstadt HUE mit vielen geheimnisvollen inneren Palästen und SAI-GON prächtig und imposant. Aber ich hatte nicht die Möglichkeit, überall zu reisen und die alten Paläste zu besichtigen. Während ich im Ausland wieder die Möglichkeit habe, viel zu reisen, überall in die USA, nach Asien oder nach Europa. Nach 5 Jahren in Japan war ich fast überall in diesem Land und nach 10 Jahren in Deutschland war ich auch wieder überall. Und hier sind einige Städte, in die ich schon gekommen war, vom Norden bis zum süden. Die ersten Regionen von der oberen Grenze Deutschlands sind Flensburg, Kiel, Neumünster, Plön, Lübeck, Stade, Norddeich, Emden, Coppenburg, Pappenburg, Hamburg, Salzburg,

Bentheim, Osnabrück, Bad Iburg, Georgmarienhütte, Hagen, Rheine, Berlin, Bielefeld, Stadthagen, Uelzen, Lüneburg, Celle, Friedland, Göttingen, Hildesheim, Dortmund, Barntrup, Detmond, Münster, Recklinghausen, Mönchengladbach, Bochum, Essen, Neuss, Düsseldorf, Aachen, Düren, Jülich, Dorsten, Bonn, Köln, Koblenz, Kassel, Gießen, Frankfurt, Wiesbaden, Saarbrücken, Mannheim, Karlsruhe, Pforzheim, Stuttgart, Münnersstadt, Rotterhausen, Schweinfurt, Reutlingen, Fulda, Sindelfingen, Tübingen, St.Georgen, Fürth, Erlangen, Nürnberg, Ausburg, Ulm, München, Bodensee usw. Das waren fast 70 Städte in der BRD, in denen ich schon mal war. Sie blieben mir in Erinnerung und die, an die ich mich nicht erinnere, waren vielleicht nochmal ebenso viele.

  Früher war ich bekannt, für ein gutes Gedächtnis und guter Auffassungsgabe. Jetzt habe ich nicht mehr so viel Talent wie früher. Es liegt aber nicht daran, daß der Geist nachgelassen hat, sondern in der Kindheit hatte man weniger Arbeit und dabei lernte man auch viel schneller. Als Erwachsener hat man so viel Arbeit, wie ein vollgefülltes Glas Wasser, in das kein Wasser mehr zugegeben werden kann. Ab und zu mal versuchte ich, nachzuprüfen, ob mein Gedächtnis noch so gut wie früher war. Dabei fand ich, daß es immer noch so gut war. Auf einem weißen Papier wird man einen kleinen Tintenfleck sofort sehen. Aber auf einem farbigen Hemd oder einen schmutzigen Kleid kann man ihn sehr schlecht erkennen. Viele Menschen sagten, daß man in die Pagode geht, wenn man alt wird. Es wäre schade, wenn dies so ist. Man sollte die Pagode auch besuchen, wenn man jung ist. Das ist meine Meinung. Offenbar kann ein Mensch im hohen Alter einen tugendhaften Lebenswandel führen. Aber dann ist man sehr vergeßlich, außerdem noch stumm und mit gebeugtem Rücken schafft man es nicht, die Verantwortung eines Buddhasohnes zu erfüllen. Deshalb gab Buddha den älteren Leuten(über 60 jährigen) seine Zustimmung, daß sie Mönch werden konnten, aber dabei keine Sittlichkeitsregeln einhalten brauchten.

Wenn jemand in seinem jugendlichen Leben keinen standhaften Glauben hat und er alles Talent und alle Fähigkeiten sowie alle Kräfte benutzt,um einen tugendhaften Lebenswandel zu führen, und seinem Ideal zu dienen, dann ist es bewundenswert. Anstatt dessen genießen wir aber das weltliche Vergnügen, bis unsere Körper verstümmelt sind. Dann suchen wir die Zuflucht in der Pagode, um die weltlichen Bindungen zu meiden. Wäre dann der Buddhismus nicht pessimistisch, abgetrennt vom Leben und unnütz für die Gesellschaft?

Viele Persone sahen, daß der Sohn einer Familie in die Hauslosigkeit ging und sagten auch dazu, daß diese Familie großes Wohlergehen hatte. Aber wenn ihre eigenen Kinder denselben Weg gingen, sagten sie wieder, daß ihre Kinder noch ein paar Jahre abwarten sollen. Das ist nur eine Verzögerungstaktik, denn danach verbieten sie, daß die Kinder das Dharma lernen. Den Weg in die Hauslosigkeit gehen ist eine große Ehre, das wissen alle Menschen. Aber nur wenn diese Ehre dem anderen gehört, aber nicht dem eigenen Kind, dann wünschen sie es.

Früher gab es in Vietnam viele, die Mönche werden wollten, unglücklicherweise ertrugen sie nicht mehr das klösterliche Leben und mußten in das weltliche Leben zurückkehren. Aber unter den

Menschen war es nicht einfach, zu leben, weil sie von der Umgebung verspottet wurden oder angeschwärzt wurden. Ich habe eine andere Meinung nach vielen Jahren im Ausland. Natürlich muß das Ziel die Vollendung sein, aber die Meinung muß geändert werden. Wenn wir die Mönche zwingen, daß sie lebenslänglich das klösterliche Leben führen und sie es nicht schaffen können, was ist dann? Sollen sie weiter in der Pagode leben oder sollen sie wieder zurückkehren ins normale Leben? Wenn sie noch in der Pagode bleiben, wäre ihr Gewissen glücklich, weil der Weg in die Hauslosigkeit nicht mehr weiter verfolgt werden muß. Meiner Meinung nach sollen wir die Mönche ermutigen, damit sie ihr Ideal zur Vollendung bringen. Und wenn sie nicht mehr mitmachen möchten, sollen sie die Pagode ohne Beurteilung verlassen. Das Führen eines tugendhaften Lebenswandels in dieser Zeit ist schon wertvoll, und diese Person ist bewundenswerter als die, die es noch nicht geleistet hat. Warum haben wir dann kein Verständnis für sie? Wir müssen sie ermutigen, obwohl sie nur für eine kurze Zeit in der Pagode weilen. Die Thais, die Kambodschaner und die Laoten haben die Vorstellung, daß die Person, die eine Zeit in der Pagode lebte, später gesegnet sein wird. Und danach können sie eine Familie gründen. Und unsere Auffassung ist einfach sehr streng. Ich wünsche, daß unsere Buddhisten die alte Meinung ändern und die neue annehmen, damit die Mönchanwärter etwas erreichen könnten.

Ich habe nicht die Absicht, den vietnamesischen Buddhismus zu reformieren, weil es keinen Grund gibt, ihn zu verändern, außer den engstirnigen und strengen Auffassungen unserer Buddhisten. Wahrscheinlich hat jeder von uns eine Art von Moral, ein eigenartiges Lebensrecht. Aber wir hoffen, wenn das Recht zu leben und das Recht Mönch zu werden bei einem Buddhisten dazugehört, dann sollen wir dies so lassen.

Aus solchen Gründen nehme ich meinen Schüler mit vielen neuen, offenbar und freiwilligen Bedingungen an. Die Sitten, Gewohnheiten, Ansichten usw. passen sich nur ungefähr an jedem Zeitpunkt und in jedem Staat, aber nicht unbedingt an allen Orten auf dieser Erde an. Nur die Wahrheit ist immer gültig und wertvoll. Die weißen behaupten, daß sie sehr zivilisiert, fortschrittlich, sauber usw. sind. Aber wenn sie in die Menge der Schwarzen eindringen, verliert dies an Bedeutung. Die Asiaten sind genau so. Sie können nur stolz sein, wenn sie in ihrem Land leben. Aber wenn sie aus der Heimat und deren Sitten und Gewohnheiten weggehen, wird es schwer zu sagen, was es richtig oder falsch ist.

Unsere vietnamesischen Buddhisten sind sehr nett, haben viel Gutes, aber auch ungewöhnliche Gedanken. Dadurch machen wir die obengenannten Vorschläge und hoffen, daß diese wahren Worte die Menschen mit Dharma-Herzen nicht beleidigen.

Wir sind hier wegen des unglücklichen Machtwechsels der Kommunisten 1975 anwesend. Wir müssen auch sagen, daß im Unglück auch Glück entsteht. Deswegen sind wir, die Vietnamesen heutzutage überall auf dieser Erde anwesend. Dadurch haben die Ausländer unser Volk Vietnam sowie den vietnamesischen Buddhismus kennengelernt.

Wir haben den Bodhi-Baum aus dem warmen Land

in das kalte Land gebracht. Es ist aber nicht leicht, den Bodhi-Baum einzupflanzen. Bis der Baum zu gedeihen anfängt, brauchen wir viel Mühe und Kräfte. Umgekehrt, als die europäischen Missionare damals nach Asien kamen, um ihren Glauben zu verbreiten, trafen sie auf viele Schwierigkeiten und Hindernisse. Wir können ihnen auch Verständnis entgegenbringen. Am schwierigsten war der Zeitpunkt, als die asiatischen Länder nicht offen waren, um die religiösen Gedanken von Europa zu empfangen.

Heute ist es umgekehrt, der Buddhismus ist in das Tor von Europa durch den Weg der Barmherzigkeit und der Gewaltlosigkeit gegangen. Auf die Verbreitung des Buddhismus folgen weder jubeld erhobene Arme noch Siegesgeschrei von Soldaten in allen 4 Richtungen. Der Buddhismus dringt still bis ins Fleisch und Blut der einheimischen Bevölkerung ein. Daher ist es nicht zu viel gesagt, wenn der Buddhismus als Staatsreligion betrachtet wird.

Jetzt ist auch der günstigste Zeitpunkt, an dem die Europäer mehr über den Buddhismus im Allgemeinen sowie über den vietnamesischen Buddhismus im Einzelnen wissen. Die Wissenschaft schreitet fort, und entfaltet sich jeden Tag mehr und mehr. Ebenso wird der Buddhismus sich verbreiten. Denn die Lehrreden von Buddha stimmen mit dem Charakter der Wissenschaft überein. Und sein Klerus besteht nicht nur aus den Personen, die einfach an Buddha glauben, sondern auch ein klares Denken besitzen, um die Ereignisse, die schon geschahen, und geschehen werden, zu bewerten.

Bevor diese Notizen provisorisch zu Ende gehen, muß ich mich bei den drei Juwelen bedanken. Sie segnen mich mit großem Wohlergehen, denn ich kam nach Deutschland und begegnete in zehn Jahren bei den buddhistischen Tätigkeiten keinen Hindernissen. Die Zweige, die Blätter von dem Bodhi-Baum gedeihen immer besser.

Der Bundesregierung und der Deutschen Bevölkerung möchte ich hier auch meinen Dank aussprechen. Sie haben ihren Arme mit ganzem Herzen geöffnet, um uns aufzunehmen. Wir sind auf dem Weg zwischen Leben und Tod geflüchtet. Mittels ihrer Hilfe haben wir die Chance bis heute zu überleben, um die Lehre des Buddha zu praktizieren und zu verbreiten.

Wir danken auch allen, die ihre Aufmerksamkeit dem vietnamesischen Buddhismus schenken und schenken werden sowie allen, die uns bei der Verbreitung des Dharma Unterstützung geben.

Zum Abschluß beten wir für unsere Heimat Vietnam, damit eine Rückkehr des Friedens bald geschehen wird. Wir beten, damit unser Volk nicht wieder Feuer und Waffen, Haß und Feindseligkeit, erfährt. Wir beten, damit alle Menschen die Chance zum Überleben und die Fähigkeit zur Verwirklichung des Bodhis erhalten.

Vollendet am 22. 4.1987
zum Gedenken des 10-jährigen Tages
meiner Ankunft in Deutschland.

www.ingramcontent.com/pod-product-compliance
Lightning Source LLC
LaVergne TN
LVHW091527060526
838200LV00036B/518